La vie sur le Mississippi
(Tome II)

Petite Bibliothèque Payot/Voyageurs 105

Mark Twain

La vie sur le Mississippi

(Tome II)

Traduit de l'américain
par Bernard Blanc

Titre original :

LIFE ON THE MISSISSIPPI

La première édition de *La Vie sur le Mississippi* de Mark Twain (James R. Osgood, 1883) avait été amputée par l'auteur et son éditeur de plusieurs passages par rapport au manuscrit olographe que Twain envoya en 1909 à J. Pierpont Morgan (conservé aujourd'hui à la Morgan Library de New York). Leur rétablissement dans l'édition d'Heritage Press (New York, 1948) a été revu et complété par James M. Cox dans l'édition de The Penguin American Library (New York, 1984), dont nous reprenons ici les notes.

Les passages supprimés dans l'édition originale avaient été soit abandonnés lors de révisions de l'auteur ou de l'éditeur, soit écartés pour diverses autres raisons. Dans la présente édition, on trouvera les premiers en notes et les seconds encadrés par deux astérisques.

L'ÉDITEUR

CHAPITRE XXI

Une coupe dans ma biographie

J'ai mon brevet. – La guerre commence. – Je deviens un touche-à-tout.

En temps voulu j'ai obtenu mon brevet. J'étais un pilote diplômé, désormais. Je suis passé par quelques emplois temporaires ; aucune catastrophe n'en ayant résulté, le travail temporaire a cédé la place à des engagements stables et prolongés ; le temps s'écoulait doucement dans la prospérité et je supposais — et espérais — que j'allais suivre le fleuve pour le restant de mes jours et mourir à mon gouvernail lorsque ma mission toucherait à sa fin. Mais par la suite la guerre arriva, le commerce fut interrompu, ma profession disparut.

Je devais chercher un autre gagne-pain. Donc j'ai travaillé dans une mine d'argent au Nevada, puis dans un quotidien ; puis je suis devenu chercheur d'or en Californie ; puis journaliste à San Francisco ; puis envoyé spécial aux îles Sandwich ; puis reporter volant en Europe et en Orient ; puis porte-flambeau éducatif à la tribune du conférencier ; et finalement, je suis devenu écrivailleur de livres et un élément immuable du paysage au milieu des autres rochers de Nouvelle-Angleterre [1].

Voilà expédiés en quelques mots les vingt et un ans qui se sont lentement écoulés depuis que j'ai regardé pour la dernière fois à travers les vitres d'une cabine de pilotage.

Reprenons, maintenant.

CHAPITRE XXII

Je reviens à mes moutons

Je me lance dans les affaires de faux noms. – Une région de boucs. – Les bottes commencent à faire leur apparition. – L'homme du fleuve a disparu. – Le jeune homme est découragé. – Échantillon d'eau. – Une fumée de bonne qualité. – Une erreur magistrale. – Nous inspectons la ville. – Désolation dans le trafic de proximité. – Un chantier forestier.

Après une absence de vingt et un ans, j'ai ressenti un désir très fort de revoir le fleuve, et les bateaux à vapeur, et tous ceux des garçons qui pouvaient y être restés ; j'ai donc décidé d'aller faire un tour par là-bas. J'ai enrôlé un poète pour sa compagnie et un sténographe pour « me consigner par écrit », et je me suis mis en route pour l'Ouest vers le milieu du mois d'avril.

Comme je me proposais de prendre des notes, dans l'idée de publier un livre, j'ai un peu réfléchi aux procédures à suivre. J'ai estimé que si j'étais reconnu, sur le fleuve, je ne serais pas aussi libre d'aller ici et là, de discuter, d'enquêter et d'espionner que si je voyageais incognito ; je me suis souvenu que les gens des vapeurs avaient l'habitude, dans le temps, de submerger l'étranger sans méfiance des mensonges les plus pittoresques et les plus admirables, et de décourager par des faits ennuyeux et inutiles l'ami subtil : j'en ai donc conclu que, d'un point de vue professionnel, ce serait un avantage que notre petit groupe se dissimulât sous des noms d'emprunt. L'idée était certainement bonne, mais elle engendra des problèmes infinis ; car, bien que Smith, Jones et Johnson soient des noms aisés à retenir lorsqu'on n'a nul besoin de s'en souvenir, il est presque impossible de se les rappeler dans les occasions où cela serait nécessaire. Comment les criminels réussissent-ils à garder en mémoire un *faux nom* tout neuf ? Voilà un grand mystère. Moi j'étais innocent, et malgré cela j'étais rarement capable de me souvenir de mon nouveau nom quand il le fallait ; et il me semblait que si j'avais eu un crime sur la conscience pour me troubler encore davantage, je n'aurais jamais pu m'en souvenir du tout.

Nous sommes partis par le Pennsylvania Railroad, à huit heures du matin, le 18 avril.

> *Soir.* A propos de vêtements. La grâce et le pittoresque en disparaissent au fur et à mesure que l'on s'éloigne de New York.

Je retrouve cela dans mes notes. La direction que vous prenez ne fait aucune différence, le fait demeure. Que vous alliez vers le nord, le sud, l'est ou l'ouest, aucune importance : en vous levant le matin, vous pouvez deviner à quelle distance vous êtes de votre point de départ en notant quel degré de grâce et de pittoresque ont perdu les costumes des nouveaux passagers — je ne parle pas seulement des femmes, mais des personnes des deux sexes. C'est peut-être l'*allure* qui est à l'origine de cela ; et je pense que tel est le cas ; car il y a beaucoup de dames et de gentlemen dans les villes de province dont tous les vêtements sont faits par les meilleurs tailleurs et couturiers de New York ; et cependant cela n'a aucun effet visible sur ce fait d'ordre général : l'œil averti ne prend jamais ces gens-là pour des New-Yorkais. Non, il y a une grâce païenne, et de la vivacité, et du style chez un New-Yorkais de souche que le simple habillement ne peut procurer.

> *19 avril.* Ce matin, pénétré dans la région des barbiches entières — quelquefois avec une moustache, mais seulement de temps en temps.

C'était étrange de tomber par hasard sur cette importante moisson d'une mode laide et obsolète ; c'était comme se retrouver nez à nez avec une connaissance oubliée que vous pensiez morte depuis une génération. La barbiche s'étend sur une grande portion de territoire ; et elle s'accompagne d'une croyance à toute épreuve en Adam et au récit biblique de la création, qui n'a pas souffert des assauts des savants.

> *Après-midi.* Dans les gares, les tire-au-flanc gardent les deux mains dans les poches de leur pantalon ; jusque-là, on observait qu'une main restait parfois en dehors —, ici, jamais. C'est là un fait géographique important.

Si les tire-au-flanc déterminaient le caractère d'une région, ce serait encore plus important, bien sûr.

> Jusqu'à présent, tout au long du voyage, le tire-au-flanc des gares a souvent été observé en train de se gratter un tibia avec le pied opposé ; ici, ces restes d'activité font défaut. C'est de mauvais augure.

Finalement, nous avons pénétré dans la région des chiqueurs. Il y a cinquante ans, la région des chiqueurs couvrait tout le territoire de l'Union. Elle a énormément diminué aujourd'hui.

Ensuite, les bottes ont commencé à se montrer. Pas en grande force, cependant. Plus tard — bien en aval sur le Mississippi — elles sont devenues la règle. Elles ont disparu d'autres parties de l'Union en même temps que la boue ; nul doute qu'elles disparaîtront aussi des villages fluviaux avec l'arrivée de trottoirs corrects.

Nous avons atteint Saint Louis à dix heures du soir. A la réception de l'hôtel, j'ai donné un nom fictif inventé à la va-vite, en tentant de façon pitoyable de sembler à l'aise et insouciant. Le réceptionniste a hésité un instant et m'a inspecté avec cet air compatissant que l'on utilise pour observer une personne respectable surprise dans une situation douteuse ; puis il a dit :

— C'est bon ; je sais quelle genre de chambre vous

voulez. J'ai été réceptionniste au Saint James, à New York.

Un début peu prometteur pour une carrière de fraudeur. Nous nous sommes rendus à la salle à manger, et nous avons rencontré deux hommes que j'avais connus ailleurs. Comme c'est étrange et injuste : de méchants imposteurs se promènent un peu partout en donnant des conférences sous mon *nom de guerre*[2], et personne ne les soupçonne ; mais dès qu'un honnête homme tente une imposture, il est ausitôt découvert.

Une chose semblait évidente : il nous fallait repartir sur le fleuve dès le lendemain, si les gens impossibles à abuser devaient surgir à cette vitesse — une déception difficile à avaler, car nous espérions rester une semaine à Saint Louis. Le Southern est un bon hôtel, et nous aurions pu y passer un agréable séjour. Il est vaste, bien tenu, et sa décoration n'est pas à pleurer, contrairement à celle de l'immense Palmer House de Chicago. D'accord, les tables de billard datent de l'ancien silurien, et les queues et les boules de la fin du pliocène ; mais il y a quelque chose de rafraîchissant là-dedans, rien de gênant ; car la contemplation d'antiquités procure repos et réconfort.

L'absence la plus remarquable dans la salle de billard, c'était celle de l'homme du fleuve. S'il était là, il avait effacé sa trace, il était déguisé. Je ne voyais rien des grands airs, de la grâce suffisante, des étalages ostentatoires d'argent, des gaspillages fastueux de ce même argent, rien de ce qui, dans l'ancien temps, distinguait généralement la foule des équipages des vapeurs de celle des gens de la terre ferme, dans les salles de billard bondées de Saint Louis. A cette époque-là, les principales salles débordaient toujours d'hommes du fleuve ; sur, disons, cinquante joueurs présents, on pouvait en compter à coup sûr trente ou trente-cinq qui travaillaient sur le fleuve. Mais j'avais le sentiment que la fréquentation avait diminué, maintenant, et que ceux-ci ne formaient plus une aristocratie. Tenez, de mon temps, ils avaient l'habitude d'appeler le garçon Bill, ou Joe, ou Tom, et de lui taper sur l'épaule ; je guettais cela. Mais personne parmi ces gens-là ne le faisait. A l'évidence les jours d'ancienne splendeur s'étaient enfuis et évanouis au cours de ces vingt et un ans.

Lorsque je suis monté dans ma chambre, j'y ai trouvé le jeune homme nommé Rogers en train de pleurnicher. Il ne s'appelait par vraiment Rogers ; pas plus que Jones, Brown, Dexter, Ferguson, Bascom ou Thompson ; mais il répondait à chacun des noms que l'on pouvait trouver pratiques en cas d'urgence ; ou à tout autre nom, en fait, s'il se rendait compte que c'était à lui que vous vous adressiez. Il me demanda :

— Que doit faire une personne, ici, quand elle veut un verre d'eau ? Boire cette gadoue ?

— Tu ne peux pas la boire ?

— Je le pourrais si j'avais une autre eau pour la nettoyer.

Voilà quelque chose qui n'avait pas changé : une vingtaine d'années n'avaient pas affecté le moins du monde ce teint mulâtre de l'eau ; une vingtaine de siècles n'y réussiraient pas mieux, peut-être. Cela vient du turbulent Missouri dévoreur de berges : chaque verre de cette eau contient près d'un demi-hectare de terre en solution. Je tiens cette information de l'évêque du diocèse. Si vous ne touchez pas à votre verre pendant une demi-heure, vous pouvez séparer la terre et l'eau aussi facilement qu'à l'époque de la Genèse ; et alors vous les trouverez bonnes toutes les deux : l'une bonne à manger et l'autre bonne à boire. La terre est très nourrissante, et l'eau est tout à fait saine. La première apaise la faim, la seconde la soif. Les autochtones, cependant, ne les consomment pas séparément, mais ensemble, mélangées comme l'a fait la nature. Lorsqu'ils trouvent trois centimètres de boue au fond d'un verre, ils la remuent puis avalent le tout comme si c'était du gruau d'avoine. Les étrangers, eux, ont du mal à s'habituer à cette espèce de pâte à crêpes, mais lorsqu'ils y sont parvenus, ils la préfèrent à l'eau. Voilà l'exacte vérité. Elle est bonne pour la navigation à vapeur et bonne à boire ; mais elle ne vaut rien pour quoi que ce soit d'autre, excepté les baptêmes.

*

Vous pouvez laver vos péchés avec, il n'y a rien de tel ; mais elle ne nettoierait pas une chemise. C'est très curieux. Mais c'est vrai. J'ai appris cela de l'évêque. Vous pouvez tout aussi bien essayer de laver une chemise dans une cuve de teinture*.

* Tels étaient les termes exacts de l'évêque. *(N.d.A.)*

*

Le lendemain matin, nous avons fait le tour de la ville en voiture, sous la pluie. La cité ne semblait guère avoir changé. Elle *avait* beaucoup changée, mais cela n'apparaissait pas ; parce que à Saint Louis, comme à Londres ou à Pittsburgh, on ne peut pas convaincre une chose neuve d'avoir l'air neuve ; la fumée du charbon la transforme en antiquité dès que vous ôtez votre main. L'endroit avait à peu près doublé de grandeur depuis que j'y avais vécu, et était maintenant devenu une ville de quatre cent mille habitants ; cependant, dans les zones strictement industrielles, il avait à peu près le même aspect que jadis. Je suis sûr néanmoins qu'aujourd'hui il n'y a pas à Saint Louis autant de fumée que par le passé. Leurs grosses volutes formaient alors une épaisse voûte noire au-dessus de la ville et dissimulaient le ciel. Cette couverture est vraiment beaucoup plus mince de nos jours ; cependant il y en a une quantité suffisante, je pense. Je n'ai entendu aucune plainte à ce sujet.

En revanche, les changements étaient assez visibles dans les faubourgs ; notamment dans l'architecture des habitations. Les nouvelles maisons sont imposantes et belles et modernes. Elles sont séparées les unes des autres, aussi, et entourées de vertes pelouses, alors que les immeubles de jadis sont rassemblés en blocs et tous du même modèle, avec des fenêtres identiques aux encadrements cintrés de pierres torses ; le genre de maison qui était assez joli quand il était plus rare.

Il y avait une autre transformation — le Forest Park, qui était nouveau pour moi. Il est magnifique et très vaste, et il a l'admirable mérite d'avoir été fabriqué principalement par la nature. Il existe d'autres parcs, et très beaux, notamment Tower Grove et les Botanical Gardens ; car Saint Louis s'est intéressé à de tels embellissements bien plus tôt que la plupart de nos villes.

La première fois que j'ai vu Saint Louis, j'aurais pu l'acheter pour six millions de dollars, et ce fut l'erreur de ma vie que de ne pas l'avoir fait. C'était frustrant à présent de parcourir en tous sens cette métropole avec ses dômes et ses clochers, cette vaste étendue de briques et de mortier s'étendant de tous côtés jusqu'à des distances indistinctes dans le lointain et défiant les mesures, et de me souvenir que j'avais laissé passer cette occasion. La raison pour laquelle j'avais pris cette décision semble aujourd'hui, bien sûr, folle et inexplicable, à première vue ; à l'époque, j'avais pourtant des motifs pour justifier[3] une telle façon d'agir.

*

J'étais jeune et insouciant, et naturellement plus enclin à rechercher le plaisir qu'à assurer le futur ; il était impossible de prévoir que de ce village noir de suie sortirait la cité impériale d'aujourd'hui ; et, en outre, je n'avais que trente-cinq dollars, de toute façon. Cependant, si j'avais su à l'époque ce que je sais aujourd'hui, j'aurais emprunté.

*

Un Écossais, l'honorable Charles Augustus Murray[4], écrivait, il y a quarante-cinq ou cinquante ans : « Les rues sont étroites, mal pavées et mal éclairées. » Ces rues sont toujours étroites, bien sûr ; beaucoup d'entre elles sont toujours mal pavées ; mais on ne peut plus, aujourd'hui, leur reprocher d'être mal éclairées. La « Catholic New Church » était alors le seul immeuble remarquable, et l'on invita en toute confiance Mr. Murray à l'admirer, avec « son espèce de portique grec, surmonté par un genre de clocher, beaucoup trop exigu de proportions, et lui-même surmonté d'ornements divers », que l'Écossais sans imagination se retrouva « tout à fait incapable de décrire » ; notre auteur fut donc très heureux lorsqu'un touriste allemand vint à son secours en s'exclamant :

— Nom de... ! Ils ressemblent exactement à des colonnes de lit !

De nos jours, Saint Louis ne manque pas de bâtiments publics nobles et majestueux, et la petite église dont les gens étaient si fiers a depuis longtemps perdu de son importance. Mais cela ne surprendrait pas Mr. Murray, s'il pouvait revenir, car il prophétisa la future grandeur de Saint Louis avec une belle confiance.

Plus nous avancions dans notre visite d'inspection, et plus je me rendais parfaitement compte combien la ville avait grandi depuis la dernière fois que je l'avais vue ; peu à peu les changements de détail devenaient plus apparents, et plus fréquents qu'au début, aussi : des modifications qui mettaient invariablement en évidence progrès, énergie, prospérité.

Mais le changement des changements, c'était sur le « quai ». Cette fois, une exception à la règle. Une demi-douzaine de vapeurs dormant à poings fermés là où j'avais l'habitude de voir un mile ininterrompu de bateaux bien réveillés ! C'était triste, c'était affligeant. L'absence dans les salles de billard de l'homme des vapeurs dominateur et enjoué trouvait son explication. Il est absent parce qu'il n'est plus. Son métier est fini, son pouvoir a disparu, il a été avalé par le troupeau du commun, il moud au moulin, Samson tondu et invisible. Une demi-douzaine de vapeurs sans vie, un mile de wharfs déserts, un nègre fatigué par le whisky dormant par terre, dans un vide immense et silencieux, là où d'habitude se battaient les vastes multitudes du commerce * ! Ici c'était la désolation, vraiment.

La vieille, vieille mer, comme en larmes,
Vient en murmurant de ses lèvres écumeuses,
Et battant contre les quais déserts,
Appelle sa multitude de vaisseaux depuis longtemps perdus.

Le remorqueur et le train ont fait leur travail, et ils l'ont parfaitement et totalement mené à bien. Le pont

* Quarante-cinq ans plus tôt, le capitaine Marryat écrivait : « Saint Louis compte vingt mille habitants. *Le fleuve, à la hauteur de la ville, déborde de vapeurs stationnés sur deux ou trois rangées.* » *(N.d.A.)*

puissant qui s'étend au-dessus de nos têtes a lui aussi joué son rôle dans le carnage et le pillage. Des vestiges d'anciens membres d'équipages de vapeur m'ont expliqué avec une satisfaction aigre-douce que ce pont n'est pas rentable. Mais ce n'est peut-être pas une compensation suffisante, pour un cadavre, de savoir que la dynamite qui l'a mis K.-O. n'était pas d'une qualité aussi bonne qu'elle aurait dû.

Les chaussées, le long du fleuve, étaient mauvaises ; les trottoirs manquaient plutôt d'entretien ; il y avait une belle abondance de boue. Tout cela était familier et satisfaisant ; mais les anciennes armées de haquets, et les multitudes d'hommes qui se démenaient, et les montagnes de marchandises avaient disparu ; et à leur place régnait le sabbat. Le mile immémorial de bars misérables et infects était toujours là, mais les affaires y languissaient ; les foules d'Irlandais qui épongeaient leur poison s'en étaient allées, et à leur place se voyaient quelques poignées dispersées de nègres en guenilles qui buvaient ou étaient déjà soûls, ou qui dodelinaient de la tête ou qui dormaient. Saint Louis est une grande ville de prospérité et de progrès ; mais les bords du fleuve semblent morts au-delà de tout espoir de résurrection.

La navigation à vapeur sur le Mississippi est née aux alentours de 1812 ; trente ans plus tard, elle avait pris de formidables proportions et en moins de trente ans encore, elle était morte ! Une vie étrangement brève pour une aussi auguste créature. Bien sûr elle n'est pas totalement morte ; pas plus qu'un octogénaire invalide, jadis capable de faire des sauts en longueur de six mètres quatre-vingts ; mais comparée à ce qu'elle était dans sa pleine vigueur, la navigation à vapeur sur le Mississippi peut être considérée comme défunte.

En réduisant à moins d'une semaine le transport des marchandises jusqu'à New Orleans, le vapeur a tué le vieux trafic effectué autrefois par des bateaux à fond plat. Les chemins de fer, eux, en parcourant en deux ou trois jours une distance qui demandait une semaine aux vapeurs, ont tué le trafic de passagers de ces derniers ; et les flottes de remorqueurs ont tué le transit des marchandises en descendant le fleuve avec six ou sept cargaisons de vapeur à la fois, à un tarif si ridicule que la concurrence dudit vapeur était hors de question.

Le trafic de proximité des marchandises et des passagers reste aux vapeurs. Il est entre les mains — tout au long des deux mille miles de fleuve entre Saint Paul et New Orleans — de deux ou trois sociétés contrôlées par un petit nombre d'actionnaires et très solides en capital ; et par une gestion compétente et tout à fait professionnelle, ces sociétés tirent suffisamment d'argent de ce qui reste de l'industrie jadis prodigieuse des vapeurs. Je suppose que Saint Louis et New Orleans n'ont pas matériellement souffert du changement, mais quelle déception pour le forestier !

Il était installé tout au long du fleuve ; sa marchandise s'étendait en rangs serrés d'une ville à l'autre, sur les berges, et il en vendait chaque année un nombre incalculable de cordes payées rubis sur l'ongle ; mais à présent les quelques bateaux qui restent brûlent du charbon, et le plus rare des spectacles du Mississippi, désormais, c'est le tas de bois. Où est passé le bûcheron d'antan ?

CHAPITRE XXIII

Nous voyageons incognito

Anciennes colonies françaises. – Nous partons pour Memphis. – Jeunes femmes et sacs en cuir de Russie.

Mon idée était de rester un moment dans chaque ville entre Saint Louis et New Orleans. Pour cela, il serait nécessaire d'aller d'un endroit à un autre en empruntant les petites lignes de navigation. C'était un plan facile à imaginer, et il aurait été facile à suivre vingt ans plus tôt — mais plus aujourd'hui. Il y a des intervalles de temps très importants entre les bateaux, à notre époque.

Je voulais commencer par les intéressantes anciennes colonies françaises de Saint Genevieve et de Kaskaskia, à soixante miles en aval de Saint Louis. Il n'y avait qu'un bateau annoncé pour cette section — un bâtiment de Grand Tower. Mais un seul bateau, c'était suffisant ; nous allâmes donc y jeter un œil. C'était une vénérable vieille chose délabrée, et une imposture par-dessus le marché ; car il se faisait passer pour un bien meuble alors que la bonne et honnête boue formait autour de lui une croûte si épaisse que l'on aurait pu avec raison le taxer comme propriété immobilière. Il y avait des endroits de Nouvelle-Angleterre où son pont-abri aurait valu cent cinquante dollars l'acre. Le sol, sur son gaillard d'avant, était très bon — le blé nouveau sortait déjà des fissures, dans les coins protégés. L'escalier des cabines était d'une nature sèche et sablonneuse, et il aurait été bien adapté pour de la vigne, avec une exposition plein sud et un peu de sous-sol. La terre du pont inférieur était peu épaisse et pierreuse, mais bien assez bonne pour du pâturage. Un garçon de couleur était de garde là — personne d'autre en vue. Nous avons compris, d'après ce qu'il nous a dit, que ce tranquille vaisseau partirait, comme c'était annoncé, « s'il avait son voyage » ; s'il ne l'avait pas, il l'attendrait.

— Est-ce qu'il en a déjà un peu ?

— Me'ci bien, non, pat'on. L'est pas enco'e décha'gé. L'est seul'ment a'ivé c' mâtin.

Il ne savait pas quand il pourrait « avoir son voyage », mais pensait que ce serait peut-être le lendemain ou peut-être le surlendemain ; cela ne nous convenait pas du tout ; nous dûmes donc renoncer à cette expérience nouvelle : descendre le fleuve sur une ferme. Nous avions une autre flèche dans notre carquois : un bateau de Vicksburg, le *Gold Dust,* devait lever l'ancre à dix-sept heures. Nous avons pris des billets pour Memphis et renoncé à l'idée de faire des haltes ici ou là, car elle se révélait irréalisable. Ce bateau était élégant, propre et confortable. Nous avons campé sur le pont inférieur et acheté un peu de littérature sans prétention pour tuer le temps. Le marchand était un vénérable Irlandais au visage bienveillant et à la langue bien pendue ; il nous apprit qu'il avait vécu trente-quatre ans à Saint Louis et que pendant tout ce temps il n'avait jamais traversé le fleuve. Ensuite, il s'est lancé dans une conférence d'une belle fluidité de style, pleine de noms et de références classiques, dont l'aisance nous parut tout à fait merveilleuse, jusqu'à ce qu'il devînt évident que ce n'était pas la première fois, ni même la cinquantième, qu'il servait ce discours. C'était un sacré personnage, et d'une compagnie bien meilleure que la stupide littérature qu'il vendait. Une remarque faite au hasard, à propos des Irlandais et de la bière, lui tira cette information qui valait son pesant d'or :

— Ils n'en boivent pas, monsieur. *Ils ne peuvent pas* la boire, monsieur. Donnez de la bière blonde à un Irlandais pendant un mois, et c'est un homme mort. Un Irlandais est doublé de cuivre et la bière corrode le cuivre. Mais le whisky fait briller le cuivre et c'est le salut de notre homme, monsieur.

A huit heures précises, nous sommes sortis en marche arrière et... avons traversé le fleuve. Tandis que nous approchions doucement de la rive, dans une épaisse obscurité, l'éclat aveuglant d'une lumière électrique blanche a jailli brusquement de notre gaillard d'avant, et a éclairé l'eau et les entrepôts comme en plein jour. Une autre grosse différence, cela — terminées, à présent, les torches tremblotantes, enfumées, résineuses, inefficaces : leur temps est passé. Ensuite, au lieu de faire appel à une vingtaine de bras pour déplacer la passerelle, deux hommes et un peu de vapeur l'abaissaient du mât de charge auquel elle était suspendue, la déplaçaient, la déposaient juste à l'endroit qu'il fallait, et tout était terminé — quand, dans l'ancien temps, un second aurait à peine eu le temps de préparer son moulin à injures pour commencer les opérations préalables. Pourquoi n'a-t-on pas pensé à cette méthode nouvelle et simple de maniement des passerelles lorsque l'on a construit le premier bateau à vapeur, voilà un mystère qui permet de mieux comprendre à quel point l'être humain moyen est une limace à l'esprit balourd.

Nous sommes finalement partis à deux heures du matin, et lorsque je me suis levé à six heures nous contournions une pointe rocheuse où se dressait un vieil entrepôt en pierre — ou du moins ses ruines — ; non loin de là se trouvaient deux ou trois maisons délabrées à l'abri de collines boisées ; mais l'on ne voyait aucune trace de vie humaine ou animale. Je me suis demandé si j'avais oublié le fleuve, car je n'avais aucun souvenir de cet endroit ; la forme du fleuve, elle aussi, m'était étrangère ; je n'apercevais rien nulle part que je me rappelais avoir déjà vu. J'étais surpris, déçu et contrarié.

Nous avons débarqué un homme et une femme bien habillés, et deux jeunes filles tout aussi bien vêtues qui avaient déjà l'air de femmes, et plusieurs sacs en cuir de Russie. Un endroit étrange pour de pareilles personnes ! Aucune voiture ne les attendait. Le petit groupe s'est mis en marche comme s'il ne comptait pas en voir arriver une et s'est éloigné à pied sur un chemin de campagne sinueux.

Mais le mystère s'expliqua lorsque nous appareillâmes de nouveau ; car ces gens évidemment rejoignaient une grande ville qui s'étendait, prisonnière, derrière un banc de sable et son début de végétation (*i.e.* une nouvelle île), à deux miles en aval de ce débarcadère. J'étais incapable de me souvenir de cette ville ; incapable de la situer, incapable de dire son nom. Alors je me suis un peu énervé. J'ai pensé que ce pouvait être Saint Genevieve — et cela se révéla exact. Voyez ce que ce fleuve excentrique avait fabriqué : il avait élevé cet immense banc de sable inutile directement devant cette ville, il avait coupé les communications entre elle et ses rives, il l'avait complètement enclose et en avait fait une cité « campagnarde ». Par ailleurs c'est une jolie ville ancienne, et qui méritait un meilleur sort. Fondée par les Français, c'était une survivance de l'époque où l'on pouvait voyager de l'embouchure du Mississippi jusqu'au Québec et pendant tout ce temps, rester sur des territoires français et sous des lois françaises.

Finalement, je suis monté jusqu'au pont-abri et j'ai jeté un regard de nostalgie à la cabine de pilotage.

CHAPITRE XXIV

Mon incognito vole en éclats

Je reçois quelques informations. – Bateaux à alligators. – Il était épatant pour voyager. – Je suis découvert.

Après avoir soigneusement étudié le visage du pilote de quart, je fus satisfait de ne l'avoir jamais vu ; et, donc, je suis monté. Le pilote m'a inspecté ; j'ai de nouveau inspecté le pilote. Une fois terminés ces préliminaires normaux, je me suis assis sur la haute banquette et il s'est retourné et a repris son travail. Chaque détail du poste de pilotage m'était familier, à une exception près — un tube de gros diamètre, avec son extrémité ouverte, sous la lisse de la cabine. Cette chose m'a intrigué un très long moment ; j'ai fini par abandonner et par demander à quoi elle servait.

— Pour entendre les cloches des machines, en dessous.

Voilà une autre bonne invention qui aurait dû être faite un demi-siècle plus tôt. C'est ce que j'étais en train de penser lorsque le pilote a dit :

— Savez-vous quel est le rôle de cette corde ?

Je me suis arrangé pour contourner la question sans me compromettre.

— Est-ce que c'est la première fois que vous vous trouvez dans une cabine de pilotage ?

J'ai glissé sous cette question-ci.

— D'où est-ce que vous êtes ?

— Nouvelle-Angleterre.

— Vous n'étiez jamais venu dans l'Ouest ?

J'ai escaladé celle-là.

— Si vous trouvez un intérêt à ce genre de choses, je peux vous dire quelle est la fonction de tout ça.

Je lui répondis que cela me ferait plaisir.

— Ça, dit-il en posant la main sur une corde de cloche de marche arrière, c'est pour sonner l'alerte incendie ; ça (touchant une cloche de marche avant), c'est pour appeler le garçon du pont texas ; ça (indiquant le levier du sifflet), c'est pour prévenir le capitaine...

Et il a continué ainsi, me montrant un objet après l'autre et dévidant tranquillement son écheveau de mensonges.

Je ne m'étais jamais senti autant dans la peau d'un passager, auparavant. Je l'ai remercié, avec émotion, pour chaque nouvelle information, que je notais dans mon carnet. Profitant de l'occasion, le pilote a continué à me charger selon les bonnes vieilles méthodes d'autrefois. Par moments j'avais peur de le voir interrompre ses inventions ; mais il a tenu la longueur et s'en est parfaitement bien tiré. Il est passé avec aisance, par degrés, à des révélations sur l'une ou l'autre des merveilleuses excentricités du fleuve, qu'il a appuyées de quelques illustrations assez gigantesques. Par exemple :

— Vous voyez ce bloc qui dépasse de l'eau plus loin ? Ben, la première fois que j'ai navigué sur le fleuve, c'était une solide barre rocheuse, de plus de dix-huit mètres de haut et de deux miles de long. Tout a été emporté, sauf ça.

(Cela avec un soupir.)

J'ai eu une terrible envie de le supprimer, mais il m'a semblé que le tuer d'une façon ordinaire serait trop bon pour lui[5].

A un moment, lorsqu'un bateau à l'apparence bizarre, avec un énorme seau à charbon incliné au-dessus de lui à l'extrémité d'un madrier, passa dans le lointain, il attira mon attention sur lui avec indifférence, comme si c'était un objet devenu fastidieux de par sa familiarité, et il indiqua que c'était un « bateau à alligators ».

— Un bateau à alligators ? A quoi ça sert ?

— A écarter les alligators.

— Ils sont si nombreux qu'ils posent problème ?

— Ben, plus maintenant, parce que le gouvernement les limite. Mais avant, oui. Pas partout ; dans leurs endroits préférés, ici et là, là où le fleuve est large et peu profond — comme la pointe du Prunier, et Stack Island, etc. — des coins qu'on appelle des « lits d'alligators ».

— Est-ce qu'ils gênent vraiment la navigation ?

— Il y a des années, oui, là où l'eau était très basse ;

il y avait rarement des voyages, en c' temps-là, où on ne s'échouait pas sur des alligators.

J'avais l'impression que j'aurais vraiment dû sortir mon tomahawk. Je me suis pourtant maîtrisé et j'ai dit :

— Ça devait être insupportable.

— Oui, c'était l'une des principales difficultés du pilotage. C'était tellement dur de se faire une idée de l'eau ; avec ces foutus machins qui changeaient de place — ils ne restaient jamais tranquilles cinq minutes d'affilée. Vous pouvez reconnaître un écueil de vent, sans hésitation, à son apparence ; vous pouvez reconnaître la marque d'un chicot ; vous pouvez reconnaître une barre de sable — tout ça, c'est facile. Mais un alligator est un obstacle qui ne se voit pas, presque pas. Neuf fois sur dix, on ne sait pas où est cette eau ; et lorsqu'on voit *vraiment* où elle est, probablement qu'elle n'est plus là quand on y arrive, les démons ont bougé pendant ce temps. Bien sûr, il y avait quelques rares pilotes qui pouvaient repérer une eau à alligators à peu près aussi bien que n'importe quel autre genre d'eau, mais ils devaient avoir un talent inné pour ça ; c'était pas quelque chose qu'on pouvait *apprendre*, fallait être né avec. Laissez-moi voir : y'avait Ben Thornburg, et Beck Jolly, et Squire Bell, et Horace Bixby, et le major Downing, et John Stevenson, et Billy Gordon, et Jim Brady, et George Ealer, et Billy Youngblood — tous des pilotes à alligators classés A 1. Eux savaient reconnaître une eau à alligators aussi bien qu'un autre chrétien sait reconnaître le whisky. La lire ? Ah, tu parles qu'*ils pouvaient*, tiens donc ! Je souhaite seulement avoir autant de dollars que c' qu'ils pouvaient lire comme eau à alligators sur un mile et demi ! Oui, et c'était payant pour eux de faire ça, aussi. Un bon pilote à alligators pouvait toujours se faire quinze cents dollars par mois. La nuit, les autres devaient s'amarrer à cause des alligators, mais ces types-là ne s'amarraient jamais à cause des alligators ; ils ne s'amarraient jamais pour rien, sauf quand y'avait du brouillard. Ils avaient le nez pour *sentir* la meilleure eau à alligators — c'était ce qu'on disait ; je ne sais pas si c'était vrai ou non, et je pense que quelqu'un a déjà assez à faire s'il s'en tient juste à ce qu'il sait sans avoir besoin d'aller soutenir les racontars des autres, quoiqu'il y en ait beaucoup qui ne se font pas prier pour le faire, tant qu'ils peuvent dénicher quelque chose de merveilleux à raconter. C' qui n'est pas l' style de Robert Styles, d'au moins trois brasses — peut-être trois brasses *moins* un quart.

(Mon Dieu ! Est-ce que c'était Bob Styles[6] ? Ce personnage moustachu et imposant ? Un apprenti pilote plutôt mince, de mon temps. Comme son charme s'était développé, en vingt-cinq ans — et comme il avait fait des progrès dans le noble art d'exagérer ce qu'il racontait.)

Après ces réflexions, je me suis exclamé :

— Je dirais qu'écarter les alligators ne devait pas être très utile, parce qu'ils pouvaient revenir tout de suite après.

— Si vous aviez autant d'expérience que moi des

alligators, vous ne parleriez pas comme ça. Vous repoussez un alligator une fois et il est *convaincu.* C'est la dernière fois que vous entendez parler de *lui.* Même pour un pâté en croûte, il ne reviendra pas. Si y'a bien une chose qui déprime un alligator plus que tout, c'est d'être repoussé comme ça. En plus, on ne se contentait pas de les écarter : la plupart des pelletées d'alligators étaient ramenées à bord et vidées dans la cale ; et quand on avait un voyage complet, on les amenait à Orleans dans les usines du gouvernement.

— Pour quoi faire ?

— Ben, des chaussures pour les soldats, avec leur peau. Toutes les chaussures du gouvernement sont en peau d'alligator. Ça donne les meilleures chaussures du monde. Elles durent cinq ans, et elles sont imperméables. La pêche aux alligators est un monopole d'État. Tous les alligators sont propriété du gouvernement — exactement comme les chênes verts. Vous abattez un chêne vert et le gouvernement vous condamne à cinquante dollars d'amende ; vous tuez un alligator, et vous plongez pour outrage au gouvernement — et vous avez de la chance s'ils ne vous pendent pas, en plus. Et ils le feront, si vous êtes démocrate. La buse est l'oiseau sacré du Sud et vous n'avez pas le droit de la toucher ; l'alligator est l'oiseau sacré du gouvernement, et il faut lui ficher la paix.

— Est-ce que vous vous échouez encore sur les alligators, maintenant ?

— Oh non ! C'est pas arrivé depuis des années.

— Alors, dans ce cas, pourquoi est-ce que les bateaux à alligators sont encore en service ?

— Juste une opération de police — rien de plus. Ils se contentent de monter et descendre le fleuve de temps à autre. Les alligators de la génération actuelle les connaissent aussi bien qu'un cambrioleur connaît l'agent qui fait sa ronde ; quand ils les voient arriver, ils lèvent le camp et filent dans les bois.

*

— Est-ce que vous avez déjà été pris dans l'explosion d'un vapeur ?

— Neuf fois.

— C'est une vaste expérience.

— Oui. J'ai été projeté trois fois en cinq ans à travers le toit de la même cabine, dans le tournant du Noyer.

— Ça paraît vraiment remarquable.

— Et ce fut considéré comme tel. Oui, trois fois à travers le même toit. A la troisième, l'homme a déménagé.

— Il a déménagé ?

— Oui. C'était une espèce d'étudiant nerveux et sédentaire ; il essayait d'approfondir ces histoires d'évolution et de survie du plus apte, et tous ces trucs de ce genre, et il a dit qu'il préférait déménager plutôt que d'être sans arrêt interrompu et dérangé comme ça. Les réparations prenaient pas mal de temps, aussi.

— Oui, et elles coûtaient cher, bien sûr.

— Ben, non ; pas cher. C'était moi qui payais. Je le fais toujours. Mais cette troisième fois, j'ai emporté le cuisinier avec moi et j'avoue qu'à la vérité l'étudiant n'a pas aimé ça du tout. Il n'a pas dit un mot à ce sujet ; mais sa froideur m'a fait penser qu'il jugeait que je prenais trop de liberté. Il avait toujours été cordial, avant. Peut-être que je me trompe, mais on peut toujours tirer beaucoup d'enseignements de la façon dont un homme se conduit, vous voyez. Il paraissait gêné — c'est ça qui a attiré mon attention, et pas quelque chose qu'il a pu dire. Pas une fois il n'a regardé le cuisinier, et il ne m'a pas demandé de m'asseoir — il m'avait toujours demandé de m'asseoir, avant. Bon, c'était une ambiance plutôt glaciale, à tout prendre, et on s'est pas attardés. Lorsqu'on s'est quittés, il s'est contenté de me demander de passer le voir quand je serais dans le coin — rien de très chaleureux là-dedans, pourtant —, mais je lui ai simplement adressé un bref hochement de tête et j'ai remarqué, avec juste le genre de politesse froide et coupante dont j'étais capable alors, que ce n'était pas dans mon habitude de me montrer là où je ne pouvais pas amener un ami qui allait dans la même direction que moi, et qu'on n'avait pas le temps d'organiser et de mener à bien la chose conformément aux exigences dorées sur tranche de l'Association du Tournant du Noyer. J' l'ai bien eu, là ! Il n'a rien pu répliquer. Alors j'ai juste ramassé ma barre et je suis parti sans me presser.

— Vous aviez aussi votre barre avec vous ?

— M'arrivait de l'avoir, à cette époque — c'était pas

systématique. Mais vous ne prenez *rien* exprès, vous savez. Vous ne *pensez* à rien. Vous n'avez pas le temps.

*

Après avoir fait le tour des histoires d'alligators, et les avoir terminées, et les avoir expédiées, il en est venu facilement et tranquillement à la veine historique, et il a parlé de certains formidables festins sur une demi-douzaine d'anciens vapeurs de sa connaissance ; il a spécialement insisté sur une performance extraordinaire de son chef préféré de toute cette flotte distinguée, et puis il a ajouté :

— Ce bateau, c'était le *Cyclone* — le dernier voyage qu'il a jamais fait ; il a coulé cette fois-là — ; le capitaine était Tom Ballou, le plus impérissable menteur qu' j'ai jamais rencontré. Il n'arrivait pas à donner l'impression qu'il racontait la vérité, en *aucune* circonstance. Vraiment, il vous aurait fait frémir ! *C'était* le plus scandaleux des menteurs. Je l'ai quitté, finalement, je ne pouvais plus supporter ça. Le proverbe dit : « Tel maître, tel valet » ; et si vous restez avec ce genre d'homme, vous finissez par être soupçonné, juste aussi vrai que vous vivez. Il payait un excellent salaire ; mais comme je disais, qu'est-ce qu'un salaire quand votre réputation est en danger ? Alors, j'ai laissé tomber le salaire et je me suis cramponné à ma réputation. Et je ne l'ai jamais regretté. La réputation, ça vaut tout le reste, n'est-ce pas ? C'est la façon dont j' vois la chose. Il avait plus d'organes de l'égoïsme que sept hommes, n'importe lesquels en ce monde, des organes tous entassés dans la chambre de son crâne, évidemment, auquel ils appartenaient. Ils pesaient tant sur sa nuque qu'ils lui faisaient dresser le nez. Les gens croyaient que c'était de l'orgueil, mais ce n'était pas ça, c'était de la méchanceté. A voir seulement son pied, on avait l'impression que l' capitaine mesurait six mètres, mais ce n'était pas le cas ; c'était parce que son pied n'était pas dessiné à la bonne échelle. Le capitaine avait été prévu pour mesurer six mètres, aucun doute, si c'est son pied qu'a été fait le premier, mais il n'était pas arrivé jusque-là ; il faisait seulement un mètre quatre-vingts. C'était comme ça qu'il était, et c'est comme ça qu'il est. Vous lui retirez les mensonges, et il rétrécira jusqu'à la taille de votre chapeau ; vous lui retirez la méchanceté et il disparaîtra. Ce *Cyclone* était épatant pour voyager, et la chose la plus facile à conduire qui s'était jamais promenée sur l'eau. Mettre sa barre droite, sur un grand fleuve, et le laisser aller, c'était tout ce que vous aviez à faire. Il se maintenait seul sur une étoile une nuit entière si vous l'abandonniez à lui-même. Vous ne sentiez pas son gouvernail. C'était pas plus de travail de le conduire que de compter les votes républicains dans une élection de Caroline du Sud. Un matin, juste au lever du jour, à son dernier voyage, ils ont remonté son gouvernail à bord pour le réparer ; j'en savais rien ; je suis parti en marche arrière du chantier forestier et je me suis mis à descendre le fleuve tranquillement. Quand j'ai eu parcouru à peu près vingt-trois miles et fait quatre traversées horriblement tortueuses...

— Sans aucun gouvernail ?

— Oui.. le vieux capitaine Tom s'est montré sur le toit et il a commencé à me reprocher de naviguer par une nuit si sombre...

— Une *nuit si sombre ?* Mais, vous disiez...

— Qu'importe ce que je disais... c'était aussi sombre que l'Égypte *alors,* mais bientôt la lune a commencé à se lever, et...

— Vous voulez dire le *soleil...* Parce que vous avez appareillé juste au lever du... Écoutez ! Est-ce que c'était *avant* que vous quittiez le capitaine à cause de ses mensonges, ou... ?

— C'était avant... Oh ! longtemps avant. Et comme j'étais en train de dire, il...

— Mais est-ce que c'était le voyage où le bateau a coulé ou... ?

— Oh non ! Des mois après ! Et donc, le vieux capitaine, il...

— Alors, il a fait *deux* derniers voyages, parce que vous avez dit...

Il s'éloigna de la barre, essuya sa sueur, et répondit :

— Écoutez ! (il m'appela par mon nom), *vous* prenez le bateau et vous restez un moment... Vous êtes plus adroit que moi pour ça. Essayer de vous faire passer pour un étranger et un innocent ! Vraiment, je vous ai reconnu avant que vous ayez eu le temps de dire trois mots ; et j'ai décidé de découvrir ce que signifiait votre petite comédie. C'était pour *me faire parler.* Eh bien, je vous ai laissé, n'est-ce pas ? Maintenant, prenez la barre et terminez le quart ; et la prochaine fois, jouez franc jeu, et vous n'aurez pas à travailler pour votre passage.

Ainsi se termina mon affaire de faux nom. Et à moins de six heures de Saint Louis ! Mais j'y avais gagné un privilège, de toute façon, car l'envie me démangeait de poser les mains sur la barre, depuis le début. Il me semblait que j'avais oublié le fleuve, mais je n'avais pas oublié comment piloter un vapeur, ni comment y prendre plaisir.

CHAPITRE XXV

De Cairo à Hickman

Le Four et la Table du Diable. – Une bombe explose. – Pas de chaud. – Trente ans sur le fleuve. – Uniformes du Mississippi. – Accidents et victimes. – Deux cents épaves. – Une perte pour la littérature. – Écoles du dimanche et briques de maçons.

Le paysage, de Saint Louis à Cairo — deux cents miles —, est varié et magnifique. Les collines avaient revêtu leurs frais feuillages printaniers, maintenant, et elles faisaient un cadre gracieux et digne du formidable fleuve qui coulait entre elles. Notre voyage commençait sous d'heureux auspices, avec une journée parfaite quant à la brise et au soleil, et notre bateau laissait les miles derrière lui avec une promptitude satisfaisante.

Nous avons trouvé un chemin de fer qui s'imposait à Chester, Illinois ; Chester a aussi un pénitencier, maintenant, mais par ailleurs la ville progresse. A Grand Tower aussi, il y avait un chemin de fer ; et un autre à Cape Girardeau. Grand Tower tient son nom d'un pilier rocheux immense et lourd qui sort du fleuve côté Missouri — un exemple de l'œuvre extravagante de la nature — et qui est l'une des particularités les plus pittoresques du paysage de cette région. Pour les voisins les plus proches ou les plus éloignés, la Tour possède le Four à Pain du Diable — ainsi nommé, peut-être, parce qu'il ne ressemble pas vraiment au four de qui que ce soit — et la Table à Thé du Diable — une grande masse rocheuse à la surface lisse, avec un pied de verre à vin allant en diminuant, perchée à quelque quinze ou vingt mètres au-dessus du fleuve, à côté d'un à-pic orné de fleurs et de guirlandes, et qui ressemble suffisamment à une table à thé pour rendre des comptes à quiconque, Diable ou chrétien. Plus loin en aval, nous avons le Coude du Diable et le Champ de Courses du Diable, et beaucoup d'autres propriétés lui appartenant dont je suis incapable de me souvenir pour l'instant.

*

Ce personnage tire un peu trop d'importance de ce genre de compliment — et pas seulement le long du Mississippi, mais dans tout le pays. On pourrait imaginer qu'il a construit la côte pacifique, tant son nom est commun par ici. Cela me rappelle une histoire. Lorsque je me trouvais par ici, une nouvelle région minière fut découverte quelque part dans les montagnes, et les mineurs assortirent les principales caractéristiques de l'endroit de ce qui leur sembla être une série de noms assez soignée.

La semaine suivante, le journal religieux de San

Francisco déversa sur ces pauvres gens une colonne et demie d'une implacable acrimonie, à cause de l'un de ces noms. Selon l'auteur de ces lignes, le fait que nulle part sur toute la côte la nomenclature ne reconnaissait le Créateur qui avait conçu les beautés et les sublimités de celle-ci était déjà assez honteux pour nous tous ; mais le fait supplémentaire que, presque partout où Dieu avait élevé vers les cieux un noble point de repère, des hommes dépravés lui avaient dérobé l'honneur qui Lui était dû, pour l'accorder au Grand Adversaire du genre humain, en attachant à ce lieu son horrible nom — oui, ce fait-là était une honte innommable, une honte intolérable ! « Et apparemment, à cela il ne doit pas y avoir de fin ; parce que cette semaine, les mineurs de Home-Stake Camp ont rajouté un blasphème à cette hideuse liste ; car la porte montagnarde la plus sublime élevée par la main du Créateur dans toute cette majestueuse région, ces individus impies l'ont nommée la *gorge du Diable !* C'est là la même ignorance insolente de Celui qui façonna cette œuvre puissante, la même malfaisante exaltation de Son Grand Ennemi et du nôtre ! Misérables, misérables hommes ! Moqueurs ingrats et profanes ! La gorge du Diable, par exemple ! Il y a des noms et plus qu'il n'en faut ; des noms qui sont innocents, des noms qui ne font aucune peine, qui ne font rougir aucune joue, qui ne charrient aucune insulte ; mais non, ils ne conviendront pas — ce doit être la gorge du Diable ! Et ces hommes sont des *Californiens !* — ces hommes avec leur gorge du Diable ! Ils ne sont pas Turcs, ni Fidjiens, ni Dahoméens — mais Californiens ! C'est là que réside l'opprobre, là l'humiliation. »

La consternation du camp, lorsque cette bombe y éclata, est quelque chose d'impossible à imaginer ou à décrire. Ces étourdis de mineurs n'avaient eu aucune mauvaise intention ; et qu'ils fussent dénoncés dans ce style haut en couleur, et que les yeux réprobateurs du monde entier fussent attirés et fixés sur eux, ce fut pour eux une expérience nouvelle et infiniment douloureuse. il n'y avait plus qu'une idée dans chaque esprit : comment effacer cette affreuse tache ? Comment calmer ce chroniqueur en fureur ? Comment nous concilier un monde en colère, et gagner son pardon et retrouver son respect ? Un grand rassemblement fut organisé — bien sûr. Tout le monde était découragé et misérable ; tout le monde se sentait honteux et déshonoré. Pendant un moment, ils furent presque tous trop abasourdis et trop accablés pour parler. On fit quelques piètres suggestions qui, pourtant, ne percèrent la profonde obscurité que d'un maigre rayon d'espoir. Mais finalement, un mineur fut inspiré par une pensée salvatrice, et l'assistance électrisée se leva comme un seul homme ! Tous s'emparèrent de l'idée, s'empressèrent de l'accepter à l'unanimité, avec des larmes de gratitude dégoulinant sur leurs visages. Puis ils rentrèrent chez eux heureux, car l'opprobre était chassé, le nom blessant annulé, tandis que le nouveau volait déjà sur les ailes de l'éclair vers ce chroniqueur qui les reprendrait en amitié, maintenant que toutes les convenances étaient respectées. Car ce qui était auparavant la gorge du Diable s'appelait désormais le RAVIN DE JÉHOVAH !

Il serait difficile à satisfaire, en effet, le chroniqueur religieux qui trouverait à redire à cela.

*

La ville de Grand Tower était évidemment un endroit plus animé que dans le temps, mais elle paraissait avoir besoin de quelques réparations ici ou là, et d'une nouvelle couche de chaux partout. Cela me faisait pourtant plaisir de voir de nouveau le vieil enduit. « Oncle » Mumford, notre officier en second, expliqua que la cité avait souffert des hautes eaux et qu'en conséquence elle n'était pas, à présent, dans sa meilleure forme. Mais il ajouta que ce n'était pas étonnant qu'elle ne gaspillât pas de chaux pour ses murs, car on en fabriquait davantage ici, et d'une qualité supérieure, que n'importe où dans l'Ouest ; et il conclut :

— Dans une ferme laitière on ne peut jamais avoir de lait pour son café, ni de sucre pour le sucrer dans une plantation de cannes ; et ça n'a pas de sens d'aller dans une ville qui produit de la chaux pour chercher de la chaux.

A la lumière de ma propre expérience, je savais que les deux premières affirmations étaient vraies ; et aussi que les gens qui vendaient des bonbons se moquaient des bonbons ; l'observation finale d'Oncle Mumford était donc plausible quand il prétendait que « les hommes qui fabriquent de la chaux courent davantage après la religion qu'après le badigeon ». Oncle Mumford a dit, plus tard, que Grand Tower était un important centre minier et un endroit prospère.

Cape Girardeau est situé sur un flanc de colline et a une belle allure. On y trouve une importante école de garçons dirigée par des jésuites au pied de la ville, près du fleuve. Selon Oncle Mumford, elle a une aussi bonne réputation que n'importe quelle institution similaire du Missouri. Il y avait une autre école plus haut, sur un sommet bien aéré -- un édifice neuf et lumineux, surmonté de tours et de clochetons pittoresques et singuliers — une sorte de huilier gigantesque avec tous ses petits flacons. Oncle Mumford a dit que Cape Girardeau était l'Athènes du Missouri et comptait plusieurs autres écoles, outre celles déjà mentionnées ; toutes avaient une base religieuse d'un genre ou d'un autre. Il a attiré mon attention sur ce qu'il appelle « la puissante et convaincante apparence religieuse de la cité », mais j'ai été incapable de voir en quoi celle-ci paraissait plus religieuse que les autres villes de montagne, bâties sur des versants identiques et avec le même type de brique. La partialité fait souvent voir aux gens plus loin que la réalité.

Oncle Mumford avait été second sur le fleuve pendant trente ans. Cet homme a du sens pratique et une tête bien équilibrée ; a beaucoup observé ; a eu des expériences diverses et nombreuses ; a des opinions ; a, aussi, juste un soupçon perceptible de poésie dans son caractère, une facilité d'expression, la voix enrouée, et un ou deux jurons là où il peut aller les chercher lorsque les exigences de ses fonctions demandent une élévation spirituelle. C'est un second selon les heureuses manières du bon vieux temps ; il va à droite et à gauche en pestant gravement, lorsqu'il y a du travail, d'une façon qui fait fondre le cœur de l'ex-membre d'équipage de vapeur avec une douce nostalgie pour des jours disparus qui ne reviendront jamais.

— *Dibout,* là, b... de toi ! Ça va durer toute la journée ? Pourquoi t'as pas dit avant d'embarquer que t'étais pétrifié de l'arrière-train !

C'est un homme qui en impose à son équipage ; juste et bienveillant, mais ferme ; alors, celui-ci l'aime et reste avec lui. Il a toujours l'accoutrement avachi de l'ancienne génération de seconds ; mais pour le prochain voyage, l'Anchor Line l'aura en uniforme — un uniforme de marine bleu et pimpant, avec des boutons en laiton, comme ceux de tous les officiers de la ligne — et il offrira donc un genre de spectacle totalement différent d'aujourd'hui.

Les uniformes sur le Mississippi ! Pour la surprise, c'est cela qui l'emporte sur tous les autres changements. Et pourtant, il y a une autre surprise — que ce changement-là ne se soit pas produit cinquante ans auparavant. C'est si évidemment raisonnable qu'on aurait dû y penser plus tôt, pourrait-on supposer. Pendant un demi-siècle, par ici, l'innocent passager qui avait besoin d'aide et d'informations a pris le second pour le cuisinier et le capitaine pour le coiffeur — et on s'est aussi rudement moqué de lui pour cela. Mais ses ennuis sont désormais terminés. Et l'apparence grandement améliorée de l'équipage du bateau est un autre avantage de cette période de réforme vestimentaire.

Tenu la barre dans le tournant, en aval de Cape Girardeau ; on l'appelle le « tournant du Barreur » ; navigation toute simple et beaucoup d'eau, toujours ; à peu près le seul endroit du cours supérieur où un nouvel apprenti était autorisé à conduire un bateau, à basses eaux.

Thebes, à l'amont de la Grand Chain, et Commerce en aval, sont des villes dont on se souvient aisément, car elles n'ont pas connu de transformations visibles. La Grand Chain non plus, d'ailleurs — ce qui est dans l'ordre des choses, car c'est une chaîne de rochers submergés admirablement arrangée pour capturer et détruire les vapeurs au cours des mauvaises nuits. Un grand nombre de cadavres de vapeurs gisent ici, invisibles ; et parmi eux mon premier ami, le *Paul Jones ;* sa quille a heurté ces rochers et il a coulé comme une pierre, c'est ce que m'a raconté l'historien — Oncle Mumford. Il m'a dit qu'il y avait une jument grise à bord et un prédicateur ; pour moi, c'était suffisant pour expliquer la catastrophe ; et pour Mumford aussi, bien sûr, qui ajouta :

— Mais il y a beaucoup de gens ignorants qui se moqueraient de ce genre de chose et qualifieraient ça de superstition. Cependant, vous remarquerez toujours que ce sont des gens qui n'ont jamais eu l'occasion de voyager avec une jument grise et un prédicateur. J'ai descendu le fleuve une fois en pareille compagnie. Nous nous sommes échoués à Bloody Island ; nous

nous sommes échoués à Hanging Dog ; nous nous sommes échoués ici, en aval de ce même Commerce ; nous avons secoué Beaver Dam Rock ; nous avons heurté l'un des pires chicots du « Cimetière », derrière Goose Island ; nous avons eu un débardeur tué dans une rixe ; une de nos chaudières a brûlé ; nous avons cassé un arbre ; plié un conduit de cheminée ; et atteint Cairo avec trois mètres d'eau dans la cale — y'en avait peut-être plus, ou peut-être moins. Je m'en souviens comme si c'était hier. La terreur a fait perdre la tête à nos hommes. Ils ont peint la jument en bleu, en vue de la ville, et jeté le prédicateur par-dessus bord, ou nous ne serions pas arrivés du tout. Le pédicateur a été repêché et sauvé. Il a lui-même reconnu qu'il était à blâmer. Oui, je me rappelle tout ça comme si c'était hier.

Que cette combinaison — d'un prédicateur et d'une jument grise — puisse entraîner un désastre paraît étrange et à première vue incroyable ; mais la chose est confirmée par tant de preuves irréfutables que c'est déshonorer la raison que d'en douter. Je me souviens d'un cas où de nombreux camarades avaient mis un capitaine en garde contre le fait de prendre à son bord une jument grise et un prédicateur, mais il persista dans ses intentions malgré tout ce que l'on put lui dire ; et le même jour — c'était peut-être le lendemain, et certains l'assurent en effet, bien qu'il me semble que c'était bien le même jour — il se soûla et passa à travers l'écoutille et fut ramené chez lui sous forme de cadavre. C'est littéralement vrai.

Il ne reste plus aucune trace de Hat Island, aujourd'hui. Chacun de ses fragments a été emporté. Je ne sais même plus dans quelle section du fleuve se trouvait cette île, sauf que c'était quelque part entre Saint Louis et Cairo. C'était un sale coin — tout autour de Hat Island et dans ses environs — dans l'ancien temps. Un fermier qui vivait là sur la rive côté Illinois racontait que les épaves de vingt-neuf vapeurs s'y étaient alignées en vue de sa maison. Entre Saint Louis et Cairo, il y a en moyenne un naufrage de vapeur au mile — soit deux cents en tout.

J'ai pu constater de grands changements en aval, à partir de Commerce. Beaver Dam Rock était au beau milieu du fleuve maintenant, y faisant une prodigieuse « marque » ; avant, il était près de la rive et les bateaux qui descendaient passaient à l'extérieur. Une grosse île qui était située au milieu du fleuve s'est retirée vers la rive côté Missouri, et les bateaux ne s'en approchent plus du tout. L'île appelée Jacket Pattern est réduite à un petit morceau triangulaire, à présent, et elle est promise à une prochaine destruction. Goose Island a complètement disparu, à l'exception d'un petit bout de la taille d'un vapeur. Le dangereux « Cimetière », dont nous franchissions les épaves sans nombre si lentement et avec de telles précautions, est loin du chenal désormais, et il n'est plus la terreur de personne. L'une des deux îles que l'on nommait jadis les Two Sisters n'existe plus ; l'autre, qui se trouvait près de la rive côté Illinois, est maintenant côté Missouri, à un mile de là ; elle est solidement reliée au rivage, et il faut un œil perçant pour voir où est la soudure — et pourtant, elle appartient encore au territoire de l'Illinois, et les gens qui y vivent doivent franchir le fleuve en bac et payer les routes et les taxes de l'Illinois : étrange état de choses !

Près du confluent du fleuve, plusieurs îles manquaient — emportées. Cairo était toujours là — nettement visible de l'autre côté de la longue pointe plate sur le bord le plus éloigné de laquelle s'étend cette cité ; mais l'opération de contournement nécessaire pour y arriver nous a pris un bon moment. La nuit tombait lorsque nous sommes sortis du « cours supérieur du fleuve » et avons rencontré les eaux de l'Ohio. Nous avons avancé à toute vitesse sans inquiétude, car le rocher immergé qui se trouvait jadis en plein au milieu du passage était désormais loin en aval hors du chenal ; ou, plus exactement, un comté à peu près avait plongé dans le fleuve depuis la pointe du Missouri, et la pointe de Cairo était « descendue » et avait agrandi sa longue langue de territoire en proportion. Le Mississippi est un fleuve juste et équitable ; il ne fait jamais passer la ferme de quelqu'un par-dessus bord sans construire une nouvelle ferme exactement identique pour le voisin de ce quelqu'un. Cela évite les rancunes.

En entrant dans Cairo, nous avons failli couler un vapeur qui n'a accordé aucune attention à notre sifflet puis qui a essayé de nous couper la route. D'une vigoureuse marche arrière nous l'avons sauvé ; ce qui fut une grande perte, car sa destruction aurait permis de faire de la bonne littérature.

Cairo est une cité animée, de nos jours ; et elle est solidement construite, et elle a un air de vraie ville qui contraste de façon frappante avec son état de jadis, d'après la description qu'en a donnée Mr. Dickens[7]. Mais elle était déjà bâtie en briques la dernière fois que je l'ai vue — c'est-à-dire lorsque le colonel (aujourd'hui général) Grant[8] s'entraînait à son premier commandement ici. Oncle Mumford dit que les bibliothèques et les écoles du dimanche ont fait du bon travail à Cairo, autant que les briques des maçons. Cairo a un important commerce fluvial et ferroviaire, et sa situation au confluent de deux grands cours d'eau est si avantageuse qu'elle ne peut pas faire autrement que de prospérer.

Quand je me suis levé, le matin, nous avions dépassé Columbus (Kentucky) et nous approchions d'Hickman, une cité mignonne, perchée sur une belle colline. Hickman, situé dans une riche région de production de tabac, bénéficiait jadis d'un commerce important et lucratif de ce produit, qui était stocké dans ses entrepôts à partir d'une large zone de culture, puis transporté par bateau ; mais Oncle Mumford dit que la ville a construit une voie de chemin de fer pour faciliter encore un peu plus ce commerce, et il pense que cela l'a facilité dans le mauvais sens — elle lui en a fait perdre la majeure partie en « ramassant la marchandise le long de la ligne au lieu de la rassembler à ses portes ».

CHAPITRE XXVI

Sous le feu de l'ennemi

Discussion de guerre. – Je me laisse tomber en arrière. – Quinze impacts de balles. – Un récit sans équivoque. – Batailles et vendettas. – Darnell versus *Watson. – Une bande et un tas de bois. – Grammaire de l'Ouest. – Changements du fleuve. – New Madrid. – Crues et décrues.*

Et puis nous avons commencé à parler de la guerre, car nous franchissions à ce moment-là la limite supérieure de l'ancienne zone des combats. Columbus était juste derrière nous, et donc beaucoup de choses furent dites sur la célèbre bataille de Belmont[9]. Plusieurs officiers du bateau avaient fait l'expérience du service actif dans la flotte de guerre du Mississippi. J'ai cru comprendre qu'ils avaient eu l'impression, au début, de n'être vraiment pas dans leur élément dans ce genre d'affaire, mais que par la suite ils s'y étaient habitués, s'étaient réconciliés avec la chose, et sentis plus ou moins en pays de connaissance. L'un de nos pilotes avait eu son premier contact avec la guerre à la bataille de Belmont — où il avait conduit un vapeur des

Confédérés. Il y avait longtemps que je voulais savoir comment un novice pouvait se comporter lors de sa première bataille, perché tout là-haut dans sa cabine, solitaire, belle cible pour Tom, Dick et Harry, sans personne à ses côtés pour lui faire honte quand il se dégonflait au moment où les choses devenaient sérieuses et dangereuses autour de lui ; son récit avait donc de la valeur pour moi — il comblait un trou que toutes les histoires avaient jusqu'alors laissé vide.

LA PREMIÈRE BATAILLE DU PILOTE

Il a dit :

— C'était le 7 novembre. Le combat a commencé à sept heures du matin. J'étais sur le *R. H. W. Hill.* Ai chargé des troupes de Columbus. Suis revenu et ai chargé une batterie d'artillerie. Mon coéquipier a dit qu'il allait voir la bataille ; voulait que je l'accompagne ; j'ai répondu non, j'y tenais pas beaucoup, j' la verrais depuis la cabine de pilotage. Il a dit que j'étais un lâche et il est parti.

» Cette bataille était un spectacle affreux. Le général Cheatham a ordonné à ses hommes d'ôter leur manteau et d'en faire un grand tas, et il a ajouté :

» — Maintenant suivez-moi en enfer ou à la victoire !

» Je l'ai entendu dire ça depuis ma cabine ; et ensuite il est parti au galop à la tête de ses troupes. Le vieux général Pillow, avec ses cheveux blancs, monté sur un cheval blanc, s'est mis en route lui aussi, conduisant ses troupes avec l'énergie d'un jeune homme. En peu de temps les Nordistes ont repoussé les rebelles, et voilà qu'ils reviennent, ceux-là ! Courent à toute allure, et sauve qui peut, chacun pour soi ! Et ils sont descendus à quatre pattes sous la berge et ils s'y sont réfugiés. J'étais assis à la fenêtre de ma cabine, avec les jambes qui pendaient dans le vide. Tout à coup, j'ai entendu quelque chose siffler à mes oreilles. Ai estimé que c'était une balle. J'ai pas perdu de temps à réfléchir. Je me suis juste laissé tomber en arrière et j'ai atterri sur le sol, et je suis resté là sans bouger. Les balles retentissaient tout autour. Trois boulets de canon sont descendus par la cheminée ; y'en a un qui a emporté le coin de la cabine ; les obus hurlaient et explosaient tout autour. Ça bardait vraiment — j'aurais préféré ne pas être venu. Je suis resté là, allongé sur le plancher de mon poste de pilotage, tandis que l'intensité des tirs augmentait de plus en plus vite. J'ai rampé jusque derrière le gros poêle, au milieu de la cabine. A un moment une balle Minié* a traversé le poêle, et m'a juste frôlé la tête, et m'a déchiré mon chapeau. J'ai décidé qu'il était temps de quitter cet endroit. Le capitaine était sur le toit avec un chef de bataillon de Memphis aux cheveux roux — un bel homme. Je l'ai entendu dire qu'il voulait partir d'ici, mais que « ce pilote a été tué ». J'ai rampé vers tribord pour tirer la cloche de la marche arrière ;

* Balle de fusil très utilisée au milieu du XIXe siècle, mise au point par un militaire français, Claude Étienne Minié. *(N.d.T.)*

me suis soulevé et ai jeté un coup d'œil, et j'ai vu à peu près une quinzaine d'impacts de balles à travers les vitres de la cabine ; ça s'était passé si vite que je ne les avais pas remarquées. J'ai regardé le fleuve, et les balles qui giclaient ressemblaient à un orage de grêle. Je me suis dit qu'il valait mieux quitter cet endroit. J'ai descendu la retenue du poste de pilotage la tête la première — pas les pieds les premiers, la tête la première —, j'ai glissé, et je n'avais pas encore touché le pont que le capitaine disait que nous devions filer d'ici. Alors j'ai remonté la retenue et je me suis retrouvé de nouveau sur le plancher. A peu près à ce moment-là, ils ont pris mon coéquipier au collet et ils l'ont amené à la cabine de pilotage entre deux soldats. Quelqu'un avait raconté que j'étais mort. Il a passé la tête par la porte et il m'a vu sur le plancher en train de tendre le bras pour actionner les cloches de la marche arrière. Il a dit :

» — Oh, bon sang, il a pas été descendu !

» Et il a échappé aux hommes qui le tenaient et il a filé dans l'entrepont. On est restés là jusqu'à trois heures de l'après-midi et puis on est partis, sains et saufs.

» Lorsque j'ai revu mon coéquipier, je lui ai demandé :

» — Bon, maintenant, raconte pas d'histoires, et dis-moi la vérité. Où est-ce que t'es allé quand t'as filé voir les combats ?

» Il a répondu :

» — Je suis descendu dans la cale.

» Pendant tout le temps de la bataille j'ai été

terrorisé. Je n'ai pratiquement rien vu, tellement j'avais peur. Mais vous comprenez, personne ne l'a su sauf moi. Le lendemain, le général Polk m'a fait appeler et m'a félicité pour mon courage et ma vaillante conduite.

» J'ai rien dit. J'ai laissé faire. J'estimais que c'était pas vrai, mais que c'était pas à moi de contredire un général.

» Peu de temps après je suis tombé malade, et j'ai été épuisé, et j'ai dû partir pour Hot Springs. Pendant que j'étais là-bas, j'ai reçu beaucoup de lettres de commandants qui voulaient que je revienne. J'ai refusé parce que je n'étais pas suffisamment bien ou suffisamment solide ; mais j'ai gardé le silence, et j'ai conservé la réputation que je m'étais faite.

Une histoire sans fioritures et racontée avec honnêteté ; mais Mumford m'a dit que ce pilote en avait « rajouté pour sa frousse, par endroits », et que sa carrière ultérieure durant la guerre en était la preuve.

Nous avons franchi à toute vitesse le couloir de l'île 8, et je suis redescendu et j'ai discuté avec un passager, un bel homme, à l'allure décontractée et au visage intelligent. Nous approchions de l'île n 10[10], un endroit qui fut très célèbre pendant la guerre. La maison de ce gentleman se trouvait sur la rive, quelque part dans les environs. J'ai discuté un peu avec lui de l'époque de la guerre ; mais finalement, la conversation en est venue aux vendettas, car nulle part ailleurs dans le Sud ces querelles entre des familles ennemies n'ont été plus violentes ou plus longues que dans cette région particulière. Ce gentleman a dit :

— Il y a eu bien des vendettas par ici, dans l'ancien temps, mais je me rappelle que la pire fut celle qui opposa les Darnell et les Watson. Personne aujourd'hui ne se souvient plus des raisons de la querelle originelle, c'était il y a si longtemps ; les Darnell et les Watson ne le savent pas non plus, si certains d'entre eux sont encore vivants, ce dont je doute. Il y en a qui disent que c'était à cause d'un cheval ou d'une vache ; de toute façon, c'était quelque chose de peu de conséquence ; la question d'argent, là-dedans, n'avait aucune importance — absolument aucune —, les deux familles étaient riches. La chose aurait pu être réglée assez facilement ; mais non, ça n'aurait pas convenu. Des paroles violentes avaient été échangées, et donc rien ne pouvait arranger l'affaire après ça, hormis le sang. Ce cheval ou cette vache, peu importe, a coûté soixante ans de meurtres et de mutilations ! Chaque année ou presque quelqu'un était tué, d'un camp ou de l'autre. Et dès qu'une génération était hors de combat, ses enfants reprenaient la querelle et la poursuivaient. Et ça s'est passé exactement comme je le dis ; ils ont continué à se tuer à coups de fusil, une année après l'autre — faisant de la chose une espèce de religion, vous voyez —, jusqu'à ce qu'ils aient oublié depuis longtemps de quoi il retournait. Chaque fois qu'un Darnell attrapait un Watson, ou qu'un Watson attrapait un Darnell, l'un des deux était obligatoirement blessé — la seule question était de savoir lequel allait prendre l'avantage sur l'autre. Ils se sont tiré dessus, même en présence de leur famille. Ils ne se *donnaient pas la chasse* les uns les autres, mais lorsqu'il leur arrivait de se croiser, ils dégainaient et ils commençaient. Des hommes descendaient des enfants, des enfants descendaient des hommes. Un adulte a tué un gamin de douze ans — il l'a rencontré par hasard dans les bois, et ne lui a pas laissé la moindre chance. S'il lui en avait laissé *une,* le gosse l'aurait liquidé *lui.* Les deux familles appartenaient à la même église (tout le monde, par ici, a de la religion) ; pendant ces cinquante ou soixante années d'agitation, les deux tribus étaient là, chaque dimanche, pour prier. Chacune vivait d'un côté de la frontière, et l'église s'élevait sur un débarcadère nommé Compromise. La moitié de l'église et la moitié de l'allée centrale se trouvaient au Kentucky, et les deux autres moitiés au Tennessee. Le dimanche on voyait les deux familles arriver, tout le monde en habits de fête, hommes, femmes et enfants, et remplir l'allée, et s'installer, calmes et en bon ordre, l'une côté Tennessee du bâtiment et l'autre côté Kentucky ; et les hommes et les adolescents appuyaient leurs fusils contre le mur, à leur portée, et leurs mains à tous se joignaient pour la prière et les cantiques ; mais on raconte que l'homme le plus proche de l'allée ne s'agenouillait pas avec le reste de la famille ; une façon de monter la garde. Je ne sais pas ; jamais été dans cette église de ma vie ; mais je me souviens que c'était ça qu'on disait.

» Il y a vingt ou vingt-cinq ans, une des familles

combattantes attrapa un jeune homme de dix-neuf ans et le tua. Je ne me souviens pas si c'étaient les Darnell et les Watson ou deux autres familles ; mais en tout cas, ce jeune gars est arrivé — le vapeur accostait ici, à cette époque — et la première chose qu'il a vue, c'était une bande tout entière de ses ennemis. Il a sauté derrière un tas de bois, mais ils l'ont encerclé et ils l'ont attaqué ; lui, il a riposté, et ils ont galopé et sauté et hurlé et tiré de toutes leurs forces. J' pense qu'il en tua deux ; mais ils se sont rapprochés et ils l'ont repoussé jusque dans le fleuve ; et tandis qu'il descendait le courant à la nage, ils le suivaient sur la berge sans cesser de lui tirer dessus ; et quand il a atteint le rivage, il était mort. Windy Marshall m'a raconté ça. Il l'a vu. Il était capitaine du bateau.

» Il y a des années, les rangs des Darnell étaient si réduits que le vieillard et ses deux fils ont conclu qu'il leur fallait quitter la région. Ils se sont mis en route pour prendre un vapeur en amont de l'île 10 ; mais les Watson ont eu vent de la chose ; et ils sont arrivés juste au moment où les deux jeunes Darnell grimpaient l'escalier des cabines, avec leurs épouses à leur bras. La bataille a commencé alors, et ils ne sont pas allés plus loin — ils ont été tués tous les deux. Après ça, le vieux Darnell a eu des problèmes avec l'homme qui conduisait le bac et c'est celui-là qui a perdu — et qui est mort. Mais les amis du défunt ont tiré et tiré sur Darnell — ils l'ont rempli de plomb et ont mis fin à ses jours.

Le gentleman campagnard qui m'a dit ces choses avait été élevé dans l'aisance ; c'était un homme vraiment très doué, et il était allé à l'université. Sa grammaire assez libre était le fruit de la négligence, non de l'ignorance. Cette habitude de l'Ouest, chez les gens instruits, n'est pas universelle, mais fréquente — fréquente dans les petites villes, assurément, sinon dans les grandes ; et à un degré tel que l'on ne peut s'empêcher de le remarquer et de s'en étonner. J'ai entendu un homme de l'Ouest, qui aurait été considéré dans n'importe quel pays comme quelqu'un de très éduqué, dire : « ... C'est rien, *ça fait aucune différence*, de toute façon. » Une habitante de toujours qui était présente, l'entendit aussi, mais cela ne produisit aucune impression sur elle. Elle fut capable de se souvenir de la chose ultérieurement, lorsqu'on le lui rappela ; mais elle avoua que l'expression ne lui avait pas écorché les oreilles à l'époque — un aveu qui laisse penser que, si des gens cultivés peuvent entendre une grammaire aussi blasphématoire dans la bouche d'une telle personne et ne pas s'émouvoir du fait, c'est que le crime doit être passablement commun — si commun que l'oreille moyenne s'est émoussée en s'y habituant et qu'elle n'est plus sur le qui-vive, qu'elle n'est plus sensible à de tels affronts.

Personne au monde ne parle une grammaire sans imperfection — personne ne l'a même jamais écrite — *personne*, ni dans ce monde ni dans l'autre (en prenant les Écritures pour preuve de cette dernière affirmation) ; il ne serait donc pas honnête d'exiger la perfection grammaticale des populations de la vallée du Mississippi ; mais à ces gens comme à tous les autres, on peut demander avec raison qu'ils s'abstiennent de corrompre leur grammaire *sciemment* et *délibérément*.

J'ai trouvé le fleuve très changé à l'île 10. L'île dont je me souvenais mesurait quelque trois miles de longueur et un quart de mile de largeur, elle était très boisée, et s'étendait près de la rive du Kentucky — à moins de deux cents mètres de celle-ci, je dirais. Mais à présent il fallait la chercher avec une longue-vue. Il n'en restait rien, hormis une petite touffe insignifiante, et qui n'était plus située près de la rive du Kentucky ; elle se trouvait nettement contre la berge opposée, à un mile de là. Pendant la guerre cette île avait été une importante place militaire, car elle contrôlait la zone ; et comme elle avait été sérieusement fortifiée, il n'y avait pas moyen de passer. Elle était placée entre les divisions supérieures et inférieures des forces de l'Union, qu'elle sépara jusqu'à ce qu'une jonction fût finalement réalisée à travers la langue de terre du Missouri ; mais l'île étant désormais reliée à cette langue de terre, plus rien n'obstruait le large fleuve.

Dans cette région, le Mississippi passe du Kentucky au Tennessee, revient dans le Missouri, puis revient dans le Kentucky, et de là revient encore dans le Tennessee. Si bien qu'un ou deux miles de Missouri sont plantés dans le Tennessee.

La ville de New Madrid semblait vraiment mal en point[11], mais à part cela son aspect et sa condition de jadis étaient inchangés. Ses maisons en bois formaient toujours des groupes dans la même bonne vieille plaine, et étaient toujours entourées par les mêmes bonnes vieilles forêts. Elle était aussi calme qu'avant, et apparemment sa taille n'avait ni augmenté ni diminué. On disait que la récente crue l'avait envahie et endommagée. C'étaient là des nouvelles surprenantes ; car en basses eaux la berge du fleuve est ici très élevée (quinze mètres), et de mon temps une inondation avait toujours été considérée comme impossible. Cette crue de 1882 sera sans doute célébrée dans l'histoire du fleuve pendant plusieurs générations avant que l'on ne revoie un déluge d'une telle ampleur. Elle a noyé toutes les terres basses qui n'étaient pas protégées, de Cairo jusqu'au confluent ; elle a brisé les digues en beaucoup d'endroits, vraiment, sur les deux rives du fleuve ; et dans certaines régions, au sud, au plus fort de la crue, le Mississippi mesurait *soixante-dix miles* de large ! Il y eut de nombreuses victimes, et l'ampleur des destructions fut effrayante. Les récoltes furent perdues, les maisons emportées, et les hommes et les troupeaux sans abri forcés de se réfugier sur les hauteurs s'élevant ici et là dans les champs et les forêts, et d'attendre là, au milieu des dangers et dans la souffrance, que les bateaux mis en service par le gouvernement national, les gouvernements locaux et une entreprise de presse eussent le temps d'arriver jusqu'à eux et de les secourir. Les propriétés d'une multitude de gens restèrent sous l'eau pendant des mois, et les plus pauvres seraient morts de faim par centaines si on ne leur avait pas promptement fourni des secours*. A présent l'eau redescendait depuis un temps considérable, et pourtant, en règle générale, nous avons trouvé les rives encore inondées.

* Pour une description détaillée et intéressante de cette grande crue, écrite à bord du bateau de secours du *Times-Democrat* de New Orleans, voir l'appendice A. *(N.d.A.)*

CHAPITRE XXVII

Quelques articles d'importation

Les touristes et leurs carnets de notes. – Le capitaine Hall. – Les émotions de Mrs. Trollope. – Le sentiment de l'Hon. Charles Augustus Murray. – Les sensations du capitaine Marryat. – Les impressions d'Alexander Mackay. – Les rapports de Mr. Parkman.

Nous croisâmes deux vapeurs à New Madrid. Deux vapeurs en vue à la fois ! Un spectacle peu fréquent aujourd'hui sur le Mississippi désert. La solitude de ce flot solennel et formidable est impressionnante — et déprimante. Lieue après lieue, et lieue après lieue encore, il charrie ses eaux chocolat, entre ses murs de forêts ininterrompus et ses rivages presque inoccupés, avec une rare voile ou quelque autre objet flottant pour en déranger la surface et briser la monotonie de son isolement vide et détrempé ; et ainsi passe le jour, et vient la nuit, et puis le jour de nouveau — et tout est toujours pareil, nuit après nuit et jour après jour — une uniformité majestueuse et immuable de sérénité, de repos, de tranquillité, de léthargie, de vide — le symbole de l'éternité, la réalisation du paradis décrit par le prêtre et le prophète et tant désiré par le sage et le simple d'esprit !

Tout de suite après la guerre de 1812, les touristes venus d'Angleterre ont commencé à débarquer en Amérique ; peu nombreux au début, ils arrivèrent ensuite en une sorte de procession — une procession qui continua son avancée persévérante et patiente à travers le pays pendant beaucoup, beaucoup d'années. Chaque touriste prit des notes, et rentra chez lui et publia un livre — un livre en général serein, véridique, raisonnable, bienveillant ; mais qui semblait juste le contraire à nos ancêtres nouvellement installés. Un coup d'œil à ces livres de touristes nous montre que, pour certains de ses aspects, le Mississippi n'a subi aucun changement depuis la visite de ces étrangers, et qu'il reste aujourd'hui à peu près comme il était alors. Les émotions provoquées par ces spectacles dans ces poitrines d'outre-mer n'étaient pas toutes du même modèle, bien sûr ; elles *se devaient* d'être diverses, au moins au début, parce que les premiers touristes étaient obligés d'inventer leurs propres émotions là où, dans des pays plus anciens, on pouvait toujours les emprunter à des prédécesseurs. Et, remarquez, les émotions sont parmi les choses les plus difficiles du monde à fabriquer de toutes pièces ; il est plus facile de fabriquer sept faits qu'une seule émotion. Le capitaine Basil Hall, R. N. * [12], écrivait il y a cinquante-cinq ans :

* Royal Navy. *(N.d.T.)*

J'ai eu ici la première vision de l'objet que je rêvais depuis si longtemps d'apercevoir, et je me suis senti à ce moment-là amplement récompensé de tous les ennuis que j'avais eus en venant si loin ; et je suis resté à regarder le fleuve couler jusqu'à ce qu'il fît trop sombre pour y voir encore quelque chose. Mais il m'a fallu attendre d'avoir visité le même endroit une douzaine de fois pour réussir à avoir une vraie compréhension de la magnificence du spectacle.

Suivent les émotions de Mrs. Trollope[13]. Elle écrit quelques mois plus tard, la même année, 1827, et elle arrive à l'embouchure du Mississippi :

La première indication de notre approche de la terre fut le spectacle de ce puissant fleuve déversant sa masse d'eau boueuse, et se mêlant au bleu profond du golfe du Mexique. Je n'ai jamais vu un paysage aussi totalement désolé que cette entrée du Mississippi. Dante l'aurait-il contemplé qu'il aurait pu peindre, à partir de ces horreurs, des images d'un autre Bolgia. Un seul objet s'élève au-dessus des eaux tourbillonnantes ; c'est le mât d'un vaisseau qui a fait naufrage il y a longtemps en essayant de franchir la barre ; et il est toujours dressé, témoin funeste de la destruction passée, et sinistre prophète de celle qui est encore à venir.

Émotions de l'Hon. Charles Augustus Murray[14] (près de Saint Louis), sept ans plus tard :

C'est seulement lorsque vous remontez le puissant courant sur cinquante ou cent miles, et que vous utilisez l'œil de l'imagination aussi bien que ceux que vous a donnés la nature, que vous commencez à comprendre toute sa force et toute sa majesté. Vous le voyez fertiliser une vallée sans limites, charrier le long de son cours les trophées de ses mille victoires sur la forêt saccagée — ici emportant de grands morceaux de sol avec toute leur végétation, et là formant des îles destinées à être la résidence des hommes à un moment ou un autre de l'avenir — ; et tandis que l'on s'abandonne à cette perspective, il est temps pour la réflexion de se souvenir que le courant que l'on contemple vient de parcourir deux ou trois mille miles et doit encore en faire mille trois cents avant d'atteindre sa destination océane.

Recevez, à présent, les émotions du capitaine Marryat, R. N. [15], auteur de récits maritimes, écrivant en 1837, trois ans après Mr. Murray :

Jamais, peut-être, dans les archives des nations, il n'y eut d'exemple d'un siècle de crimes aussi constants et absolus que ceux que l'on trouve dans l'histoire du turbulent et sanglant Mississippi. Ce cours d'eau lui-même paraît approprié aux actes commis. Il n'est pas comme la plupart des fleuves, beau à voir, dispensateur de fertilité sur son passage ; ce n'est pas un fleuve sur lequel l'œil aime à se poser tandis qu'il coule majestueusement ; on ne peut ni se promener sur ses rives, ni se fier sans danger à son courant. C'est un torrent furieux, rapide et dévastateur, charriant des alluvions ; et ceux qui sont accueillis dans ses eaux sont peu nombreux à en ressortir*, et peu nombreux à parvenir à rester à sa surface sans l'aide de quelque amical morceau de bois flottant. On y trouve les poissons les plus communs et les moins goûteux, tels le poisson-chat et autres du même genre, et quand on le descend, ses rives sont occupées par l'alligator puant, tandis que les panthères se reposent dans les cannaies qui le bordent, presque inaccessibles à l'homme. Déversant ses eaux impétueuses dans des zones sauvages couvertes d'arbres sans grande valeur sinon comme bois de chauffage, il entraîne dans sa course des forêts entières qui disparaissent dans le tumulte et la confusion, emportées par le courant désormais chargé de la terre qui nourrissait leurs racines, et souvent ces forêts bloquent et déplacent pendant un temps le chenal de ce fleuve qui inonde et dévaste alors le pays alentour, comme s'il était en colère qu'on lui résistât ; et dès qu'il force son passage à travers son précédent chenal, il plante dans toutes les directions les monarques déracinés de la forêt (sur les branches desquels l'oiseau ne se perchera plus jamais, pas plus que n'y grimperont désormais le raton laveur, l'opossum ou l'écureuil), pièges destinés aux navigateurs aventureux qui vont à la vapeur sur ses eaux et, arrivant sur ces dangers invisibles qui défoncent leurs quilles, n'ont pas le temps, très souvent, de barrer pour gagner le rivage avant de couler. Aucun souvenir agréable n'est attaché au grand égout collectif de l'Amérique de l'Ouest, qui déverse sa boue dans le golfe du Mexique, polluant la mer propre et bleue sur plusieurs miles au-delà de son embouchure. C'est un fleuve de désolation ;

* Il y avait une folle superstition assez répandue à cette époque, selon laquelle le Mississippi ne permettait ni à un nageur de flotter, ni au corps d'un noyé de remonter à la surface. *(N.d.A.)*

et au lieu de vous faire penser, comme d'autres magnifiques cours d'eau, à un ange descendu du ciel pour le bien de l'homme, vous le prenez pour un démon dont les forces ont été seulement maîtrisées par le merveilleux pouvoir de la vapeur.

Voilà une littérature plutôt sommaire, pour un homme habitué à tenir la plume ; cependant, comme panorama des émotions baignant le cœur de cet illustre visiteur, à propos de l'aspect et des traditions du « grand égout collectif », elle a de la valeur. De la valeur, quoique gâchée par des inexactitudes en matière de statistiques ; car le poisson-chat est un poisson bien assez bon pour tout le monde et il n'y a aucune panthère qui ne soit « inaccessible à l'homme ».

Plus tard vient encore Alexander Mackay[16], du Temple du Milieu, avocat, avec une meilleure digestion, et sans repas de poissons-chats à bord, et il ressent comme suit :

Le Mississippi ! Ce fut avec des émotions indescriptibles que je me retrouvai en train de flotter sur ses eaux. Combien de fois, dans mes rêves d'écolier, et plus tard dans mes visions éveillées, mon imagination s'est-elle représenté le majestueux cours d'eau, roulant son courant tumultueux à travers la région sans limites à laquelle il a donné son nom, et rassemblant dans sa course vers l'océan les eaux des affluents de presque chaque latitude de la zone tempérée ! Et il était là, bien réel, et moi je remontais enfin son courant. Je le contemplais, empli de cette vénération avec laquelle on doit considérer une grande particularité de la nature extérieure.

Assez d'émotions. Les touristes, tous sans exception, font des remarques sur la désolation et la solitude profondes et pesantes du vaste fleuve. Le capitaine Basil Hall, qui l'a vu en période de crue, écrit :

> Parfois nous parcourions des distances de vingt ou trente miles sans apercevoir une seule habitation. Un artiste à la recherche de suggestions pour réaliser une toile sur le Déluge en aurait trouvé ici en abondance.

Le premier sera le dernier, etc. Il y a juste deux cents ans, le bon vieux premier et le plus courageux de tous les touristes étrangers, le pionnier et chef du cortège, termina son voyage d'exploration épuisant et ennuyeux sur les étendues solennelles du grand fleuve — La Salle, dont le nom durera aussi longtemps que le Mississippi lui-même. Nous citons Mr. Parkman :

> Et maintenant ils approchaient de la fin de leur voyage. Le 6 avril, le fleuve se divisa en trois larges bras. La Salle suivit celui de l'ouest, et d'Autray celui de l'est, pendant que Tonty prenait celui du milieu. Tandis qu'il se laissait glisser sur le courant bourbeux, entre les rives basses et marécageuses, l'eau saumâtre céda la place à l'eau de mer et la brise fut rafraîchie par la respiration salée de l'océan. Puis le vaste sein du grand golfe s'étendit sous ses yeux, agitant ses flots toujours en mouvement, un golfe sans limites, silen-

cieux, solitaire comme lorsqu'il naquit du chaos, sans une seule voile, sans le moindre signe de vie.

Puis, sur un bout de terre ferme, La Salle éleva une colonne « qui portait les armes de France ; les Français furent réunis sous celles-ci, et tandis que les Indiens de Nouvelle-Angleterre et leurs squaws observaient la scène dans un silence étonné, ils chantèrent le *Te Deum*, l'*Exaudiat* et le *Domine salvum fac regem* ».

Ensuite encore, tandis que les mousquets tiraient une salve et qu'éclataient des cris joyeux, le découvreur victorieux planta la colonne, et fit une proclamation d'une voix forte, par laquelle, au nom du roi, il prenait formellement possession du grand fleuve et des vastes régions qu'il baignait. La colonne portait cette inscription :

LOUIS LE GRAND, ROY DE FRANCE
ET DE NAVARRE, RÈGNE ;
LE NEUVIÈME AVRIL, 1682.

New Orleans avait l'intention de célébrer convenablement, cette année, le deux centième anniversaire de cet illustre événement ; mais quand vint le moment, toutes ses énergies et tout son argent en surplus furent nécessaires ailleurs, car le pays était alors sous les eaux qui causaient partout ravage et dévastation.

CHAPITRE XXVIII

Oncle Mumford débarque la cargaison

Descendre le fleuve à bonne vitesse. – Il portait mon nom. – La pointe du Prunier, de nouveau. – Lumières et bateaux antichicots. – Changements infinis. – Un fleuve sans foi ni loi. – Modifications et digues. – Oncle Mumford témoigne. – Des pieux dans le fleuve. – Ce que fait le gouvernement. – Les hommes et les théories de la Commission. – « Attrapé méchamment. » – Marchandages et prix.

Toute la journée, nous avons descendu à bonne vitesse le fleuve que nous avions presque entièrement pour nous seuls. Dans le temps, quand l'eau était à ce niveau, nous aurions dépassé des acres de radeaux de bois et des douzaines de gros charbonniers ; et aussi, à l'occasion, des petits chalands de marchandises faisant du colportage d'une ferme à l'autre, avec toute la famille du colporteur à bord ; et peut-être une gabare, emportant à l'aventure une humble Hamlet and Co. en tournée théâtrale. Mais il n'y avait plus rien de tout cela. Tard dans la journée, nous avons aperçu un autre vapeur ; juste un, et pas davantage. Il était mouillé à l'ombre, au confluent boisé de l'Obion River. La longue-vue révéla qu'il portait mon nom*. Comme c'était la première fois que je rencontrais ce genre d'honneur, il est excusable, semble-t-il, de le mentionner et en même temps d'attirer l'attention des autorités sur le regard avec lequel je l'ai appris.

Noté un important changement du fleuve, à l'île 21. C'était une île très vaste qui s'étendait à peu près au milieu du courant ; mais elle est solidement attachée au rivage à présent, et en tant qu'île elle a quitté la profession.

Comme nous approchions de la célèbre et formidable pointe du Prunier, la nuit tomba, mais il n'y avait pas de raison d'en frémir — en ces temps modernes. Car aujourd'hui le gouvernement national a transformé le Mississippi en une espèce de retraite aux flambeaux longue de deux mille miles. En amont de chaque traversée, et en aval de chaque traversée, il a installé une lampe puissante. Vous n'êtes plus jamais entièrement dans la nuit, désormais ; vous avez toujours une balise en vue, ou devant vous, ou derrière vous, ou à votre hauteur. On pourrait presque dire qu'ici l'on a gaspillé les lampes. Des dizaines de traversées sont éclairées alors qu'elles n'avaient aucun haut-fond lorsqu'elles ont été tracées et qu'elles n'en ont jamais eu depuis ; des traversées si évidentes, aussi, et si droites qu'un

* En américain, le mot bateau étant considéré du genre féminin, Mark Twain écrit ici « ... *she* was named for me », puis il précise : « or *he* was named for me, whichever you prefer » [comme vous préférez]. Cette plaisanterie grammaticale, d'un genre courant dans l'humour journalistique de l'Ouest, est intraduisible. *(N.d.T.)*

vapeur peut les recommencer tout seul, sans aide, quand il les a faites une fois. Les lampes, en de tels lieux, ne sont bien sûr pas inutiles ; il est beaucoup plus pratique et agréable pour un pilote de maintenir sa position sur elles que sur une étendue de noirceur informe toujours en mouvement ; et le bateau fait des économies, en même temps, car il peut évidemment parcourir davantage de miles avec la barre à zéro qu'avec la barre à angle droit par l'arrière et en se retenant.

Mais cela a ôté une grande part de son romanesque au pilotage. Avec cela, ajouté à un certain nombre d'autres choses, c'est tout le romanesque qui a disparu. Aujourd'hui, par exemple, le danger des chicots n'est plus ce qu'il était. Les bateaux antichicots du gouvernement ne cessent de patrouiller dans les deux sens, en cette époque prosaïque, et arrachent les dents pourries du fleuve ; ils ont déraciné tous les vieux amas qui rendaient certains endroits si redoutables ; et ils empêchent les nouveaux de se former. Jadis, si votre bateau vous échappait, pendant une nuit noire, et filait vers les bois, cela vous causait bien des inquiétudes ; de même lorsque vous avanciez à l'aveuglette à travers des ténèbres à couper au couteau, dans un couloir étroit ; mais tout cela a changé, désormais — vous allumez votre lumière électrique, en un clin d'œil vous métamorphosez la nuit en jour, et vos dangers et vos inquiétudes disparaissent. Horace Bixby et George Ritchie ont réalisé une carte des traversées et calculé l'itinéraire au compas ; ils ont inventé une lampe pour accompagner la carte et ils ont fait breveter le tout*. Avec cette assistance, on peut maintenant piloter dans le brouillard avec une sécurité considérable, et avec une confiance inconnue dans l'ancien temps.

Grâce à ces nombreuses balises, au bannissement des chicots, à la grosse quantité de lumière du jour enfermée dans une boîte prête à être allumée partout où l'on en a besoin, et à une carte et un compas pour lutter contre le brouillard, piloter, lorsque la hauteur du fleuve est bonne, est désormais presque aussi simple et sans risque que de conduire une diligence, et à peine trois fois plus romantique.

Et maintenant, en ces temps nouveaux, en ces temps d'infinis changements, l'Anchor Line avait hissé le capitaine au-dessus du pilote en lui donnant le salaire le plus important des deux. C'était là aller loin, mais on ne s'est pas arrêté là. On a décrété que le pilote devait rester à son poste et tenir son quart jusqu'au bout, que le bateau fût en route ou à quai. Nous, qui étions jadis les aristocrates du fleuve, nous ne pouvons plus maintenant aller nous coucher, comme nous en avions l'habitude, et faire un petit somme pendant que l'on charge à bord une centaine de tonnes de marchandises ;

* *Sur le manuscrit, le paragraphe se termine ainsi :* « Grâce à cette assistance, on peut maintenant piloter dans le brouillard, avec une sécurité considérable, et avec une confiance inconnue dans l'ancien temps où l'on s'en remettait à la Providence et où l'on devait deviner son chemin. Compter sur la Providence, c'est une très bonne chose, pour ce qui est de cela, mais une carte et un compas valent six fois mieux, de toute façon. Les statistiques ont montré que c'était vrai. »

non, nous devons rester dans la cabine de pilotage à ne rien faire ; et ne pas nous endormir, non plus. Vraiment, nous sommes traités comme une bande de seconds et de mécaniciens. Le gouvernement a ôté à notre métier son romanesque, et la compagnie de navigation lui a retiré son rang et sa dignité.

La pointe du Prunier avait, de nuit, la même apparence que d'habitude, sauf qu'il y avait à présent des balises pour indiquer les traversées, ainsi qu'un certain nombre d'autres lumières sur la pointe et le long de sa rive, ces dernières lueurs venant de la flotte de la Commission fluviale des États-Unis et d'un village construit sur le rivage par les fonctionnaires de celle-ci, avec des bureaux et des logements pour les employés du service. Les ingénieurs de l'armée se sont attaqués à la tâche de refaire le Mississippi — une œuvre d'une ampleur surpassée seulement par le travail originel de sa création. Ils construisent des jetées ici et là pour dévier le courant ; et des digues pour l'enfermer dans des limites plus étroites ; et d'autres digues encore pour le faire rester où il est ; et sur d'innombrables miles le long de son cours, ils coupent le front de forêt sur cinquante mètres de large, dans l'intention de raboter la rive jusqu'à la ligne des basses eaux, en lui donnant l'inclinaison d'un toit de maison et en l'empierrant ; et en de nombreux endroits ils ont protégé avec des rangées de pieux les rives emportées par l'eau. Celui qui connaît le Mississippi s'empressera de déclarer — pas à voix haute, mais pour lui-même — que dix mille Commissions fluviales, avec tous les trésors du monde derrière elles, ne peuvent dompter ce cours d'eau sans foi ni loi, ne peuvent le maîtriser ni l'emprisonner, ne peuvent lui dire « Va par ici » ou « Va par là », et le faire obéir ; ne peuvent sauver un rivage qu'il a condamné ; ne peuvent lui barrer le passage avec un obstacle qu'il ne démolira pas, qu'il ne sautera pas, et dont il ne se rira pas. Mais un homme discret n'exprimera pas cela à voix haute ; car nul ne surpasse les ingénieurs de West Point ; ils connaissent tout ce que l'on peut connaître de leur science abstruse ; et donc, puisqu'ils estiment être capables d'enchaîner et de menotter ce fleuve et de le régenter, ce n'est que sagesse pour qui n'est pas un savant de rester silencieux, de faire le dos rond et d'attendre qu'ils aient terminé. Le capitaine Eads[17], avec ses jetées, a fait un travail à l'embouchure du Mississippi qui semblait parfaitement impossible ; si bien que nous n'accordons plus aujourd'hui une totale confiance aux prophéties contre pareilles impossibilités. Sans cela, on sifflerait et on dirait que la Commission ferait aussi bien de houspiller les comètes dans leur course et de les contraindre à bien se tenir, plutôt que d'imposer une conduite correcte et raisonnable au Mississippi à force de menaces.

J'ai consulté Oncle Mumford à ce sujet et sur des questions apparentées, et je livre ici la réponse qui, notée en sténographie, peut donc être considérée comme complète et exacte ; à part qu'ici ou là j'ai supprimé des remarques adressées à l'équipage, dans le style « Qu'est-ce que vous fichez encore[18] avec ce tonneau, maintenant ? », qui m'ont semblé casser le rythme de la retranscription, sans rien ajouter, en contrepartie, à son aspect informatif ni à sa clarté. Non que je me sois risqué à rayer la totalité de telles interjections ; je n'ai ôté que celles qui étaient manifestement hors sujet ; là où il y en avait une sur laquelle j'avais le moindre doute, j'ai jugé plus prudent de la laisser.

LES IMPRESSIONS D'ONCLE MUMFORD

Oncle Mumford a dit :

— Tout le temps que j'ai été second sur un vapeur — trente ans —, j'ai regardé ce fleuve et je l'ai étudié. Peut-être que j'aurais pu en apprendre plus à son sujet à West Point, mais si je croyais cela, j'aimerais pouvoir être... *POURQUOI t'es en train de sucer tes doigts ? Bouge-moi ce baril de clous !* Quatre ans à West Point, et beaucoup de livres et d'études, apprendront énormément à un homme, je le reconnais, mais ça ne lui apprendra pas le fleuve. Vous mettez entre les mains de la Commission un de ces petits fleuves européens, avec ses fonds solides et ses eaux claires, et ce sera juste un devoir de vacances, pour eux, de l'entourer de murs, et d'y enfoncer des pilotis, et de l'endiguer, et de le dompter, et de le mener à la baguette, et de le faire aller là où ils veulent et rester là où ils l'ont mis, et faire exactement comme ils disent, à chaque coup. Mais celui-là, c'est pas c' genre de fleuve. Ils ont commencé ici avec une belle confiance, et les meilleures intentions du monde ; mais ils vont les laisser tomber. Que dit l'Ecclésiaste, VII, 13 [19] ? Assez pour mettre la pagaille dans *leur* petit jeu, n'est-ce pas ? Maintenant, jetez un coup d'œil à leurs méthodes. A Devil's Island, dans le cours supérieur, ils voulaient que l'eau aille dans une direction, l'eau voulait aller dans une autre. Alors ils ont monté un mur de pierre. Mais est-ce que le fleuve se soucie d'un mur de pierre ? Quand il a été prêt, il s'est contenté de passer à travers à toute vitesse. Peut-être qu'ils peuvent en construire un autre qui tiendra ; c'est-à-dire en amont — mais pas par ici en aval, ils ne peuvent pas. Par ici, dans le cours inférieur, ils plantent quelques pieux pour éloigner l'eau des berges et l'empêcher d'en emporter des morceaux. Très bien, est-ce qu'elle ne file pas plus loin enlever un bout de la berge de quelqu'un d'autre ? Certainement. Est-ce qu'ils vont mettre des pieux à *toutes* les berges ? Vraiment, ils pourraient acheter du terrain et construire un nouveau Mississippi pour moins cher. Ils sont en train de le faire au banc de sable de Bulletin, maintenant. Ça servira pas à grand-chose. Si le fleuve a pris une hypothèque sur cette île, il la fera saisir, pour sûr, pieux ou pas pieux. Plus bas en aval, ils ont planté deux rangées de piliers au beau milieu d'une barre longue d'un demi-mile, qui par basses eaux dépasse de douze mètres le niveau de l'eau. A quoi pensez-vous que ça sert ? Si je le sais, je souhaite pouvoir débarquer sur... *FOULE-TOI un peu, espèce de fils de croque-mort ! Sors de là avec ce pétrole, vite, VITE !* Et regardez seulement ce qu'ils essaient de fabriquer en aval, au tournant de Milliken. Il y a eu un raccourci dans cette section du fleuve, et Vicksburg est laissé à l'écart. C'est une ville campagnarde, maintenant. Le fleuve coule en aval ; et un bateau ne peut plus atteindre la ville, sauf en hautes eaux. Bon, ils vont construire des jetées dans le tournant en face de l'extrémité inférieure de la 103, et renvoyer l'eau et couper le bas de l'île et creuser un ancien lit là où le fleuve coulait avant ; et ils pensent qu'ils sont capables de convaincre l'eau de passer par là et de la refaire couler en amont de Vicksburg, comme avant, et de faire revenir cette cité en ce monde. C'est-à-dire qu'ils vont prendre tout ce Mississippi et le tortiller et l'obliger à couler à plusieurs miles *en amont*. Bon, il faut admirer des gens qui font dans des idées de cette taille et qui réussissent à les transporter sans béquilles ; mais vous n'êtes pas obligé de croire qu'ils peuvent *réaliser* de tels miracles, n'est-ce pas ? Et pourtant vous n'êtes pas non plus absolument obligé de croire qu'ils ne peuvent pas. Je pense que la solution la plus prudente, quand on en a la possibilité, c'est de *parier contre* l'opération et, en même temps, d'acheter assez de propriétés à Vicksburg pour que les choses s'arrangent pour vous si jamais ils gagnent. Le gouvernement se bouge beaucoup pour le Mississippi, aujourd'hui — il dépense de gros paquets de pognon pour lui. Lorsqu'il y avait quatre mille vapeurs et dix mille acres de charbonniers et de radeaux et de chalands, on n' trouvait pas une lanterne de Saint Paul à New Orleans, et les chicots étaient plus nombreux que les poils sur le dos d'un cochon ; et maintenant qu'il n'y a plus que trois douzaines de vapeurs et plus ni péniche ni radeau, le gouvernement a arraché tous les chicots, et il a éclairé les rives comme si c'était Broadway, et un bateau est aussi en sécurité sur le fleuve qu'il le serait au paradis. Et je pense que lorsqu'il ne restera plus un bateau du tout, la Commission aura entièrement réorganisé ce bon vieux machin, et l'aura dragué, et entouré d'une clôture, et tout bien rangé à un degré qui fera de la navigation quelque chose de simplement parfait et absolument sans danger et rentable ; et ça s'ra tous les jours dimanche, et tous les seconds iront à l'école du dimanche... *BON SANG qu'est-ce-que-vous-z'avez-à-perdre-votre-temps-ici, espèces d'enfants de la perversité, espèces d'héritiers de perdition*[20] *! Ça va prendre* UN AN *pour décharger cette barrique ?*

Au cours de notre aller-retour à New Orleans, nous avons eu de nombreuses conversations avec des gens du fleuve, des planteurs, des journalistes, et des fonctionnaires de la Commission fluviale — avec des résultats contradictoires et déroutants. A savoir :

1. Certains croyaient au plan de la Commission pour confiner (et donc approfondir) arbitrairement et définitivement le chenal, sauver les berges menacées, etc.
2. Certains croyaient que l'argent de la Commission ne devait servir qu'à construire et entretenir le grand système de digues.
3. Certains croyaient que plus vous augmentiez la

hauteur de votre digue, plus le fond du fleuve s'élevait ; et que par conséquent le système de digues est une erreur.

4. Certains croyaient au plan consistant à soulager le fleuve, en période de crue, en détournant ses eaux en surplus dans le lac Borgne, etc.

5. Certains croyaient au plan des lacs-réservoirs du Nord pour remplir le Mississippi en saison de basses eaux.

Quand vous rencontrerez par ici un homme ayant foi en l'une de ces théories, vous pourrez vous tourner vers le suivant et vous baser sur l'hypothèse que lui, il *n'aura pas foi* en la théorie en question ; et quand vous en aurez fait l'expérience, vous ne considérerez pas la chose en doutant et en hésitant, mais avec la confiance d'un meurtrier mourant — un repenti, j'entends. Car vous en serez venu à savoir avec une certitude profonde et tranquille que vous ne rencontrerez pas deux personnes malades de la même théorie, et se suivant immédiatement. Non, intercalées entre ces deux personnes du même avis, il y en aura toujours une ou deux avec d'autres maladies. Et au fur et à mesure que vous avancerez, vous apprendrez un certain nombre d'autres choses. Vous découvrirez qu'il n'y en a aucune qui ne soit contagieuse ; et que vous ne pouvez pas aller là où elles sont sans être contaminé. Vous pouvez vous vacciner avec des faits préventifs autant que vous voulez — cela ne servira à rien. Vous aurez l'impression que le vaccin a « pris », mais ce ne sera pas le cas ; dès que vous

vous frotterez à l'un de ces théoriciens, sachez qu'il sera temps d'arborer votre pavillon jaune.

Oui, vous êtes sa victime certaine : et pourtant son travail n'est pas entièrement néfaste pour vous — il l'est seulement en partie. Car il ressemble à votre médecin de famille qui vient vous voir pour soigner les oreillons et qui laisse la scarlatine derrière lui. Si votre homme est un adepte de la théorie du soulagement par le lac Borgne, par exemple, il exhalera un nuage de faits et de statistiques rasoir qui, pour sûr, vous mettra K.-O. avec cette maladie ; mais en même temps il vous guérira de n'importe laquelle des quatre autres théories qui avait pu vous contaminer auparavant.

J'avais attrapé les cinq, et « méchamment » ; mais ne me demandez pas, multitudes affligées, laquelle me tourmenta le plus, ni laquelle compta le plus de malades, car je n'en sais rien. En vérité, personne ne peut répondre à cette dernière question. L'Amélioration du Mississippi est un formidable sujet de discussion plus loin en aval. Chaque homme sur les rives du fleuve, au sud de Cairo, en parle tous les jours, aussi longuement qu'il est capable de parler de la guerre ; et chacune des principales théories a son armée de partisans zélés ; mais comme je l'ai dit, il est impossible de déterminer quelle cause rassemble le plus de recrues.

Tous étaient tombés d'accord sur un point, cependant : si le Congrès débloquait suffisamment de crédits, des bienfaits colossaux en résulteraient. Très bien ; depuis, cette dotation a été faite — sans doute suffisante, certainement pas trop grosse. Espérons que la prophétie se réalisera amplement.

Le lecteur admettra sans mal au moins une chose : qu'une opinion de Mr. Edward Atkinson[21] sur toute grande question commerciale nationale est une autorité sans doute plus éminente que l'opinion de n'importe quel individu de l'Union. On trouvera en appendice* ce qu'il a à dire sur l'Amélioration du Mississippi.

Parfois, une demi-douzaine de chiffres révéleront, comme à la lumière d'un éclair, l'importance d'un sujet que dix mille mots ampoulés, avec la même intention, avaient laissé finalement vague et incertain. C'est le cas ici — un paragraphe du *Cincinnati Commercial :*

> Le remorqueur *Jos. B. Williams* est en route pour New Orleans, avec un convoi de trente-deux péniches contenant six cent mille boisseaux (trente kilos par boisseau) de charbon, sans compter son propre combustible, ce qui en fait le plus gros convoi jamais transporté jusqu'à New Orleans, ou ailleurs dans le monde. Le coût du transport, à trois *cents* le boisseau, s'élève à dix-huit mille dollars. Il faudrait dix-huit cents wagons, de chacun trois cent trente-trois boisseaux, pour charrier cette quantité de charbon. A dix dollars la tonne, ou cent dollars le wagon, ce qui serait un prix correct pour effectuer cette distance par rail, le coût du transport s'élèverait à cent quatre-vingt mille dollars, soit cent soixante-deux mille dollars de plus par le train

* Voir l'appendice B. *(N.d.A.)*

que par le fleuve. Le convoi ira de Pittsburgh à New Orleans en quatorze ou quinze jours. Il faudrait cent trains, avec dix-huit wagons par train, pour transporter ce seul convoi de six cent mille boisseaux de charbon, et même si celui-ci voyageait à la vitesse habituelle des lignes de marchandises rapides, on aurait besoin d'un été entier pour le convoyer par le rail.

Lorsqu'un fleuve en bonne condition peut permettre à quelqu'un d'économiser cent soixante-deux mille dollars et un été entier sur une seule cargaison, la sagesse consistant à prendre des mesures pour conserver le fleuve en bonne condition devient évidente même pour l'esprit le plus fermé au commerce.

CHAPITRE XXIX

Quelques sympathiques spécimens d'humanité

La bande de Murel. – Un scélérat consommé. – On se débarrasse des témoins. – Stewart devient un traître. – Je lance une rébellion. – Je me procure un nouveau costume. – Nous effaçons nos traces. – Courage et aptitude. – Une ville du bon Samaritain. – L'ancien et le nouveau.

Nous avons franchi la région de la pointe du Prunier, avons contourné la pointe de Craighead, et sommes passés tranquillement, sans être interpellés, devant ce qui fut jadis le formidable fort Pillow, un endroit mémorable à cause du massacre qui y fut perpétré pendant la guerre[22]. Les massacres saupoudrent avec quelque fréquence l'histoire de plusieurs nations chrétiennes, mais celui-ci est presque le seul de celle de l'Amérique ; c'est peut-être le seul qui atteigne une taille correspondant à cet immense et sombre qualificatif. Nous avons le « massacre de Boston », où deux ou trois personnes furent tuées, mais nous devons regrouper toute l'histoire anglo-saxonne pour trouver l'équivalent de la tragédie de fort Pillow ; et sans doute devons-nous encore remonter à l'époque et aux performances de Cœur de Lion, ce beau « héros », avant d'y parvenir.

D'autres excentricités du fleuve. Jadis, le chenal passait au-dessus de l'île 37, à côté de la barre de Brandywine, et descendait vers l'île 39. Ensuite, a modifié sa direction et est allé de Brandywine à travers le couloir de Vogelman dans le Devil's Elbow, jusqu'à l'île 39 — une partie de son cours inversant l'ancien ordre des choses ; le fleuve *remontait* sur quatre ou cinq miles, au lieu de redescendre, créant ainsi un raccourci de quelque quinze miles de distance. C'était en 1876. Toute cette région est aujourd'hui nommée Centennial Island.

La tradition raconte que l'île 37 fut l'un des principaux refuges permanents du jadis célèbre « gang de Murel ». Il s'agissait d'une colossale association de bandits, de voleurs de chevaux, de voleurs de nègres, de faussaires qui faisaient leurs affaires le long du fleuve il y a cinquante ou soixante ans. Alors que nous traversions le pays en direction de Saint Louis, nous n'avions pas cessé d'entendre parler de Jesse James et de sa passionnante histoire ; car il venait juste d'être assassiné par un agent du gouverneur du Missouri et occupait par conséquent pas mal de place dans les journaux. Dans les trains, on vendait des récits bon marché de sa vie. A en croire ces textes, c'était dans son genre la créature la plus merveilleuse qui eût jamais existé. Quelle erreur ! Murel était son égal en audace, en courage, en rapacité, en cruauté, en brutalité, en dureté de cœur, en traîtrise et en vilenie et en effronterie en tout genre ; et il lui était bien supérieur pour un certain nombre de traits plus généraux[23]. James était un vaurien au détail et Murel un vaurien en gros. Le modeste génie de James ne rêvait pas à de plus nobles combats que l'organisation de raids contre des voitures, des diligences et des banques campagnardes ; Murel envisageait des révoltes de nègres et la prise de New Orleans ; et en outre, à l'occasion, ce Murel pouvait monter en chaire et édifier la congrégation. Qu'est-ce que James et sa demi-douzaine de vulgaires gredins en comparaison de cet imposant criminel d'autrefois, avec ses sermons, ses insurrections et ses plans pour prendre des villes, et sa suite majestueuse de mille hommes qui avaient prêté serment d'obéir à ses malfaisantes volontés !

Voici un ou deux paragraphes concernant ce gros brasseur d'affaires, tirés d'un livre aujourd'hui oublié, publié il y a un demi-siècle :

> Il fut, semble-t-il, un scélérat aussi habile qu'accompli. Lorsqu'il voyageait, il se déguisait la plupart du temps en prédicateur itinérant ; et on dit que ses discours étaient très « émouvants » — ils intéressaient tant les auditeurs que ceux-ci en oubliaient de surveiller leurs chevaux, que ses complices emportaient tandis qu'il prêchait. Mais voler les chevaux dans un État et les revendre dans un autre ne représentait qu'une faible part de leurs activités ; la plus rentable, c'était de convaincre les esclaves d'échapper à leur maître, de façon à pouvoir les revendre ailleurs. La chose se passait de la façon

suivante : ils promettaient à un nègre que s'il échappait à son maître et leur permettait de le revendre, il recevrait une partie de la somme que l'on verserait pour son achat, et que lorsqu'il leur reviendrait une seconde fois ils l'emmèneraient dans un État libre, où il serait en sécurité. Les pauvres malheureux acceptaient cette offre, dans l'espoir d'y gagner argent et liberté ; ils étaient vendus à un autre maître, et lui échappaient de nouveau ; il leur arrivait d'être cédés de cette façon trois ou quatre fois, jusqu'à ce que Murel ait gagné trois ou quatre mille dollars grâce à eux ; mais comme après cela elle risquait d'être découverte, la bande avait l'habitude de se débarrasser du seul témoin qui pouvait être produit contre elle, c'est-à-dire le nègre lui-même, en l'assassinant et en balançant son corps dans le Mississippi. Et même s'il était établi qu'ils avaient volé un nègre avant que celui-ci ne fût tué, ils avaient toujours un moyen d'éviter une condamnation ; car ils dissimulaient le nègre qui s'était enfui jusqu'à ce qu'il fût recherché par voie d'annonce et qu'une récompense fût offerte à la personne qui le retrouverait. Une annonce de ce genre assurait à cette personne la propriété du fuyard, s'il mettait la main dessus. Et alors le nègre devenait une propriété en fidéicommis, et donc quand ils le vendaient ils ne commettaient qu'une infraction à un fidéicommis, pas un vol ; et pour une infraction de ce genre, le propriétaire du bien peut seulement avoir un redressement à la suite d'un procès au civil, ce qui était inutile, car les dommages et intérêts n'étaient jamais payés. On peut se demander comment ce Murel a réussi à ne pas tomber sous le coup de la loi de Lynch en de telles circonstances. On le comprendra aisément lorsque l'on saura qu'il avait *plus d'un millier de complices*, tous prêts à venir aider sur-le-champ n'importe quel membre du gang qui aurait eu des ennuis. Les noms des principaux complices de Murel, ce fut de lui-même qu'on les obtint, d'une façon que je vais à présent expliquer. Le gang était composé de deux catégories d'individus : les chefs ou le Conseil, comme on les nommait, qui prenaient les décisions et se concertaient, mais agissaient rarement ; ils étaient environ quatre cents. Dans la seconde catégorie se trouvaient les agents actifs nommés les « frappeurs », à peu près six cent cinquante personnes. Ils étaient des outils dans les mains des autres ; ils couraient tous les risques et ne recevaient qu'une maigre part de l'argent ; ils étaient au pouvoir des chefs du gang, qui avaient la possibilité de les sacrifier à n'importe quel moment en les livrant à la justice ou en les noyant dans le Mississippi. Le rendez-vous habituel de cette bande de scélérats se trouvait sur la rive du fleuve, en Arkansas, où ils dissimulaient leurs nègres dans les marais et les cannaies.

Les déprédations de cette vaste association étaient durement ressenties ; mais leurs plans étaient si bien arrangés que même si Murel, qui était toujours en activité, était soupçonné partout, on ne pouvait réunir aucune preuve contre lui. Il arriva pourtant qu'un jeune homme du nom de Stewart, à la recherche de deux esclaves que Murel avait détournés, se mit à fréquenter ce dernier et gagna sa confiance, prêta serment et fut admis dans la bande comme membre du Grand Conseil. De cette façon, tout fut découvert ; car Stewart fut un traître, bien qu'il eût prêté serment, et quand il fut en possession de toutes les informations, il révéla la totalité de l'affaire, et les noms de tous les individus, et il réussit finalement à rassembler suffisamment de preuves contre Murel pour obtenir sa condamnation au pénitencier (on prononça contre lui une peine de quatorze ans de prison) ; on trouva dans la liste du Grand Conseil révélée par Stewart tant de gens, dans différents États, qui étaient censés être honnêtes et qui portaient un nom respectable, que l'on tenta de toutes les façons possibles de discréditer ses affirmations — on le calomnia et on essaya plus d'une fois de l'assassiner. En conséquence, il fut obligé de quitter les États du Sud ; il est pourtant maintenant nettement prouvé que tout cela était vrai ; et si certains blâmaient Mr. Stewart d'avoir violé son serment, ils n'osaient plus mettre en doute la véracité de ses informations. Je citerai ici un ou deux passages des confessions que fit Murel à Mr. Stewart lorsqu'ils voyageaient ensemble. J'aurais dû préciser que les intentions finales de Murel et de ses complices étaient, selon les propres dires du premier, d'une très belle envergure ; ils n'avaient en vue rien de moins que *soulever les Noirs contre les Blancs, s'emparer de La New Orléans, piller la ville et devenir les maîtres du territoire*. Voici quelques extraits :

« J'ai rassemblé tous mes compagnons des environs de New Orleans dans une des maisons de nos amis en ces lieux, et nous avons tenu conseil pendant trois jours jusqu'à ce que nous ayons tous nos plans en tête ; nous avons alors décidé de lancer la rébellion quoi qu'il arrivât et de nous faire dans cette intention autant d'amis que possible. Les tâches de chacun ayant été distribuées, je partis pour Natchez à pied, ayant perdu mon cheval à New Orleans — avec l'idée d'en voler un autre en cours de route. J'ai marché quatre jours durant et n'ai eu aucune occasion de m'en procurer un. Le cinquième jour, aux environs de midi, me sentant fatigué, je me suis arrêté au bord d'un ruisseau pour avoir un peu d'eau et prendre quelque repos. J'étais assis sur un tronc d'arbre et je regardais le chemin par lequel je venais d'arriver quand un homme apparut, monté sur un cheval qui avait l'air en bon état. Dès que j'ai aperçu cet homme, j'ai décidé que s'il était en habit de voyageur j'aurais ce cheval. Il approcha et je vis à son équipage que c'était un voyageur. Je me suis levé et j'ai pointé sur lui un élégant pistolet et lui ai ordonné de mettre pied à terre ; il a obéi et j'ai pris son cheval par la bride et j'ai indiqué le ruisseau, et je lui ai ordonné de marcher devant moi. Il a fait quelques centaines de mètres et s'est arrêté. J'ai attaché le cheval, et j'ai obligé l'homme à se déshabiller, à se mettre en chemise et en caleçon, et à me tourner le dos. Il m'a dit : " Si vous avez décidé de me tuer, laissez-moi prier avant de mourir. " Je lui ai répondu que je n'avais pas le temps de l'écouter prier. Il s'est tourné et il est tombé à genoux et je l'ai tué d'une balle dans la nuque. Je lui ai ouvert le ventre et lui ai sorti les entrailles*, et je l'ai balancé dans le ruisseau. Puis j'ai fouillé dans ses poches et j'ai trouvé quatre cents dollars et trente-sept *cents*, et un certain nombre de papiers que je n'ai pas pris le temps de regarder. J'ai jeté à l'eau son portefeuille et les papiers et son chapeau ; ses bottes étaient toutes neuves et elles m'allaient à ravir ; je les ai enfilées et j'ai abandonné mes vieilles chaussures dans le ruisseau pour me faire pardonner. J'ai roulé ses vêtements et je les ai mis dans sa valise, car c'étaient des habits neufs de la meilleure qualité. J'ai enfourché le plus beau cheval que j'avais jamais monté, et me suis dirigé vers Natchez avec une allure bien meilleure que celle que j'avais ces cinq derniers jours.

» Avec un ami du nom de Crenshaw nous avons rassemblé quatre bons chevaux et nous sommes partis pour la Géorgie. Nous avons rencontré un jeune homme de Caroline du Sud juste avant la Cumberland Mountain, et Crenshaw ne tarda pas à tout savoir sur ses affaires. Il s'était rendu au Tennessee pour acheter un

* Pour éviter que le cadavre ne gonfle et ne remonte plus vite à la surface. *(N.d.T.)*

troupeau de porcs, mais à son arrivée ces animaux étaient plus chers que ce qu'il avait calculé et il n'avait rien acheté. Nous en avons conclu que ce gars-là était une affaire. Crenshaw m'a lancé un clin d'œil ; j'ai compris son idée. Crenshaw avait déjà fait cette route, mais pas moi ; nous avions parcouru plusieurs miles dans la montagne lorsque nous longeâmes un grand précipice ; juste avant, Crenshaw m'a demandé mon fouet, qui avait une livre de plomb dans le manche ; je le lui ai donné et il a chevauché jusqu'à la hauteur du jeune Carolinien et il l'a frappé sur le côté de la tête et l'a fait tomber de cheval ; nous avons sauté de nos montures et fouillé ses poches ; nous y avons trouvé douze cent soixante-deux dollars. Crenshaw m'a dit qu'il connaissait un endroit où le cacher, et il l'a attrapé par les aisselles et moi je l'ai pris par les pieds, et nous l'avons transporté jusqu'à une profonde crevasse, au bord du précipice, et nous l'y avons balancé et il a disparu à notre vue ; ensuite nous avons jeté sa selle et emporté son cheval, lequel valait deux cents dollars.

» Nous avons été retardés quelques jours, et pendant ce temps-là notre ami s'est rendu dans un petit village des environs et il a vu l'avis de recherche du nègre (un nègre en notre possession), avec une description des deux hommes qui l'avaient vendu et que l'on soupçonnait. Le temps était plutôt à l'orage, mais nécessité n'a pas de loi : cette nuit-là, nous avons conduit le nègre sur la rive d'un ruisseau qui coulait près de la ferme de notre ami, et Crenshaw l'a tué d'une balle dans la tête. Nous lui avons sorti les entrailles et puis nous l'avons coulé dans le ruisseau.

» Il avait vendu l'autre nègre pour la troisième fois sur l'Arkansas River pour plus de cinq cents dollars ; puis il l'avait volé et confié à son ami, qui l'emmena dans un marais et, lui dissimulant le tragique de la situation, reçut du nègre les ultimes promesses sacrées de ne rien dire ; car un jeu de cette sorte ne marche pas à moins qu'il ne se termine par un mystère pour tout le monde sauf pour les membres de la fraternité. D'abord il a vendu le nègre, pour près de deux mille dollars en tout, puis il l'a mis pour toujours hors d'atteinte de ses poursuivants ; et l'on n'aurait pu attraper le coupable que si l'on avait retrouvé le nègre ; et cela, c'était impossible parce qu'à ce moment-là sa carcasse avait déjà nourri bon nombre de tortues et de poissons-chats, et les grenouilles chantaient cette histoire depuis longtemps sur les lieux du repos silencieux de son squelette. »

Nous approchions de Memphis, ville devant laquelle se déroula, sous les yeux de sa population, la plus célèbre des batailles navales de la guerre civile *. Deux hommes sous les ordres desquels j'avais servi, à l'époque où j'étais sur le fleuve, y furent impliqués : Mr. Bixby, pilote en chef de la flotte de l'Union, et Montgomery, le commandant de la flotte confédérée. Tous deux prirent largement part au service actif pendant la guerre, et leur courage et leurs capacités leur valurent une haute réputation.

Alors que nous n'étions plus très loin de Memphis, nous commençâmes à chercher une excuse pour rester

* A cet endroit du manuscrit, on trouve un astérisque renvoyant en bas de page à la note suivante : « Pour un compte rendu pittoresque, voir l'appendice A. » L'appendice A, à la fin du manuscrit Morgan — qui ne fut pas utilisé dans l'édition du livre —, est un extrait de « Heroic Deeds of Heroic Men » de J.S.C. Abbott, *Harper's Monthly*, XXXII (1866), 302.

sur le *Gold Dust* jusqu'à son terminus — Vicksburg. Nous étions si bien installés que nous ne désirions pas changer. J'avais une course d'une importance considérable à faire à Napoleon, dans l'Arkansas, mais je pouvais peut-être la régler en continuant le voyage sur le *Gold Dust*. J'ai expliqué la chose, et nous décidâmes donc de demeurer dans nos quartiers actuels.

Le bateau devait mouiller à Memphis jusqu'à dix heures le lendemain matin. C'est une belle ville, magnifiquement située sur une imposante falaise dominant le fleuve. Les rues sont droites et larges, quoique leur pavage n'incite pas à une admiration maladive. Non, l'admiration doit être réservée au système d'égouts de la ville, que l'on peut considérer comme parfait ; une réforme récente, cependant, car c'était exactement le contraire jusqu'à il y a encore quelques années — une réforme qui était la conséquence de la leçon tirée d'une visite dévastatrice de la fièvre jaune. En ces jours horribles, les gens avaient été balayés par centaines, par milliers ; et les pertes dues à l'exode et aux victimes de la maladie furent si importantes que la population diminua des trois quarts et resta à ce niveau pendant un moment. Les affaires cessèrent presque complètement et les rues prirent l'apparence vide d'un dimanche.

Voici une description de Memphis, à cette funeste époque, sous la plume d'un touriste allemand qui semble avoir vu de ses propres yeux les scènes qu'il décrit. C'est tiré du chapitre VI de son livre qui vient juste d'être publié à Leipzig, « *Mississippi-Fahrten*, von Ernst von Hesse-Wartegg » :

> En août la fièvre jaune avait atteint son ampleur la plus formidable. Chaque jour, des centaines de personnes étaient sacrifiées à la terrible épidémie. La ville était devenue un vaste cimetière, les deux tiers de la population avaient déserté les lieux, où ne demeuraient plus que le pauvre, le vieillard et le malade, des proies faciles pour l'ennemi insidieux. Les maisons étaient fermées : de petites lampes brûlaient sur le seuil d'un grand nombre d'entre elles — le signe que la mort y avait pénétré. Il y avait souvent plusieurs victimes dans la même maison ; aux fenêtres pendaient des crêpes noirs. Les boutiques étaient closes, car leurs propriétaires étaient partis ou morts.
>
> Quel mal effrayant ! Dans les plus brefs délais, il abattait et balayait même la victime la plus vigoureuse. Une légère indisposition, puis une heure de fièvre, puis l'atroce délire et puis — la Mort Jaune ! Au coin des rues, et sur les places, gisaient des malades, brusquement frappés par la maladie ; et même des cadavres, déformés et rigides. La nourriture manquait. La viande s'abîmait en quelques heures dans l'air fétide et pestilentiel, et elle noircissait.
>
> Des cris affreux s'échappent de nombreuses maisons ; puis ils cessent au bout d'un moment, et tout redevient silencieux : des hommes courageux, doués d'esprit de sacrifice, arrivent avec le cercueil, le clouent, et le transportent jusqu'au cimetière. La nuit, c'est le règne du silence. Seuls les médecins et les corbillards se pressent dans les rues ; et dans le

> lointain, par intervalles, on entend le sourd tonnerre du train qui, à la vitesse du vent, comme poursuivi par des furies, fuit sans s'arrêter la cité envahie par la peste.

Mais aujourd'hui, il y a ici suffisamment de vie. La population dépasse les quarante mille personnes et est en augmentation, et le commerce est florissant. Nous nous sommes promenés dans les environs ; avons visité le parc et sa horde amicale d'écureuils ; avons vu les jolies résidences, entourées de roses et agréables à l'œil par bien des côtés ; et avons eu un bon petit déjeuner à l'hôtel.

Un endroit prospère que cette Cité du bon Samaritain du Mississippi : on y trouve un important commerce de gros ; des fonderies, des ateliers d'usinage ; et des fabriques de voitures, de chariots ; et elle produit de l'huile de graine de coton ; et elle va bientôt posséder des silos et des filatures de coton.

Elle a rentré cinq cent mille balles de coton l'année dernière, soit soixante mille de plus que l'année précédente. De son riche cœur commercial partent cinq grandes lignes de chemin de fer ; et on est en train d'en construire une sixième.

C'est là une Memphis très différente de celle que la procession évanouie et oubliée des touristes étrangers avait l'habitude de décrire dans ses notes de voyage, il y a longtemps de cela. A l'époque de Mrs. Trollope, aujourd'hui sortie de nos souvenirs, mais jadis célèbre et vigoureusement détestée, Memphis semblait consister principalement en une seule longue rue bordée de maisons en rondins, avec quelques cabanes isolées, éparpillées derrière, vers les bois ; et un cochon par-ci, par-là, et une boue sans fin. C'était il y a cinquante-cinq ans. Mrs. Trollope descendit à l'hôtel. A l'évidence, ce n'était pas celui où nous avons pris notre petit déjeuner. Elle raconte :

> La table était dressée pour cinquante personnes et presque toutes les places étaient occupées. Les gens mangeaient en un parfait silence ; et avec une rapidité si extraordinaire que leur dîner fut littéralement terminé avant même que le nôtre eût commencé ; les seuls bruits que l'on entendait étaient produits par les couteaux et les fourchettes, au milieu d'un chœur ininterrompu de toux, *etc.*

« De toux, *etc.* » Le « etc » remplace ici un mot déplaisant, un mot qu'elle n'a pas toujours la charité de cacher et qu'elle imprime parfois. On le trouvera dans la description suivante d'un dîner sur un vapeur qu'elle prit en compagnie d'un grand nombre de planteurs aristocrates ; c'étaient des gandins riches, bien nés et ignorants, tout clinquants des habituels titres judiciaires et militaires inoffensifs de cet ancien temps de frime minable et de vaines prétentions :

> L'absence totale de toutes les habituelles politesses de la table ; la rapidité avide avec laquelle on s'emparait des viandes et on les dévorait ; les phrases et la prononciation étranges et frustes ; les crachements répugnants, de la contamination desquels il était absolument impossible

de protéger nos robes ; l'effroyable façon qu'ils avaient de manger avec leur couteau, jusqu'à ce que la lame semblât entrer tout entière dans leur bouche ; et la façon encore plus affreuse de se curer les dents, ensuite, avec un canif — tout cela nous força bientôt à estimer que nous n'étions pas entourés par les généraux, les colonels et les commandants du vieux monde ; et que le moment du dîner serait tout sauf une heure de plaisir.

*

[Initialement prévu pour former le chapitre suivant.]

Ce fut pour cette sorte de photographie que cette pauvre et candide Mrs. Trollope devait être si généreusement maudite et insultée par cette nation. Et pourtant elle ne disait que la vérité, et cette nation indigne le savait. Elle peignait un état des choses qui ne disparut pas immédiatement. Il se prolongea encore un bon moment à l'époque de ma jeunesse, et je m'en souviens. En effet, tous ces touristes aspiraient à la vérité ; faisaient de leur mieux, avec honnêteté, pour la dire, et y réussissaient toujours sauf quand ils étaient abusés par des autochtones je-sais-tout du genre vaurien-farceur. Et à de rares exceptions près, ils énonçaient leurs cruelles vérités dans le plus bienveillant des langages, et à contrecœur, encore ; et ils s'emparaient avec empressement de chaque vérité plaisante qui s'offrait, et en tiraient autant qu'ils pouvaient.

De tous ces touristes, c'est dame Trollope que je

préfère. Elle trouva ici une « civilisation » que vous-même, lecteur, n'auriez pas supportée ; et que vous n'auriez pas considérée du tout comme une civilisation. Mrs. Trollope en parle en termes clairs — clairs et non édulcorés, mais honnêtes et sans méchanceté, et sans haine. Sa voix s'élève parfois jusqu'à l'indignation, mais l'objet justifie cette attitude — l'esclavage humain, la violence, les assassinats « donquichottesques », la fausse piété, et diverses autres diableries qui seraient aujourd'hui aussi odieuses pour vous qu'elles l'étaient pour elle à cette époque. Elle fut saintement détestée pour ses « partis pris » ; mais ceux-ci paraissent simplement avoir été les partis pris d'un esprit humain contre l'inhumanité ; d'une nature honnête contre le charlatanisme ; d'un parfait savoir-vivre contre la grossièreté ; d'un cœur droit contre les actes et les discours tordus.

Elle trouva ici un semi-barbarisme qui prétendait être une noble civilisation, et elle a gratté cette pellicule de civilisation, et elle a montré le monde (et lui) exactement comme ils étaient. Elle l'a fait d'une main calme et ferme ; vraiment d'une main douce, la plupart du temps ; et toujours d'une main bien intentionnée — mais elle l'a grattée tout de même.

Elle a vécu trois ans dans cette civilisation qui est la nôtre ; immergée en elle — et non pas à sa surface, comme ce fut le cas de la plupart des touristes étrangers de son temps. Elle connaissait bien son sujet et elle l'a exposé loyalement, sans ces signes de faiblesse que sont les « si » et les « mais ». Elle méritait de la reconnaissance — mais c'est une erreur de supposer qu'elle en a eu.

Presque tous les touristes furent honnêtes et équitables ; presque tous éprouvèrent pour nous une sincère bienveillance ; presque tous parlèrent de nous avec un peu trop de sollicitude, et recouvrirent chaque vérité particulièrement dure à notre propos d'une autre plus tendre, qui était forcée et portait souvent les marques d'un adoucissement artificiel à la suite d'une manipulation ; mais Mrs. Trollope fut la seule à choisir ce que les joueurs appellent un jeu « régulier ». Elle ne nous encensait pas ; pas plus qu'elle ne nous écrasait. Voulez-vous un paragraphe de son livre comme exemple — et un fac-similé d'une des lithographies de l'ouvrage, pour illustrer le paragraphe en question et, en même temps, ressusciter les coiffures et les chapeaux à la mode en 1827 ? Le lieu : Cincinnati. Sa population, sans doute de vingt mille personnes — tournait autour des dix mille, sept ans auparavant. Le capitaine Basil Hall parle avec admiration de l'agitation, du remue-ménage et de l'énergie de cet endroit extraordinaire, situé quelque part là-bas « dans une partie du pays qui, quelques années plus tôt », était occupée seulement par « une poignée de sauvages » — une poignée augmentée de vingt mille personnes, si vous en croyez Mrs. Trollope. Cincinnati compte aujourd'hui plus de trois cent mille habitants et a par ailleurs beaucoup changé. De nos jours, le relâchement de ses lois autorise l'existence de ce mortel billard et n'empêche pas les gens d'acheter ou de vendre des cartes, ni de jouer avec à des jeux innocents. Il n'en était pas ainsi en 1827. Le capitaine Hall trouve l'endroit « ravissant » et fait à son sujet d'autres compliments — car cet homme qui fut si férocement malmené par nos prédécesseurs nous critiqua toujours dans les termes les plus doux et les plus courtois ; et il fut toujours content de nous adresser des louanges chaque fois qu'il en eut l'occasion. Notre génération a été élevée dans la superstition qu'il fut le plus ignoble des hommes : un vrai monument de préjugés, de snobisme, de vulgarité, de dépit, de jalousie, de méchanceté, d'ingratitude, de déloyauté, d'injustice et de fausseté ; alors que, lorsque nous reprenons son livre, nous découvrons avec stupeur que si nous désirons décrire cet Anglais tel qu'il fut vraiment, nous n'avons qu'à utiliser le contraire de ces divers qualificatifs, et le portrait sera correct.

Mrs. Trollope dit que Cincinnati « n'est en aucune façon une ville d'une apparence saisissante » — et on peut parier sans crainte qu'elle avait raison —, mais elle ajoute : « son débarcadère est imposant et bien pavé ». Il est entouré par des « immeubles en bon état, quoique pas très beaux ». Elle a vu « quinze vapeurs à quai en même temps » — et pourtant la moitié du wharf majestueux « était inoccupée » ; car il était long d'un quart de mile.

Mais tout cela n'est qu'une introduction. Le paragraphe en question, c'est son compte rendu de sa visite au théâtre. On y jouait *Hamlet ;* le Hamlet était un jeune acteur d'avenir nommé Edwin Forrest *. Quant à ce qu'il pouvait devenir, elle « ne prétendait pas être capable de prophétie » ; mais en tout cas elle ne l'a pas supporté jusqu'au bout ; elle est partie, après le troisième acte : c'est ce que la ville de Cincinnati elle-même ferait aujourd'hui, bien que la façon de jouer d'Edwin l'eût tout à fait satisfaite dans sa rude adolescence. Voici l'extrait :

> Ce théâtre n'était vraiment pas de mauvaise qualité, quoique les recettes très maigres rendissent impossible de le garder bien en ordre ; mais il présentait un désagrément infiniment plus grand que des décorations pas trop bien tenues : le style et les manières du public. Les hommes venaient dans les secondes loges sans leurs vestes ; et j'ai vu des manches de chemise remontées jusqu'à l'épaule ; les crachements ne cessaient jamais, et les effluves mêlés d'oignons et de whisky étaient suffisants pour laisser penser que même le rôle de Mrs. Drake jouant Ophélie avait été chèrement payé vu l'obligation d'endurer ces accompagnements. L'allure et l'attitude des hommes sont parfaitement indescriptibles ; les talons posés au-dessus de la tête, la totalité du derrière de la personne exposé au public, le corps allongé de tout son long sur la banquette, voilà quelques-unes des positions variées qu'exhibent ces délicats maîtres de maintien. Il y a aussi un perpétuel vacarme, et des plus désagréables ; pour applaudir, on hurle et on

* Edwin Forrest (1806-1872) est le premier grand acteur de l'histoire du théâtre américain. Sa formidable querelle avec l'acteur anglais William Macready fut la cause de l'émeute de l'Astor Place à New York en mai 1849, qui fit vingt-deux morts et brisa sa carrière. *(N.d.T.)*

tape des pieds au lieu de claquer des mains ; et lorsqu'un accès de patriotisme les emporte, et que l'on demande un *Yankee Doodle* *, chacun d'eux semble penser que sa réputation de bon citoyen dépend du bruit qu'il fait.

C'était vrai à l'époque où cela a été écrit. Courage ! Nous faisons des progrès. Lorsque nous lisons Mrs. Trollope, puis notre dernier visiteur, Mr. Freeman, il est difficile de croire qu'ils parlent tous les deux de la même nation. Et c'est le cas, cependant ; et tous les deux essaient de nous transmettre la vérité, aussi — et ils y parviennent, suffisamment.

Tandis que Mrs. Trollope finissait dans l'Ouest, un compatriote à elle, « auteur de *Cyril Thornton,* etc. » (on ne donne pas d'autre marque de fabrique), poursuivait avec difficulté son chemin à travers les États de l'Est en traîneau public. Là, il trouvait les choses assez rudimentaires. Springfield, dans le Massachusetts, était un village de petites maisons de bois avec des portiques d'immenses colonnes corinthiennes et ioniques *en bois* — une absurdité architecturale qui ne se limitait en aucun cas à Springfield. C'était une mode qui s'étendait rapidement d'un bout à l'autre du pays ; si bien qu'aujourd'hui il n'y a, en Amérique, aucune ville de soixante ans d'âge qui n'ait conservé un ou plusieurs spécimens de cette manie ridicule.

Ce gentleman estima que Hartford était « l'un des endroits les plus stupides du monde ». Il y trouva aussi un hôtel malpropre. Jugea le caractère de Nouvelle-

* Chant patriotique de la révolution américaine. *(N.d.T.)*

Angleterre « singulièrement et anormalement composé d'estimable et d'exécrable » (proportions non fournies). La nuit était tombée un petit moment avant l'arrivée de son traîneau à New Haven — celui-ci ne s'était dépêché à aucun moment du voyage depuis Boston, et ne quitta Hartford que plusieurs heures après le moment prévu pour le départ :

> L'auberge était si pleine que le propriétaire m'avoua honnêtement qu'il ne pourrait pas me donner un lit. Alors je lui ai demandé un canapé et une couverture, mais sans plus grand succès. Pourtant, ses actes se révélèrent meilleurs que son discours. On m'indiqua une espèce de cabane misérable, aux murs sans plâtre, qui était, je crois bien, l'endroit où dormait le serveur noir, que l'on déplaça à cause de moi. L'odeur du lit était des plus repoussantes, les draps étaient sales et le dessus-du-lit ressemblait à une vieille couverture de cheval. Les seuls autres meubles de la pièce étaient une table et une chaise en bois ; pas de miroir, pas de table de toilette, pas de serviette. Ces choses-là furent promises le lendemain matin, mais elles ne vinrent jamais, quoique réclamées très importunément. Dans le salon bondé, la chaleur était intense ; la température de la chambre était à l'extrême opposé ; finalement, arrivant de cette fournaise, je me suis enveloppé dans ma houppelande et j'ai cherché le sommeil sur la bourre de coton crasseuse dont le noir occupant habituel avait été chassé. Le froid et les odeurs fortes ne sont pas favorables au sommeil. Environ deux heures plus tard je me suis relevé et, m'étant frayé un chemin jusqu'au salon, à présent inoccupé, j'ai passé le reste de la nuit dans un fauteuil près du feu.

Au petit déjeuner, à New York, ce touriste découvrit une mode qui lui déplut :

> Une habitude dégoûtante, cependant, qu'il me faut noter. Les œufs, au lieu d'être consommés dans leur coquille, sont versés dans un verre à vin et dûment battus d'une façon répugnante, avec du beurre et des condiments ; la mixture, suivant son degré de fluidité, est aussitôt mangée à la cuillère ou bue comme un liquide. L'avantage de cette méthode déplaisante, je ne prétends pas être qualifié pour l'apprécier, mais je peux parler par expérience de son effet sédatif sur l'appétit d'un témoin néophyte.

C'est là un des paragraphes les plus humains qui n'aient jamais été écrits. Il déborde presque de ce pharisaïsme qui est une part si importante de notre nature. Parce que cet observateur et ses compatriotes ne préparent pas leurs œufs de cette façon, c'est obligatoirement « dégoûtant » ! Pas un instant il n'a douté que c'était une loi et un test totalement suffisants. Son propre déjeuner serait « dégoûtant » pour un écureuil, cette délicate créature ; mais il n'y a pas pensé, et dans le cas contraire il n'aurait pas laissé cette pensée atténuer son intolérance. Peut-être utilisa-t-il ce terme « dégoûtant » lorsqu'il se trouva à cette table du petit déjeuner. Auquel cas ils ont perdu *leur* appétit, eux aussi ! Et alors qu'il s'en allait, sans avoir déjeuné, pour consigner leur habitude vulgaire dans son carnet de notes, ils se plaignaient à leurs amis, sans avoir déjeuné non plus, qu'un étranger mal élevé avait employé un langage obscène en leur présence. Et au même moment, les deux parties se montraient philistines et puériles ; car l'habitude justifiait amplement le crime apparent de chacune d'elles. Nous préparons toujours nos œufs de la façon ci-dessus décrite. Je l'ai vu faire par les meilleurs de nos gens — des gens dont on s'attend qu'ils aillent au paradis ; et « dégoûtant » est toujours utilisé par les meilleurs Anglais. Le mot « foutu » ne choque pas nos oreilles ; mais pour une oreille anglaise, il est aussi grossier que l'est le mot « dégoûtant » pour une oreille américaine. Curieusement, « obscène » est courant par chez nous — si courant qu'il apparaîtrait dans les prières si les gens fabriquaient leurs suppliques eux-mêmes, au lieu de les recevoir, dans leur forme pétrifiée, des quartiers généraux ecclésiastiques. Et en quoi est-ce notre affaire que nos parents anglais se régalent d' « Obscène » et de « Dégoûtant » et ne peuvent pourtant pas supporter « Foutu » ? En rien — ce n'était cependant pas l'état d'esprit de ce touriste ma-méthode-est-la-seule.

Je le cite simplement parce qu'il est amusant. Son livre est différent de ceux de la plupart des autres voyageurs étrangers de cette époque — en ce qu'il n'est ni digne, ni courageux, ni tolérant. On respecte Mrs. Trollope parce qu'elle campe sur ses positions avec un si beau courage militaire et une honnêteté si résolue ; elle dispute le match à contrecœur, parfois, et même avec souffrance — mais elle le dispute néanmoins. Alors que cette pauvre créature avec son estomac fragile est un tel opportuniste-né que chaque fois ou presque qu'il dit quelque chose de dur sur nous, il s'empresse de soulager la douleur en ajoutant quelque chose d'encore plus dur, à ce propos, sur l'Angleterre. Et il n'est pas complètement seul dans ce genre de diplomatie. Il y en a deux ou trois autres, dans cette procession touristique de l'ancien temps (à une date un peu plus tardive), qui vous donnent une gifle et qui administrent aussitôt un coup de pied à un membre de leur famille, s'imaginant stupidement que le coup de pied guérit la gifle. S'ils s'en étaient tenus au coup de pied ou à la gifle, ils n'auraient pas offensé les *deux* parties.

*

CHAPITRE XXX

Croquis de voyage

Un paysage mélancolique. – En chemin. – Bavardage sur le fleuve. – Il est passé comme un éclair. – Agréments de l'existence. – Un monde de renseignements erronés. – Éloquence du silence. – Heurter un chicot. – Une exactitude photographique. – Trottoirs en planches.

C'était un gros fleuve, en aval de Memphis ; les rives étaient pleines à ras bord, partout, et très souvent plus que pleines, les eaux pénétrant à l'intérieur des terres, submergeant les bois et les champs sur des miles et des miles ; et par endroits, il y avait quatre mètres cinquante d'eau ; tout autour, les témoignages du dur labeur des hommes étaient ruinés, et tout allait devoir être reconstruit, avec de pauvres moyens et un courage faiblissant. Un tableau mélancolique et ininterrompu — sur des centaines de miles. Parfois les balises se retrouvaient sous l'eau, à quatre-vingt-dix centimètres de profondeur, en bordure de forêts touffues qui s'étendaient sur des kilomètres sans ferme, sans chantier forestier, sans clairière ni coupure d'aucune sorte ;

ce qui signifiait que le responsable de la lumière devait venir de loin, en barque, pour s'acquitter de sa charge — et souvent par un temps abominable. Et pourtant on m'a dit que ce travail était régulièrement accompli, par tous les temps ; et pas toujours par des hommes, parfois par des femmes, si l'homme était malade ou absent. Le gouvernement fournit l'huile et paie dix ou quinze dollars par mois pour l'éclairage et la maintenance. Un bateau gouvernemental distribue l'huile et verse ce salaire une fois par mois.

La région de Ship Island était aussi boisée et inhabitée que jamais. L'île avait cessé d'être une île ; elle était désormais solidement reliée au rivage, et les chariots roulaient aujourd'hui là où les vapeurs avaient l'habitude de naviguer. Il ne restait plus aucune trace du naufrage du *Pennsylvania.* Un jour, quelque fermier déterrera ses vestiges avec sa charrue, sans aucun doute, et sera bien surpris.

Nous pénétrions à présent dans la région du nègre migrateur. Ces pauvres gens ne pouvaient pas voyager lorsqu'ils étaient esclaves ; aussi se rattrapent-ils maintenant, après cette privation. Ils restent dans une plantation jusqu'à ce que le désir de bouger les prenne ; alors ils font leurs bagages, ils hèlent un vapeur et décampent. Ils ne partent pour aucun endroit précis ; non, n'importe quel endroit ou presque fera l'affaire ; ils veulent juste être en mouvement. La somme d'argent en leur possession répondra au reste de la devinette à leur place ; si elle peut leur faire faire cinquante miles, très bien ; parfait pour cinquante miles. Dans le cas contraire, un voyage plus court conviendra.

Pendant quelques jours nous avons fréquemment répondu à ces appels ; parfois il y avait un groupe de cabanes, salies par les crues et à moitié en ruine, pleines de gens de couleur, et pas le moindre Blanc en vue ; avec, ici et là, des morceaux de terrain secs sans un seul brin d'herbe ; quelques arbres abattus, et des bovins, des mulets et des chevaux squelettiques, mangeant les feuilles et rongeant l'écorce — pas d'autre nourriture pour eux, dans cette zone inondée. D'autres fois il y avait un simple débarcadère isolé ; près de lui, la famille de couleur qui nous avait fait signe ; petits et grands, jeunes et vieux, perchés sur leur maigre pile d'affaires ; ces dernières consistant en un fusil rouillé, un petit nombre de toiles à matelas, de caisses, d'articles en fer-blanc, de tabourets, un miroir abîmé, un fauteuil vénérable, et six ou sept sales cabots jaunes, des bâtards peureux, attachés à la famille par des cordes ; il leur fallait leurs chiens ; ne pouvaient pas partir sans leurs chiens ; pourtant, les chiens ne sont jamais d'accord ; ils passent leur temps à protester ; si bien qu'ils sont chargés à bord, l'un après l'autre, en une ridicule procession ; résistant de leurs quatre pattes et glissant le long du pont, la tête presque arrachée ; mais le tireur continue à avancer avec détermination, courbé par l'effort, la corde passée par-dessus son épaule pour plus de facilité. On oublie quelquefois un enfant et on le laisse sur la berge ; mais jamais un chien.

Les habituels bavardages concernant le fleuve se

poursuivent dans la cabine de pilotage. L'île 63 — une île avec un joli « couloir », ou passage, derrière elle, dans l'ancien temps. Il se raconte que James Jamieson, sur le *Skylark*, avait avec lui un pilote invité pour un voyage — un pauvre vieux collègue usé, à la retraite ; il l'a laissé au gouvernail au bas de la 63, pour finir son quart. L'ancien marin a remonté le couloir et redescendu le fleuve par l'autre côté de l'île ; et remonté le couloir et redescendu le fleuve une seconde fois ; et puis encore et encore ; et il a rendu le bateau au pilote venu le relever, au bout de trois heures d'honnêtes efforts, à la même bonne vieille extrémité de l'île, à l'endroit où il avait pris la barre ! Un nègre, sur la berge, qui avait regardé le bateau passer à peu près treize fois, déclara :

— Mon Dieu, j' te ju'e, j' se'ais pas su'p'is s'ils z'avaient pas tout' une ligne d' leur *Sk'ylark !*

Anecdote illustrant l'influence de la réputation sur le changement d'opinion. *L'Éclipse* était célèbre pour sa rapidité. Un jour ce bateau passa ; sur la rive, un vieux nègre, absorbé par ses occupations, ne remarqua pas de quel vapeur il s'agissait. Un moment plus tard, quelqu'un lui demanda :

— Y'a un bateau qu'a remonté ?

— Oui, m'sié.

— Il allait vite ?

— Oh, comme ci, comme ça — il s' baladait.

— Écoute, tu sais quel bateau c'était ?

— Non, m'sié.

— Ben mon vieux, c'était l'*Éclipse*.

— Non ! C'est v'ai ? J'au'ais ju'é qu' c'était lui — pa'ce qu'il est just' passé comme *un éclai' !*

Bout d'histoire illustrant le style violent de certaines personnes, par ici. Au cours des premières semaines de hautes eaux, les traverses de la clôture de A ont été emportées sur le terrain de B, et les traverses de B ont été emportées par les remous et se sont retrouvées sur le terrain de A. A a dit :

— Laissons les choses comme ça ; je me servirai de tes traverses et tu te serviras des miennes.

Mais B n'était pas d'accord — il n'en serait pas ainsi. Un jour, A a pénétré sur la propriété de B pour récupérer ses traverses. B a dit :

— Je vais t' tuer !

Et il s'est avancé vers lui avec son revolver.

A a répondu :

— J' suis pas armé.

Alors B, qui voulait être juste, lui a lancé son revolver ; puis il a pris un couteau et a découpé la gorge de A, mais il s'est surtout intéressé à la partie du devant et il n'a donc pas réussi à trancher la veine jugulaire. En se défendant, A est parvenu à mettre la main sur le revolver, pas très loin, et il a tué B avec — et il s'est remis de ses blessures.

D'autres bavardages ; et ensuite tout le monde est descendu pour prendre le café de l'après-midi, en me laissant seul à la barre. Quelque chose, un peu plus tard, m'a rappelé la dernière heure que nous avions passée à Saint Louis, pendant laquelle j'étais resté presque tout le temps sur le pont-abri de ce bateau, à l'arrière. J'y avais été rejoint par un étranger qui a engagé la conversation — un jeune gars plein d'entrain qui, m'a-t-il raconté, était né dans une ville du Wisconsin, à l'intérieur des terres, et n'avait jamais vu un vapeur de sa vie jusqu'à la semaine précédente. Il a ajouté qu'au cours de son voyage depuis La Crosse il avait inspecté et examiné son bateau avec une telle application et un intérêt si passionné qu'il en maîtrisait l'ensemble, de la proue au safran du gouvernail. M'a demandé d'où j'étais. J'ai répondu : Nouvelle-Angleterre.

— Oh, un Yank* ! s'est-il exclamé.

Et il a continué à parler, sans attendre un signe d'assentiment ou de dénégation. Il m'a immédiatement proposé de me faire faire le tour du bateau et de me nommer ses différentes parties et de m'en apprendre l'utilité. Je n'avais pas encore eu le temps de placer une protestation ou une excuse qu'il s'était déjà lancé sans hésitation dans son bavardage pour ce travail bénévole ; et lorsque je me suis rendu compte qu'il ne donnait pas les noms exacts des objets et qu'il se divertissait d'une manière peu hospitalière aux dépens d'un innocent étranger d'une région lointaine, je n'ai rien dit et l'ai laissé continuer. Il m'a fourni un monde de renseignements erronés ; et plus il avançait, plus son imagination se déployait, plus il prenait plaisir à son cruel travail de tromperie. Parfois, après m'avoir servi un mensonge

* Surnom donné aux habitants des États de la Nouvelle-Angleterre. *(N.d.T.)*

particulièrement extravagant et révoltant, il était pris d'une telle envie de rire qu'il devait s'éloigner une minute, sous un prétexte ou un autre, pour ne pas éveiller mes soupçons. Je suis resté fidèlement avec lui jusqu'à la fin de sa comédie. Il a alors remarqué qu'il avait entrepris de tout m' « apprendre » sur un vapeur et qu'il l'avait fait ; mais que s'il avait oublié quelque chose, je n'avais qu'à le lui demander et il fournirait ce qu'il manquait.

— Tout objet de ce bateau dont vous ne connaissez pas le nom ni la destination, vous venez me voir et je vous l'explique.

Je lui ai répondu que je n'y manquerais pas, et je me suis éloigné ; ai disparu, et suis revenu vers lui par un autre côté du bateau, d'où il ne pouvait me voir. Il était assis, tout seul, plié en deux et se tordant dans tous les sens, en proie à un rire inextinguible. Il a dû s'en rendre malade ; car il ne fut plus visible, après cela, pendant plusieurs jours. Entre-temps, cet épisode m'est sorti de l'esprit.

Et ce qui me faisait m'en souvenir, maintenant que j'étais seul à la barre, c'était le spectacle de ce jeune gars, à la porte de la cabine de pilotage, la main toujours sur la poignée, qui m'examinait gravement sans rien dire. Je ne sais pas quand j'ai vu quelqu'un paraissant aussi blessé que lui. Il ne prononça pas un mot — il restait là, simplement, et me regardait ; me regardait avec une expression de reproche, et réfléchissait. Finalement, il a refermé la porte et s'est éloigné ; s'est arrêté une minute sur le pont texas ; est revenu lentement sur ses pas et s'est tenu de nouveau sur le seuil de la porte, avec cette expression chagrinée ; m'a contemplé un instant avec un air de réprimande résigné, et puis a dit :

— Vous m'avez laissé tout vous apprendre d'un vapeur, *n'est-ce pas ?*

— Oui, ai-je avoué.

— Oui, vous avez fait ça, *n'est-ce pas ?*

— Oui.

— *Vous* êtes le plus cruel que... que...

Les mots lui ont manqué. Une pause — une faible bataille pour en trouver d'autres — puis il y a renoncé, a étouffé un violent et puissant juron, et s'en est allé pour de bon. Après cela, je l'ai vu plusieurs fois en bas, au cours du voyage ; mais il est resté de glace — il ne m'a pas accordé un regard. L'idiot, s'il ne s'était pas donné tant de mal pour me jouer cette stupide farce, au début, j'aurais orienté ses pensées dans une autre direction, et lui aurais évité de commettre cette impolitesse folle et gratuite.

Je me suis réveillé pour le quart de quatre heures, tous les matins, car on ne voit jamais trop de levers de soleil sur le Mississippi. Ils sont enchanteurs. D'abord, il y a l'éloquence du silence ; car un calme profond pèse sur tout. Puis il y a l'obsédante sensation de solitude, d'isolement, d'éloignement des soucis et du remue-ménage du monde. L'aube arrive à pas de loup ; les murs solides de la sombre forêt s'adoucissent en grisonnant, et de vastes espaces du fleuve s'ouvrent et se dévoilent ; l'eau est lisse comme du verre, émet de petites volutes spectrales de brume blanche, il n'y a pas le moindre souffle de vent, pas un mouvement de feuille ; la tranquillité est profonde et infiniment satisfaisante. Puis un oiseau se met à chanter, un autre l'imite, et bientôt les gazouillis se transforment en une joyeuse orgie musicale. Vous n'apercevez aucun de ces oiseaux ; vous vous déplacez seulement dans une atmosphère de chansons qui semble chanter d'elle-même. Quand la lumière est devenue un petit peu plus forte, vous avez l'un des plus beaux et des plus harmonieux spectacles imaginables. Vous avez le vert intense des feuillages serrés et touffus à côté de vous ; vous le voyez pâlir, une nuance après l'autre, devant vous ; au-dessus du prochain cap en saillie, à environ un mile ou plus, la couleur s'est éclaircie jusqu'au vert jeune et tendre du printemps ; le cap suivant, plus loin, a presque perdu la sienne, et à des miles sous l'horizon celui d'après dort sur l'eau, simple buée imprécise, et on le distingue à peine sur le ciel qui le domine et qui l'entoure. Et toute cette étendue de fleuve est un miroir, et s'y peignent les reflets ombreux des feuillages et des rives arrondies et des caps qui s'éloignent ; eh bien, cela est de toute beauté ; doux et riche et beau ; et quand le soleil est complètement levé, et qu'il distribue une touche de rose ici et une poudre dorée un peu plus loin et une brume pourpre là où elle produira le meilleur effet, vous estimez que vous avez vu quelque chose dont il vaudra la peine de se souvenir.

Nous sommes arrivés au petit matin dans la zone du tournant du Kentucky — scène d'un accident étrange et tragique, dans l'ancien temps. Le capitaine Poe avait un petit bateau à roue arrière qui était depuis des années son foyer et celui de son épouse. Une nuit son bateau a heurté un chicot en amont de ce tournant et a coulé à une vitesse étonnante. L'eau submergeait déjà largement le plancher du poste de pilotage lorsque le capitaine est passé à l'arrière. Il a alors défoncé à la hache, par en dessus, la cabine de sa femme ; celle-ci dormait sur la couchette supérieure, le toit était plus fragile qu'il ne le supposait ; le premier coup a traversé les planches pourries et lui a fendu le crâne !

Ce virage est complètement comblé, aujourd'hui — conséquence d'un raccourci ; et le même agent a emporté le grand et jadis très fréquenté tournant du Noyer et l'a abandonné dans la solitude, loin du trajet habituel des vapeurs.

Helena, nous la visitâmes, et aussi une autre ville dont je n'avais jamais entendu parler, car elle était de création récente — Arkansas City. Elle était née d'une voie ferrée ; le Little Rock, Mississippi River and Texas Railroad touche le fleuve ici. Nous avons demandé à un passager qui habitait là quel genre d'endroit c'était.

— Ben, a-t-il répondu après avoir réfléchi, et avec l'air de quelqu'un qui souhaite prendre son temps et être précis, c'est un endroit infernal.

Une description d'une exactitude photographique. Il y avait plusieurs rangées et plusieurs groupes de maisons de bois miteuses, et une quantité de boue suffisante pour assurer que la ville ne risquait pas la rupture de stock, quant à cet article, pendant une centaine d'années ; car l'inondation était encore là récemment. Il y avait des mares stagnantes dans les rues, ici et là, et une douzaine de chalands rudimentaires étaient éparpillés un peu partout, échoués là où ils se trouvaient lorsque les eaux s'étaient retirées et que la population avait pu recommencer à faire ses visites et ses commissions à pied sec. Et cependant c'est un endroit prospère, avec un riche arrière-pays, un élévateur à grains à sa porte, ainsi qu'un gros moulin, plutôt joli, pour la production d'huile de graine de coton. Je n'avais jamais vu ce genre de moulin auparavant.

La graine de coton était relativement sans valeur, de mon temps ; mais elle vaut à présent douze ou treize dollars la tonne, et on n'en jette rien. L'huile que l'on en tire n'a pas de couleur, pas de goût, et presque pas d'odeur, sinon pas du tout. On prétend que l'on peut, grâce à une manipulation adéquate, la faire ressembler à n'importe quelle huile et la faire facilement passer pour elle, et que l'on peut la produire à un prix qui sera encore moins cher que le prix le plus bas du modèle original. Des gens avisés la transportent en Italie, la frelatent, lui collent une étiquette, et la ramènent ici comme huile d'olive. Ce commerce est devenu si formidable que l'Italie a été obligée de le taxer d'un impôt prohibitif pour l'empêcher d'occasionner de gros dégâts à sa propre industrie huilière.

Helena occupe l'un des plus beaux sites du Mississippi. Elle est perchée sur le dernier groupe de collines, et le plus méridional, que l'on voit de ce côté-ci du fleuve. En temps normal c'est une jolie ville ; mais la crue (ou peut-être les infiltrations) l'avait récemment ravagée ; des rues entières de maisons avaient été envahies par les eaux boueuses, et l'extérieur des bâtiments était toujours ceinturé par une large tache montant au-dessus des fondations. On voyait un peu partout des barges échouées et abandonnées ; les trottoirs en planches, sur des pieux de un mètre vingt, étaient toujours debout ; les autres, plus vastes, qui s'étendaient au niveau du sol, étaient démantelés et menaçaient ruine — en entendant deux hommes y courir, un aveugle aurait pensé qu'une charge de cavalerie arrivait — ; il y avait partout une boue noire et épaisse, et à de nombreux endroits s'étendaient des mares d'eau stagnante impaludées. Une inondation du Mississippi est le châtiment le plus coûteux et dévastateur qui soit, juste après l'incendie.

Nous passâmes ici un agréable moment, en ce dimanche ensoleillé : deux pleines heures de liberté, à terre, tandis que le bateau déchargeait du fret. Dans les bas quartier on voyait peu de Blancs, mais beaucoup de gens de couleur, surtout des femmes et des jeunes filles ; et presque tous sans exception étaient habillés de vêtements neufs très colorés, d'un style et d'une coupe chics et recherchés — un contraste évident et comique avec la triste boue et les mares propices à la mélancolie.

Helena est la seconde ville d'Arkansas en points de population — positionnée sur cinq mille. La région qui l'entoure est exceptionnellement productive. Helena a un bon commerce de coton ; de cinquante à soixante mille balles y transitent chaque année ; elle a un important trafic de bois et de grains ; possède une fonderie, des moulins à huile, des ateliers d'usinage et des fabriques de voitures — bref, a investi un million de dollars dans les industries manufacturières. Elle a deux lignes de chemins de fer, et elle est le centre de commerce d'une région vaste et prospère. Ses recettes brutes, chaque année, dans tous les domaines, sont évaluées à quatre millions de dollars par le *Times-Democrat* de New Orleans.

CHAPITRE XXXI

Une empreinte de pouce et ce qu'il en advint[24]

Langage rebelle. – La morgue. – Allemand raide et anglais flexible. – La confession d'un mourant. – Je suis lié et bâillonné. – Je me libère. – Je commence mes recherches. – L'homme avec un seul pouce. – Peinture rouge et papier blanc. – Il est tombé à genoux. – Effroi et gratitude. – Je m'échappe par les bois. – Un spectacle macabre. – Crie, mon vieux, crie. – Une expression de surprise et de triomphe. – Le gloussement étouffé d'un rire moqueur. – Comme les choses se passent bizarrement. – L'argent caché.

Nous approchions de Napoleon, Arkansas. Aussi commençais-je à penser à ma commission ici. Heure, midi ; et temps clair et ensoleillé. C'était mauvais — pas pour le mieux, en tout cas. Car ce que j'avais à faire n'était pas (de préférence) du genre commission de midi. Plus j'y pensais, plus cela s'imposait à moi — une fois sous une forme, une fois sous une autre. Finalement, cela s'est tranformé en une question précise : est-ce bien sensé de faire cette commission de jour quand, avec un petit sacrifice de confort et de penchant naturel, vous pouvez avoir la nuit pour cela, et aucun œil inquisiteur autour de vous ? Cela régla le problème. Une question claire et une réponse claire, voilà le plus court chemin pour sortir de la plupart des embarras.

J'ai invité mes amis dans ma cabine, et je leur ai dit que j'étais désolé d'être source de désagrément et de déception, mais qu'après réflexion il semblait vraiment préférable de descendre nos bagages à terre et de s'arrêter à Napoleon. Leur désapprobation fut rapide et bruyante, leur langage rebelle. Leur principal argument fut celui qui était toujours le premier à venir à la surface, en pareil cas, depuis le commencement des temps : « Mais tu as décidé et convenu de rester sur ce bateau, etc. » ; comme si, ayant déterminé de faire une chose malavisée, on était obligé d'aller de l'avant et de faire *deux* choses malavisées en mettant cette décision à exécution.

J'ai essayé sur eux diverses tactiques apaisantes, avec un succès raisonnable : encouragé par ce résultat, j'ai redoublé d'efforts ; et pour leur montrer que *je* n'étais pas responsable de cette commission ennuyeuse, et que je n'étais en aucune façon à blâmer à cause d'elle, j'en suis finalement venu à raconter son histoire — en substance, ce qui suit.

Vers la fin de l'année précédente, j'avais passé quelques mois à Munich, en Bavière. En novembre, je vivais à la *pension* de Fraülein Dahlweiner, 1*a,* Karlstrasse ; mais l'endroit où je travaillais se trouvait à un mile de là, chez une veuve qui gagnait sa vie en louant des chambres. Ses deux jeunes enfants et elle-même avaient pris l'habitude de venir me voir chaque matin et de me parler allemand — à ma demande. Un jour, au cours d'une longue promenade en ville, j'ai visité l'un des deux établissements où le gouvernement conserve et fait surveiller les corps jusqu'à ce que les médecins décident qu'ils sont définitivement morts et non pas en catalepsie. C'était un endroit sinistre que cette vaste salle. On y voyait trente-six corps d'adultes, allongés sur le dos sur des planches légèrement inclinées, en trois longues rangées — tous avec un visage figé, blanc comme cire, et tous enveloppés dans un blanc linceul. Sur les côtés de la pièce s'ouvraient de profondes alcôves, comme des fenêtres en saillie ; et dans chacune d'elles gisaient plusieurs bébés aux traits de marbre, entièrement dissimulés et ensevelis sous des amoncellements de fleurs fraîches, excepté leur visage et leurs mains croisées. Autour de l'un des doigts de chacune de ces cinquante formes immobiles, les grandes et les petites, il y avait un anneau ; et de cet anneau un fil montait jusqu'au plafond et, de là, allait jusqu'à une cloche, dans une salle de garde, un peu plus loin, où, nuit et jour, un surveillant était toujours assis, sur le qui-vive et prêt à bondir pour venir en aide à n'importe lequel de ces compagnons blafards qui, se réveillant de la mort, aurait bougé — car même le mouvement le plus léger aurait fait trembler le fil et sonner cette effrayante cloche. Je m'imaginai, sentinelle de la mort, en train de somnoler ici tout seul, au cours de l'une de ces gardes languissantes pendant quelque nuit gémissante et venteuse, et j'imaginai qu'en un clin d'œil tout mon corps était soudain changé en une gelée frémissante par la brusque clameur de cette horrible sommation ! Aussi me suis-je renseigné sur ce lieu ; ai-je demandé ce qui se passait généralement dans ce cas. Est-ce que le surveillant mourait tandis que le cadavre rétabli s'approchait et faisait de son mieux pour faciliter ses derniers instants ? Mais on me réprimanda pour vouloir nourrir une curiosité futile et frivole en un endroit si solennel et lugubre ; et je poursuivis mon chemin la tête basse.

Le lendemain matin, je racontais mon aventure à la veuve lorsqu'elle s'est exclamée :

— Venez avec moi ! J'ai un locataire qui vous dira tout ce que vous voulez savoir. Il a été gardien de nuit là-bas.

Il était vivant, mais il n'en avait pas l'air. Il était au lit, la tête appuyée sur plusieurs oreillers ; son visage était amaigri et sans couleur ; ses yeux creux étaient fermés ; sa main, posée sur sa poitrine, ressemblait à une serre — elle était si osseuse et ses doigts étaient si longs ! La veuve entreprit de me présenter. Les yeux de l'homme s'ouvrirent lentement et jetèrent un éclat affreux dans la pénombre de leurs orbites caverneuses ; il fronça ses noirs sourcils ; il leva sa main décharnée et nous chassa d'un geste impérieux. Mais la veuve tint bon jusqu'à ce qu'elle eût expliqué que j'étais un étranger et un Américain. L'expression de l'homme changea aussitôt ; son visage s'anima, son regard devint même avide — et l'instant d'après nous étions seuls, lui et moi.

Je m'ouvris à lui dans un allemand raide ; il me

répondit dans un anglais flexible ; nous laissâmes donc définitivement en repos la langue allemande.

Ce poitrinaire et moi, nous sommes devenus bons amis. Je lui rendais visite chaque jour, et nous parlions de tout. Ou, du moins, de tout sauf des femmes et des enfants. Mentionnait-on une femme ou un enfant, n'importe lesquels, et trois choses s'ensuivaient immanquablement : la lueur la plus bienveillante, aimante et tendre s'allumait un moment dans les yeux de l'homme ; elle s'évanouissait bientôt pour céder la place à ce regard meurtrier qui avait brûlé la première fois que j'avais vu ses paupières s'ouvrir ; et enfin, le malade cessait de parler pour ce jour-là ; restait silencieux, distrait, et préoccupé ; apparemment n'entendait plus rien de ce que je disais ; ne faisait pas attention à mes au revoir et, manifestement, ne se rendait pas compte, ni par la vue ni par l'ouïe, du moment où je quittais la pièce.

Au bout deux mois pendant lesquels j'avais été l'intime, quotidien et unique, de ce Karl Ritter, un jour, il a laissé tomber abruptement :

— Je vais vous raconter mon histoire.

LA CONFESSION D'UN MOURANT

Alors il a poursuivi ainsi :

— Je n'ai jamais renoncé, jusqu'à maintenant. Mais maintenant j'ai renoncé. Je vais mourir. J'ai décidé la nuit dernière qu'il devait en être ainsi, et très bientôt, en plus. Vous dites que vous allez retourner voir votre fleuve lorsque vous en aurez l'occasion. Très bien ; cela, avec une certaine étrange aventure qui m'est arrivée la nuit dernière, me décide à vous raconter mon histoire — car vous verrez Napoleon, en Arkansas ; et par égard pour moi, vous vous y arrêterez et vous ferez une certaine chose, une chose que vous entreprendrez volontiers une fois que vous aurez entendu mon récit.

Raccourcissons-le partout où nous pouvons, ce sera nécessaire, car il est long. Vous savez déjà comment j'en suis venu à me rendre en Amérique et comment j'en suis venu à m'installer dans cette région déserte du Sud. Mais vous ne savez pas que j'étais marié. Ma femme était jeune, belle, aimante et, oh ! si divinement bonne et irréprochable et douce ! Et notre petite fille était sa maman en miniature. C'était le plus heureux des foyers heureux.

Une nuit — c'était vers la fin de la guerre — je me suis réveillé d'une léthargie hébétée, et je me suis retrouvé attaché et bâillonné, et l'air empestait le chloroforme ! J'ai vu deux hommes dans la pièce, et l'un d'eux était en train d'expliquer à l'autre, dans un murmure rauque :

— Je lui ai *dit* ce qui se passerait si elle faisait un bruit, et pour la fille...

L'autre l'interrompit d'une voix basse, un peu geignarde :

— Tu avais promis qu'on se contenterait de les bâillonner et de les voler, et qu'on leur ferait pas de mal ; ou alors j' serais pas venu.

— Arrête tes pleurnicheries ; j'ai été *obligé* de changer le plan quand elles se sont réveillées ; tu as fait tout ce que *tu* pouvais pour les protéger, alors contente-toi de ça ; allez, aide-moi à fouiller.

Les deux hommes étaient masqués et portaient des vêtements de « nègres », ordinaires et en lambeaux ; ils avaient une lanterne sourde, et à sa lueur j'ai remarqué que le voleur le plus gentil des deux n'avait pas de pouce à la main droite. Ils ont fouillé un moment ma pauvre cabane ; le chef a murmuré alors, en aparté :

— On perd notre temps... *Il* dira où c'est caché. Ôte-lui son bâillon et fais-le revenir à lui.

L'autre a répondu.

— D'accord... A condition qu'on le matraque pas.

— Pas de matraquage, alors — à condition qu'il se tienne tranquille.

Ils sont venus vers moi ; à cet instant précis il y a eu un bruit à l'extérieur ; un bruit de voix et un piétinement de sabots ; les voleurs ont retenu leur souffle et tendu l'oreille ; les bruits se sont lentement rapprochés ; puis il y a eu un cri :

— *Hello,* la maisonnée ! Allumez une lampe, nous voulons de l'eau.

— La voix du capitaine, bon D... ! s'est exclamée la brute qui s'exprimait en aparté.

Et les deux voleurs se sont enfuis par la porte de derrière, éteignant leur lanterne sourde tout en courant.

Les étrangers ont crié encore plusieurs fois, puis ils se sont éloignés à cheval — il semblait y avoir une douzaine d'animaux — et je n'ai plus rien entendu d'autre.

Je me suis débattu, mais j'ai été incapable de me libérer de mes liens. J'ai essayé de parler, mais le bâillon était efficace ; je ne pouvais proférer aucun son. J'ai écouté pour entendre la voix de ma femme et celle de ma fille — j'ai écouté longtemps et intensément, mais aucun bruit ne me parvenait de l'autre extrémité de la pièce où se trouvait leur lit. Ce silence est devenu de plus en plus affreux, de plus en plus inquiétant, à chaque instant. Vous auriez été capable de supporter une heure de cette situation, vous croyez ? Ayez pitié de moi, alors, qui ai été obligé de tenir trois heures. Trois heures ? Trois siècles, oui ! Chaque fois que la pendule sonnait, il me semblait que des années s'étaient écoulées depuis que je l'avais entendue pour la dernière fois. Pendant tout ce temps, je n'ai pas cessé de me battre contre mes liens ; et finalement, vers l'aube, j'ai réussi à me libérer, et je me suis levé et j'ai étiré mes membres ankylosés. Je distinguais très bien tous les détails de la scène. Le plancher était jonché de choses que les voleurs y avaient jetées en cherchant mon argent. Le premier objet qui a particulièrement attiré mon attention, ce fut un document qui m'appartenait ; j'avais vu le plus sauvage des deux vauriens y jeter un œil puis l'abandonner. Il y avait du sang dessus ! J'ai titubé jusqu'à l'autre bout de la pièce. Oh ! les pauvres et faibles innocentes, elles gisaient là, leurs ennuis terminés, tandis que les miens commençaient !

Ai-je fait appel à la loi — moi ? Est-ce que ça apaise

la soif du pauvre si le roi boit à sa place ? Oh non, non, non — je ne voulais aucune ingérence indiscrète de la loi. Les lois et les gibets ne pourraient pas payer la dette qui m'était due ! Que les lois remettent l'affaire entre mes mains, et qu'elles ne craignent rien : j'allais trouver le débiteur et récupérer ce qui me revenait. Comment y parvenir, dites-vous ? Comment y parvenir et en être si certain alors que je n'avais pas vu les visages des voleurs, pas plus que je n'avais entendu leurs vraies voix, et que je n'avais pas la moindre idée de qui ils pouvaient bien être ? Et pourtant, *j'étais* sûr de moi — tout à fait sûr, tout à fait confiant. J'avais une preuve — une preuve dont vous n'auriez pas fait grand cas, une preuve qui n'aurait guère aidé même un policier, car il n'aurait pas connu le secret de son mode d'emploi. J'y viendrai tout à l'heure — vous verrez. Poursuivons, maintenant, en prenant les choses dans l'ordre. Un détail m'orienta vers une direction précise par où commencer : ces deux voleurs étaient manifestement des soldats déguisés en vagabonds ; et ils n'étaient pas novices dans l'armée, ils y étaient depuis longtemps — des militaires de carrière, peut-être — ; ils n'avaient pas acquis leurs attitudes soldatesques, leurs gestes, leur allure en un jour, ni en un mois, ni même en un an. C'est à ça que j'ai pensé, mais j'ai gardé mes réflexions pour moi. Et l'un d'eux s'était exclamé : « La voix du capitaine, bon D… ! » — celui dont j'aurais la vie. A deux miles de là, plusieurs régiments campaient, et deux compagnies de la cavalerie U.S. Lorsque j'ai appris que le capitaine Blakely, de la compagnie C, était passé par chez nous, cette nuit-là, avec une escorte, je n'ai rien dit, mais c'est dans cette compagnie que j'ai décidé de chercher mon homme. Dans mes conversations je mettais beaucoup de soin et d'obstination à décrire les voleurs comme des vagabonds, des civils accompagnant l'armée ; et les gens menèrent dans cette catégorie de personnes des recherches qui restèrent vaines, nul ne soupçonnant les soldats, sauf moi.

En travaillant patiemment, la nuit, dans ma maison déserte, je me suis fabriqué un déguisement avec divers morceaux de vêtements ; dans le village le plus proche, j'ai acheté une paire de lunettes bleues. Finalement, lorsque les militaires ont levé le camp et que la compagnie C a été envoyée à cent miles au nord, à Napoleon, j'ai dissimulé mes maigres économies dans ma ceinture, et je suis parti à la faveur de la nuit. Quand la compagnie C est arrivée à Napoleon, j'y étais déjà. Oui, j'étais là, avec un nouveau métier — diseur de bonne aventure. Pour ne pas paraître partial, je me suis fait des amis et j'ai tiré les cartes dans toutes les compagnies en garnison dans cette ville ; mais c'est à la compagnie C que j'ai consacré le meilleur de mes attentions. J'ai rendu des services sans bornes à ces hommes-là ; je n'ai refusé aucune des faveurs qu'ils m'ont demandées, aucun des risques qu'ils m'ont fait courir. Je suis devenu l'objet bien disposé de leurs plaisanteries ; cela a parachevé ma popularité ; je suis devenu leur chouchou.

Très vite j'ai découvert un simple soldat à qui manquait un pouce — quelle joie cela m'a fait ! Et quand j'ai su qu'il était le seul de toute la compagnie à avoir perdu un pouce, mes derniers doutes se sont envolés ; j'étais *sûr* d'être sur la bonne piste. Cet homme se nommait Kruger, un Allemand. Il y avait neuf Allemands dans la compagnie. Je l'ai surveillé, pour voir qui pouvaient bien être ses intimes ; mais il ne semblait pas en avoir un en particulier. Mais *moi* je l'étais, son intime ; et j'ai fait en sorte que notre amitié se développe. Parfois, j'étais si affamé de revanche que j'avais du mal à m'empêcher de me jeter à genoux et de le supplier de me montrer celui qui avait assassiné ma femme et ma fille ; mais je réussissais à tenir ma langue. J'attendais mon heure et je continuais à dire la bonne aventure, lorsqu'une occasion s'offrit à moi.

Mon matériel était simple : un peu de peinture rouge et un petit bout de papier blanc. Je peignais le bout du pouce du client, j'en relevais une empreinte sur le papier, je l'étudiais dans la nuit et je lui révélais son destin le lendemain. Quelle était mon idée, avec cette absurdité ? C'était la suivante : dans ma jeunesse, j'avais connu un vieux Français qui avait été gardien de prison pendant trente ans, et il m'avait expliqué qu'il n'y avait qu'une seule chose, chez un individu, qui ne changeait jamais, du berceau à la tombe : les lignes du bout du pouce ; et il disait aussi que deux êtres humains n'avaient jamais exactement les mêmes lignes. Aujourd'hui, nous prenons une photographie du nouveau repris de justice et nous l'accrochons dans le musée des portraits de criminels pour une future référence ; mais ce Français, à son époque à lui, avait l'habitude de relever une empreinte du pouce du nouveau prisonnier et de conserver celle-ci pour s'y référer ultérieurement. Il disait toujours que les photographies ce n'était pas bon — car des déguisements ultérieurs pouvaient les rendre inutilisables.

— Le pouce, c'est la seule chose de sûre, prétendait-il. On peut pas déguiser ça.

Et il avait l'habitude aussi de démontrer sa théorie sur mes amis et mes connaissances ; cela réussissait toujours.

Je continuais à dire la bonne aventure. Chaque nuit je m'enfermais tout seul et j'examinais à la loupe mes empreintes de la journée. Imaginez l'impatience dévorante avec laquelle j'étudiais ces spirales rouges labyrinthiques avec, posé à côté de moi, ce document qui portait les marques du pouce et des doigts de la main droite de ce meurtrier inconnu, imprimées avec le sang le plus cher — à mon cœur — qui eût jamais été versé sur cette terre ! Et souvent, très souvent, j'ai été obligé de répéter la même vieille remarque pleine de déception : « Elles ne correspondront *jamais !* »

Mais j'eus finalement ma récompense. C'était l'empreinte du pouce du quarante-troisième homme de la compagnie C sur lequel j'avais mené mon expérience — le simple soldat Franz Adler. Une heure auparavant, je ne connaissais pas le nom du meurtrier, ni sa voix, ni ses traits, ni son visage, ni sa nationalité ; mais désormais je savais tout cela ! J'estimais pouvoir en être sûr, les démonstrations répétées du Français constituant une garantie suffisante. Pourtant, il y avait un moyen d'en être *vraiment* certain. J'avais une empreinte du pouce gauche de Kruger. Dans la matinée, je l'ai pris à part, au moment où il n'était pas de service ; et lorsqu'il n'y eut plus aucun témoin pour nous voir ni nous entendre, je lui ai dit, avec solennité :

— Une partie de ton destin est si inquiétante que j'ai pensé que ce serait mieux pour toi si je ne te la révélais pas en public. Toi et un autre homme, dont j'ai étudié l'avenir la nuit dernière, le simple soldat Adler, vous avez tué une femme et un enfant ! Vous êtes suivis : d'ici cinq jours vous allez être assassinés tous les deux.

Il tomba à genoux, fou de terreur ; et pendant cinq minutes il n'arrêta pas de répéter les mêmes mots, comme un dément, et de la même voix à demi pleurnicharde que celle que j'avais gardée en mémoire depuis cette nuit du crime, dans ma cabane :

— Je n'ai pas fait ça ; sur mon âme je l'ai pas fait ; et j'ai essayé de l'empêcher, *lui*, de le faire. J'ai essayé, Dieu m'en est témoin. Il l'a fait tout seul.

C'était tout ce que je voulais. Et j'ai tenté de me débarrasser de ce fou ; mais non, il se cramponnait à moi, me suppliant de le sauver de l'assassin. Il a dit :

— J'ai de l'argent... dix mille dollars... cachés... le fruit du pillage et du vol ; sauve-moi — dis-moi quoi faire, et tu l'auras, jusqu'au dernier penny. Les deux tiers appartiennent à mon cousin Adler ; mais tu peux tout prendre. On l'a planqué quand on est venus ici la première fois. Mais je l'ai changé de place hier et je lui ai pas dit — lui dirai pas. J'étais sur le point de déserter et d'emporter le tout. C'est de l'or, trop lourd à transporter pour quelqu'un qui doit courir et se cacher ; mais une femme qui est allée deux jours sur l'autre rive du fleuve pour préparer ma fuite doit me suivre avec ; et si je ne trouve pas l'occasion de lui décrire l'endroit où je l'ai caché, je lui glisserai ma montre d'argent dans la main, ou la lui enverrai, et elle comprendra. Il y a un morceau de papier, dans le fond du boîtier, qui donne tous les détails. Tiens, prends la montre — dis-moi quoi faire !

Il essayait de me faire accepter sa montre, et il me montrait le papier et me l'expliquait lorsque Adler apparut, à une douzaine de mètres. J'ai dit au pauvre Kruger :

— Raccroche ta montre, j'en veux pas. Il ne t'arrivera rien. File, maintenant. Je dois dire son avenir à Adler. Ensuite, je t'indiquerai comment échapper à l'assassin ; entre-temps, il faudra que j'étudie de nouveau l'empreinte de ton pouce. Ne parle pas de cette histoire à Adler — n'en parle à personne.

Il s'est éloigné, plein de terreur et de gratitude, le pauvre diable. Alors j'ai longuement décrit son avenir à Adler ; j'ai été si long — exprès — que je n'ai pas eu le temps de terminer ; je lui ai promis de le rejoindre, la nuit même, quand il serait de garde, et de lui en expliquer la part vraiment importante — la part tragique, ai-je précisé —, si bien qu'il fallait être loin des oreilles indiscrètes. Ils avaient toujours un piquet de surveillance à l'extérieur de la ville — simple question de discipline et de formalisme, il était inutile, il n'y avait aucun ennemi aux environs.

Je me suis mis en route vers minuit, muni du mot de passe, et me suis dirigé vers l'endroit désert où Adler devait monter la garde. Il faisait si sombre que je suis tombé sur une vague silhouette presque avant de pouvoir formuler le mot de passe protecteur. La sentinelle m'a hélé et j'ai répondu presque en même temps. J'ai ajouté :

— C'est juste moi, le diseur de bonne aventure.

Puis je me suis glissé au côté du pauvre gars et sans rien ajouter je lui ai planté mon poignard en plein cœur ! *Ja wohl,* ai-je pensé en riant, *c'était en effet la partie tragique de son destin !* En tombant de son cheval il s'est agrippé à moi, et mes lunettes bleues sont restées dans sa main ; et l'animal l'a emporté en le traînant sur le sol derrière lui, son pied coincé dans l'étrier.

Je suis parti à travers bois, une belle fuite, abandonnant derrière moi ces lunettes accusatrices entre les doigts de ce mort.

Cela s'est passé il y a quinze ou seize ans. Depuis, j'ai erré sans but autour du monde, parfois en travaillant, parfois sans rien faire ; parfois avec de l'argent, parfois sans ; mais toujours fatigué de l'existence et souhaitant la voir se terminer, car ma mission ici-bas était finie, avec mon acte de cette nuit-là ; et le seul plaisir, la seule consolation, la seule satisfaction que j'ai eue, au cours de toutes ces années ennuyeuses, c'était la réflexion que je me faisais chaque jour : « Je l'ai tué ! »

Il y a quatre ans, ma santé a commencé à décliner. Je m'étais promené dans Munich, oisif comme à mon habitude. A court d'argent, j'ai cherché du travail et j'en ai trouvé ; je me suis acquitté de mes obligations avec fidélité pendant presque un an, et on m'a alors confié le poste de gardien de nuit, là-bas, dans cette morgue que vous avez visitée il n'y a pas longtemps. L'endroit convenait à mon état d'esprit. J'aimais ça. J'aimais être avec les morts — j'aimais être seul au milieu d'eux. Je flânais parmi ces corps rigides et j'observais ces visages austères, d'heure en heure ; et plus l'heure avançait, plus impressionnant c'était ; je préférais quand il était tard. Quelquefois, je baissais les lumières : cela ajoutait de la perspective, vous voyez ; et l'imagination pouvait se laisser aller ; les longues rangées indistinctes de cadavres donnaient toujours des idées bizarres et fascinantes. Il y a deux ans — j'étais là depuis un an —, j'étais assis tout seul dans la pièce où par une nuit d'hiver venteuse je montais la garde, transi, engourdi et triste ; je plongeais peu à peu dans l'inconscience ; les sanglots du vent et le bruit de volets qui battaient, dans le lointain, s'affaiblissaient à mon oreille qui s'émoussait de plus en plus à chaque minute, lorsque tout à coup cette cloche des morts a sonné au-dessus de ma tête une alarme à vous glacer le sang dans les veines ; cela me fit un choc qui me paralysa presque ; car c'était la première fois que je l'entendais.

J'ai repris mes esprits et je me suis précipité dans la salle réservée aux morts. A peu près au milieu de la rangée extérieure, vers mon côté de la pièce, une silhouette enveloppée dans un linceul était assise toute droite et balançait lentement la tête de droite et de gauche — un macabre spectacle ! A cet instant, la tête revenait vers moi. Je me suis empressé d'approcher et j'ai observé son visage. Bonté divine, c'était Adler !

Pouvez-vous deviner quelle a été ma première pensée ? Traduite sous forme de mots, ce fut la suivante : « On dirait donc que tu m'as échappé une fois ; le résultat sera différent, ce coup-ci ! »

Évidemment cette créature souffrait d'inimaginables terreurs. Réfléchissez à ce que ç'avait dû être de reprendre connaissance au milieu de ce silence absolu et de découvrir autour de soi cette sinistre congrégation de morts ! Quelle gratitude éclaira ce visage blanchâtre et osseux lorsqu'il vit un être vivant devant lui ! Et combien la ferveur de cette gratitude muette augmenta quand ses yeux tombèrent sur le cordial vivifiant que j'avais à la main ! Et puis imaginez l'horreur qui s'inscrivit sur ce visage hâve lorsque j'ai posé le cordial derrière moi, et que j'ai lancé d'une voix moqueuse :

— Parle plus fort, Franz Adler... Appelle ces cadavres. Sans aucun doute ils entendront et ils auront pitié ; mais il n'y aura personne d'autre ici pour le faire.

Il essaya de dire quelque chose, mais le morceau du linceul qui lui entourait les mâchoires tenait solidement et ne le lui permit pas. Il essaya de lever des mains implorantes, mais elles étaient croisées sur sa poitrine et attachées. J'ai ajouté :

— Crie, Franz Adler. Arrange-toi pour que les gens qui dorment, dans les rues lointaines, t'entendent et viennent à ton secours. Crie — et ne perds pas de temps, car il n'y en a pas beaucoup à perdre. Comment, tu ne peux pas ? C'est bien dommage ; mais ça n'a pas d'importance — ça n'aide pas toujours. Lorsque ton cousin et toi vous avez assassiné une femme et une enfant sans défense dans une cabane, en Arkansas — c'étaient ma femme et ma fille ! —, elles ont hurlé pour être secourues, tu t'en souviens ; mais ça n'a servi à rien ; tu te rappelles que ça n'a servi à rien, n'est-ce pas ? Tu claques des dents — alors pourquoi ne peux-tu pas crier ? Sers-toi de tes mains pour desserrer ton drap — et alors tu pourras. Ah, je vois — tes mains sont attachées, elles ne peuvent pas t'être utiles. Comme les choses se répètent étrangement, après de longues années ; car c'étaient *mes* mains qui étaient liées, cette nuit-là, tu te souviens ? Oui, tout aussi liées que les tiennes le sont maintenant — comme c'est bizarre. Je ne pouvais pas me libérer. Il ne t'est pas venu à l'idée de me détacher ; il ne me vient pas à l'idée de te détacher. Crie ! C'est le pas d'un promeneur tardif. Il vient dans cette direction. Tends l'oreille, comme il est près ! On peut les compter, ces pas — un, deux, trois. Voilà... il est juste là, dehors, à notre hauteur. Maintenant, c'est le moment ! Crie, mon gars, crie ! C'est la seule chance qui reste entre toi et l'éternité ! Ah, tu vois, tu as trop tardé — il est passé. Voilà... Il s'éloigne. Il est parti ! Pense à ça... Réfléchis-y... Tu as écouté le bruit d'un pas humain pour la dernière fois. Comme ça doit faire drôle d'entendre un son aussi commun et de savoir que c'est la dernière fois.

Oh, mon ami, l'angoisse atroce sur ce visage enveloppé dans son linceul était un spectacle qui provoquait l'extase. J'ai imaginé une nouvelle torture et je l'ai mise en pratique — en m'aidant d'un soupçon d'invention mensongère :

— Ce pauvre Kruger a essayé de sauver ma femme et ma fille, et en remerciement je lui ai rendu un service quand le moment est venu. Je l'ai convaincu de te voler ; et avec une femme nous l'avons aidé à déserter et nous l'avons caché quelque part, en sécurité.

Une expression proche de la surprise et du triomphe brilla un instant, à travers l'angoisse, sur le visage de ma victime. Je fus troublé, inquiet. J'ai dit :

— Eh bien, quoi... Il ne s'est pas échappé ?

Un hochement négatif de la tête.

— Non ? Qu'est-ce qui s'est passé, alors ?

La satisfaction, sur le visage dans son linceul, fut encore plus évidente. L'homme tenta de marmonner quelques mots, n'y parvint pas ; tenta d'exprimer quelque chose avec ses mains attachées, échoua ; s'interrompit un moment, puis inclina faiblement la tête, d'une façon éloquente, vers le plus proche cadavre allongé à côté de lui.

— Mort ? demandai-je. N'a pas réussi à s'échapper ? Capturé pendant sa fuite et fusillé ?

Hochement négatif de la tête.

— Comment, alors ?

De nouveau, l'homme a voulu faire quelque chose avec ses mains. Je l'ai observé de plus près, mais j'ai été incapable de deviner son intention. Me penchant sur lui, je l'ai étudié encore plus attentivement. Il avait tourné un pouce vers lui et il tapait faiblement sa poitrine avec.

— Ah... Poignardé, tu veux dire ?

Hochement de tête affirmatif, accompagné d'un sourire spectral d'une méchanceté diabolique si particulière qu'elle frappa d'une amère lumière mon cerveau engourdi. J'ai crié :

— Est-ce que *je* l'ai poignardé *moi-même*, en le prenant pour toi ? Car ce coup n'était destiné à personne d'autre que toi.

Le hochement affirmatif du vaurien qui mourait une seconde fois contenait toute la joie que sa force déclinante lui permettait de mettre dans son expression.

— Oh ! misérable, misérable que je suis, d'avoir assassiné l'être charitable qui fut un ami pour mes bien-aimées lorsqu'elles se retrouvèrent sans défense et qui les aurait sauvées s'il avait pu ! Misérable, oh ! misérable, misérable que je suis !

J'eus l'impression d'entendre le gloussement étouffé d'un rire moqueur. Je cessai de cacher mon visage dans mes mains et je vis mon ennemi qui retombait sur sa planche inclinée.

Sa mort fut d'une longueur satisfaisante. Il avait une merveilleuse vitalité, une constitution étonnante. Oui, il y passa un long bon moment. J'ai pris une chaise et un journal, et je me suis assis à son chevet et j'ai lu. A l'occasion, je buvais une gorgée de cognac. C'était nécessaire, à cause du froid. Mais je le faisais aussi parce que j'ai vu, du moins au début, que chaque fois que je tendais le bras pour attraper la bouteille il pensait que j'allais lui en donner un peu. Je lisais à haute voix : principalement des récits imaginaires sur des gens qui étaient arrachés aux portes du tombeau et retrouvaient vie et vigueur grâce à quelques cuillerées d'alcool et à un bain chaud. Oui, il eut une longue et difficile agonie — trois heures et six minutes à partir du moment où il avait fait sonner sa cloche.

On croit qu'au cours des dix-huit ans écoulés depuis que l'on a institué cette surveillance des corps aucun occupant des morgues bavaroises, dans son linceul, n'a jamais agité sa cloche. Eh bien, c'est une croyance qui ne peut pas faire de mal. Nous n'avons qu'à nous y tenir.

Le froid de cette chambre mortuaire avait pénétré mes os. Il a ravivé et accroché à moi la maladie qui m'affectait mais qui, jusqu'à cette nuit-là, diminuait régulièrement. Cet homme a assassiné ma femme et ma fille, et d'ici trois jours il m'aura ajouté à sa liste. Mais aucune importance... Mon Dieu ! Que ce souvenir m'est délicieux ! Je l'ai attrapé au moment où il s'échappait de sa tombe et je l'y ai renvoyé !

Après cette nuit-là, j'ai été obligé de garder le lit pendant une semaine ; mais dès que j'ai pu me déplacer de nouveau, je suis allé feuilleter les archives de la morgue et j'y ai trouvé le numéro de la maison où Adler était « mort ». C'était une pension misérable. J'avais dans l'idée qu'il avait dû, naturellement, récupérer les effets de Kruger, puisqu'ils étaient cousins ; et je voulais remettre la main sur la montre de ce dernier, si je le pouvais. Mais pendant ma maladie, les affaires d'Adler avaient été vendues et dispersées, la totalité d'entre elles, hormis quelques vieilles lettres et quelques petites choses sans valeur. Pourtant, grâce à ces lettres, j'ai retrouvé la trace d'un fils de Kruger, la seule famille qu'il laissait derrière lui. Il a trente ans aujourd'hui, est cordonnier de son état, et il vit au numéro 14 de la Königstrasse, à Mannheim — veuf, avec plusieurs petits enfants à charge. Sans lui expliquer pourquoi, je lui ai fourni les deux tiers de ses moyens d'existence, depuis.

Maintenant, en ce qui concerne cette montre — voyez comme les choses sont bizarres ! J'ai suivi sa trace aux quatre coins de l'Allemagne pendant plus d'un an, ce qui m'a coûté une quantité considérable d'argent et d'ennuis ; et finalement je l'ai eue ; je l'ai récupérée, oui, et mon bonheur fut inexprimable par de simples mots ; l'ai ouverte, et n'ai rien trouvé à l'intérieur ! Vraiment, j'aurais dû me douter que ce bout de papier n'allait pas rester tout ce temps là-dedans. Alors, bien sûr, j'ai renoncé à ces dix mille dollars ; y ai renoncé et ai chassé cette histoire de mon esprit ; et avec beaucoup de tristesse, car je voulais cet argent pour le fils de Kruger.

La nuit dernière, lorsque je me suis enfin fait à l'idée que je devais mourir, j'ai commencé à me préparer. Je me suis mis à brûler tous les documents inutiles ; et évidemment, ce bout de papier que je cherchais depuis si longtemps s'est échappé d'une pile ayant appartenu à Adler, que je n'avais jamais examinée avec beaucoup d'attention ! Je l'ai reconnu en un clin d'œil. Le voici — je vais le traduire :

> « Écurie de louage en brique, fondation en pierres, milieu de ville, coin d'Orleans et de Market. Coin vers tribunal. Troisième pierre, quatrième rang. Placez affiche ici, disant combien doivent venir. »

Là — prenez-le, et conservez-le. Kruger expliquait que cette pierre était amovible ; et qu'elle se trouvait dans le mur nord des fondations, au quatrième rang en partant du haut et à la troisième pierre en partant de l'ouest. L'argent était caché derrière. Il disait que la dernière phrase était une ruse pour induire un lecteur en erreur, au cas où le papier serait tombé entre de mauvaises mains. Elle a probablement joué ce rôle pour Adler.

Maintenant je veux vous supplier de partir à la recherche de cet argent caché, lorsque vous ferez le voyage que vous avez prévu sur le fleuve, et de l'envoyer à Adam Kruger, à l'adresse de Mannheim que j'ai mentionnée. Ça fera de lui un hommes riche, et moi je dormirai mieux dans ma tombe en sachant que j'aurai fait ce que j'ai pu pour le fils de celui qui a essayé de sauver ma femme et mon enfant — bien que ma main l'ait abattu sans le savoir, quand l'élan de mon cœur aurait été plutôt de le protéger et de l'aider.

CHAPITRE XXXII

L'utilisation d'un riche filon

Récit de Ritter. – Une question d'argent. – Napoleon. – Quelqu'un est sérieux. – Là où habitait la fille la plus belle.

— Voilà quel fut le récit de Ritter, dis-je à mes deux amis.

Il y eut un profond et impressionnant silence, qui dura un temps considérable ; puis les deux hommes se lancèrent dans un tir de barrage d'exclamations excitées et admiratives sur les étranges incidents de l'histoire ; et cela, accompagné d'un feu nourri de questions, continua jusqu'à ce que toutes les parties fussent presque hors d'haleine. Puis mes amis commencèrent à retrouver leur calme, et à se retirer, en s'abritant derrière d'occasionnelles salves, dans le silence et une rêverie abyssale. Tout fut tranquille pendant dix minutes. Puis Rogers dit d'un ton songeur :

— Dix mille dollars.

Ajouta, après une pause d'une formidable longueur :

— Dix mille. C'est une grosse somme.

Au bout d'un certain temps, le poète demanda :

— Est-ce que tu vas les lui envoyer vraiment ?

— Oui, dis-je. C'est une étrange question.

Pas de réponse. Un instant plus tard, Rogers s'enquit, avec hésitation :

— La *totalité*... ? C'est-à-dire... J'entends par là...

— *Certainement*, la totalité.

J'allais ajouter autre chose, mais je me suis tu — arrêté par une succession de pensées qui venaient de naître en moi. Thompson a parlé, mais mon esprit était ailleurs, et je n'ai pas saisi ce qu'il disait. Mais j'ai entendu Rogers qui répondait :

— Oui, j'en ai bien l'impression. Ça devrait être tout à fait suffisant ; car je ne vois pas qu'*il* ait fait quoi que ce soit.

Un instant plus tard, le poète a dit :

— Lorsque tu en viens à considérer l'affaire, c'est *plus* que suffisant. Réfléchis-y simplement — cinq mille dollars ! Bon, il n'aurait pas assez d'une vie entière pour les dépenser. Et ça lui ferait du tort, aussi ; peut-être que ça le ruinerait — il faut y penser. Il ne tarderait pas à jeter ses formes à chaussure, à fermer sa boutique, peut-être à se mettre à boire, à maltraiter ses enfants qui n'ont plus leur maman, à prendre d'autres mauvaises pentes, à aller de mal en pis...

— Oui, c'est ça, l'interrompit Rogers avec ferveur. J'ai vu ça cent fois — oui, plus de cent fois. Vous mettez de l'argent entre les mains d'un homme de ce genre si vous voulez le détruire, ça suffit ; vous mettez juste de l'argent entre ses mains, c'est tout c' que vous avez à faire, et si ça ne le démollit pas, si ça ne lui enlève pas toute son utilité, et toute sa dignité personnelle et tout, alors c'est que je ne connais pas la nature humaine — pas vrai, Thompson ? Et même si nous devions lui donner un *tiers* de la somme ; ben, en moins de six mois...

— Dis plutôt en moins de six *semaines !* intervins-je, revenant à la réalité et l'interrompant. A moins que ces trois mille dollars ne soient dans des mains sûres et qu'il ne puisse pas y toucher, il ne te laisserait pas plus de six semaines avant de...

— *Évidemment* qu'il te laisserait pas six semaines, a dit Thompson. J'ai édité des livres de personnages de cette espèce ; et au moment où ils touchent les royalties... Des fois c'est trois mille, des fois deux mille...

— Qu'est-ce qu'il fera avec deux mille dollars, ce cordonnier, j'aimerais bien le savoir ? le coupa Rogers avec conviction. Un homme qui est peut-être parfaitement satisfait maintenant, là, à Mannheim, au milieu des membres de sa propre classe, mangeant son pain avec l'appétit que seul peut faire naître un travail pénible, prenant plaisir à son humble existence, honnête, droit, le cœur pur ; et *heureux !* Oui, je dis heureux ! Bien plus heureux que ces gens innombrables qui se promènent dans leurs habits de soie et sont pris dans la ronde artificielle et vide de la folie sociale — mais faites-lui miroiter *cette* tentation juste une fois ! Mettez seulement quinze cents dollars devant un tel homme et dites...

— Quinze cents dollars tentateurs ! me suis-je exclamé, *cinq* cents suffiraient pour pourrir ses principes, paralyser son travail, le pousser chez le marchand de rhum, et de là dans le ruisseau, et de là à l'hospice, et de là à...

— *Pourquoi* nous rendre responsables de ce crime, messieurs ? nous interrompit le poète d'un ton convaincu et émouvant. Cet homme est heureux là où il est, et *comme* il est. Chaque sentiment d'honneur, chaque sentiment de charité, chaque sentiment d'une générosité élevée et sacrée nous conseille, nous supplie, nous ordonne de le laisser tranquille. C'est cela la véritable, la réelle amitié. Nous pourrions choisir d'autres solutions plus tapageuses, mais aucune qui serait vraiment aussi sage et bonne, croyez-moi !

Après quelques échanges supplémentaires, il devint évident que chacun d'entre nous, au plus profond de son cœur, entretenait quelques doutes sur cette façon de régler l'affaire. A l'évidence, nous pensions tous que nous devions envoyer *quelque chose* au pauvre cordonnier. Il y eut une longue et sérieuse discussion à ce sujet ; et nous décidâmes finalement de lui faire parvenir un chromo.

Bien, une fois que tout sembla être réglé à la satisfaction de toutes les parties concernées, un nouveau problème apparut : il se révéla que ces deux hommes s'attendaient à partager cet argent avec moi, à parts égales. Ce n'était pas mon idée. Je dis que s'ils avaient pour tous deux la moitié de la somme, ils pourraient s'estimer heureux. Rogers a répondu :

— Qui en aurait eu *le moindre bout* si je n'avais

pas été là ? J'en ai parlé le premier — sans ça, tout serait allé au cordonnier.

Thompson annonça qu'il pensait à la même chose au moment exact où Rogers avait pris la parole.

Je répliquai que j'aurais eu cette idée bien assez tôt, et sans l'aide de personne. Je réfléchissais lentement, peut-être, mais je savais où j'allais.

Les choses s'échauffèrent jusqu'à tourner à la dispute ; puis à la rixe ; et chacun de nous s'en sortit assez méchamment meurtri. Dès que je me fus raccommodé moi-même tant bien que mal, je suis monté au pont-abri ; j'étais d'une humeur plutôt massacrante. J'y ai trouvé le capitaine McCord et je lui ai dit, aussi aimablement que le permettait mon état d'esprit :

— Je suis venu vous dire au revoir, capitaine. Je désire débarquer à Napoleon.

— Débarquer où ?

— Napoleon.

Le capitaine se mit à rire ; mais voyant que je n'étais pas spécialement jovial, il se calma et me demanda :

— Est-ce que vous êtes sérieux ?

— Sérieux ? Bien sûr que oui.

Le capitaine jeta un coup d'œil à la cabine de pilotage au-dessus de lui et lança :

— Il veut débarquer à Napoleon !

— *Napoleon ?*

— C'est ce qu'il dit.

— Par le fantôme du grand César !

Oncle Mumford arrivait de l'extrémité du pont. Le capitaine annonça :

— L'oncle, y'a ici un ami à vous qui veut débarquer à Napoleon.

— Oh, bon D... !

Je dis :

— Allez, qu'est-ce qui se passe ? Est-ce que quelqu'un ne peut pas descendre à Napoleon s'il en a envie ?

— Ben zut, vous êtes pas au courant ? Il *n'y a plus* aucun Napoleon du tout. Y'en a plus depuis des années et des années. L'Arkansas River a foncé à travers, l'a démantelé et l'a vidé dans le Mississippi !

— Elle a emporté *toute* la ville ? Les banques, les églises, les prisons, les rédactions des journaux, le tribunal, le théâtre, la caserne des pompiers, l'écurie de louage — *tout ?*

— Tout. Juste une affaire de quinze minutes, ou quelque chose comme ça. N'en a laissé ni peau, ni cheveux, ni un lambeau, ni un caillou, excepté un morceau d'une vieille baraque et une cheminée de brique. Notre bateau barbote en ce moment exactement où se trouvait le centre de cette ville ; là-bas, il y a la cheminée de brique — c'est tout ce qui reste de Napoleon. Ces bois épais sur la droite se trouvaient à un mile au-delà de la cité. Jetez un coup d'œil derrière vous — en amont —, voilà, vous commencez à reconnaître le coin, n'est-ce pas ?

— Oui, c'est vrai que je le reconnais, maintenant. C'est la chose la plus merveilleuse que j'ai jamais entendue, de loin la plus merveilleuse — et la plus surprenante.

M. Thompson et M. Rogers nous avaient rejoints, entre-temps, avec sacoche et parapluie, et ils avaient écouté sans un mot les nouvelles du capitaine. Thompson m'a mis un demi-dollar dans la main et m'a dit doucement :

— Ma participation pour le chromo.

Rogers en a fait autant.

Oui, c'était quelque chose d'étonnant que de contempler les eaux du Mississippi roulant entre des rives désertes à travers l'endroit où, vingt ans plus tôt, je voyais une bonne grosse ville contente d'elle-même. Une ville qui était le chef-lieu d'une vaste et importante région ; une ville qui possédait un grand hôpital de la marine des États-Unis ; une ville aux innombrables bagarres — une enquête criminelle chaque jour — ; une ville où j'avais connu la fille la plus belle et la plus parfaite de toute la vallée du Mississippi ; une ville où l'on nous donna les premières nouvelles imprimées de l'affreuse catastrophe du *Pennsylvania*, un quart de siècle plus tôt ; une ville qui n'était plus — engloutie, évanouie, partie nourrir les poissons ; dont il ne restait rien, à part le bout d'une bicoque et une cheminée de brique tombant en ruine !

CHAPITRE XXXIII

Éthique et rafraîchissement

Une question de division. – Un endroit où il n'y avait pas d'autorisation. – La Calhoun Land Company. – Estimation d'un planteur de coton. – Halifax et pastèques. – Des barmen couverts de bijoux.

Quant à l'île 74, qui est située pas très loin de l'ancien Napoleon, un caprice du fleuve à cet endroit a cruellement embrouillé les lois des hommes, en a souligné la futilité et les a tournées en ridicule. Lorsque l'État de l'Arkansas fut institué par charte, son contrôle s'étendait « jusqu'au milieu du fleuve » — une ligne des plus instables. L'État du Mississippi a revendiqué « jusqu'au chenal » — une autre ligne instable et fuyante. La n° 74 appartenait à l'Arkansas. Finalement, un raccourci du fleuve a chassé cette grosse île de l'Arkansas, mais pas jusque *dans* l'État du Mississippi. « Milieu du fleuve » d'un côté et « chenal » de l'autre. C'est comme cela que je comprends le problème. Que j'aie correctement saisi les détails ou non, ce *fait* demeure : voici une vaste île de deux mille hectares, d'une extrême valeur, jetée dehors dans le froid, et n'appartenant ni à l'un ni à l'autre de ces États ; ne payant d'impôts à aucun, ne devant obéissance à aucun. Un homme possède la totalité de l'île, et il est de droit « l'homme sans pays ».

L'île 92 appartient à l'Arkansas. Le fleuve l'a déplacée et l'a rattachée à l'État du Mississippi. Un gars y a établi un magasin de vente de whisky, sans autorisation de l'État du Mississippi, et s'est enrichi grâce à une clientèle du Mississippi, protégé par l'État de l'Arkansas (où aucune autorisation n'était demandée à l'époque).

Nous descendions tranquillement le fleuve à une vitesse régulière, dans l'intimité habituelle — on y voyait rarement un vapeur ou tout autre objet mobile. Toujours le même paysage : des miles et des miles d'une forêt presque ininterrompue, sur les deux rives du fleuve ; une solitude silencieuse. Ici et là, une ou deux cabanes s'élevant dans de petites clairières sur une berge grise et stérile — des cabanes qui à l'origine se dressaient à un quart de mile ou un demi-mile de la rive, et qui ont été reconstruites de plus en plus loin au fur et à mesure que celle-ci s'effondrait dans le fleuve. Comme à la pointe de Pilcher, par exemple, où on les a reculées de trois cents mètres en trois mois, ainsi qu'on nous l'a expliqué ; mais les berges qui s'écroulent les ont déjà rattrapées, et on est en train de les éloigner une fois de plus.

Napoleon n'avait qu'une piètre opinion de Greenville (Mississippi) dans l'ancien temps ; mais voici que

Napoleon s'en est allé aux poissons-chats et que Greenville est pleine de vie et d'activité, et qu'elle connaît une prospérité considérable dans la vallée ; elle compte trois mille habitants, dit-on, et le chiffre brut de son commerce s'élève à deux millions cinq cent mille dollars chaque année. Une ville qui grandit.

Sur le bateau, on parlait beaucoup de la Calhoun Land Company, une entreprise dont on attendait de bons résultats. Le colonel Calhoun, un petit-fils de l'homme d'État, s'est rendu à Boston et a formé un consortium qui a acheté une vaste étendue de terre sur le fleuve, dans le comté de Chicot (Arkansas) — quelque cinq mille hectares —, pour y planter du coton. Le but est de travailler sur une base de paiements comptants : acheter de première main et fabriquer ses propres produits ; fournir à ses ouvriers agricoles nègres les provisions et le nécessaire avec un bénéfice insignifiant, disons de huit ou dix pour cent ; leur procurer des logements confortables, etc. ; et les encourager à économiser de l'argent et à rester sur place. Si cela se révèle un succès financier, comme cela semble tout à fait certain, les membres du consortium proposent de fonder un établissement bancaire à Greenville et de prêter de l'argent à un taux d'intérêt supportable — on parle de six pour cent.

L'ennui, jusque-là — je rapporte ici des remarques de planteurs et d'hommes travaillant sur les vapeurs —, est venu de ce que les planteurs, bien que propriétaires de la terre, n'ont pas de capital en liquidités ; ils doivent hypothéquer à la fois la terre et la récolte pour continuer à travailler. Par conséquent, le commissionnaire qui apporte l'argent prend quelques risques et demande un intérêt important — en général dix pour cent, plus deux et demi pour cent pour négocier le prêt. Le planteur est obligé aussi de se procurer son approvisionnement chez le même fournisseur, en payant là-dessus des commissions et les marges bénéficiaires. Puis, lorsqu'il embarque la récolte, le fournisseur ajoute ses commissions, les frais d'assurance, etc. Ainsi, à tout prendre, et d'un bout à l'autre, la part du commissionnaire sur cette récolte approche des vingt-cinq pour cent*.

Estimation par un planteur de coton de la marge de profit moyenne sur une plantation, dans sa portion de territoire : un homme et son mulet peuvent cultiver cinq hectares de coton, qui donnent dix balles de coton rapportant, disons, cinq cents dollars ; coût de production, disons trois cent cinquante dollars ; profit net, cent cinquante dollars, soit trente dollars l'hectare. Aujourd'hui on peut également tirer un profit de la graine de coton, qui jadis avait peu de valeur — aucune lorsqu'un transport important était nécessaire. Sur

* « Mais que peut faire l'État quand les gens sont soumis à des taux d'intérêt allant de dix-huit à trente pour cent, et qu'ils sont aussi obligés d'acheter leurs récoltes avant même de les avoir plantées, à ces taux, pour le privilège de payer tout leur approvisionnement avec une marge bénéficiaire de cent pour cent ? » Edward Atkinson. *(N.d.A.)* [On retrouve cette citation dans l'appendice B, avec une modification de termes : on y lit « mettre en gage *(pledging)* leurs récoltes » au lieu « d'acheter *(purchasing)* leurs récoltes ». *(N.d.T.)*]

seize cents livres de coton brut, il y a quatre cents livres de peluche, laquelle vaut, disons, dix *cents* la livre, et douze cents livres de graines, à douze ou treize dollars la tonne. Peut-être que dans l'avenir on ne jettera même pas les *tiges.* M. Edward Atkinson dit que pour chaque balle de coton il y a quinze cents livres de tiges et qu'elles sont très riches en phosphate de chaux et en potasse ; et que lorsqu'elles sont broyées et mélangées avec le fourrage ensilé ou la farine de graine de coton (qui est trop riche pour être utilisée comme fourrage en grosses quantités), cela donne une alimentation supérieure, avec tous les éléments nécessaires à la production de lait, de viande et d'os. Jusque-là, les tiges étaient considérées comme une véritable plaie.

On se plaint que le planteur continue à bouder l'ancien esclave, depuis la guerre ; qu'il n'a qu'une froide relation de travail, sans que le moindre sentiment entre en ligne de compte ; qu'il ne tient pas un « magasin » lui-même, et ne répond pas aux besoins du nègre, et donc ne protège pas son budget et ne lui donne ni l'envie ni la possibilité de rester à l'endroit où il est, et ne lui fait pas voir l'avantage, pour lui, de le faire, mais laisse ce privilège à quelque israélite économe, qui encourage le nègre et sa femme, naïfs tous les deux, à acheter toute sorte de choses dont ils pourraient se passer — à crédit, à des tarifs élevés, mois après mois, ce crédit étant basé sur la part du nègre sur la récolte à venir ; et à la fin de la saison, la part du nègre appartient à l'israélite, et le nègre, en plus, a des dettes et il est découragé, mécontent, agité, et le planteur et lui sont lésés ; car le nègre prendra le vapeur et émigrera, et le planteur devra employer un étranger à sa place, qui ne le connaîtra pas, n'aura que faire de lui, et qui engraissera l'israélite pendant une saison et puis embarquera sur le vapeur comme son prédécesseur.

On espère que la Calhoun Company prouvera, par son attitude humaine et protectrice envers ses ouvriers agricoles, que sa méthode est la plus avantageuse pour le planteur et le nègre ; et l'on croit qu'une adoption générale de cette méthode en résultera alors.

Et quand tant de gens disent ce qu'ils pensent, est-ce que le tenancier de bar n'apportera pas son témoignage ? Il est sérieux, observateur, il ne boit jamais ; il s'efforce de gagner sa vie, et il la gagnerait s'il y avait assez de clients ; il explique que les gens, ici, dans le Mississippi et en Louisiane, achèteront les légumes en amont sur le fleuve plutôt que de les cultiver eux-mêmes, et monteront à bord aux embarcadères pour se procurer des fruits auprès du barman. Il pense qu'ils « ne connaissent rien d'autre que le coton » ; croit qu'ils ne savent pas comment faire pousser des légumes et des fruits — « au moins la plupart d'entre eux ». Il dit « qu'un nègre irait à H pour une pastèque » (« H », c'est tout ce que je trouve dans les notes du sténographe — signifie probablement Halifax, quoique cela semble un sacré voyage pour une pastèque*. Un barman achète des pastèques cinq *cents* en amont, les

* « H » pour *Hell* ou *Hades,* bien sûr : « aller au diable ». *(N.d.T.)*

amène en aval et les revend cinquante *cents.* « Pourquoi prépare-t-il des boissons si élaborées et si pittoresques pour l'équipage nègre du bateau ? » Parce qu'il n'en veut pas d'autre.

— Ils ont envie d'une boisson qui en jette ; se fichent de ce que vous utilisez pour la faire, ils en veulent pour leur argent. Vous donnez à un nègre un quart de pinte plein d'un cognac à un demi-dollar pour cinq *cents* — est-ce qu'il y touchera ? Non. C'est pas assez voyant pour lui. Mais vous préparez une pinte de n'importe quelle saleté sans valeur, et vous y balancez un truc rouge pour qu'elle soit belle — le rouge, c'est le principal —, et il ne laissera pas ce verre pour aller voir un cirque.

Tous les bars, sur cette Anchor Line, sont loués et tenus par une seule firme. Celle-ci fournit les alcools de son propre établissement et engage les barmans « au mois ». Bons alcools ? Oui, sur certains des bateaux où l'on rencontre le genre de passager qui les veut et peut se les offrir. Sur les autres bateaux ? Non. Personne pour les boire, en dehors des matelots et des chauffeurs.

— Du cognac ? Oui, j'ai du cognac, plein ; mais vous n'en voudrez pas, sauf si vous avez fait votre testament.

Ce n'est plus comme dans l'ancien temps. A l'époque tout le monde voyageait par vapeur, tout le monde buvait, et tout le monde payait un verre à tout le monde. « Aujourd'hui la plupart des gens voyagent en train, et le reste ne boit pas. » Dans le temps, le barman était propriétaire de son bar.

— ... Et il était gai et malin et bavard et plein de

bijoux, et c'était lui l'aristocrate qui avait le plus de classe de tout le bateau ; il se faisait en général deux mille dollars par voyage. Un père qui laissait à son fils le bar d'un vapeur lui laissait une fortune. Aujourd'hui, il lui laisse la chambre avec pension ; oui, et le blanchissage, et l'on peut faire avec une chemise par voyage. Ah oui, vraiment, les temps ont changé. Eh bien, vous savez, sur la principale ligne maritime du Mississippi supérieur, ils n'ont pas de bar du tout ! On dirait de la poésie, mais c'est la vérité pétrifiée.

CHAPITRE XXXIV

Histoires épineuses

Un homme austère. – Une police d'assurance sur les moustiques. – Des faits habillés en collants. – Une oreille gauche enflée.

Stack Island. Je me souviens de Stack Island ; et aussi de Lake Providence, en Louisiane — la première ville qui fait vraiment sudiste lorsque vous descendez le fleuve ; plate et basse, avec ses vénérables barbes grises de mousse d'Espagne suspendues dans les essences d'ombre ; « un aspect dominical, paisible, propice à la mélancolie, par ici », commente Oncle Mumford avec émotion — et il n'a pas tort.

Un Mr. H. m'a fourni sur cette région quelques petits détails que j'aurais eu du mal à croire si je n'avais pas su qu'il était second à bord d'un vapeur. Passager sur le nôtre, il résidait à Arkansas City et se rendait à Vicksburg pour rejoindre son bâtiment, un petit bateau de Sunflower. C'était un homme austère, et il avait la réputation d'être singulièrement rêveur, pour un homme du fleuve. Entre autres choses, il prétendait que l'Arkansas avait été insulté et retardé dans son développement par des générations de propos exagérés sur ses moustiques. On peut sourire, disait-il, et oublier toute l'affaire sous prétexte qu'elle est sans intérêt ; mais lorsqu'on en vient à considérer les conséquences qu'elle a sur le découragement de l'émigration et la diminution de la valeur des propriétés, c'est exactement le contraire d'une chose sans intérêt, c'est une chose sur laquelle il n'est pas judicieux de cracher ou de ricaner. Ces moustiques ont été obstinément décrits comme redoutables et sans foi ni loi ; alors que « la vérité, c'est qu'ils sont faibles et d'une taille insignifiante, timides à l'excès, sensibles » — et ainsi de suite, et ainsi de suite ; on aurait pu croire qu'il était en train de parler de sa famille. Mais s'il était tendre avec les moustiques de l'Arkansas, il était assez dur avec ceux de Lake Providence, pour compenser — « ces colosses de Lake Providence », comme il les nommait joliment. Il prétendait que deux d'entre eux étaient capables de battre un chien à plates coutures et que quatre pouvaient forcer un homme à rester à terre ; et à moins que du secours n'arrivât, ils le tuaient — « ils le massacraient », selon sa formule ; il faisait allusion, avec une certaine désinvolture — et pourtant d'une manière lourde de sens — au fait que « la police d'assurance sur la vie, sous sa forme la plus simple, est inconnue à Lake Providence — à la place, on souscrit une police d'assurance sur les moustiques ». Il raconta de nombreuses histoires remarquables sur ces insectes sans loi. Entre autres, qu'il les avait vus essayer de *voter.* Constatant que cette déclaration semblait mettre nos nerfs à rude épreuve, il l'a légèrement modifiée : a prétendu qu'il pouvait s'être trompé, sur ce point particulier, mais savait qu'il les avait vus autour des bureaux de vote « solliciter les suffrages ».

Il y avait un autre passager — un ami de H. — qui appuyait son rude témoignage contre ces moustiques, et racontait en détail certaines des passionnantes aventures qu'il avait connues avec eux. Les histoires étaient d'assez belle taille, juste d'assez belle taille ; et pourtant Mr. H. l'interrompait sans cesse d'un froid et inexorable « Attends — enlève vingt-cinq pour cent de ça ; maintenant, continue », ou d'un « Attends — tu y vas trop fort là ; coupe ça, coupe ça — tu habilles un p'tit peu trop c' que tu racontes : un fait, habille-le toujours en collants, jamais en ulster * », ou encore d'un « Pardon, de nouveau : si tu es sur le point de rajouter quelque chose de plus à cette déclaration, il va t' falloir deux péniches pour remorquer ça, parce que le tirant d'eau prend déjà tout c' qui a dans le fleuve ; colle aux faits — contente-toi de coller aux faits bruts ; ce que ces messieurs veulent pour un livre, c'est la vérité toute nue — n'est-ce pas, messieurs ? ».

En privé, il expliquait qu'il fallait tout le temps surveiller cet homme et lui fixer des limites ; c'eût été une erreur que de négliger cette précaution — comme lui-même, Mr. H., « le savait pour son malheur ».

— Je ne vous raconterai pas d'histoires, expliqua-t-

* Long pardessus irlandais. *(N.d.T.)*

il ; il m'a dit un jour un mensonge si monstrueux que ça m'a fait gonfler l'oreille gauche. Elle est devenue si grosse qu'elle m'a caché la vue ; elle est restée comme ça pendant des mois et les gens venaient de miles à la ronde pour me voir m'éventer avec.

*

[Initialement prévu pour former le chapitre suivant.]

Tandis que l'ami de Mr. H. continuait à émettre des faits d'un genre ou d'un autre, et à être convenablement freiné et ajusté de temps en temps, je suis descendu un moment ; et à mon retour Mr. Dunham avait accaparé la conversation et s'était lancé dans une histoire. Cela concernait un jeune homme qu'il avait connu, un jeune homme assez gentil, qui s'était engagé.

— Il avait lu un nombre considérable de choses sur de merveilleuses façons de se protéger sur le champ de bataille ; alors il est allé acheter une bible, et il l'a apportée à la fonderie et l'a fait solidement relier de fer en plaque, et il l'a cousue sur le devant de sa chemise militaire. Bon, en général il gagnait sa vie comme joueur professionnel ; bientôt il allait être loin des endroits où il s'approvisionnait ; aussi pensa-t-il qu'il valait mieux rassembler un matériel suffisant pour continuer à travailler pendant un petit moment. Il a donc acheté treize jeux de cartes et il les a cousus sur lui, au-dessus de son derrière, pour les garder à l'abri de l'humidité et les transporter facilement. Bon, à la fin de sa première bataille, il était en pleine forme et il n'avait pas une égratignure, et sa bible non plus ; pourtant, il fut obligé d'emprunter un jeu de cartes pour lancer son affaire — au cours du combat, tout son matériel avait été réduit en lambeaux tout juste bons pour un nid de rats. Il a vu, aussi clairement que s'il s'agissait de mathématiques, que la supériorité d'une armure par rapport à l'autre était de treize contre un ; alors il a vendu son blindage biblique à un jeune homme qui ne savait pas qu'il existait un meilleur article sur le marché, et puis il s'est complètement fortifié avec des cartes, par-devant et par-derrière. L'autre jeune homme fut victime de sa générosité : il prêta sa bible à un camarade blessé sur le champ de bataille et, alors qu'il était ainsi temporairement dénudé, il fut démoli par un obus.

Ce triste épisode rappela à Mr. Harvey une de ses expériences personnelles qui n'avait rien à voir. A l'époque, il était dans les ballons. Il nous expliqua qu'il savait depuis toujours qu'il existait, haut dans les couches supérieures de l'atmosphère, une ceinture (ou strate) d'air mort, où l'on restait une fois que l'on était dedans — on ne pouvait plus ni monter ni descendre pendant des semaines, des mois, des années — indéfiniment.

— Et, bien entendu, j'avais toujours espéré éviter cette ceinture. Mais finalement j'y ai pénétré. Y ai pénétré et n'ai pas tardé à m'en rendre compte ; m'en suis rendu compte et ai perdu tout espoir. Je pouvais glisser latéralement, peut-être, de toute éternité ; mais jamais vers le haut ni vers le bas — *ça*, c'était réglé. Le temps traînait en longueur — bon sang, comme c'était désert ! Pas d'oiseaux, pas de vent, le monde n'était pas plus gros qu'une boule de jeu de quilles, loin en dessous ; rien à faire, rien à regarder, et rien pour se distraire. Bon, après avoir dérivé tout autour de la terre, pendant environ deux ans...

— De quoi avez-vous vécu ?

— J'y arrive dans un moment... Je me suis réveillé, un matin, et j'ai vu un autre ballon qui venait vers moi. Je me suis presque évanoui de joie. J'ai fait des moulinets avec mon chapeau, j'ai agité mon mouchoir, j'ai hurlé et j'ai poussé des hourras. Personne ne répondait. Pourtant, comme il s'approchait de plus en plus en dérivant, j'ai commencé à y apercevoir des gens. Je me suis remis à agiter la main et à crier, mais ils n'y faisaient pas attention. Il s'est encore approché et s'est rangé à côté de mon ballon. Et quel spectacle ! Deux hommes, une jeune femme et un chien, tous desséchés, momifiés, verdâtres, moisis ; les lèvres décharnées tirées en arrière, les dents visibles, un sourire horrible ! Et ils sont restés là — des jours, des semaines — à me tourner autour sans arrêt, aujourd'hui d'un côté, demain de l'autre, et à me fixer avec leurs yeux vitreux. Un jour j'ai pu attraper leur journal de bord en tendant le bras — et aussitôt, ça m'a expliqué l'aspect démodé de leurs vêtements : ils venaient de France, ils étaient partis soixante ans plus tôt ! Et...

— Mais comment le ballon et le gaz ont-ils pu durer tout ce... ?

— J'y arrive dans un moment... J'ai lu leur journal, car il était rédigé en assez bon français, quoique d'un style un peu guindé, et cet amusement me fut d'un grand secours, tant qu'il dura. Il apparut qu'il s'agissait d'une noce : un jeune homme de vingt-six ans, une jeune fille de dix-sept et la troisième personne, c'était le prêtre — ah ! les pauvres diables, une suite bien triste pour leur joyeuse aventure, la fin navrante d'un beau rêve ! Mais ce que le chien faisait là, ce n'était pas précisé ; et j'étais si... dérangé, en quelque sorte, à cause de mes ennuis et de la solitude, que pendant des jours et des jours entiers je me suis agité et inquiété à cause de ce détail futile, oubliant tout autre intérêt dans l'existence — si l'on peut dire que c'est une existence de se balancer dans l'isolement de l'espace creux en compagnie de cadavres moisis. Bon, finalement, j'en suis venu à me tourmenter des regards et des sourires perpétuels de ces morts ; si bien que je ne pouvais plus dormir, sauf par petits sommes ; vous voyez, le prêtre pendait presque par-dessus le rebord du panier, son bras et ses doigts de squelette étaient tendus et remuaient avec les mouvements du ballon, et souvent ces doigts me raclaient le visage et me réveillaient. Alors, finalement, j'ai décidé de balancer mes inséparables compagnons par-dessus bord — aucune compagnie, plutôt que celle-là. J'ai attrapé le prêtre et je l'ai fait basculer avec une gaffe. En fait, la situation est devenue cent fois pire... car nous étions vraiment dans la partie supérieure de l'atmosphère — j'aurais dû y penser avant — et le prêtre n'est pas descendu d'un centimètre ! Il flottait simplement — comme s'il était dans l'eau —, tanguant à la façon d'un ivrogne, avec ce même bon vieux bras toujours tendu, et la mâchoire pendante, et il me regardait par-dessous son capuchon ! Bon, après ça, il était tout le temps à traîner partout et à espionner ma nacelle — d'abord d'un côté, puis de l'autre — jour et nuit tout pareil. Je lui donnais un coup de gaffe chaque fois que je pouvais ; mais j'ai cessé, finalement, parce que je me suis rendu compte que plus je le frappais, plus il avait l'air déplaisant et plus c'était désagréable de vivre en sa compagnie. Là-haut, la matière attire la matière — et puissamment. Au fil des années, l'un après l'autre, les ballons en loques qui passaient se joignaient à nous — et ils étaient tous pleins de gens morts, à tous les stades possibles de verdissement et de moisissure, des gens qui tous grimaçaient et m'observaient ; seize ballons en tout, cinquante-quatre cadavres et beaucoup d'animaux desséchés d'un genre ou d'un autre — des gens originaires de divers pays —, tous étrangers ; et il arrivait aussi d'autres corps qui avaient été éjectés lors des collisions entre ballons ; et ceux-là, ils allaient retrouver le prêtre ivre — onze, il y en avait, tous voletant en haillons, et toutes les semaines que Dieu fait, et jour et nuit, ils tanguaient sans bruit, comme des ivrognes, et ils évoluaient entre eux avec légèreté, là, dans l'air désert, et ils agitaient leurs bras maigres et grimaçaient et jetaient des regards mauvais, et le public des ballons les regardait comme depuis des loges d'opéra, et ceux-là aussi ils grimaçaient et ils me lorgnaient d'un air méchant, et... excusez-moi juste un instant, je reviens tout de suite.

A ces mots, Mr. Harvey est descendu à la hâte et nous a laissés plantés là, nous qui mourions d'envie de connaître la suite. Et il n'est pas revenu, parce qu'il s'est aperçu que le bateau s'était arrêté à un endroit où il voulait voir quelqu'un pour affaires. Comme le quelqu'un en question habitait au centre ville, il a dû se rendre jusque là-bas pour le chercher. Le capitaine l'a attendu un moment, mais il a renoncé à lui, finalement, et a fait faire marche arrière à son bateau et il est reparti. Ainsi Mr. Harvey fut-il abandonné ; et, en un sens, nous aussi ; car nous n'avons jamais su comment il était revenu du ciel, à moins qu'il n'eût menti, quelque chose que n'importe qui peut faire, sauf le second d'un vapeur ; mais si jamais il reparaît, et qu'il n'obtienne pas sa qualification, il risque de se faire descendre.

*

CHAPITRE XXXV

Vicksburg pendant les troubles

Traces et cicatrices. – Le tonnerre du canon fait rage. – Troglodytes. – Un dimanche perpétuel. – Une tonne de fer et plus de vitre. – L'alcool est sauvé. – Viande de mulet. – Un cimetière national. – Un chien et un obus. – Chemins de fer et prospérité. – Économie de droits de quai. – Vicksburg versus *le* Gold Dust. *– Une histoire en prévision.*

Nous avions l'habitude de passer devant la ville située sur les hauteurs, Vicksburg, lorsque nous descendions le Mississippi ; mais c'est désormais impossible. Un raccourci du fleuve en a fait une ville de l'intérieur, comme Osceola, Saint Genevieve et plusieurs autres. Il y a une eau étale — et aussi une grande île — devant Vicksburg, aujourd'hui. On descend le fleuve de l'autre côté de l'île, puis on tourne et on remonte jusqu'à la ville ; c'est-à-dire, en période de hautes eaux ; en cas de basses eaux, on ne peut pas aller jusque-là, on doit accoster en aval, à quelque distance.

Des traces et des cicatrices demeurent, souvenirs des épouvantables expériences guerrières de Vicksburg : terrassements, arbres abîmés par les boulets de canon, grottes-refuges dans les à-pics argileux, etc. Ces grottes ont rendu de bons services au cours des six semaines de bombardement de la cité — du 18 mai au 4 juillet 1863 [25]. Elles furent utilisées par les civils — surtout les femmes et les enfants. Non pour y vivre à demeure, mais pour s'y précipiter en sécurité, à l'occasion. C'étaient de simples cavités, des tunnels s'enfonçant dans la rive d'argile perpendiculaire, puis se ramifiant en forme de Y, sous la colline. La vie à Vicksburg, pendant ces six semaines, fut peut-être... mais attendez : voici un peu de matériel qui permettra d'en donner une idée.

Population, vingt-sept mille soldats et trois mille civils ; la ville complètement coupée du monde — solidement défendue, le devant par des canonnières, l'arrière par des soldats et des batteries — ; donc aucune vente, aucun achat avec l'extérieur ; aucunes allées et venues ; nul « bon voyage » souhaité à l'invité qui s'en va ; et nulle « bienvenue » à celui qui arrive ; aucun hectare imprimé de nouvelles du monde entier à lire le matin au petit déjeuner — au contraire, une triste et ennuyeuse absence de telles matières — ; et donc, on ne court plus pour aller voir les vapeurs fumer dans le lointain, en amont ou en aval, et approcher de la ville — car aucun ne vient plus, et le fleuve est désert et paisible — ; aucune bousculade, aucune agitation à la gare ; les meutes de cochers de fiacre ne se querellent plus autour des masses de passagers désorientés — tout est calme, là — ; la farine coûte deux cents dollars le baril, le sucre trente, le maïs dix dollars le boisseau, le lard cinq dollars la livre, le rhum cent dollars le gallon ; et le reste en proportion : par conséquent, aucun grondement, aucun vacarme de haquets ni de charrettes filant à toute allure dans les rues ; ils sont inutiles, au milieu de cette poignée de non-combattants aux finances épuisées ; à trois heures du matin, silence ; un silence si profond que l'on peut entendre le pas cadencé d'une sentinelle à une distance qui semble impossible ; en dehors de ce bruit isolé, peut-être que le silence est absolu : et soudain arrivent les coups de tonnerre de l'artillerie qui font trembler le sol, soudain le ciel est sillonné, comme une toile d'araignée, par l'enchevêtrement de lignes rouges des obus qui traversent les airs, et une pluie de fragments de fer tombe sur la ville ; descend sur les rues désertes : des rues qui, un instant plus tard, ne sont plus désertes, mais ombrées de vagues silhouettes de femmes et d'enfants paniqués, qui se hâtent de quitter leurs lits et leurs maisons pour leurs cachots de troglodytes, encouragés par la soldatesque à l'humour noir, qui crie « Rats, à vos trous ! » et éclate de rire.

Le tonnerre du canon fait rage, les boulets hurlent et explosent dans les airs, la pluie de fer tombe, une heure, deux heures, trois heures et parfois six, et puis s'arrête ; le silence revient, mais les rues restent vides ; le silence dure ; finalement, une tête sort d'un trou, ici, là, et plus loin, et jette un coup d'œil pour reconnaître le terrain, prudemment ; le silence continue, après les têtes viennent les corps, et des créatures harassées, à demi étouffées, se rassemblent, étirent leurs membres engourdis, aspirent de profondes goulées d'un air bienfaisant, discutent avec les occupants de la grotte voisine ; se dispersent, peut-être, pour regagner leurs maisons, ou partent faire un petit tour en ville, si le calme dure ; et se précipiteront de nouveau vers leurs trous, plus tard, lorsque la tempête guerrière se déchaînera de nouveau.

Comme il n'y avait là que trois mille de ces troglodytes — juste la population d'un village — comment n'en seraient-ils pas venus à se connaître, et intimement, après une ou deux semaines ? A tel point que les expériences heureuses ou malheureuses de l'un pouvaient avoir un intérêt pour tous les autres ?

Voilà le matériel fourni par l'histoire. A partir de celui-ci, tout le monde ou presque ne peut-il se représenter l'existence du Vicksburg de cette époque ? Seriez-vous capable, vous qui n'en avez pas fait l'expérience, de la décrire à quelqu'un d'autre qui n'aurait pas été là-bas non plus, et cela mieux que ne pourrait y parvenir un habitant de Vicksburg qui, *lui*, l'aurait vécue ? Cela semble impossible ; et pourtant, pour certaines raisons, cela pourrait ne pas l'être complètement. Lorsque quelqu'un fait son premier voyage en bateau, c'est une expérience pleine d'une multitude de nouveautés saisissantes ; des nouveautés qui forment un contraste si net avec toutes les expériences antérieures de ce quelqu'un qu'elles marquent d'une emprise apparemment éternelle son imagination et sa mémoire. En le racontant de vive voix ou en l'écrivant, il peut faire partager à un terrien cet étrange et passionnant voyage ; le lui faire voir et le lui faire sentir totalement. Mais s'il attend ? S'il fait dix voyages à la file — que se passe-t-il alors ? Eh bien, la chose a perdu sa couleur, sa vivacité, sa surprise ; et elle est devenue banale. Cet homme n'aura rien à dire qui fera battre plus vite le pouls d'un terrien.

Il y a des années, j'ai discuté avec deux des civils de Vicksburg — un homme et sa femme. Quand on les laissait raconter leur histoire à leur façon, ces gens la disaient sans enthousiasme, presque sans intérêt.

Une semaine de leur prodigieuse existence à cet endroit les aurait peut-être rendus éloquents pour toujours ; mais ils en avaient eu six et cela en avait épuisé toute la nouveauté ; ils avaient pris l'habitude d'être bombardés à l'extérieur de chez eux et dans le sous-sol ; la chose était devenue banale ; après cela, la possibilité d'être encore intéressants et surprenants dans leur récit sur cette période avait disparu *. Ce qu'a rapporté l'homme, c'était quelque chose d'approchant :

> C'était tout le temps dimanche. Sept dimanches dans la semaine — pour nous, en tout cas. Nous n'avions rien à faire et nous trouvions le temps long. Sept dimanches,

* *Dans le manuscrit, voici ce que dit le reste du paragraphe :* « Il fallut cuisiner ces gens, avec beaucoup de difficulté, pour trouver quelques informations permettant de comprendre vraiment cette vie de Vicksburg. Pourtant, j'ai réussi à leur en soutirer quelques-unes, en leur posant beaucoup de questions. Une fois condensées, elles se résumaient à peu près à ceci, comme il ressort de mon vieux carnet de notes. C'est l'homme qui parle : »

et tous interrompus à un moment ou à un autre, de jour comme de nuit, par quelques heures de l'affreuse tempête de feu et de tonnerre et de fer. Au début, nous avions l'habitude de disparaître dans nos trous bien plus vite que nous ne l'avons fait par la suite. La première fois, j'ai oublié les enfants, et Maria les a amenés avec elle tous les deux. Quand elle a été saine et sauve dans la grotte, elle s'est évanouie. Deux ou trois semaines plus tard, alors qu'elle était en train de courir vers les trous, un matin, sous une vraie douche d'obus, un gros projectile a éclaté à côté d'elle et l'a entièrement recouverte de poussière, et un éclat de fer a arraché son chignon de faux cheveux, à l'arrière de son crâne. Eh bien, elle s'est arrêtée pour le ramasser avant de se remettre à fuir ! Elle était déjà habituée aux choses, vous voyez. Nous l'avons tous été, si bien que nous en connaissions un rayon sur les obus, et après ça, nous ne nous mettions pas toujours à l'abri si la pluie d'obus était légère. Nous, les hommes, on traînassait et on bavardait ; et quelqu'un lançait : « Le voilà ! » et il disait de quel genre d'obus il s'agissait d'après le bruit qu'il faisait, et il continuait à discuter — s'il n'y avait rien à craindre de lui. Si un obus explosait pas très loin au-dessus de nous, nous nous taisions et nous restions immobiles — mal à l'aise, oui, mais ce n'était pas prudent de bouger. Et quand c'était fini, nous recommencions à parler, si personne n'était blessé — et nous disions peut-être : « Celui-là, c'était un éventreur ! » ou quelque autre commentaire banal du même genre, avant de reprendre la conversation ; ou peut-être que nous apercevions un obus qui planait haut dans le ciel au-dessus de nos têtes. Dans ce cas, chaque type lâchait juste un rapide « A la prochaine, les gars ! » et s'éclipsait. Très souvent, j'ai vu des groupes de dames en train de se promener dans les rues, l'air aussi joyeux que vous voulez, et surveillant du coin de l'œil les obus dans le ciel ; et je les ai vues s'immobiliser quand elles n'étaient pas sûres de ce qu'allait faire un projectile, et attendre d'en avoir la certitude ; et après cela, elles recommençaient à se balader, ou elles partaient à toute vitesse se mettre à l'abri, suivant le verdict. Les rues de certaines villes sont jonchées de morceaux de papier, et divers objets d'un genre ou d'un autre traînent ici ou là. Pas dans les nôtres : les nôtres sont jonchées de *fer*. Parfois, un homme ramassait autour de chez lui tous les fragments de métal et les obus qui n'avaient pas éclaté et il les empilait pour en faire une sorte de monument dans sa cour, devant sa maison — une tonne, dans certains cas. Il ne restait plus une vitre — les vitres ne peuvent supporter un tel bombardement ; toutes avaient volé en éclats. Les fenêtres des maisons étaient vides — ressemblaient aux orbites creuses d'un crâne. Des carreaux *entiers* étaient aussi rares que les informations.

Nous allions à l'église, le dimanche. Pas beaucoup de monde là-dedans, pour commencer, et puis finalement des assemblées assez importantes. J'ai vu le service s'arrêter une minute, et tout le monde rester assis silencieux — pas un seul bruit de voix, c'était plutôt comme un enterrement, à ce moment-là — à cause du grondement et du fracas horribles, à l'extérieur et au-dessus de nos têtes ; et dès que l'on pouvait s'entendre à nouveau, le service reprenait. Orgues et musique religieuse pendant un bombardement, c'est une puissante et étrange combinaison — au début. En sortant de l'église, un matin, nous avons eu un accident — le seul qui se soit produit à côté de moi, un dimanche. J'étais en train d'échanger une chaleureuse poignée de main avec un ami que je n'avais pas vu depuis un moment, et je lui disais : « Descends dans notre grotte, cette nuit ; nous venons de recevoir une pinte de premier choix de wh... » Whisky, j'allais dire, vous voyez, mais un obus m'a interrompu. Un gros éclat lui a sectionné le bras, qui a continué à se balancer dans ma main. Et savez-vous que la chose dont je me souviendrai le plus longtemps, la chose qui, je l'avoue, durera plus que tout le reste, important ou pas, c'est la principale pensée qui m'est venue alors ? C'est : « Le whisky *est sauvé.* » Et pourtant, vous comprenez, c'était plutôt excusable ; parce qu'il était aussi rare que les diamants et que nous n'en avions que cette petite quantité ; nous n'en avons plus jamais goûté d'autre pendant le siège.

Les grottes étaient parfois désespérément bondées, et toujours chaudes et mal aérées. Parfois, vingt ou vingt-cinq personnes étaient parquées dans une grotte ; pas le moindre espace pour bouger ; parfois, l'air était si vicié que vous ne pouviez pas faire brûler une bougie là-dedans. Un enfant est né dans l'une d'elles, une nuit. Vous imaginez ? Ben, c'est comme être né dans une malle.

A deux reprises nous avons eu seize personnes dans notre grotte ; et souvent nous en avons eu une douzaine. Plutôt suffocant, là-dedans. Nous en avons toujours eu huit ; c'étaient les huit qui résidaient à cet endroit. La faim et les souffrances et la maladie et la peur et le chagrin, et je ne sais quoi encore, les ont tant accablées qu'aucune d'entre elles n'a plus jamais été exactement pareille après le siège. Elles sont toutes mortes, sauf trois, dans les deux années qui ont suivi. Une nuit, un obus a explosé devant l'entrée de notre grotte et l'a fait s'effondrer et a bloqué le passage. Nous avons vécu un moment mouvementé à creuser. Certains d'entre nous ont manqué mourir étouffés. Après cela, nous avons fait deux ouvertures — nous aurions dû y penser au début.

De la viande de mulet ? Non, nous ne sommes

tombés aussi bas que le dernier ou les deux derniers jours ; tout est bon quand vous mourez de faim.

Cet homme avait tenu un journal pendant... six semaines ? Non, seulement les six premiers jours. Le premier jour, huit pages pleines ; le second, cinq ; le troisième, une — d'une grosse écriture ; le quatrième, trois ou quatre lignes ; une ou deux lignes les cinquième et sixième jours ; le septième, journal abandonné ; la vie dans le terrifiant Vicksburg était désormais devenue banale et ordinaire.

*

Mais d'autres ont tenu des journaux tout au long du siège, dont certains ont été publiés. En voici quelques extraits :

> *Vendredi 29 mai.* Vers quatre heures du matin, les Fédéraux ont déclenché un terrible feu le long de la ligne de bataille, et leurs obus sont tombés partout sur la ville. L'air était rempli de projectiles mortels, et ils étaient si nombreux en même temps au-dessus de nous que l'on n'entendait plus les coups de canon au milieu des sifflements et des hurlements perpétuels des obus à travers les airs. L'affaire a duré environ deux heures, après quoi le calme est revenu et l'on n'a plus eu beaucoup... [devinez le terme qu'il va employer là, et voyez à quel point il n'est pas adapté]... de *désagrément* jusqu'à...

Jusqu'à cinq heures du soir, lorsque les batteries à terre recommencèrent à tirer, que l'importante flotte de canonnières se joignit à elles, et qu'il y eut alors quelques heures supplémentaires de « désagrément ». L'expérience de ce rédacteur de journal n'était vieille que de onze jours ; et cependant, en ce bref laps de temps, être arrosé d'obus est devenu un « désagrément », pas plus ; il s'y est habitué. Cela le terrorisait, maintenant cela l'ennuie.

Nous lui emprunterons une dernière remarque, puis nous le libérerons. Il se souvient des victimes du siège ; et pratique alors inconsciemment un glissement de plume des plus curieux : « On fit quelques sauvetages très remarquables et risibles. Un homme a eu la tête arraché alors qu'il relevait son enfant. »

Il est facile de comprendre lequel des deux a bénéficié du sauvetage remarquable, mais je n'arrive pas bien à voir qui a eu le risible*.

Des divisions de la flotte de l'Union avaient pris position à la fois en amont et en aval de Vicksburg pendant le siège terrestre, et aussi avant celui-ci. Et un jour — au printemps de 1863 — l'un des commandants de la marine, Porter, qui devint ensuite amiral, fit une bonne blague ; une blague très drôle, en effet ; et qui n'eut jamais d'autre *but*, apparemment ; mais à la fin, la plaisanterie permit de réaliser une œuvre des plus

* Il fait effectivement suivre ces lignes de quelques récits de sauvetages comiques ; nous comprenons donc facilement la façon dont sa maladresse s'est produite : c'est un souvenir qui lui est revenu après le reste, et il l'a rajouté entre les lignes, étourdiment, sans penser à vérifier quel effet il ferait par rapport au contexte. *(N.d.A.)*

sérieuses. La partie blague, c'était de lancer à la dérive un Humbug Monitor en amont de la ville, dans la faible lumière de l'aube, pour faire travailler les batteries de Vicksburg ; mais tandis que ce bon tour était en préparation, quelque chose se produisit en aval de Vicksburg que la flotte en amont ne savait pas : l'*Indianola,* une formidable canonnière de l'Union commandée par le capitaine de corvette Brown, était tombée aux mains des Confédérés, avec la totalité de son armement intact, et avait été tirée à sec sur la rive pour recevoir quelques réparations, avant de repartir au combat sous son nouveau drapeau. Revenons à la blague. La voici racontée par l'amiral :

> Ericsson sauva le pays avec un monitor en fer — pourquoi n'aurais-je pas pu le sauver avec un en bois ? Une ancienne barge charbonnière, prise sur le fleuve, fit office de fondation pour en construire un. On le fabriqua avec de vieilles planches en douze heures, avec des barils de porc salé entassés les uns sur les autres pour faire les cheminées et deux vieux canoës pour jouer le rôle des canots de portemanteau. Les fourneaux furent montés avec de la boue, pour donner simplement de la fumée, non de la vapeur.
>
> Sans savoir que Brown était en danger, j'ai lancé notre monitor. Au moment où on l'a aperçu dans la faible lumière de l'aube, jamais les batteries de Vicksburg n'ont ouvert le feu avec un tel vacarme. La terre tremblait vraiment et les obus pleuvaient dru autour du fidèle monitor. Mais il est parvenu à franchir sain et sauf toutes les batteries, bien qu'il fût resté une heure sous leur feu, et il a dérivé jusqu'à l'embouchure inférieure

du canal. Notre vaisseau avait bien meilleure allure que l'*Indianola.*

Lorsque le jour fut complètement levé, ils ouvrirent de nouveau le feu sur lui, avec tous les canons qu'ils purent pointer dans sa direction, sans qu'un tir lui occasionnât de véritables dégâts, car ils ne pouvaient pas le couler, et pourtant les obus entraient par un côté et ressortaient par un autre. Il était déjà plein d'eau. Les soldats de notre armée hurlaient et riaient comme des fous.

Jusqu'ici, c'est la blague. Mais le constructeur avait construit plus solidement qu'il ne le croyait. Les responsables de Vicksburg étaient inquiets pour l'*Indianola* qui était à portée des batteries de Warrenton, à huit miles en aval ; il allait être, sans aucun doute, la proie de ce monitor surnaturel, cette horrible chose invulnérable, manifestement capable de se moquer de tous les moyens de destruction inventés jusque-là par les militaires ; si bien qu'ils ordonnèrent l'immédiate annihilation de ce pauvre *Indianola.* On fit donc les préparatifs nécessaires et on gratta l'allumette ; et comme la barge inspirant la terreur se pointait à l'horizon, le gracieux vaisseau sauta en l'air, réduit en miettes par la soute aux munitions de son propre estomac. Une conclusion des plus macabres pour une plaisanterie des plus fantastiques.

Le *Richmond Examiner* du 7 mars traita la nouvelle avec une cruelle ironie :

La destinée de l'*Indianola,* racontée ici, est encore plus honteuse que risible. c'était peut-être le plus beau cuirassé des eaux occidentales, capturé après une lutte héroïque, rapidement réparé et destiné à rejoindre le *Queen of the West* dans une série de victoires. Et voilà que nous apprenons qu'il a été détruit par nécessité, dans le plus pur style Merrimac-Mallory ; et pourquoi ? Riez et tenez-vous les côtes de crainte de mourir d'une indigestion de dérision. Ô Yankees ! Détruit, en vérité, parce qu'un bateau à fond plat ou une barge avec, posée dessus, une petite cabane prise dans un jardin au bout d'une plantation, est lancée à la dérive sur le fleuve sous l'œil effrayé des Partisan Rangers. Un monstre à tourelles !

« Une affaire particulièrement triste et inutile », dit la dépêche. Plutôt, oui ! « Le monstre à tourelles s'est révélé être un bateau à fond plat, avec divers matériaux pour faire illusion. » Réfléchissez à ça ! « Il est passé devant Vicksburg dans la nuit de mardi, et les officiers, le prenant pour un monstre à tourelles, ont fait sauter l'*Indianola*, mais les canons de celui-ci sont tombés aux mains de l'ennemi. » C'est extrêmement bizarre. Ses canons « sont tombés aux mains de l'ennemi » après son explosion ! Incroyable ! Somme toute, Mallory et Tatnall ont fait mieux avec le *Merrimac*.

« A tout prendre, conclut l'inimitable communiqué, c'était une bonne plaisanterie à jouer aux Partisan Rangers qui, de notoriété publique, sont plus malins que courageux. » Une excellente plaisanterie, vraiment ! Si excellente que chaque homme impliqué dans cette histoire devrait être marqué au fer rouge avec les majuscules « M.T. », et enrôlé dans une compagnie spéciale que l'on connaîtrait désormais et pour toujours sous le nom de « Monstre à tourelles ».

Le général Pemberton rendit Vicksburg au général Grant le 4 juillet. La rencontre des deux généraux pour mettre la dernière main aux termes du traité se tint le 3, derrière la ville. Une lettre de Vicksburg de ce temps-là décrit ainsi l'événement :

> Des milliers de soldats ont observé l'étrange scène. Deux hommes qui avaient été lieutenants dans le même régiment, au Mexique, se retrouvaient face à face, comme ennemis, sous les yeux de tous. Lorsqu'ils ont été à quelques mètres l'un de l'autre, ils se sont immobilisés et il y a eu un silence. Le colonel Montgomery a pris la parole : « Général Grant, général Pemberton. » Ils se sont serré la main poliment, mais à l'évidence Pemberton était mortifié. Il a dit : « J'étais à Monterey et à Buena Vista. Nous avons eu des conditions de reddition, là. » Le général Grant l'a pris à part et ils se sont assis dans l'herbe, et ils ont discuté plus d'une heure. Grant a fumé sans arrêt ; Pemberton jouait avec l'herbe et arrachait les feuilles. Il fut finalement convenu de libérer la garnison, chaque officier conservant son cheval.

*

L'histoire guerrière de Vicksburg est plus intéressante, pour un lecteur normal, que celle de toute autre cité sur le fleuve. Elle est pleine de diversité, pleine d'événements, pleine de pittoresque. Vicksburg résista plus longtemps que n'importe quelle autre ville fluviale importante, et connut toutes les phases de la guerre, tant sur la terre que sur l'eau — le siège, le travail de sape, l'assaut, la résistance, les bombardements, la maladie, la captivité, la famine.

Le plus beau de tous les cimetières nationaux est ici. Au-dessus de la grande porte d'entrée, on lit l'inscription suivante :

ICI REPOSENT EN PAIX 16600 HOMMES
MORTS POUR LEUR PAYS DANS LES ANNÉES
1861 À 1865

Les terrains sont magnifiquement situés ; ils sont très en hauteur et ils ouvrent sur un immense horizon de terre et de fleuve. Ils sont dessinés avec goût en vastes terrasses, avec des allées et des sentiers sinueux ; et partout l'on voit une profusion d'ornements — fleurs et arbustes semi-tropicaux — ; et à un endroit, il y a un morceau de la forêt sauvage originelle ; on l'a laissée comme elle a poussé et elle est donc d'un charme parfait. Tout, dans ce cimetière, suggère l'intervention du gouvernement national. L'œuvre du gouvernement brille toujours par son excellence, sa solidité, sa minutie, sa propreté. Le gouvernement fait d'abord du bon travail, puis il en prend soin.

Par des routes tortueuses — qui souvent passaient si profondément entre des murs de rochers perpendiculaires que c'étaient de simples tunnels sans toit — nous avons roulé pendant un ou deux miles et visité le monument qui s'élève à l'endroit où le général Pemberton a rendu Vicksburg au général Grant. Le métal qui le constitue le protège des coups de hache et de ciseau qui ont tant défiguré son prédécesseur, qui était en marbre ; mais les fondations de brique s'effritent et il va finir par s'écrouler. Il domine une région pittoresque de collines et de ravins boisés, et il ne manque pas de pittoresque lui-même, car il est bien couvert d'herbes sauvages en fleurs. Les restes abîmés du monument de marbre ont été transportés jusqu'au National Cemetery.

Sur la route, à un quart de mile de la ville, un homme de couleur âgé nous a montré avec orgueil un obus non explosé resté dans son jardin depuis le jour où il y est tombé, pendant le siège.

— J'tais d'bout là, et l' chien 'tait d'bout là ; l' chien, y va à l'attaque d' l'obus, y va y fai'e des histoi'es avec ; mais moi non ; j' dis : « Fil' just' à la maison, ou ici 'este t'anquille là où qu't'es, ou fich' l'end'oit en l'ai', just' com' t'as envie, mais *moi* j' vas fai'e mes affai'es dans les bois, *j'y vas !*

Vicksburg possède d'importantes rues commerçantes et de belles demeures ; contrôle le commerce sur les rivières Yazoo et Sunflower ; lance des lignes de chemin de fer dans plusieurs directions à travers une riche région agricole, et a un destin prometteur de prospérité et de puissance.

Apparemment, presque toutes les villes fluviales, petites et grandes, ont décidé qu'elles devaient surtout compter sur le chemin de fer pour leur richesse et leur développement, à l'avenir. Et elles agissent en conséquence. Des signes indiquent que les vingt prochaines années apporteront certains changements notables dans la vallée du Mississippi, dans le sens d'une augmentation de la population et de la richesse, et dans celui de l'avancement intellectuel et de la libéralisation de l'opinion qui accompagnent tout naturellement celle-ci. Et cependant, si l'on en juge au regard du passé, les villes fluviales s'arrangeront pour trouver un moyen, ici et là, de paralyser et de retarder leurs progrès. Elles en sont volontairement restées à l'époque de la suprématie de la navigation à vapeur, par un système de droit de quai si stupidement calculé qu'il interdit ce que l'on peut nommer le petit trafic de *détail* pour les marchandises et les passagers. Les bateaux sont soumis à des droits de quai si lourds qu'ils ne peuvent pas se permettre d'accoster pour un ou deux passagers ou pour un petit chargement de marchandises. Au lieu d'encourager le développement du commerce à leurs portes, les villes l'ont découragé avec assiduité et efficacité. Elles auraient pu avoir de nombreux bateaux et des tarifs peu élevés ; mais leur politique les a conduites à avoir peu de bateaux et obligatoirement des tarifs élevés. Cette politique était en vigueur — et l'est toujours — de New Orleans à Saint Paul.

Nous désirions fort remonter le Yazoo et le Sunflower — une région intéressante à toute époque, mais encore plus à ce moment-là, parce que là-bas la grande inondation était toujours en pleine activité —, mais nous étions presque sûrs de devoir, à notre retour, attendre un bateau pour New Orleans pendant une journée ou davantage ; nous fûmes donc forcés de renoncer à notre projet*.

* *Le paragraphe suivant du manuscrit dit :* « Nous avons passé à Vicksburg une journée longue, mouvementée et agréable, et nous étions vraiment bien fatigués ; nous fûmes donc contents de rester à

Voilà une histoire que j'ai recueillie à bord du bateau cette nuit-là. Je l'insère à cet endroit simplement parce que c'est une bonne histoire, et non parce qu'elle est à sa place ici — car ce n'est pas le cas. Elle a été racontée par un passager — un professeur d'université — et elle est venue sur le tapis au cours d'une conversation générale qui avait commencé par les chevaux, puis était passée à l'astronomie, puis au lynchage des joueurs, à Vicksburg, cinquante ans plus tôt, puis aux rêves et aux superstitions ; et s'est terminée, après minuit, par une querelle sur la liberté et la protection du commerce.

---

bord du *Gold Dust* cette nuit-là et de bavarder avec les officiers — et d'autant plus que nous devions les quitter le lendemain et mettre fin à une camaraderie qui s'était révélée extrêmement solide et délicieuse.

» La conversation partit dans toute sorte de directions ; nous n'avons rien noté, et tout est oublié aujourd'hui, hormis un récit fait par un passager qui avait été professeur au Yale College — l'est toujours, je crois. Il est venu d'une discussion sur le lynchage et le bannissement, jadis célèbres, des joueurs professionnels par les citoyens exaspérés de Vicksburg, près de cinquante ans plus tôt — un événement grâce auquel cette ville devait être fortement respectée ensuite par ces individus pendant de nombreuses années. Voici l'histoire telle qu'elle m'est restée en mémoire. »

CHAPITRE XXXVI

L'histoire du professeur[26]

Le professeur raconte une histoire. – Un enthousiaste du bétail. – Il fait une proposition. – Chargement de bœufs à Acapulco. – Il n'a pas été élevé comme ça. – Il est embringué. – Son regard fatigué s'est allumé. – Quatre as, espèce d'âne ! – Il se moque des « langues ».

C'était à mes débuts. Je n'étais pas professeur d'université, alors. J'étais un jeune arpenteur géomètre d'une grande humilité, avec le monde devant moi — à mesurer, au cas où quelqu'un aurait voulu que ce fût fait. J'avais un contrat aux termes duquel je devais arpenter une route pour une mine à ciel ouvert en Californie, et je me rendais là-bas, par mer — un voyage de trois ou quatre semaines. Il y avait beaucoup de passagers, mais je n'avais pas grand-chose à leur dire ; la lecture et la rêverie étaient mes passions, et j'évitais les conversations pour satisfaire ces appétits. Il y avait à bord trois joueurs professionels — des types durs et antipathiques. Je ne leur avais jamais parlé, mais je ne pouvais pas faire autrement que de les voir assez souvent, parce qu'ils jouaient dans une cabine de luxe du pont supérieur jour et nuit, et lors de mes promenades je les apercevais régulièrement, car ils laissaient leur porte un peu entrouverte pour évacuer le surplus de fumée de tabac et de jurons. C'était une présence fâcheuse et détestable, mais il me fallait m'en accommoder, bien sûr.

Il y avait un autre passager qui était souvent à portée de mon regard, car il semblait décidé à être amical avec moi, et je n'aurais pas pu m'en débarrasser sans courir le risque de le blesser, et j'étais loin de souhaiter cela. En outre, il y avait quelque chose d'attachant dans sa simplicité provinciale et son bon naturel épanoui. La première fois que j'ai croisé ce Mr. John Backus, j'ai deviné, à ses vêtements et à son allure, que c'était un éleveur ou un fermier d'une région forestière perdue de quelque État de l'Ouest — l'Ohio, sans aucun doute —, et plus tard, lorsqu'il s'est lancé dans son histoire personnelle et que j'ai découvert que c'était vraiment un éleveur de bétail de l'intérieur de l'Ohio, j'ai été si ravi de ma perspicacité qu'il m'est devenu sympathique pour avoir confirmé mon instinct.

Il me tombait dessus chaque jour, après le petit déjeuner, pour m'aider à faire ma promenade ; et ainsi, au fil du temps, ses lèvres qui n'avaient pas peur du travail m'avaient tout dit sur sa profession, ses espoirs, sa famille, ses parents, ses opinions politiques — en fait, tout ce qui concernait un Backus, mort ou vivant. Et dans l'intervalle, je pense qu'il s'était arrangé pour tirer de moi tout ce que je savais de ma profession, de mon clan, de mes intentions, et de moi-même. C'était un génie doux et persuasif, et cela en était la preuve ; car je n'aimais guère parler de mes affaires. Une fois, j'ai dit quelque chose à propos de la triangulation ; ce mot imposant a flatté son oreille ; il a demandé ce qu'il signifiait ; je le lui ai expliqué ; après quoi, tranquillement et sans méchanceté, il a toujours ignoré mon nom pour ne plus m'appeler que Triangle.

Comme il était enthousiaste pour le bétail ! Au simple mot de taureau ou de vache, son œil s'allumait et sa langue s'envolait. Tant que je marchais et que j'écoutais, il continuait à marcher et parler ; il connaissait toutes les races, il aimait toutes les races, ses lèvres affectueuses prenaient un ton câlin pour toutes. J'arpentais le pont en souffrant en silence tant que la question du bétail était sur le tapis ; lorsque je ne pouvais pas en supporter davantage, j'introduisais adroitement un sujet scientifique dans la conversation ; alors, mes yeux brûlaient à leur tour et les siens s'éteignaient ; ma langue virevoltait, la sienne s'arrêtait ; la vie était une joie pour moi et une tristesse pour lui.

Un jour, avec une certaine hésitation et quelque chose comme de l'embarras, il m'a demandé :

— Triangle, ça ne vous ennuie pas de descendre dans ma cabine une minute, et d'avoir une petite conversation sur un certain sujet ?

Je l'ai accompagné aussitôt. Une fois chez lui, il a sorti la tête dans l'entrebâillement de la porte, a précautionneusement inspecté le salon à droite et à gauche, puis a refermé la porte et l'a verrouillée. Nous nous sommes installés sur le canapé, et il a dit :

— Je vais vous faire une petite proposition, et si vous y prêtez une oreille favorable, ce sera une assez bonne chose pour tous les deux. Vous n'allez pas en Californie pour vous amuser, et moi non plus — c'est pour *affaires*, n'est-ce pas ? Bien, vous pouvez me rendre un service et moi aussi je peux vous en rendre un, si nous jugeons bon de le faire. J'ai gratté, amassé et économisé pendant un nombre considérable d'années, et j'ai tout ça ici.

Il a ouvert une malle en cuir brut, a jeté à côté de lui un chaos de vêtements éliminés, m'a montré un instant un petit sac solide, puis l'a fait disparaître de nouveau et a refermé la malle. Baissant la voix avec prudence, il a repris :

— Tout est là : autour de dix mille dollars en pièces d'or ; et maintenant, voilà ma petite idée : ce que je n'connais pas sur l'élevage du bétail, ça vaut pas la peine de l'connaître. Il y a des fortunes là-dedans, en Californie. Bon, je sais et vous savez aussi que tout au long d'une ligne que l'on arpente, il y a de petits morceaux de terre appelés « langues » qui reviennent au géomètre absolument gratuitement. Tout ce que vous avez à faire, de votre côté, c'est de mesurer de telle façon que les « langues » tombent sur de bonnes terres fertiles, et puis vous me les donnez, j'y mets du bétail, et nous allons être submergés par le liquide, je casque votre part des dollars dans les règles, honnêtement, et...

J'étais désolé de mettre à mal son enthousiasme florissant, mais tant pis ! L'interrompant, je lui dis d'un ton sévère :

— Je ne suis pas ce genre-là de géomètre. Changeons de sujet, monsieur Backus.

C'était pitié de voir sa confusion et d'entendre ses excuses maladroites et honteuses. J'étais aussi peiné que lui — et tout spécialement parce qu'il semblait si loin d'avoir soupçonné qu'il y avait quelque chose de malhonnête dans sa proposition. Aussi me suis-je hâté de le consoler et de l'amener à oublier sa mésaventure dans une orgie de discussions sur le bétail et l'abattage. Nous avions mouillé à Acapulco ; et, comme nous arrivions sur le pont, il se trouva que, par chance, l'équipage commençait juste à hisser à bord un certain nombre de bœufs dans des élingues. La tristesse de Backus s'est instantanément évanouie, et avec elle le souvenir de sa récente faute.

— Maintenant, regardez ça ! cria-t-il. Mon Dieu, Triangle, qu'est-ce qu'*ils diraient* de ça en *Ohio* ? Est-ce que leurs yeux n' leur sortiraient pas d' la tête, d' les voir transporter comme ça ? N'est-ce pas ? Vraiment ?

Tous les passagers étaient sur le pont pour regarder — même les joueurs professionnels —, et Backus les connaissait tous, et il les avait tous tourmentés avec son sujet favori. Comme je m'éloignais, je vis l'un des joueurs qui venait vers lui et l'abordait ; puis un autre, puis le troisième. Je me suis arrêté ; j'ai attendu ; j'ai observé ; la conversation s'est poursuivie entre les quatre hommes ; elle s'est animée ; Backus reculait petit à petit ; les joueurs le suivaient et le serraient de près. Je me sentais mal à l'aise. Pourtant, lorsqu'ils sont passés devant moi au bout d'un moment, j'ai entendu Backus qui disait, sur un ton contrarié :

— Mais c'est inutile, messieurs ; j' vous l' répète, comme j' vous l'ai déjà dit une demi-douzaine de fois, j'ai pas été élevé comme ça et je n' vais pas m'y risquer.

Je fus soulagé. « Son sang-froid sera une protection suffisante », ai-je pensé.

Au cours des quinze jours de voyage entre Acapulco et San Francisco, j'ai vu à plusieurs reprises les joueurs en grande conversation avec Backus, et une fois je l'ai mis gentiment en garde. Il a eu un petit rire tranquille et il a répondu :

— Oh, oui ! Ils me tournent beaucoup autour — ils veulent que je joue un peu, juste pour s'amuser, qu'ils disent — mais Seigneur ! je crois que si mes copains m'ont prévenu de faire attention à ce genre de bétail une fois, ils m'ont prévenu mille fois.

Finalement, nous approchâmes de San Francisco. C'était une affreuse nuit noire, avec un vent violent, mais la mer n'était pas tellement déchaînée. Je me trouvais sur le pont, seul. Vers dix heures je suis descendu. A cet instant, une silhouette s'est glissée hors du repaire des joueurs et s'est perdue dans l'obscurité. J'ai ressenti un choc, car j'étais sûr qu'il s'agissait de Backus. Je me suis lancé dans l'escalier des cabines, je l'ai cherché, je ne l'ai pas trouvé et je suis retourné sur le pont, juste à temps pour l'apercevoir tandis qu'il entrait de nouveau dans ce maudit nid de friponnerie.

Avait-il cédé, finalement ? J'en avais bien peur. Pourquoi était-il descendu ? Son sac de pièces ? Peut-être. Je me suis approché de la porte, plein de pressentiments. Elle était entrebâillée ; j'ai jeté un coup d'œil à l'intérieur et ce que j'y ai découvert m'a fait amèrement regretter de ne pas m'être employé à sauver mon pauvre ami éleveur, au lieu de perdre mon temps à lire et à rêvasser. Il jouait. Pis encore, on ne cessait de remplir son verre de champagne et les effets de l'alcool commençaient à se faire sentir. Il chantait les louanges du « cidre », comme il l'appelait, et il disait que maintenant qu'il y avait goûté, il pensait qu'il aurait pu en boire même si ç'avait été de l'alcool, tellement c'était bon et bien meilleur que tout ce qu'il avait connu auparavant. Des sourires furtifs, à ces mots, furent échangés entre les canailles, et tous remplirent tous leurs verres de nouveau et, alors que Backus vidait le sien honnêtement jusqu'au bout, les trois autres firent semblant de l'imiter, mais ils jetèrent la boisson derrière eux.

Je fus incapable de supporter plus longtemps ce spectacle, aussi suis-je allé flâner à l'avant et ai-je essayé de m'intéresser à la mer et aux voix du vent. Mais non, mon esprit inquiet ne cessait de me ramener à cette porte tous les quarts d'heure ; et je voyais toujours Backus qui buvait son champagne loyalement tandis que les autres s'en débarrassaient. C'était la nuit la plus difficile que j'avais jamais passée.

Mon seul espoir, c'était que nous allions peut-être atteindre notre mouillage bientôt — ce qui interromprait le jeu. J'ai prié de toutes mes forces pour aider le bateau à avancer. Finalement, nous fonçâmes à travers le Golden Gate, et mon cœur bondit de joie. Je me suis précipité vers cette porte et j'ai regardé à l'intérieur. Hélas ! il restait peu de place pour l'espoir — Backus avait les yeux battus et injectés de sang, son visage en sueur était cramoisi, son élocution était larmoyante et épaisse, son corps tanguait, tel celui d'un ivrogne, en suivant les mouvements du bateau. Il a vidé un autre verre jusqu'à la dernière goutte pendant qu'on distribuait les cartes.

Il a ramassé les siennes, y a jeté un coup d'œil, et son regard fatigué s'est éclairé un instant. Les joueurs qui observaient son expression ont alors exprimé leur satisfaction par d'imperceptibles signes.

— Combien de cartes ?

— Aucune ! a dit Backus.

Une fripouille — nommée Hank Wiley — a demandé une carte, les autres trois chacun. La mise a commencé. Jusque-là les mises avaient été insignifiantes — un ou deux dollars — ; mais cette fois Backus a débuté avec un aigle*. Wiley a hésité un moment, puis il a dit : « Pour voir », et il a ajouté : « Dix dollars de mieux. »

Les deux autres ont abattu leurs cartes.

Backus a mis vingt dollars de mieux. Wiley a annoncé :

— Je vois ça et je monte de *cent* dollars !

* Pièce de dix dollars. *(N.d.T.)*

Puis il a souri et il a avancé la main pour ramasser l'argent.

— Laisse ça, a dit Backus, avec un sérieux d'ivrogne.

— Quoi ! Tu veux dire que tu vas couvrir ?

— Couvrir ? Ben, j' crois que oui — et j' vais mettre cent dollars de plus sur les tiens.

Ses doigts ont disparu dans son pardessus et il a produit la somme demandée.

— Oh, c'est ça ton petit jeu, hein ? Je vois ta relance, et moi je relance de cinq cents, a fait Wiley.

— Cinq cents de mieux ! a dit l'imprudent conducteur de taureaux.

Il a sorti la somme et l'a fait pleuvoir sur la pile. Les trois conspirateurs avaient du mal à dissimuler leur exultation.

On avait désormais abandonné toute diplomatie et tout faux-semblant, et les exclamations cinglantes pleuvaient dru et vite, et la pyramide jaune montait de plus en plus haut. Wiley a balancé un sac de pièces sur la table et a dit avec une douceur moqueuse :

— Cinq mille dollars de mieux, mon ami de la campagne — qu'est-ce que tu réponds, maintenant ?

— Je demande à voir, a répliqué Backus, en jetant son sac à plombs plein d'or sur le tas. T'as quoi ?

— Quatre rois, bougre de f... idiot !

Et Wiley a laissé tomber ses cartes et a entouré les mises de ses bras.

— Quatre *as*, espèce d'âne ! a répliqué Backus d'une voix tonitruante, en braquant sur son homme un revolver armé. *Moi aussi je suis un joueur professionnel, et je vous ai piégés à ce voyage !*

On jeta l'ancre, dzim-boum-boum ! — et le long périple fut terminé.

Eh bien, eh bien, c'est un triste monde. L'un des trois joueurs était le « pote » de Backus. C'était lui qui avait distribué le jeu décisif. D'après un arrangement avec les deux victimes, il devait donner quatre reines à Backus, mais, hélas pour elles, il ne l'a pas fait.

Une semaine plus tard, je suis tombé sur Backus — vêtu à la dernière mode — dans Montgomery Street. Il s'est exclamé joyeusement, comme nous nous quittions :

— Ah, au fait, faut pas vous en faire pour ces « langues ». Je ne connais pas vraiment grand-chose au bétail, à part ce que j'ai pu découvrir en une semaine d'apprentissage dans le Jersey, juste avant qu'on lève l'ancre. Ma culture et mon enthousiasme en ce domaine ont rempli leur office — j'en aurai plus besoin.

Le lendemain, nous avons quitté le *Gold Dust* et ses officiers à contrecœur, espérant les revoir un jour, eux et leur bâtiment. Une chose que le destin devait rendre tragiquement impossible !

CHAPITRE XXXVII

La fin du *Gold Dust*

Une terrible catastrophe. – Les chaudières du Gold Dust *explosent. – La fin d'un homme bien.*

Car, trois mois plus tard, alors que je rédigeais l'un des chapitres qui précèdent, les journaux de New York publièrent cette dépêche :

UNE TERRIBLE CATASTROPHE

Dix-sept personnes tuées par une explosion sur le vapeur Gold Dust

NASHVILLE, 7 août. — Une dépêche en provenance d'Hickman (Kentucky) annonce :

« Les chaudières du vapeur *Gold Dust* ont explosé à trois heures aujourd'hui, juste après son départ d'Hickman. Quarante-sept personnes ont été brûlées et dix-sept sont portées disparues. Le bateau s'est échoué dans les remous juste en amont de la ville, et grâce aux efforts des citoyens les passagers des cabines, les officiers et une partie de l'équipage et des passagers de pont ont été descendus à terre et installés dans des hôtels et chez des particuliers. Vingt-quatre des blessés ont été allongés un

> moment dans le magasin de nouveautés d'Holcomb, où l'on s'est occupé d'eux avant leur transfert vers d'autres endroits plus confortables. »

Suivait une liste de noms où il apparaissait que le barman était parmi les dix-sept morts ; et que dans les quarante-sept blessés se trouvaient le capitaine, le second, le lieutenant, les deuxième et troisième commissaires ; et aussi Mr. Lem. S. Gray, pilote, et plusieurs membres de l'équipage.

En réponse à un télégramme personnel, nous avons appris qu'aucun d'eux n'était gravement blessé, excepté Mr. Gray. Les lettres reçues par la suite ont confirmé ces informations et précisé que son état s'améliorait, que Mr. Gray s'en tirerait. Les lettres ultérieures parlaient de son cas avec moins d'optimisme, et en fin de compte une autre est arrivée qui annonçait sa mort. Un homme bien, un homme des plus sociables et des plus humains, et qui aurait mérité un destin plus clément.

CHAPITRE XXXVIII

Le beau dans la maison[27]

Mr. Dickens a quelque chose à dire. – Les plus belles demeures et leur ameublement. – Albums et partitions de musique. – Pantalons de femme et coquilles de mollusques. – Lapins en sucre d'orge et photographies. – Canapés en crin et drôle d'odeur. – Tapis fatigués et chambres nuptiales.

Nous avons pris un passage *dans* un bateau de Cincinnati pour New Orleans ; ou *sur* un bateau de Cincinnati — les deux formes sont correctes ; la première est celle que l'on emploie dans l'Est, la seconde dans l'Ouest.

Mr. Dickens a refusé de reconnaître que les bateaux à vapeur du Mississippi étaient « magnifiques » ou que c'étaient « des palaces flottants » — des termes qui leur avaient toujours été appliqués ; des termes qui n'exagéraient pas l'admiration avec laquelle les gens les considéraient.

La position de Mr. Dickens était inattaquable, peut-être ; celle des gens l'était certainement. Si Mr. Dickens comparait ces bateaux avec les joyaux de la couronne ;

ou avec le Tādj ; ou avec le Matterhorn* ; ou avec quelque autre chose inestimable ou merveilleuse qu'il avait vue, ils n'étaient pas « magnifiques » — il avait raison. Les gens les comparaient avec ce qu'ils avaient vu, *eux ;* et ainsi mesurés, ainsi jugés, les bateaux étaient magnifiques — le terme était correct, il n'était absolument pas trop fort. Les gens avaient tout autant raison que Mr. Dickens. Les vapeurs étaient aussi beaux que tout ce que l'on trouvait sur la terre ferme. Comparés aux plus importantes demeures et aux hôtels de première catégorie de la vallée du Mississippi, ils étaient indubitablement magnifiques, c'étaient des « palaces ». Pour quelques personnes vivant à New Orleans et à Saint Louis, peut-être n'étaient-ils pas magnifiques ; peut-être n'étaient-ils pas des palaces ; ou pour la grande majorité des populations de ces villes, et pour la totalité des habitants dispersés sur les deux rives du fleuve, entre Baton Rouge et Saint Louis, c'étaient des palaces ; ils correspondaient au rêve de magnificence des citoyens et ils comblaient ce rêve.

Chaque ville et chaque village, le long de cette longue étendue des deux rives du fleuve, possédaient une demeure, ou un hôtel particulier, considérée comme la meilleure, la plus belle résidence — la maison de son citoyen le plus riche et le plus en vue. Il est facile de la décrire : grande cour gazonnée, avec une clôture à claire-voie peinte en blanc, et bien tenue ; allée de brique menant du portail à la portée d'entrée ; grosse

* Nom allemand du mont Cervin. *(N.d.T.)*

« maison en bois » à un étage, carrée, peinte en blanc et ornée de portiques comme un temple grec — à cette différence près que les imposantes colonnes cannelées et les chapiteaux corinthiens étaient une imitation en pin blanc, pathétique et peinte ; heurtoirs en fer ; boutons de porte en cuivre — décolorés, par manque de polissage. A l'intérieur, un vestibule sans tapis, en planches rabotées ; ouvrant sur un salon de cinq mètres sur cinq — plus large dans certains cas de un mètre cinquante à trois mètres ; tapis de couleur ; table centrale en acajou ; sur celle-ci, lampe avec abat-jour en papier vert — posée sur un « grill », pour ainsi dire, fabriqué par les jeunes femmes de la maison en fils de coton très colorés, et nommé « dessous-de-lampe » ; plusieurs livres, empilés et arrangés avec une précision maniaque suivant un immuable plan ancestral ; parmi eux, Tupper, très annoté au crayon ; aussi *Friendship's Offering* et *Affection's Wreath,* avec leurs grosses niaiseries illustrées en gravures à la manière noire ; aussi Ossian ; *Alonzo and Melissa ;* peut-être *Ivanhoe ;* aussi *Album,* plein de « poésie » originale du genre Vous-avez-blessé-l'esprit-qui-vous-aimait ; deux ou trois œuvres de saintes nitouches — *Shepherd of Salisbury Plain,* etc. ; le dernier numéro du chaste et inoffensif *Lady's Book* de Godey, avec des gravures de mode peintes représentant des mannequins de cire aux bouches identiques — lèvres et paupières de la même taille — toutes des femmes de un mètre cinquante avec un bout de pied de six centimètres sortant de dessous leur robe et essayant de se faire passer pour la moitié du pied en question. Poêle brillant étanche (une invention nouvelle et redoutable), avec tuyau passant à travers la planche qui bouche la bonne vieille cheminée abandonnée. A chaque extrémité du manteau en bois, au-dessus de la cheminée, une grande corbeille de pêches et d'autres fruits, de taille réelle, tous fabriqués en plâtre, grossièrement, ou en cire, et peints pour ressembler aux originaux — ce qui n'est pas le cas. Au centre du manteau, une gravure — « Washington traversant la Delaware* » ; sur le mur près de la porte, une copie de celle-ci, réalisée par l'une des jeunes femmes de la maison, en brins de laine aux teintes orageuses — un travail artistique qui aurait pu faire hésiter Washington à traverser, s'il avait prévu comment on allait exploiter la chose. Piano — une casserole déguisée — avec des partitions, reliées et brochées, empilées dessus et sur un pupitre proche : *Battle of Prague ; Bird Waltz ; Arkansas Traveller ; Rosin the Bow ; Marseilles Hymn ; On a Lone Barren Isle (St. Helena); The Last Link is Broken ; She Wore a Wreath of Roses the Night when last we met ; Go, forget me, Why should Sorrow o'er that Brow a Shadow fling ? ; Hours there were to Memory Dearer ; Long, Long ago ; Days of Absence ; A Life on the Ocean Wave, a Home on the Rolling Deep ; Bird at Sea*** ; et, grand ouvert sur le pupitre du piano,

* Célèbre peinture historique d'Emanuel Leutze, datant de 1851. *(N.d.T.)*

** La bataille de Prague ; La valse de l'oiseau ; Le voyageur de l'Arkansas ; Colophaner l'archet ; La Marseillaise ; Sur une île solitaire et aride (Sainte-Hélène) ; Le dernier lien est rompu ; Elle là où la chanteuse plaintive l'a laissé, « *Ro*-holl on, silver *moo*-hoon, guide the *trav*-el-lerr his *way* », etc. *. Appuyée pensivement contre le piano, une guitare — une guitare capable de jouer toute seule le fandango espagnol, si vous lui donniez le départ. Une œuvre d'art frénétique sur le mur — pieuse devise, fabriquée sur place, parfois en fils de coton de couleur, parfois en herbes fanées : l'ancêtre du « Dieu bénisse notre demeure » des relations modernes. Encadrés de moulures noires, sur le mur, d'autres travaux artistiques, conçus et réalisés en ces lieux, par les jeunes femmes ; œuvres sévères au pastel noir et blanc ; des paysages, principalement ; un lac, un bateau à voile solitaire, des nuages pétrifiés, des arbres prégéologiques sur une rive, un précipice anthracite ; le nom de la coupable bien en évidence dans le coin. Lithographie : « Napoléon franchissant les Alpes ». Lithographie : « La tombe à Sainte-Hélène ». Gravures sur acier : « La bataille de Bunker Hill » de Trumbull et « La sortie de Gibraltar ». Gravures sur cuivre : « Moïse frappant le rocher » et « Le retour du fils prodigue ». Dans un grand cadre doré, une huile calomniant la

---

portait une couronne de roses la dernière nuit où nous nous sommes vus ; Va-t'en, oublie-moi, pourquoi le chagrin devrait-il mettre une ombre sur ce sourcil ? ; Les heures les plus chères à la mémoire ; Il y a longtemps, très longtemps ; Jours d'absence ; Une vie sur la vague océane, un foyer sur les houleuses profondeurs ; L'oiseau à la mer. *(N.d.T.)*

* « Avan-ance, lu-une d'argent, guide le voya-a-geur sur son chemin. » *(N.d.T.)*

famille : papa tenant un livre à la main *(La Constitution des États-Unis) ;* une guitare appuyée contre maman, des rubans bleus flottant à son manche ; les jeunes filles, en mules et en pantalons ruchés aux chevilles, comme des enfants, l'une serrant un cheval de bois, l'autre caressant un chaton avec une pelote de laine, et toutes les deux adressant un sourire affecté à maman, qui le leur rend. Toutes ces personnes sont couleur chair, à vif, rouges — apparemment écorchées. En face, dans un cadre doré, grand-père et grand-mère, à trente et trente-deux ans, guindés, à l'ancienne mode, avec des hauts cols et des manches bouffantes, brillant doucement sur une profonde nuit égyptienne en arrière-plan. Sous un dôme de pendule française en verre, un gros bouquet de fleurs séchées en cire blanche comme un cadavre. Une étagère pyramidale en coin, dont les rayons sont occupés principalement par un bric-à-brac de l'époque, disposé avec le coup d'œil pour produire le meilleur effet : coquillage, avec la prière à Dieu gravée dessus ; un autre coquillage — du genre long et ovale, avec un étroit orifice vertical de neuf centimètres courant d'une extrémité à l'autre — avec un portrait de Washington gravé dessus ; pas trop bien fait ; le coquillage avait la bouche de Washington, à l'origine — l'artiste aurait dû se servir de cela. Ces deux-là sont des souvenirs d'un lointain voyage de noces à New Orleans et au French Market. Un autre bric-à-brac : des « spécimens » de Californie — quartz, avec des excroissances d'or y adhérant ; vieux médaillon en or à vingt-deux carats, avec à l'intérieur une petite boucle de cheveux d'un ancêtre ; pointes de flèches indiennes en silex ; paire de mocassins en perles, d'un oncle ayant traversé les Grandes Plaines ; trois paniers en « alun » de diverses couleurs, avec une armature en fil métallique et habillés de cubes d'alun cristallisé dans le genre sucre candy — travaux d'art des jeunes femmes ; leurs doubles et copies exactes se retrouvent sur toutes les étagères du pays ; congrès d'insectes et de papillons desséchés piqués sur un carton ; chien-jouet peint, assis sur un petit soufflet — ouvre la mâchoire inférieure et couine quand on appuie sur le soufflet — ; lapin en sucre candy — le corps et les membres amalgamés, pas nettement dessinés — ; médaille en étain de la campagne présidentielle ; scieur de bois miniature en carton, que l'on attache au tuyau du poêle et que la chaleur fait bouger ; petit Napoléon en cire ; daguerréotypes dispersés représentant des enfants, des parents, des cousins, des tantes et des amis, pas très visibles et dans toutes les attitudes, sauf celles de tous les jours ; pas de portique de temple en arrière-plan, ni de paysage élaboré s'étendant dans le lointain — cela viendrait plus tard, avec la photographie — ; toutes ces vagues silhouettes généreusement pourvues de chaînes et de bagues — métal indiqué en toute certitude par des raies et des taches de bronze doré et brillant — ; des silhouettes toutes trop peignées, trop arrangées ; et toutes mal à l'aise dans des vêtements du dimanche rigides, d'une forme dont celui qui la contemple aujourd'hui ne peut s'imaginer qu'elle ait pu être un jour à la mode ; en général, le mari et la femme ensemble — le mari assis et la femme debout, sa main sur l'épaule de l'homme, et tous les deux conservant, par-delà toutes ces années enfuies, quelque effet visible de l'entrain du daguerréotypiste : « Maintenant, souriez, s'il vous plaît ! » Fixée au-dessus de l'étagère — un emplacement d'un caractère sacré très spécial —, une atrocité à l'aquarelle, réalisée par la jeune nièce venue en visite il y a longtemps, et qui est morte. Dommage, cela aussi. Car elle aurait pu se repentir de la chose en temps utile. Fauteuils en crin, canapé en crin qui ne cesse de glisser sous vous. Stores de fenêtre en tissu ciré, avec, imprimés en couleurs violentes, des trayeuses et des châteaux en ruine. Lambrequins dorés montés sur un emboîtage de mauvais goût en étain martelé. Chambres à coucher avec des tapis fatigués ; châlits du genre « à cordes », avec un affaissement dans le milieu, les cordes demandant à être resserrées ; lit de plumes avec une drôle d'odeur — pas assez souvent aéré — ; sièges en rotin, fauteuil à bascule au fond rafistolé ; miroir sur le mur, de la taille d'une ardoise d'école avec un cadre en bois ; commode venant d'un héritage ; cuvette et broc, peut-être — mais pas obligatoirement — ; bougeoir en cuivre, chandelle, mouchettes. Rien d'autre dans la chambre. Pas une seule salle de bain dans la maison ; et aucun visiteur qui en ait vue une un jour.

Telle était la résidence du citoyen principal, tout au long du fleuve, des banlieues de New Orleans à la périphérie de Saint Louis. Lorsque celui-ci montait à bord d'un gros et beau vapeur, il pénétrait dans un monde nouveau et merveilleux : hauts de cheminées taillés de façon à simuler une couronne de plumes en gerbe — et peut-être peints en rouge — ; poste de pilotage, pont-abri, garde-fous du pont inférieur, tous décorés de bois blanc filigrané aux motifs très imaginatifs ; glands dorés au sommet des mâts de charge ; bois de cerf dorés au-dessus de la grosse cloche ; dessin d'un lourd symbolisme sur le tambour de roue, peut-être ; pont inférieur spacieux, peint en bleu, et meublé de fauteuils Windsor ; à l'intérieur, une profonde « cabine-salon » blanche comme neige ; bouton de porcelaine et peinture à l'huile sur chaque porte des cabines de luxe ; motifs filigranés arrondis, rehaussés de dorures, s'étendant sur le plafond tout au long de la perspective convergente ; gros lustres très rapprochés, véritable pluie printanière de pendeloques de verre scintillantes ; jolie lumière de toutes les couleurs de l'arc-en-ciel tombant partout des vitres colorées des claires-voies ; le tout faisant un tunnel interminable et resplendissant, un spectacle ahurissant qui contente l'âme ! Dans le salon des dames, un tapis Wilton rose et blanc, aussi doux que de la bouillie et décoré d'un ravissant motif de fleurs gigantesques. Puis la Chambre Nuptiale — l'animal qui a eu cette idée courait toujours et n'avait pas encore été pendu, à cette époque —, la Chambre Nuptiale dont la bêtise prétentieuse était nécessairement intimidante pour l'intellect alors chancelant de ce citoyen chantant un hosanna. Chaque cabine de luxe avait ses deux couchettes propres et douillettes, et peut-être un miroir et un petit placard ;

et parfois il y avait même une cuvette et un broc et un morceau de serviette de toilette qu'un expert aurait pu distinguer de la gaze pour moustiquaire — mais généralement ces choses-là étaient absentes, et les passagers en manches de chemise étaient obligés de se laver à une longue rangée de cuvettes fixes dans la boutique du coiffeur, où se trouvaient aussi des serviettes collectives, des peignes collectifs et du savon collectif.

Prenez le bateau à vapeur que je viens de décrire et vous l'avez dans son état le meilleur et le plus beau, et le plus plaisant et le plus confortable et le plus satisfaisant. Maintenant, recouvrez-le avec une couche de saleté ancienne et tenace, et vous avez le vapeur de Cincinnati auquel il a été fait allusion il y a un instant. Pas partout, juste à l'intérieur ; car tous les services fonctionnaient bien, sauf celui du steward.

*

Ce steward-là devait avoir appris son métier dans un égout ; et il devait avoir formé son armée de serviteurs de couleur au même endroit. La saleté n'attire pas mon attention aussi vite qu'elle le ferait chez certaines personnes parce que j'en ai vu énormément dans les camps de mineurs ; mais ici elle ressortait, parfaitement évidente ; Adam lui-même l'aurait remarquée, alors que sa propre saleté n'était pas encore sèche.

*

Mais nettoyez ce bateau et repeignez-le, et il sera en gros l'équivalent du vapeur le plus admiré de la bonne vieille et grande époque : car l'architecture des vapeurs de l'Ouest n'a connu aucun changement ; pas plus que leur ameublement et leur décoration.

CHAPITRE XXXIX

Des produits manufacturés et des vauriens

Rixes et beauté. – La glace était un trésor. – Usine à glace. – D'autres statistiques. – Quelques voyageurs de commerce. – Oléomargarine versus *beurre. – Huile d'olive* versus *graines de coton. – On n'a pas saisi la réponse. – Un épisode épouvantable. – Une infernale voûte céleste. – Les démons de la guerre. – Le terrible gantelet.*

Là où le fleuve, dans la région de Vicksburg, était en colimaçon, il est à présent relativement droit — grâce à des raccourcis ; une distance qui mesurait jadis soixante-dix miles a été réduite à trente-cinq. C'est un changement qui a repoussé la voisine de Vicksburg, Delta, en Louisiane, loin à l'intérieur des terres et qui a mis fin à sa carrière de ville fluviale. La totalité de son ancienne façade sur le fleuve est occupée aujourd'hui par un vaste banc de sable, couvert par un grand nombre de jeunes arbres, une plantation qui grossira et deviendra en fin de compte une forêt dense et dissimulera complètement la ville exilée.

Finalement, nous sommes passés devant Grand Gulf

et Rodney, célèbres pendant la guerre, et nous sommes arrivés à Natchez, la dernière des belles villes de colline — puisque Baton Rouge, qui venait ensuite, ne se trouve pas sur une colline, mais seulement sur un terrain surélevé. Le célèbre Natchez-sous-la-Colline n'a pas véritablement changé en vingt ans ; pour son aspect extérieur — à en juger par les descriptions de l'ancien défilé de touristes étrangers —, il n'a pas changé en soixante ans ; car il est toujours petit, délabré, avec un habitat dispersé. Il avait une réputation affreuse, moralement parlant, au temps des bateaux à quille, jadis, et des bateaux à vapeur, plus récemment — beaucoup de gens qui buvaient, qui faisaient la fête, qui se battaient à coups de poing, et qui s'assassinaient, parmi les canailles du fleuve, à ces époques-là. Mais le Natchez-sur-le-Sommet-de-la-Colline est attirant ; il l'a toujours été. Même Mrs. Trollope (en 1827) a été obligée de reconnaître ses charmes :

> A un ou deux endroits, la monotonie de niveau de la région est interrompue par des *escarpements*, comme ils nomment les courts intervalles de terrains élevés. La ville de Natchez est admirablement située sur l'une de ces parties en hauteur. Le contraste que sa colline d'un vert brillant forme avec la morne ligne de sombres forêts s'étendant de chaque côté, les abondantes plantations de papayers, de palmiers nains et d'orangers, les nombreuses variétés de fleurs odoriférantes qui poussent ici, tout cela la fait apparaître comme une oasis dans le désert. Natchez est l'endroit le plus au nord où les oranges mûrissent en plein air ou supportent l'hiver sans

être abritées. A l'exception de ce lieu agréable, j'ai trouvé un air extrêmement minable à toutes les petites villes et tous les villages que nous avons passés.

Natchez, comme ses voisines proches et lointaines, a des voies ferrées, désormais, et en construit d'autres — les poussant çà et là dans toutes les riches régions qui sont naturellement ses tributaires. Et comme Vicksburg et New Orleans, elle a son usine à glace ; elle produit trente tonnes de glace par jour. A Vicksburg et à Natchez, de mon temps, la glace était un trésor ; il n'y avait que les riches qui pouvaient se l'offrir. Alors qu'aujourd'hui tout le monde et n'importe qui peut en avoir. J'ai visité l'une de ces usines à New Orleans pour voir à quoi pouvaient ressembler les régions polaires lorsqu'on les tirait jusqu'à la lisière des tropiques. Mais l'endroit n'avait rien d'impressionnant. C'était juste un bâtiment spacieux, avec une innocente machinerie à vapeur à l'une de ses extrémités et quelques gros tuyaux en porcelaine qui couraient ici et là. Non, pas en porcelaine — je l'ai cru, simplement ; c'était du fer, mais l'ammoniaque qu'ils charriaient les avait couverts d'une couche de glace solide et blanche comme du lait, de l'épaisseur d'une main. Elle aurait dû fondre ; car l'on n'avait pas besoin de mettre des vêtements d'hiver dans cette atmosphère ; mais elle ne fondait pas ; l'intérieur du tuyau était trop froid.

Enfoncées dans le sol, il y avait d'innombrables boîtes en fer-blanc, de trente centimètres de large et de soixante de long, et ouvertes sur le dessus. Elles étaient pleines d'une eau claire ; et autour de chacune, du sel et d'autres produits adéquats étaient entassés ; en outre, les gaz d'ammoniaque étaient mis en contact avec l'eau d'une façon qui restera toujours mystérieuse pour moi, parce que je n'ai pas été capable de comprendre comment cela fonctionnait. Tandis que, dans les boîtes, l'eau gelait peu à peu, des hommes la remuaient à l'occasion avec un bâton — pour en chasser les bulles d'air, je pense. D'autres hommes sortaient continuellement les boîtes dont le contenu avait gelé. Ils les plongeaient une seconde dans une cuve d'eau bouillante pour libérer le bloc de glace de son cercueil de fer-blanc, puis ils balançaient celui-ci sur une voiture à plate-forme, et il était prêt pour la vente. Ces morceaux de bonne taille étaient durs, solides et clairs comme du cristal. Dans certains d'entre eux, on avait congelé de gros bouquets de fleurs tropicales fraîches et brillantes ; dans d'autres, de belles poupées françaises vêtues de soie et divers jolis objets. Ces blocs devaient finir sur un plateau, au centre de tables de salles à manger, pour rafraîchir l'air tropical pendant les repas ; et aussi pour servir d'ornements, car les fleurs et les choses emprisonnées à l'intérieur étaient visibles comme à travers une plaque de verre. On disait que cette usine pouvait vendre sa glace au détail, en charrette, dans New Orleans, pour les habitations les plus humbles, à six ou sept dollars la tonne, et faire encore un profit suffisant. Dans ce cas, il y a du travail pour les usines à glace du Nord ; car là nous n'avons pas de glace à de telles conditions, si nous prenons des commandes de moins de trois cent cinquante livres.

La filature Rosalie, à Natchez, a une capacité de six mille fuseaux et de cent soixante métiers à tisser, et elle emploie cent personnes. La Compagnie des filatures de coton de Natchez a commencé à travailler il y a quatre ans dans un immeuble d'un étage de quinze mètres sur soixante, avec quatre mille fuseaux et cent vingt-huit métiers à tisser ; un capital de cent cinq mille dollars, entièrement souscrit dans la ville. Deux ans plus tard, les mêmes actionnaires ont porté leur capital à deux cent vingt-cinq mille dollars, ont ajouté un second étage à la filature, ont fait passer sa longueur à cent mètres ; ont ajouté des machines pour accroître sa capacité jusqu'à dix mille trois cents fuseaux et trois cent quatre métiers. La compagnie emploie aujourd'hui deux cent cinquante travailleurs, dont beaucoup sont des citoyens de Natchez. « La filature utilise cinq mille balles de coton par an et fabrique la meilleure qualité de toile brune standard pour les chemises, les draps et les treillis, produisant cinq millions de mètres de ces marchandises par an*. » Une société contrôlée par un petit nombre d'actionnaires — titres détenus à cinq mille dollars la part, mais aucun sur le marché.

Les changements sur le Mississippi sont grands et étranges, mais il fallait s'y attendre ; pourtant, je n'avais pas imaginé voir de mon vivant Natchez et ces

* *Times-Democrat* de New Orleans, le 26 août 1882. *(N.d.A.)*

autres cités fluviales devenir des citadelles industrielles et des centres ferroviaires.

Évoquer les produits manufacturés me rappelle une discussion que j'ai entendue — que j'ai surprise — à ce propos, à bord du *Cincinnati.* Je m'étais réveillé d'un sommeil agité avec un mélange de voix à peine audible dans les oreilles. J'ai écouté — deux hommes parlaient ; apparemment, de la grande inondation. J'ai jeté un coup d'œil à travers mon vasistas ouvert. Les deux hommes prenaient un petit déjeuner tardif ; ils étaient assis l'un en face de l'autre ; personne d'autre aux environs. Ils en ont terminé avec l'inondation en quelques mots — ils s'en étaient servis, manifestement, comme un simple moyen de briser la glace et de faire connaissance —, et puis ils se sont lancés dans les histoires de travail. On a bientôt appris qu'ils étaient commis voyageurs — l'un de Cincinnati, l'autre de New Orleans. Des hommes pleins d'entrain, parlant et bougeant beaucoup ; le dollar était leur dieu, et comment le gagner leur religion.

— Maintenant, en ce qui concerne cet article, a dit Cincinnati, en taillant dans le beurre bien en évidence et en en ramenant un morceau sur la lame de son couteau, il vient de notre boîte ; regardez-le — sentez-le — goûtez-le. Faites tous les tests que vous voulez avec. Prenez votre temps — pas de précipitation — faites-le d'une façon approfondie. Voilà... Qu'est-ce que vous en dites ? Du beurre, pas vrai ? Au contraire, bon sang ! C'est de l'oléomargarine ! Oui, m'sieur, c'est ça que c'est — de l'oléomargarine. Vous n' pouvez pas faire la différence avec le beurre ; sapristi ! Même un *expert* ne peut pas. Ça vient de chez nous. Nous fournissons la plupart des bateaux de l'Ouest ; il y a à peine une livre de beurre sur l'un d'entre eux. On est en train de grimper — de *bondir*, c'est le mot. On va prendre la totalité de ce marché. Oui, et aussi celui de l'hôtellerie. Il y aura un jour, très bientôt, où vous ne pourrez plus trouver un gramme de beurre dans aucun hôtel des vallées du Mississippi et de l'Ohio, en dehors des grandes villes. Vraiment, nous produisons l'oléomargarine par milliers de tonnes, *maintenant*. Et nous pouvons la vendre à si bas prix que tout le pays est *obligé* de l'acheter — peut pas faire autrement, vous voyez. Le beurre ne supporte pas la comparaison — il n'y a aucune compétition possible. Le beurre a fait *son temps* — et à partir de maintenant le beurre perd la partie. Il y a plus d'argent dans l'oléomargarine que — bon, vous n'imaginez pas les affaires que nous faisons. Je me suis arrêté dans toutes les villes entre Cincinnati et Natchez — et j'ai transmis chez nous de grosses commandes de chacune d'elles.

Et ainsi de suite, *et caetera*, pendant dix minutes, avec la même ferveur. Et puis New Orleans s'est mis à parler, et il a dit :

— Oui, c'est une imitation de première qualité, c'est certain ; mais ce n'est pas la seule qui soit d' première qualité. Par exemple, on produit de l'huile d'olive à partir de l'huile de graine de coton, aujourd'hui, et vous ne pouvez pas faire la différence.

— Oui, c'est vrai, répondit Cincinnati, et ça a été

une affaire de premier ordre pendant un moment. Ils l'envoyaient en France et en Italie, puis ils la ramenaient de là-bas, avec le tampon du bureau de la douane des États-Unis, pour l'avaliser comme authentique, et ils ramassaient un argent fou avec ça ; mais la France et l'Italie ont arrêté le jeu — bien sûr, il fallait s'y attendre. Ils ont mis là-dessus une taxe si énorme que l'huile d'olive de graine de coton n'a pas pu supporter l'augmentation ; elle a dû arrêter et vider les lieux.

— Oh, vraiment ? Elle a fait ça ? Attendez une minute.

Va dans sa cabine de luxe, ramène deux longues bouteilles, et les débouche — dit :

— Là, maintenant, sentez-les, goûtez-les, examinez les bouteilles, étudiez les étiquettes. Y'en a une qui vient d'Europe, et l'autre n'a jamais quitté c' pays. L'une, c'est d' l'huile d'olive européenne, l'autre de l'huile d'olive américaine de graine de coton. Vous faites la différence ? Sûr que non. Personne n'y arrive. Ceux qui en ont envie, ils peuvent s'offrir le luxe et les inconvénients d'envoyer leurs huiles par bateau en Europe et de les ramener — c'est leur droit. Mais notre firme connaît un tour qui vaut six fois ça. Nous fabriquons l'ensemble de la chose — absolument depuis le début — dans notre usine de New Orleans : étiquettes, bouteilles, huile, et tout. Euh, non, pas les étiquettes : *elles*, on les achète à l'étranger — on les a moins chères là-bas. Vous voyez, il y a juste une petite goutte d'essence, ou un truc comme ça, dans un gallon d'huile de graine de coton, qui lui donne une odeur, ou un goût, ou quelque chose — vous enlevez ça et c'est bon — et c'est facile comme bonjour, alors, de fabriquer l'huile que vous voulez, de n'importe quel genre, et il n'y a personne qui puisse voir la différence entre la vraie et la fausse. Bon, nous savons comment enlever cette petite goutte — et nous sommes la seule société qui le faisons. Et nous produisons une huile d'olive qui est juste simplement parfaite — indétectable ! Nous faisons aussi des affaires sensationnelles — comme je vous le prouverais facilement avec mon livre de commandes de ce voyage. Peut-être que vous allez très bientôt beurrer le pain de tout le monde, mais nous, nous allons huiler à la graine de coton la salade de tout le monde depuis le golfe du Mexique jusqu'au Canada, et ça, c'est quelque chose d'absolument certain.

Cincinnati rayonna et brûla d'admiration. Les deux canailles échangèrent leur carte professionnelle et se levèrent. Comme ils sortaient de table, Cincinnati ajouta :

— Mais vous êtes obligés d'avoir des documents de douane, n'est-ce pas ? Comment vous vous arrangez pour ça ?

Je n'ai pas saisi la réponse.

Nous avons dépassé Port Hudson[28], le théâtre de deux des épisodes les plus épouvantables de la guerre — le combat nocturne entre la flotte de Farragut et les batteries terrestres des Confédérés, le 14 avril 1863 ; et la mémorable bataille terrestre, deux mois plus tard, qui dura huit heures — huit heures de combats exceptionnellement féroces et acharnés — et se termina finalement par la retraite des forces de l'Union, occasion d'un grand massacre *.

* Dans le manuscrit Morgan, il y a un passage d'un millier de mots environ sur la bataille fluviale entre la flotte de Farragut et les batteries terrestres des Confédérés, à Port Hudson. Le récit repose sur de larges citations de *Heroic Deeds of Heroic Men,* de J.S.C. Abbott, *Harper's Monthly,* 1865, XXX, pp. 425-439.

CHAPITRE XL

Châteaux et culture

En fleurs, telle une jeune épousée. – Un château blanchi à la chaux. – Un prospectus sudiste. – Jolies descriptions. – Un repas d'alligator.

Baton Rouge était vêtu de fleurs, comme une jeune épousée — non, plus que cela ; comme une serre. Car désormais nous étions dans le Sud absolu — pas d'atténuation, pas de compromis, par de demi-mesure. Les magnolias, sur les terrains du Capitole, étaient magnifiques et odorants, avec leur feuillage riche et épais et leurs immenses fleurs en boule de neige. L'odeur de la fleur est très douce, mais il faut se tenir à distance tant elle est puissante. Ce ne sont pas de bonnes fleurs pour la chambre à coucher — elles peuvent étouffer quelqu'un dans son sommeil. Nous étions assurément dans le Sud, enfin ; car ici commençait la région des cannes à sucre, et les plantations — vastes plaines vertes avec, regroupées à mi-distance, des raffineries de sucre et des habitations pour les nègres — étaient en vue. Et puis il y avait un soleil tropical au-dessus de nos têtes et une chaleur tropicale, lourde et humide, dans l'air.

Et c'est à cet endroit, aussi, que débute le paradis du pilote : un fleuve large, d'ici à New Orleans, beaucoup d'eau d'une berge à l'autre, et ni barre de sable, ni chicot, ni arbre immergé, ni épave sur sa route.

Sir Walter Scott est probablement responsable de l'immeuble du Capitole ; car il n'est pas imaginable que ce petit château factice eût jamais été construit si cet auteur n'avait pas rendu les gens fous, deux générations plus tôt, avec ses romans médiévaux. Le Sud ne s'est pas encore remis de l'influence débilitante de ses livres. L'admiration pour ses héros fantastiques et leurs grotesques actions « chevaleresques » et leurs juvénilités romanesques perdure ici, dans une atmosphère où est déjà sensible l'odeur du XIXe siècle, saine et positive, des filatures de coton et des locomotives ; et des traces de son langage ampoulé et autres vaines fumisteries survivent avec elle. Il est assez navrant qu'un château blanchi à la chaux, avec tourelles et autres — des éléments tout aussi faux dedans que dehors, prétendant être ce qu'ils ne sont pas —, ait été élevé en ces lieux par ailleurs honorables ; mais il est encore plus navrant de voir de nos jours ce mensonge architectural restauré et préservé, quand il aurait été si facile de laisser la dynamite finir ce qu'un incendie charitable avait commencé, et de consacrer ensuite l'argent de la restauration à la construction de quelque chose d'authentique.

Baton Rouge, cependant, n'a pas de brevet pour les châteaux en toc, ni aucun monopole sur eux. Voici une illustration de l'annonce de l'Institut féminin de Columbia (Tennessee). Le commentaire suivant est tiré de la même annonce :

> L'immeuble de l'Institut a longtemps été célèbre pour être un modèle de belle et impressionnante architecture. Avec ses tours, ses murs à tourelles et ses porches couverts de lierre, les visiteurs sont charmés par sa ressemblance avec les vieux châteaux des chansons et des romans.

Installer une école dans un château est quelque chose de romanesque ; aussi romanesque que d'installer un hôtel dans un château.

En lui-même, le faux château est sans nul doute inoffensif et pas si mal ; mais comme symbole et continuateur et support d'un romanesque moyen-âgeux larmoyant, ici, en plein milieu du plus simple, et du plus robuste, et de l'infiniment plus grand et plus valable de tous les siècles que le monde ait connus, c'est certainement une chose pernicieuse et une erreur.

Voici un extrait du prospectus d'un « collège féminin » du Kentucky. *Collège féminin* sonne assez bien ; mais puisque cette expression, employée de cette façon injustifiable, l'a été uniquement dans l'intérêt de la brièveté, il me semble que la formule « *la* collège » aurait été encore meilleure, parce qu'elle est plus courte et signifie la même chose, du moins si l'une comme l'autre veulent vraiment dire quelque chose :

Le directeur est sudiste par la naissance, par l'éducation, par les études et par les opinions ; les professeurs sont tous sudistes d'opinion et, à l'exception de ceux qui sont nés en Europe, tous sont nés et ont été élevés dans le Sud. Estimant que la civilisation du Sud est le type de civilisation le plus haut que ce continent ait connu *, les

* Illustrations de cela, étourdiment oubliées par l'annonceur :

KNOXVILLE, Tenn., 19 octobre. — Ce matin, quelques minutes après dix heures, le général Joseph A. Mabry, Thomas O'Connor et Joseph A. Mabry Jr. ont été tués dans une rixe à l'arme à feu. Les difficultés ont commencé hier lorsque le général Mabry a attaqué le major O'Connor et a menacé de le tuer. C'était sur le champ de foire, et O'Connor a dit à Mabry que ce n'était pas l'endroit où régler leurs problèmes. Mabry a alors répondu à O'Connor qu'il ne resterait pas en vie. Il semble que Mabry était armé et O'Connor non. La raison du problème était une vieille querelle au sujet d'un acte de cession à O'Connor d'un bien appartenant à Mabry. Plus tard cet après-midi-là, Mabry a envoyé un mot à O'Connor pour lui dire qu'il le tuerait la prochaine fois qu'il le croiserait. Ce matin, le major O'Connor était sur le pas de la porte de la Mechanics' National Bank, dont il était président. Le général Mabry et un second gentleman descendaient Gay Street, de l'autre côté de la rue, en face de la banque. O'Connor a disparu à l'intérieur de l'établissement, a pris un fusil de chasse, a visé soigneusement le général Mabry et a fait feu. Mabry a été tué sur le coup, touché au côté gauche. Tandis que celui-ci tombait, O'Connor a tiré une seconde fois et a atteint Mabry à la cuisse. O'Connor est entré de nouveau dans la banque et s'est emparé d'un autre fusil. A ce moment-là, Joseph A. Mabry Jr., fils du général Mabry, est arrivé en courant dans la rue, et O'Connor ne s'est rendu compte de sa présence que lorsque le jeune homme s'est trouvé à un peu plus d'un mètre de lui et qu'il a fait feu avec son pistolet, la balle atteignant O'Connor à la partie droite de sa poitrine et la traversant près du cœur. Au moment où Mabry tirait, O'Connor s'est retourné et a riposté, la charge touchant le jeune Mabry au côté droit et à la partie droite de la poitrine. Mabry s'est écroulé, jeunes femmes sont éduquées en fonction des idées sudistes de délicatesse, de raffinement, de féminité, de religion et de correction ; et nous offrons donc un collège féminin de première classe pour le Sud, et sollicitons la clientèle sudiste.

---

transpercé par une vingtaine de chevrotines, et presque instantanément O'Connor est tombé mort sans résistance. Mabry a essayé de se relever, mais il est parti à la renverse, mort. Toute cette tragédie s'est déroulée en l'espace de deux minutes, et aucun des trois protagonistes n'a prononcé un mot après avoir été touché. Le général Mabry avait une trentaine de chevrotines dans le corps. Un passant a été grièvement blessé à la cuisse par une chevrotine, et un autre touché au bras. Quatre autres hommes ont eu leurs vêtements troués par des projectiles. L'affaire a occasionné beaucoup d'agitation, et Gay Street a été envahie par des milliers de personnes. Le général Mabry et son fils Joe avaient été acquittés seulement quelques jours plus tôt pour les meurtres de Moses Lusby et de Don Lusby, père et fils, qu'ils avaient tués quelques semaines auparavant. Will Mabry avait été tué par Don Lusby à Noël dernier. Le major Thomas O'Connor était président de la Mechanics' National Bank, ici, et c'était l'homme le plus riche de l'État. *(Associated Press Telegram.)*

Un jour du mois dernier, le professeur Sharpe, du collège féminin de Somerville (Tennessee), « un homme tranquille et bien élevé », a appris que son beau-frère, un certain capitaine Burton, avait menacé de le tuer. Burton, semble-t-il, avait déjà assassiné un homme et planté son couteau dans un autre. Le professeur a pris un fusil de chasse à deux coups, il est parti à la recherche de son beau-frère, l'a trouvé qui jouait au billard dans un bar et lui a fait sauter la cervelle. Le *Memphis Avalanche* indique que la conduite du professeur a bénéficié d'une approbation à peu près générale dans la communauté ; conscient que la loi n'avait guère de pouvoir, dans la situation actuelle de l'opinion publique, pour assurer sa protection, il s'est protégé lui-même.

Holà, gardien ! L'homme qui peut claironner quelque chose d'aussi suffisant le fait probablement d'un château.

De Baton Rouge à New Orleans, les vastes plantations de canne à sucre bordent les deux côtés du fleuve, et étendent leurs terrains larges d'une lieue jusqu'aux sombres murs forestiers de cyprès chevelus, dans le lointain. Les rives ne sont plus désertes. Beaucoup de constructions, tout au long, sur les deux

---

A peu près au même moment, en Caroline du Nord, deux jeunes gens se sont querellés à propos d'une fille, et des « messages hostiles » ont été échangés. Des amis ont essayé de les réconcilier, mais ils en ont été pour leur peine. Le 24, ces jeunes gens se sont rencontrés dans la grand-rue. L'un d'eux avait un gros gourdin et l'autre une hache. Celui qui avait un gourdin a défendu sa vie avec acharnement, mais c'était un combat sans espoir depuis le début. Un coup bien dirigé a envoyé valser son bâton, et l'instant d'après c'était un homme mort.

A peu près au même moment, deux jeunes Virginiens « de très bonne famille », commis dans une quincaillerie de Charlottesville, alors qu'ils « chahutaient », en sont venus aux coups. Peter Dick a lancé du poivre dans les yeux de Charles Roads ; Roads lui a demandé de s'excuser ; Dick a refusé, et on s'est entendu sur le fait qu'un duel était inévitable, mais une difficulté a surgi ; les deux parties n'avaient pas de pistolet et la nuit était trop avancée pour que l'on s'en procurât. L'un d'entre eux a suggéré que des couteaux de boucher feraient l'affaire et l'autre a accepté l'idée ; le résultat, ce fut que Roads s'est écroulé avec une entaille dans l'abdomen qui peut ou non se révéler fatale. Peut-être Dick a-t-il été arrêté, mais l'information ne nous est pas parvenue. Il a « exprimé de profonds regrets », et un correspondant du *Philadelphia Press* à Staunton nous a indiqué que « l'on a fait tous les efforts pour étouffer l'affaire ». (Extraits des journaux publics.)

berges — s'élevant si près les unes des autres, sur de longues distances, que le grand fleuve coulant entre ces deux rangées de bâtiments devient une espèce de large rue. Une très belle région où l'on se sent tout à fait chez soi. Et ici et là, vous apercevez un grand manoir, avec des colonnes et des portiques, caché au milieu des arbres. Voici les témoignages d'un ou deux touristes étrangers parmi tous ceux qui défilèrent ici en procession, il y a un demi-siècle. Mrs. Trollope écrit :

> La monotonie ininterrompue des rives du Mississippi continuait sans changement pendant plusieurs miles en amont de New Orleans ; mais l'on voyait partout la palmette gracieuse et luxuriante, le noble et sombre chêne vert et l'oranger brillant, et il s'écoula plusieurs jours avant que nous ne soyons fatigués de les regarder.

Et le capitaine Basil Hall :

> La région limitrophe du Mississippi, dans les basses terres de Louisiane, est partout très peuplée de planteurs de canne à sucre, dont les maisons tape-à-l'œil, les splendides vérandas, les jardins bien entretenus et les nombreux villages d'esclaves, tous propres et nets, donnent un air extrêmement florissant au paysage fluvial.

Toute la procession dépeint de la même façon ce paysage attirant. On n'a nul besoin de changer un seul mot aux descriptions d'il y a cinquante ans pour rendre exactement compte de l'apparence, aujourd'hui, de la même région — hormis l' « entretien » des maisons. La couche de chaux a disparu des cabanes des nègres, désormais ; et beaucoup, sans doute la plupart, des gros manoirs, jadis d'un blanc si éclatant, ont perdu leur peinture et ont un aspect délabré et négligé. C'est la terrible conséquence de la guerre. Il y a vingt et un ans, tout était soigné et bien entretenu et resplendissant le long de la « côte », exactement comme en 1827, tel que le décrivaient ces touristes.

Pauvres touristes ! Les gens les mystifiaient avec des mensonges stupides et ridicules, et puis ils se moquaient d'eux lorsqu'ils croyaient ces histoires et les publiaient. Ils ont dit à Mrs. Trollope que les alligators — ou les crocodiles, comme elle les nomme — étaient de terribles créatures ; et ils ont étayé leur affirmation avec un récit à glacer le sang sur la façon dont l'un de ces reptiles calomniés s'était glissé dans une cabane de squatters *, une nuit, et avait dévoré une femme et cinq enfants. La femme aurait à elle seule satisfait l'appétit de tout alligator impossible-ordinaire ; mais non, ces menteurs devaient lui faire avaler les cinq enfants en plus. On n'aurait pas imaginé que les plaisantins de cette race robuste pouvaient être des âmes sensibles — et pourtant ils l'étaient. Aujourd'hui, on comprend difficilement et l'on ne peut justifier l'accueil que reçut le livre du sérieux, honnête, intelligent, gentil, humain, charitable et bien intentionné capitaine Basil Hall. Le compte rendu que Mrs. Trollope donna de la chose

* Occupants sans droits ni titres des terres de la frontière américaine, au début du XIXe siècle. *(N.d.T.)*

peut peut-être amuser le lecteur ; je l'ai donc reproduit dans les appendices *.

*

L'irruption des touristes étrangers nous est tombée dessus peu de temps après la fin de la dernière guerre avec l'Angleterre. La procession s'est mise en branle dès 1816 ; ses volumes de récits de voyage ont commencé à pleuvoir dans son sillage dans les douze mois qui ont suivi. Il y a eu Mr. Hulme en 1816 ; W. Cobbett en 1816-1817 ; Mr. Fearon en 1817 ; le capitaine Basil Hall, R. N., en 1827 — celui qui a lancé la *vraie* nuée ! ; Mrs. Trollope en 1827 ; le lieutenant E. T. Coke en 1832 ; « l'auteur de *Cyril Thornton*, etc. », une célébrité littéraire aujourd'hui oubliée en 1833-1834 ; l'hon. Charles Augustus Murray en 1834 ; Miss Harriet Martineau en 1834 ; Tocqueville en 1835 ; le capitaine Marryatt en 1837 ; Mr. George Combe en 1838-39-40 ; Mr. Joseph Sturge en 1841 ; Charles Dickens en 1842 ; Mr. Alexander Mackay en 1846 ; Lady Emmeline Stuart Wortley en 1849. Il y en a d'autres, mais leurs livres ne sont plus disponibles, aujourd'hui.

[L'espace laissé à cet endroit dans le manuscrit Morgan suggère que ce devait être ici le début d'un nouveau chapitre.]

C'est dans un monde des plus bizarres que ces touristes étrangers — tous morts, désormais — nous

* Voir appendice C.

font entrer : un monde des plus bizarres et qui paraît irréel. Nous nous frottons les yeux et nous disons : « Est-ce que c'est *cela*, l'Amérique ? » Car dans cette Amérique il y a un New York avec des porcs rôdant dans les rues commerçantes — des porcs qui ne cédaient pas le passage, mais qui le prenaient — ; et des gens embourbés ou trébuchants qui s'écartaient trop lentement ; c'est un monde où l'Amérique-refuge-des-opprimés-de-tous-les-pays était à la une du journal, et où la haine de ce réfugié (quel que fût l'endroit d'où il arrivait) était dans le cœur du citoyen — à un tel point que les étrangers-citoyens (les Irlandais exceptés) organisaient des réunions publiques pour protester contre cette hostilité imméritée et irraisonnée — ; où une grande revue, animée par une auguste rectitude, « décourageait » les conférencières en rapportant de façon inexacte le discours inoffensif d'une dame au point de transformer celui-ci en quelque chose d'indécent ! ; où une remarque dépréciative sur la « civilisation » des États-Unis d'Amérique, émise par (par qui, croyez-vous ? Un tsar ? un shogun ? un archange ? au moins une célébrité d'un genre ou d'un autre ? Non, mais par) un obscur acteur anglais, était considérée comme suffisamment importante pour être imprimée ; et puis était assez puissante pour déclencher la fureur de la communauté et provoquer une tornade de tracts passionnés conseillant fortement aux théâtres de ne pas engager cet homme, et à cet homme lui-même de quitter le pays qu'il avait insulté ; et incitant la populace à le malmener ! ; où un incendie faisait sortir tout le monde dans la rue pour le regarder et l'admirer, bouche bée, comme au spectacle, tandis que les pompiers aux tenues criardes palabraient et l'arrosaient avec leurs lances peintes et inutiles, et que le pillage des locaux continuait tranquillement, la placide police en civil n'étant ni un obstacle, ni un empêchement à la chose ; où dix-neuf feux sur soixante-six avaient été allumés par des incendiaires pour pouvoir voler, et où les marchands avaient finalement été obligés d'organiser et de financer eux-mêmes une police privée pour faire cesser la chose, ayant perdu tout espoir d'une aide efficace du stupide gouvernement ; où l'étranger qui mettait en doute que ce fût le pays le plus libre du monde était en danger de se retrouver dans l'abreuvoir, et où le citoyen ou l'étranger qui laissait un seul mot humain contre l'institution sacrée de l'esclavage franchir ses lèvres imprudentes risquait le goudron et les plumes.

Une curieuse Amérique, vraiment ; et presque inconcevable. Car dans celle-ci, il y a un Philadelphie où « tout le trafic se fait en brouettes », et où les piétons doivent descendre sur la chaussée et leur laisser le trottoir ; un Philadelphie dans une Pennsylvanie où (il y a quarante-cinq ans), les fous sont enchaînés dans des caves nues et sombres, avec de la paille où dormir en hiver, et où, à l'extérieur, le flâneur et le curieux se penchent dans la neige, et les observent d'en dessus, à travers des trous protégés par des grilles de fer ; où une femme, ainsi emprisonnée, « passe sa vie à délirer », se battant contre ces chaînes et ces horreurs ; et où un jeune homme fou est enfermé pour des années dans un hangar en bois, sans lit ni feu ; un Philadelphie où une grande salle publique a été incendiée par la foule parce que l'on y tenait des réunions abolitionnistes ; un Philadelphie — il y a soixante-dix ans — de « débauche invétérée » (!) — « quoique peut-être, poursuit ce touriste, aucun parent de Philadelphie ne me dirait ce qu'un respectable habitant de New York m'a dit : " Il n'y a pas un père dans cette ville qui ne soit désolé d'avoir un fils " » ; un Philadelphie avec vingt-six veilleurs de nuit, qui transportent une lanterne de ronde en tôle et crient l'heure et les probabilités du temps qu'il fera, et qui pour cela touchent chacun quatorze dollars par mois ; un Philadelphie « où une femelle » (l'Anglais ne parle pas forcément d'une vache ou d'une chatte lorsqu'il utilise ce terme, il veut souvent parler d'une femme — et dans ce cas, ici, c'est une femme) « est aussi vieille à vingt-sept ans qu'une dame anglaise de quarante* » ; où « les jeunes femelles,

* Après avoir mis un point final à la citation ci-dessus, il m'est arrivé de jeter par hasard un coup d'œil sur *Society in America* — avec un curieux résultat. Écrivant il y a cinquante ans, Miss Harriet Martineau — généralement si clairvoyante et précise — fait cette remarque absurde en commentant le mot « femme » : « Ce noble terme, qui émeut l'esprit lorsqu'il franchit les oreilles anglaises, est banni en Amérique, et " dames " et " femelles " lui sont substitués ; pour un Anglais, le premier paraît moqueur et vulgaire ; le second vague et grossier. » Elle fait cette étrange déclaration avec sérieux, et totalement persuadée d'être dans le vrai ; cependant, en ce qui concerne le mot « femelle », son affirmation est absolument fausse sous cette forme-ci, et ne devient juste que lorsque l'on en renverse exactement les termes. Jamais, ni dans leurs conversations ni dans

et entre autres les quakeresses », utilisent du fard — et l'habitude est universelle ; où deux choses sont rares — « de bonnes dents » et « une verte vieillesse » ; et deux toujours présentes — « on boit du rhum et on chique du tabac » ; et où — il y a cinquante ans — le système actuel de trottoirs en bois a été essayé, et apprécié, mais abandonné parce qu'il « ne serait pas entretenu au-delà de quatre ans ».

C'était une Amérique qui possédait — il y a soixante-cinq ans — un Cincinnati se donnant corps et âme aux porcs et à la religion ; où la vache libre et heureuse errait dans les rues comme elle le voulait, fourrageant n'importe où, et revenant devant la porte de son propriétaire deux fois par jour pour se faire traire ; où les journaux ne contenaient d'autres nouvelles que les nouvelles *anglaises* — vieilles de six semaines, avec cela, et sans le moindre intérêt pour quiconque, de toute façon — et recevaient, en règle-

---

leurs écrits, les Américains n'ont eu l'habitude d'utiliser le mot « femelle » quand ils voulaient dire « une femme » ; les Anglais au contraire, tant dans leurs conversations que dans leurs écrits, ont toujours employé le terme « femelle » dans ce sens-là, plutôt plus souvent que « femme ». Lorsque l'Anglais que j'ai cité plus haut fait référence à la femme de Philadelphie et à l'Anglaise, il parle pour la première de « femelle » et pour l'autre de « dame », et il s'arrange donc pour se servir dans une seule phrase des deux mots tabous de Miss Martineau ! Mon lecteur peut maintenant se lancer dans deux entreprises difficiles, s'il le désire : trouver un livre anglais (qu'il commence par Dickens !) où l'on n'utilise pas « femelle » pour « femme » et six livres américains où « femelle » *est utilisé* pour « femme ».

ment de leurs abonnements, « du blé, du seigle, du maïs, de l'avoine, du whisky, du porc, du lard, du sucre, de la toile, du lin, des plumes, de la laine, de la cire d'abeille, des espèces, des bougies, du suif, des fourrures et des chiffons — au prix du marché », car les espèces avaient aussi un « prix du marché », étant en papier, et d'une valeur variable. Imaginez l'aspect des bureaux d'un journal de Cincinnati, avec sa procession de clients déchargeant leur « abonnement ». Comment pouvait-on faire la différence avec un entrepôt agricole ? — avec ses guirlandes d'oignons partout, et son fouillis de jambons et de chiffons et de plumes sur le bureau de la salle de rédaction. C'était un Cincinnati où la loi n'autorisait pas l'esclavage, mais où (comme dans d'autres régions « libres » du Nord) le citoyen prospère prenait des jeunes gens de couleur en apprentissage chez lui pendant des années et puis, en fin de compte, filait tranquillement à Natchez, et vendait les pauvres diables comme esclaves à perpétuité. C'était un Cincinnati qui — dix ans plus tard — se lança, déchaîné, dans une réforme sanitaire sauvage et exigea de chacun de ses citoyens qu'il jetât ses ordures au milieu de la rue, où le porc purificateur pouvait les atteindre facilement, et qu'il cessât donc désormais de les laisser pourrir devant sa porte en mettant ainsi en danger la santé de sa famille.

Dans cette Amérique il y avait un Louisville neuf, remuant et prodigieusement énergique, qui possédait le « meilleur hôtel », avec quatre lits dans les chambres de luxe, huit dans les autres et des « toilettes » dans aucune. Un Louisville d'un genre fruste, avec un voisin plus ancien, plus riche et beaucoup plus important, Lexington — plus raffiné, aussi ; surnommé « Paris miniature », et réputé l'être. Et pourtant, dans ce Paris, les frais de nourriture d'un homme, à l'hôtel, et d'un cheval étaient exactement les mêmes — cent vingt dollars par an. Et plutôt bon marché.

Il n'y avait pas, à proprement parler, de Buffalo, ni de Cleveland, ni ce Chicago, lorsque les premiers touristes vinrent butiner notre pays, et pas assez de Pittsburgh pour se raccrocher à autre chose qu'à ce commentaire — par un témoin oculaire anglais grandement dégoûté — : à savoir qu'une troupe théâtrale anglaise y joua *Hamlet* un soir, à la façon réglementaire, et en donna une parodie le lendemain soir ; mais sans annoncer au public qu'il s'agissait d'une parodie ; ainsi les spectatrices continuèrent-elles à pleurer tandis que l'Ophélie colossale et rugissante gambadait çà et là, éparpillant ses carottes et ses choux autour d'elle, en lieu et place du romarin et de la rue ; mais ces femmes se plaignirent le lendemain, et les hommes aussi, que le spectacle, à tout prendre, était mauvais — oui, et même extravagant, par-ci, par-là ! Il n'y avait encore aucun Buffalo digne de ce nom, ni Cleveland ni Chicago ; mais on trouvait un Boston où « les gentlemen du clergé » avaient « une influence étonnante sur l'esprit des hommes » ; où « la crainte révérencieuse pour la sainteté de leur tâche » frisait « presque l'idolâtrie » ; où un homme qui attachait de la valeur à sa réputation

« ne devait pas manquer l'église le dimanche ». Pas de Juifs dans cette sainte cité — ce qui semble bizarre, jusqu'à ce que notre Anglais explique la chose : aucune affaire pour eux, ici, ces saints Bostoniens étant « aussi acharnés qu'eux ».

Et, finalement, dans cette Amérique d'autrefois, il y avait un Hartford, dans l'État du Connecticut — il y a quarante-trois ans — où les pieux se réchauffaient toujours le cœur, à l'église, avec une hymne commençant par :

Réveillés et affligés, nous, les héritiers de l'enfer !

et où, l'adultère étant punissable de trois ans de travaux forcés, et la pauvreté et l'indigence *ne* l'étant *pas*, les fonctionnaires avaient l'habitude très économique de décharger la ville de la dépense de subvenir aux besoins des malheureux en offrant à ces pauvres diables sans méfiance « quelques possibilités de commettre le crime mentionné ci-dessus* » (!). Dans cette vieille Amérique disparue, il y avait un certain nombre de comportements, de faits et de caractéristiques qui n'étaient pas locaux, mais généraux — qui dominaient l'ensemble du pays. Par exemple, tout le monde tirait sur l'Aigle Américain**, tout le monde fanfaronnait, tout le monde se vantait. Si on les laissait dire, nos braillards d'ancêtres, notre pays était le seul pays libre sur lequel

* *Notes on the United States, 1838-39-40*, par George Combe. Cet Écossais a toujours chanté nos louanges quand il a pu ; et nous a trouvé des défauts à contrecœur. *(N.d.A.)*

** Symbole des États-Unis. *(N.d.T.)*

le soleil eût jamais brillé ; notre civilisation était la plus haute de toutes ; nous avions le plus grand territoire, les plus grands fleuves, tout plus grand ; nous étions le peuple le plus important sous le firmament ; les yeux inquiets des hommes et des anges étaient fixés sur nous ; notre présent était le plus merveilleux des présents, notre futur le plus sensationnel des futurs ; et, par-dessus tout, c'était notre habitude quotidienne de bomber le torse, et de nous rengorger, et de nous promener d'un air conquérant, les mains sous notre queue de pie, le chapeau rabattu sur l'œil gauche, brûlant du désir de nous battre — et qu'importait la supériorité numérique de l'ennemi. Chanson populaire de l'époque :

L'Anglais il assomme
Deux Français ou un Portugais ;
L'Américain, il arrive,
Il les corrige tous les trois.

Picoler du rhum était habituel — les pasteurs de Nouvelle-Angleterre prenant part en force à la chose*

* Il y a soixante-dix ans, le révérend Lyman Beecher participait à une assemblée de pasteurs réunis dans la maison d'un pasteur pour ordonner un pasteur. Il note la chose suivante : « Là [dans le placard], nous avons trouvé tous les divers alcools qui étaient alors en vogue. Boire était apparemment général [...]. Comme ils [les pasteurs] ne pouvaient pas tous boire en même temps, ils étaient obligés d'attendre, là, debout, comme les gens font lorsqu'ils vont au moulin [...]. Aucun des membres de la congrégation n'était ivre mais... » — ils n'en étaient pas très loin, indique-t-il. Puis sont

—, et l'on peut dire que chiquer du tabac était tout simplement universel. Le « crachat » continuel — de Boston à New Orleans, de Charleston à Saint Louis — est le grief perpétuel de tous ces touristes étrangers.

Les routes étaient pleines de fondrières. Par-ci, par-là, il y avait deux ou trois courtes voies de chemin de fer, mais le sage de ce temps préférait la diligence ennuyeuse, rebutante et éprouvante ; et un autre d'entre les sages refusait d'investir dans les actions ferroviaires, sous prétexte que les trains ne pourraient jamais devenir populaires et qu'ils finiraient certainement par mourir d'inanition.

Les journaux des villes, en règle générale, étaient injurieux, grossiers, fanfarons, ignorants, intolérants — et tout à fait représentatifs. Les chroniqueurs appartenaient au ruisseau, et avaient dû y être péchés. Ils étaient courageux pour harceler le faible et le mal-aimé, ils gardaient un silence prudent pour une injustice derrière laquelle il y avait de l'argent ou du pouvoir, lorsqu'ils n'adoptaient pas l'autre parti et ne prenaient pas une attitude servile et ne courbaient pas l'échine. En matière de critique littéraire et de commentaires sur les mesures publiques, les journalistes des rédactions des campagnes donnaient leurs opinions après ceux des

---

arrivés les pipes et le tabac et « en moins d'un quart d'heure, il y avait une telle fumée qu'on n'y voyait plus rien. Quant au bruit, je ne peux le décrire ; c'était l'hilarité portée à son comble ». (*Autobiography of Lyman Beecher, D.D.*, p. 245.)

rédactions des villes — ils les attendaient patiemment, avec le livre ou la loi en main, et ne se risquaient à aucune analyse personnelle.

Les habitations privées bien conçues, et donc pratiques et confortables, étaient aussi rares en Amérique à l'époque qu'en Europe aujourd'hui. A New York, Boston et Philadelphie, il y avait quelques hôtels corrects ; mais presque partout ailleurs, les hôtels étaient de vrais taudis — à tel point que, parfois, leur simple description donne la nausée.

Les scènes de théâtre étaient presque exclusivement occupées par les Anglais — très peu d'acteurs autochtones étaient capables « d'attirer du monde ».

La littérature du pays était presque entièrement anglaise — volée, la plupart du temps. Les produits manufacturés utilisés étaient anglais.

Dans tout le pays, deux causes pouvaient être certaines d'être vénérées et défendues — la religion et l'esclavage. On attendait de chaque homme qu'il rejoignît l'une ou l'autre des dix-sept confessions religieuses ; « et lorsque cela est fait, il doit lui être fidèle, avec autant de solennité et de régularité qu'il l'est à son cigare, son rhum et ses affaires* ». Tout homme qui voulait rester en bons termes avec la communauté affichait toujours de quelle religion il était et en gardait le jargon prêt à l'emploi. Dans l'Ouest et dans le Sud, et dans certaines parties de l'Est,

* *Narrative of a Journey of Five Thousand Miles through the Eastern and Western States of America*, par Henry Bradshaw Fearon, Londres, 1819. *(N.d.A.)*

les gens ne se disaient pas « monsieur Smith » ni « madame Jones » — non, c'était « frère » Smith et « sœur » Jones, une expression qui a survécu dans les *Ole Brer Fow* et *Ole Brer Rabbit** d'Oncle Rémus. On peut être aussi religieux aujourd'hui qu'on l'aurait été jadis ; avec l'avantage que l'on n'est pas obligé de garder perpétuellement la bouche ouverte pour en parler autant. Avec toute cette piété, dont la majeure partie était sans aucun doute sincère, on pourrait normalement penser que beaucoup de voix humaines devaient s'élever pour défendre l'infortuné esclave ; au contraire, pour une voix s'exprimant de cette façon, il y en avait dix mille qui restaient prudemment silencieuses, ou bien même qui débitaient les textes des Écritures, toujours commodes pour justifier l'institution.

La nation était sensible jusqu'au ridicule à la critique étrangère. Et elle n'avait pas seulement un épiderme sensible, mais plus d'épiderme du tout. Elle avait la chair à vif — de la tête aux pieds.

Telle était l'Amérique à l'époque où ce défilé d'inspecteurs étrangers traversa le pays à la queue leu leu en s'émerveillant, mais c'est une Amérique qui, depuis, a rendu le dernier soupir et a laissé à peine une trace. Nous la pleurons, bien sûr, comme l'exige le devoir filial — pourtant, c'était du matériel putréfié bon pour la tombe.

* *Vieux frère Renard* et *Vieux frère Lapin*. *Cf.* chapitre XLVII. *(N.d.T.)*

Les traits dignes d'attention de cette Amérique disparue ne sont pas encore *tous* loin de nous. Quelques-uns demeurent ; certains aussi importants et prononcés qu'autrefois, d'autres plus ou moins diminués en taille et en signification.

A cette époque-là, les malversations secrètes, ingénieuses et énormes commises par les caissiers de banque, qui partaient discrètement en Europe pour profiter de leur butin, étaient d'une fréquence impressionnante.

La subornation, la prévarication et la corruption générale allaient bon train à Washington.

Le Congrès comptait trois ou quatre grands esprits, des hommes d'État capables, des hommes de desseins élevés et de caractère sans tache ; vingt ou trente personnages très courageux et très indépendants ; beaucoup de canailles ; et aussi, disséminés parmi le reste des congressistes discrets, plusieurs individus honnêtes. Mais l'endroit était surtout un repaire de voleurs et une espèce d'asile pour les pauvres d'esprit. Encore que les voleurs ne volaient pas pour leurs propres poches, mais pour leurs électeurs — sous la forme de budgets dépensiers et inutiles.

En ce temps-là, si une personne de caractère présentait un étranger en disant simplement « Monsieur Untel », celui-ci était accueilli sans préjugé ni suspicion ; mais s'il disait « Monsieur Untel, M. C. * », le résultat était à peu près ce qu'il serait aujourd'hui.

* Member of Congress, député. *(N.d.T.)*

On a parlé d'un « Cimetière du Congrès ». (Nous avons fait mieux qu'en discuter : nous l'*avons*. Nous possédons à présent cet indescriptible musée.)

A cette époque-là, « l'opinion publique et les journaux réunis n'avaient pas le pouvoir de faire bouger le Congrès — ils n'avaient pas plus d'influence sur lui, n'exerçaient pas plus d'effet que le vent le plus paresseux ». Aujourd'hui, nous avons entendu les journaux et le peuple vociférer jour et nuit pour une réforme de l'administration civile — et sans résultat. Et nous avons entendu le public de tous les bords, et les journaux de tous les bords, hurler contre le projet de loi inutile sur les fleuves et les ports, avec le résultat suivant : le Congrès l'a fait passer tranquillement, au milieu des hurlements, et il a immédiatement essuyé en retour une tempête de protestations de tous les points cardinaux à la fois ; le président a mis son veto à cette mesure, et un raz de marée de louanges et de gratitude a balayé le pays, du Pacifique à l'Atlantique — et le lendemain, le Congrès, quelque peu narquois, a adopté le projet de loi en passant par-dessus la tête du président !

A cette époque-là, la citoyenneté individuelle existait à peine. Il était rare qu'un homme s'attaquât à l'injustice à lui tout seul. Les réformateurs et les protestataires s'avançaient en foule ou restaient chez eux. Les champions solitaires d'une cause y gagnaient peu de sympathie et beaucoup de ridicule. Cela n'a pas changé aujourd'hui. L'homme qui se dresse seul et revendique ses droits, contre la société des chemins de fer ou celle des tramways, ou contre le conducteur, le chauffeur de fiacre, le réceptionniste de l'hôtel, le guichetier, le petit fonctionnaire, ou tout autre oppresseur organisé ou non, aura des problèmes avec la foule des témoins parce qu'il mène son combat tout seul — et en général la foule se moquera de lui, en prime. Dans le Connecticut vit un certain Mr. Goodwin qui, tout seul, a guerroyé contre les tyrannies de la société ferroviaire pendant plusieurs années, et qui a de temps en temps remporté une victoire importante pour le public. Personne ne l'aide ; personne ne l'applaudit ; certains rient de lui ; les journaux l'évoquent, lui et sa croisade, sur le mode de la plaisanterie. Et pourtant, c'est lui le vrai citoyen de valeur de l'État — et le seul qui lui soit indispensable ; car c'est l'unique citoyen qui, s'il mourait, laisserait un vide que l'État ne pourrait combler.

Dans l'ancien temps, nous étions considérés comme une nation de lâches qui se laissaient marcher sur les pieds et maltraiter, avalaient les insolences, se montraient patients et accommodants — et désireux de tout supporter plutôt que d'avoir une « scène » et d'être la risée d'autrui. Les touristes étrangers ont dit sur nous, avec douceur et politesse, quelques vérités affreusement évidentes, mais ils avaient les faits sous la main pour justifier leurs propos. Le splendide combat solitaire de Mr. Goodwin contre une compagnie de chemins de fer — un combat victorieux, qui a aussitôt fait passer la totalité du système ferroviaire américain de la position de maître public à celle de serviteur public — prouve à l'évidence que la nation de poltrons existe toujours ; car l'offense tyrannique qui a mis en branle l'esprit de croisé de Mr. Goodwin était de celles qui se sont produites quotidiennement pendant trente ans sur nos lignes de chemins de fer et qui furent chaque fois avalées par les victimes — avalées, et en général avec soumission. Nous sommes toujours en train de blâmer nos tyrans ; alors que le blâme ne repose pas essentiellement sur le tyran, mais sur le citoyen : car dans une république, un tyran ne peut exister si un citoyen fait son devoir de citoyen et proteste individuellement contre chaque violation de ses droits et la sanctionne.

A cette époque-là, le gouvernement de la ville de New York était « entre les mains de l'Irlandais ».

A cette époque-là, il était admis par de bons juges, tant étrangers que nationaux, que New York était « la ville la plus sale de la chrétienté ». Voyez comme l'histoire se répète ! — si les journaux actuels de la métropole disent vrai.

A cette époque-là, Saint Louis croyait pouvoir devenir le siège du gouvernement national — et donnait à cette fin les arguments habituels.

La corruption, comme nous l'avons vu, existait à cette époque-là — mais cet art était alors dans son ignorante enfance. Ceux qui l'expérimentaient alors étaient peu nombreux à connaître ses possibilités. C'était à nous qu'il restait de sonder les grandes profondeurs de l'abjection humaine. Nos précurseurs s'imaginaient que les gens au pouvoir n'étaient achetables qu'avec de l'argent. Ils payaient souvent jusqu'à cent dollars au nabot le plus insignifiant de la législature d'un État ; de nos jours nous l'achetons, lui mettons une bague de laiton, le numérotons, l'étiquetons, et nous le payons avec un titre de transport gratuit sur sa ligne de chemin de fer locale. Le titre de circulation ferroviaire moderne est sans doute le plus grand corrupteur que l'on ait jamais inventé. Les autres corrupteurs sont plus ou moins limités et restreints dans l'étendue de leur œuvre malfaisante ; mais celui-là va partout, envahit chaque couche de la société et pourrit une certaine partie de l'orgueil légitime et du respect de soi de celui qu'il touche, quel qu'il soit. Les autres corrupteurs ne sont que des acides qui ternissent l'or à l'extérieur, mais laissent l'intérieur intact, inviolé. Mais celui-là, c'est du vif-argent — il s'enfonce dans la masse et la désintègre. A cause de lui, la plupart des gouverneurs, des clergymen, des législateurs, des maires, des journalistes et des fonctionnaires, ainsi que d'innombrables citoyens d'Amérique, sont devenus, au vrai sens du terme, des objets de charité. J'ai vu un riche marchand — un simple citoyen, sans plus de droit à la bienfaisance de la compagnie des chemins de fer que vous et moi — exhiber assez de billets gratuits pour le transporter sur trente mille miles ; et s'il rougissait, c'était intérieurement. Vous avez plus d'une fois entendu le citoyen accueillant dire à son invité : « Ne gaspillez pas votre argent, je demanderai à l'inspecteur des chemins de fer de vous donner un titre de circulation. » Et l'invité en question s'est senti flatté par cette proposition, pas insulté. Alors que ce n'était pas une raison plus légitime de montrer son plaisir que si l'hôte avait dit : « Je demanderai à mon voisin de vous donner une culotte de ses employés. » C'est une chose très commune pour des Américains (par ailleurs) respectables que de mendier des titres de circulation. Ils semblent penser que d'une façon ou d'une autre ce n'est pas la même chose que de tendre son chapeau pour mendier de l'argent. Dans n'importe lequel des wagons où l'on entrera, dans ce pays, on verra un, ou deux, ou une demi-douzaine de personnes bien habillées et présentant bien montrer au chef de train ce symbole d'une dignité ruinée ; et pas d'une manière furtive et honteuse ; non, l'esclave en fait étalage avec un orgueil évident ! Souvent, le chef de train l'observe sous toutes les coutures, avec une suspicion agressive, et lui pose un chapelet de questions qui vont au fond des choses — et parfois il revient de nouveau, un moment plus tard, et lui en pose d'autres — mais le voyageur endure tout cela sans apparente souffrance ; sachant que c'est une part du prix qu'il doit payer pour être un pauvre de la compagnie des chemins de fer. Les juges des diverses cours suprêmes acceptent des titres de transport — et pas seulement cela, mais avec « Sur le compte de la Cour suprême » inscrit dessus* ! L'amour-propre humain peut tomber bien bas ; mais lorsque celui des gens riches descend à mendier des tickets gratuits pour le théâtre, à la mode anglaise, et à voyager avec des billets de faveur, à la mode américaine, on peut considérer qu'il a touché le fond, peut-être. Le titre de circulation gratuit est probablement né avec le rédacteur de province, au début. Celui-ci avait certaines excuses. Il devait voyager, à l'occasion. Le seul agent monétaire qui entrait dans sa trésorerie, c'étaient les « produits » ; il aurait bien voulu mettre la main dans sa sacoche et payer son voyage comme un homme, mais les vapeurs et les trains ne prenaient ni ses plumes, ni ses jambons, ni ses chiffons. Il devait donc être transporté gratuitement. Mais il ne s'agissait pas de charité, dans son cas. Il fournissait en retour un équivalent surabondant, car il vantait toujours la

* En voici un fac-similé. *(N.d.A.)*

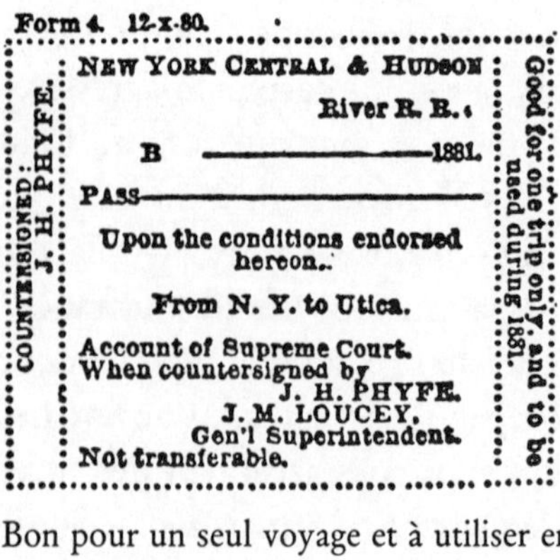
Form 4. 12-x-80.

COUNTERSIGNED: J. H. PHYFE.

NEW YORK CENTRAL & HUDSON River R. R.

B ———————————— 1881.

PASS————————————

Upon the conditions endorsed hereon.

From N. Y. to Utica.

Account of Supreme Court.
When countersigned by
J. H. PHYFE.
J. M. LOUCEY,
Gen'l Superintendent.
Not transferable.

Good for one trip only, and to be used during 1881.

Form. 4. 12 × 80 / Ch. de F. New York Central & Hudson River / Titre de circulation / Aux conditions mentionnées ici / De N. Y. à Utica / Sur le compte de la Cour suprême quand visé par J. H. PHYFE. / J. M. LOUCEY, inspecteur général des chemins de fer. / Non transmissible. / Visé : J. H. PHYFE / Bon pour un seul voyage et à utiliser en 1881.

compagnie, et mettait les accidents sur le compte du Tout-puissant. Mais observez jusqu'où ce titre de circulation inoffensif s'est étendu — homme inique !

Enfin, un autre trait de l'Amérique de l'ancien temps reste avec nous — mais dans une condition moribonde, et dépouillé de la majeure partie de sa respectabilité. C'est le duel. Cette coutume imbécile, cette coutume ridicule, cette coutume cruelle et brutale (puisque ce sont la veuve et les orphelins aux cœurs brisés qui connaissent la véritable douleur nécessaire à la guérison de l'honneur blessé du vainqueur ; alors qu'ils ne l'ont jamais offensé et qu'ils ne méritent pas une telle violence ni un tel supplice de sa part) a complètement disparu du Nord et d'Angleterre, et a aussi complètement disparu chez tous les civils de toutes les nations les plus civilisées — excepté les idiots et les journalistes en France, et les étudiants en Allemagne. Les étudiants réduisent mutuellement en chair à pâté leurs surfaces exposées, et le spectacle est des plus désagréables et sanglants, quoique pas réellement mortel. Les idiots et les journalistes de France se battent à l'épée, et lorsque l'un des adversaires semble touché, ils s'arrêtent tous les deux et cherchent partout la blessure avec une baguette de sourcier. Si on la trouve, « l'honneur est satisfait », et les deux parties rentrent glorieusement chez elles. Avant, le chirurgien apportait des pansements et des instruments sur le champ de bataille français ; maintenant, il amène de l'arnica et du taffetas gommé. Pourquoi ces gens restent-ils obstinément attachés à une tradition obsolète, et utilisent-ils l'épée plutôt qu'une épingle à cheveux, c'est l'une des choses les plus incompréhensibles de l'existence ; car une épingle à cheveux est plus économique, une épingle à cheveux est plus pratique à transporter, et le duelliste français ne donne aucune blessure avec une épée qu'il ne peut donner tout aussi bien avec une épingle à cheveux. Mais le duel des militaires français et allemands, c'est autre chose. C'est « du sérieux ». C'est un duel à mort. Jusqu'il y a encore pas très longtemps, les officiers français autorisaient les simples soldats à se battre en duel, et désignaient un sergent pour rester là avec un sabre et veiller à ce que tout se passât selon les règles. C'est une coutume ancienne, et je n'ai pas entendu dire qu'elle a été abandonnée — je crois qu'elle ne l'a pas été. C'est une horrible chose. Les deux hommes, dénudés jusqu'à la taille, se battent avec des sabres, et ils se tailladent et se découpent mutuellement comme des bouchers. La mort est certaine pour l'un des deux ; en général, ils sont tués tous les deux. Dans nos États du Sud, le duel n'a pas encore complètement disparu ; mais il a été modifié de façon encourageante. A New Orleans, ils avaient l'habitude de se battre au sabre, au couteau de chasse et au fusil, et un enterrement en résultait couramment. Maintenant ils se battent au revolver, à vingt pas, et les statistiques montrent une augmentation régulière de la mauvaise adresse au tir qui satisfait un esprit observant que les jours de cette arme (et avec elle ceux du duel) sont comptés. On s'inflige encore des blessures en Louisiane ; mais en Virginie, la civilisation a atteint un niveau plus élevé ; là, dans les duels entre politiciens, l'éclair et l'odeur de la poudre suffisent à guérir la blessure la plus mordante qui puisse être infligée à l'honneur d'un homme d'État. C'est un signe clair et net lorsque les duellistes renoncent à la balle et utilisent des cartouches à blanc.

Le tournoi a-t-il disparu ? En tout cas, cette puérilité n'a jamais été très américaine ; on en a vu dans quelques villages, mais il n'a pas réussi à s'étendre. C'était une espèce d'imitation en fer-blanc, à deux *cents,* d'Ashby-de-la-Zouch ; où beaucoup de jeunes gentlemen se déguisaient avec des armures de théâtre, s'attribuaient le nom de Brian de Bois-Gilbert, de Chevalier Déshérité, et ainsi de suite, et joutaient avec un grand sérieux dans une enceinte, avec des épées et des lances de bois, devant une assemblée de nigauds ravis, puis couronnaient solennellement une fille reine de beauté, pour son grand plaisir !

Et où en est le combat au couteau, aujourd'hui ? Trouble-t-il encore le touriste étranger par son universalité et ses surins toujours en mouvement, ou bien s'est-il perdu pour toujours dans les limbes, avec le bûcheron oublié du Mississippi ? Il semble en effet qu'il ait totalement disparu et n'ait laissé aucun héritier.

J'ai peiné à feuilleter tous ces vieux livres, surtout pour découvrir ce que la procession de touristes étrangers pensait des villes fluviales du Mississippi. Mais, d'une manière générale, ils ont oublié de le dire.

CHAPITRE XLI

Les métropoles du Sud

Les abords de New Orleans. – Une rue animée. – Améliorations sanitaires. – Réussites journalistiques. – Citernes et puits

Les environs de New Orleans étaient familiers ; l'aspect général n'avait pas changé. Lorsque le voyageur vole à travers Londres sur une voie de chemin de fer maintenue en l'air par de grandes arches, il peut inspecter des miles de chambres à coucher, dans les étages, à travers les fenêtres ouvertes, mais la moitié inférieure des maisons est en dessous de lui et hors de vue. De même, à l'époque des crues du fleuve, dans la région de New Orleans, l'eau monte jusqu'au sommet de la digue qui la retient, et le pays plat est en contrebas derrière cette digue — comme le fond d'une assiette — et, tandis que le bateau avance sur les hautes eaux, on peut regarder les maisons d'en dessus et voir à travers les fenêtres des étages. Il n'y a rien d'autre que ce frêle parapet pour s'interposer entre les gens et la destruction.

Les vieux entrepôts de sel, construits en brique et groupés à l'extrémité supérieure de la ville, avaient le même aspect que d'habitude ; des entrepôts qui avaient fait une sorte d'expérience de la lampe d'Aladin, cependant, depuis la dernière fois que je les avais vus ; car à la déclaration de la guerre, le propriétaire est allé se coucher, un soir, en les laissant remplis de milliers de sacs de vulgaire sel, à deux dollars le sac, et il s'est réveillé le lendemain matin pour trouver sa montagne de sel métamorphosée en montagne d'or, pour ainsi dire, les nouvelles de la guerre ayant fait monter soudainement le prix de cet article à une hauteur vertigineuse.

La vaste étendue des wharfs en planches n'a pas changé, et il s'y trouvait autant de bateaux que d'habitude : mais la longue rangée de vapeurs avait fondu ; pas entièrement, bien sûr, mais il n'en restait pas beaucoup.

La cité elle-même n'avait pas changé — à vue d'œil. Son étendue et sa population avaient grandement augmenté, mais son apparence n'était pas modifiée. La poussière, jonchée de vieux papiers, était toujours épaisse dans les rues ; le long des rebords de pierre des trottoirs, les caniveaux profonds qui ressemblaient à des chéneaux étaient toujours à moitié pleins d'une eau stagnante couverte d'une couche d'ordures ; les trottoirs étaient toujours — dans la région du sucre et du lard — encombrés par des tonneaux, des barriques et des têtes de cochons ; les grands blocs des maisons de commerce d'une austère simplicité avaient l'air aussi poussiéreux que d'habitude.

Canal Street était plus belle, et plus attrayante et plus animée qu'autrefois, avec ses foules de gens qui passaient, ses tramways qui roulaient vite sur plusieurs files, et — vers le soir — ses grandes vérandas du premier étage débordant de dames et de gentlemen vêtus à la dernière mode.

Non qu'il y eût une quelconque « architecture » dans Canal Street : globalement parlant, il n'y a aucune architecture à New Orleans, excepté dans les cimetières. Cela paraît quelque chose d'étrange à dire d'une ville riche, prévoyante et énergique d'un quart de million d'habitants, mais c'est pourtant vrai. Il y a un immense bureau des douanes des États-Unis en granit — assez coûteux, assez authentique, mais comme élément décoratif, c'est moins bien qu'un gazomètre. Il ressemble à une prison d'État. Mais il a été construit avant la guerre. On peut dire que l'architecture, en Amérique, est née après la guerre. New Orleans je crois, a eu la bonne fortune — et dans un sens la mauvaise — de ne pas connaître de grands incendies ces dernières années. Ce doit être vrai. Dans le cas contraire, je pense qu'on aurait été capable de reconnaître le « district brûlé » rien qu'aux améliorations radicales de son architecture par rapport aux anciennes formes. Cela est possible à Boston et à Chicago. Le « district brûlé » de Boston était une zone quelconque avant le feu ; mais à présent, aucun quartier commercial d'aucune ville du monde ne peut le surpasser — ou peut-être même simplement rivaliser avec lui — en beauté, en élégance et en bon goût.

Pourtant, New Orleans est entrée dans la danse — juste aujourd'hui, pourrait-on dire. Lorsqu'il sera terminé, le nouvel immeuble du Cotton Exchange* sera beau et imposant ; massif, solide, plein de grâces architecturales ; sans aucun chiqué, aucune prétention, aucune laideur nulle part. Pour la ville, il vaudra plusieurs fois ce qu'il aura coûté, car il engendrera d'autres immeubles de son espèce. Ce qui manquait jusqu'à présent, c'était un modèle de ce genre pour construire ; quelque chose pour éduquer l'œil et le goût ; un *inspirateur,* pour ainsi dire.

La ville est bien fournie en hommes de progrès — des hommes rationnels, avisés, malins. Le contraste entre l'esprit de la cité et l'architecture de celle-ci est semblable à celui qui existe entre la veille et le sommeil. Apparemment il y a un « essor » en toutes choses, sauf dans ce domaine qui est mort. L'eau des caniveaux était toujours stagnante et vaseuse, et c'était un important facteur de maladie ; mais aujourd'hui les caniveaux sont nettoyés à grande eau, deux ou trois fois par jour, grâce à des machines puissantes ; dans beaucoup d'entre eux l'eau ne stagne plus, elle y coule de façon régulière. On a réalisé d'autres améliorations sanitaires ; et avec un tel résultat que New Orleans prétend être (au cours des longs intervalles entre les attaques occasionnelles de fièvre jaune) l'une des villes les plus saines de l'Union. Maintenant, il y a beaucoup de glace pour tout le monde, fabriquée ici même. New Orleans est une

* La grande bourse du coton. *(N.d.T.)*

locomotive commerciale, et elle bénéficie d'une grande activité économique grâce au fleuve, à l'océan et au chemin de fer. A l'époque de notre visite, c'était la ville la mieux éclairée de l'Union, électriquement parlant. Les lampes de New Orleans étaient plus nombreuses que celles de New York, et bien meilleures. On profitait de ce plein jour artificiel non seulement dans Canal Street et dans quelques rues voisines importantes, mais aussi sur cinq miles le long du fleuve. Il y a de bons clubs en ville, désormais — plusieurs d'entre eux n'ont été ouverts que récemment —, et d'attrayants lieux de villégiature modernes dans le West End et à Spanish Fort. On trouve le téléphone partout. L'un des progrès les plus notables a été enregistré dans le journalisme. Les quotidiens, tels que je me les rappelle, n'étaient guère impressionnants. Aujourd'hui, oui. On dépense pour eux sans compter. Ils se procurent les informations à n'importe quel prix. Le travail des chroniqueurs n'est pas du gribouillage, mais de la littérature. Comme exemple de la réussite journalistique de New Orleans, on peut mentionner que le *Times-Democrat* du 26 août 1882 contenait un bilan pour l'année écoulée de l'économie des villes de la vallée du Mississippi, de New Orleans à Saint Paul — deux mille miles. Ce numéro du journal comptait *quarante* pages ; sept colonnes par page ; deux cent quatre-vingts colonnes en tout ; quinze cents mots par colonne ; un total de quatre cent vingt mille mots, c'est-à-dire pas moins de trois fois autant de mots que dans ce livre. Lorsque l'on compare cela avec l'architecture de New Orleans, c'est plutôt triste.

Je n'ai parlé que de l'architecture publique. L'article privé, à New Orleans, est sans reproche, même s'il reste ce qu'il a toujours été. Toutes les maisons sont en bois — dans la partie américaine de la ville, j'entends — et elles ont un air cossu. Celles du quartier riche sont spacieuses ; d'ordinaire peintes en blanc, elles possèdent en général de larges vérandas, ou des doubles vérandas, reposant sur des colonnes ornementales. Ces belles demeures sont situées au centre de grands terrains et s'élèvent, décorées de guirlandes de roses, au milieu de masses épaisses de feuillages d'un vert brillant et de fleurs multicolores. Aucune maison ne pourrait être en meilleure harmonie avec son environnement, ni plus agréable à l'œil, ni plus intime et plus douce.

On finit même par se réconcilier avec le réservoir ; c'est une puissante citerne sur pilotis peinte en vert, haute d'environ deux étages et appuyée contre le coin de la maison. Cette combinaison fait penser à un manoir-brasserie — ce qui semble très incongru au début. Mais les gens ne peuvent pas avoir de puits, aussi récupèrent-ils l'eau de pluie ; ils n'ont pas facilement non plus de caves ni de tombes*, la ville étant construite sur du terrain « rapporté » ; aussi font-ils sans les deux, et peu de vivants se plaignent, et aucun des autres.

* Les Israélites sont enterrés dans des tombes — par autorisation, d'après ce que j'ai compris, pas par obligation ; mais personne d'autre, à l'exception des sans-ressources, qui sont inhumés sur le budget public. Les tombes n'ont que trente ou soixante centimètres de profondeur. *(N.d.A.)*

CHAPITRE XLII

Hygiène et sentiment

De beaux cimetières. – Caméléons et panacée. – Inhumation et infection. – Mortalité et épidémies. – Le coût des funérailles.

Ils enterrent leurs morts dans des caveaux, au-dessus du sol.

Ces caveaux ressemblent un peu à des maisons — parfois à des temples — ; sont en marbre, en général ; ont une architecture gracieuse et bien proportionnée ; ils font face aux chemins et aux allées du cimetière ; et quand on se déplace parmi un millier d'entre eux ou à peu près, et que l'on voit leurs toits et leurs pignons blancs s'étendant jusque dans le lointain de tous côtés, l'expression « cité des morts » prend soudain toute sa signification. Beaucoup de cimetières sont beaux et parfaitement tenus. Lorsque l'on arrive de la digue, ou du quartier des affaires qui la jouxte, et que l'on pénètre dans un cimetière, on se dit que si les gens qui sont là-dessous avaient été aussi propres quand ils étaient vivants que maintenant qu'ils sont morts, ils y auraient trouvé beaucoup d'avantages ; et en outre leur quartier aurait fait l'admiration du monde des affaires. Des fleurs fraîches, dans des vases pleins d'eau, sont visibles devant le portail de beaucoup de caveaux, placées là par les pieuses mains des parents et des enfants, des maris et des femmes affligés, et renouvelées chaque jour ; un chagrin plus modéré trouve un moyen de commémoration peu coûteux et durable dans la grossière et vilaine mais indestructible « immortelle » — sous forme d'une couronne, d'une croix ou de quelque autre emblème du même genre, fait de rosettes de toile noire, avec parfois une rosette jaune à la conjonction des barres de la croix — une espèce d'épingle de cravate de la tristesse, pour ainsi dire. L'immortelle ne demande aucune attention : vous vous contentez de la suspendre et vous y êtes ; laissez-la, c'est tout, et elle prendra soin de votre chagrin à votre place et le gardera à l'esprit mieux que vous ne pourrez le faire ; supporte parfaitement les intempéries et a la solidité du fer en plaques.

Les jours de soleil, de jolis petits caméléons — les plus gracieux des reptiles à pattes — rampent sur les façades de marbre des caveaux en attrapant des mouches. Leurs changements de couleur — pour la variété — n'ont pas aidé à la réputation de la créature. Ils changent de couleur lorsque quelqu'un s'approche et suspend une immortelle ; mais ce n'est rien : tout reptile sensible en ferait autant.

Je vais abandonner graduellement ce sujet des cimetières. J'ai fait de mon mieux pour décrire la part sentimentale qu'il contient, mais je n'y parviens pas. Je crois qu'il n'y a pas de véritable part sentimentale là-dedans. Tout y est grotesque, effrayant, horrible. On a pu justifier les cimetières dans l'ancien temps, lorsque personne ne savait que pour chaque cadavre enfoui dans le sol, chargeant la terre et les racines des plantes et l'air de germes de maladie, cinq ou cinquante ou peut-être cent personnes devaient mourir avant le temps qui leur était imparti ; mais ils sont difficilement justifiables aujourd'hui, quand les enfants eux-mêmes savent qu'un saint mort se lance dans une carrière d'assassin longue d'un siècle dès l'instant où la terre se referme sur son corps. C'est une pensée du genre sinistre. Les reliques de sainte Anne, là-haut au Canada, se sont mises, après dix-neuf siècles, à soigner les malades par douzaines. Mais c'est parfaitement évident que ces reliques, en l'espace d'une génération après la mort et l'enterrement de sainte Anne, *ont* rendu plusieurs milliers de personnes malades. Donc, ces représentations miraculeuses ne sont qu'une simple compensation, rien de plus. Sainte Anne est quelque peu mauvaise payeuse, pour une sainte, c'est vrai ; mais mieux vaut une dette remboursée après dix-neuf siècles, et déclarée illégale par le statut des prescriptions, que pas remboursée du tout ; et la plupart des chevaliers du halo ne paient pas du tout. Là où vous en trouvez un qui règle — comme sainte Anne — vous en trouvez cent cinquante qui profitent de leur statut. Et aucun d'eux ne verse autre chose que le principal de ce qu'ils doivent — ils ne versent rien des intérêts, ni simples ni composés. Mais un saint ne peut jamais rendre *tout à fait* le principal ; car son cadavre *tue* des gens là où ses reliques les *soignent* seulement — il ne ressuscite jamais personne. Cette part de la dette reste toujours impayée.

*

Dès qu'un saint a réglé ses dettes — comme saint Swithin* ou saint Thomas à Becket — il laisse tomber les affaires. Donc, en ce qui concerne sainte Anne, encaissons tant que nous pouvons.

*

> Le Dr F. Julius Le Moyne, après cinquante ans de pratique médicale, a écrit : « L'inhumation des corps humains, morts de maladies infectieuses, a pour résultats de charger perpétuellement l'atmosphère et de polluer les eaux avec les germes qui viennent de la simple putréfaction des corps, mais aussi avec les germes *spécifiques* des maladies ayant entraîné ces décès. »
>
> Les gaz (des corps enterrés) monteront à la surface à travers deux ou trois mètres de gravier, exactement comme le fait le gaz de houille, et il n'y a pratiquement pas de limite à leur capacité de s'échapper.
>
> Pendant l'épidémie de New Orleans, en 1853, le Dr E. H. Barton a rapporté que dans le quatrième district la mortalité avait été de quatre cent cinquante-deux pour mille — plus du double que dans n'importe quel autre. Dans ce district-là, il y avait trois grands

* Saint anglo-saxon (800-862). La superstition veut que la pluie dure quarante jours si elle tombe le jour de sa fête, le 15 juillet. *(N.d.T.)*

cimetières où, au cours de l'année précédente, l'on avait enterré plus de trois mille corps. Dans d'autres districts, la proximité de cimetières sembla aggraver le mal.

En 1828, le professeur Bianchi a démontré que l'effrayante réapparition de la peste à Modena est venue de ce que l'on creusait le sol là où, *trois cents ans auparavant*, avaient été inhumées les victimes de la peste bubonique. Mr. Cooper, en expliquant les causes de certaines épidémies, remarque que l'ouverture des cimetières de pestiférés à Eyam entraîna une immédiate explosion de la maladie. (*North American Review*, n° 3, vol. 135.)

Dans une allocution pour la défense de la crémation, devant la Société médicale de Chicago, le Dr Charles W. Purdy a fait quelques saisissantes comparaisons pour montrer quel poids fait peser sur la société l'inhumation des morts :

Chaque année, on dépense aux États-Unis pour les enterrements cent vingt-cinq fois plus d'argent que le gouvernement n'en dépense pour le système scolaire. En 1880, les funérailles ont coûté à ce pays assez d'argent pour payer l'ensemble des dettes de toutes les faillites commerciales des États-Unis de cette même année, et pour donner à chaque personne en faillite un capital de huit mille six cent trente dollars avec lequel se relancer dans les affaires. Les funérailles coûtent chaque année une somme plus importante que l'ensemble de la production d'or et d'argent des États-Unis en 1880 ! Ces chiffres ne comprennent pas ce que l'on a investi dans les cimetières et dépensé en tombes et en monuments funéraires, ni la perte de valeur des propriétés proches des cimetières.

*

[Dans les pages suivantes du manuscrit Morgan, il y a plusieurs citations supplémentaires, sous forme de coupures de presse, tirées d'Augustus G. Cobb, « Earth-Burial and Cremation », North American Review, *1882, CXXXV, pp. 266-282. Après la dernière citation sur l'inhumation, Twain poursuit ainsi :]*

Vous pouvez brûler une personne pour quatre ou cinq dollars ; et fabriquer assez de savon avec ses cendres pour payer la note. Si c'est quelqu'un de normal quant au volume, vous pouvez même faire un profit grâce à lui. J'ai estimé la chose sur soixante-quatre sujets qui m'ont rendu visite chez moi, et que je connais personnellement et intimement, et j'en ai conclu que tous paieraient la dépense, et que quarante-trois d'entre eux généreraient un profit. Moi-même je serai capable de laisser quelque chose, si je ne tombe pas en dessous de la moyenne. Bon, ce sont là quelques faits clairs, simples et aisément compréhensibles. Quelle conclusion pouvons-nous en tirer ? Celle-ci, entre autres : lorsque vous êtes décédé, il vaut mieux que vos restes produisent du savon, inoffensif et utile, plutôt que de propager la maladie et la mort.

Si on laisse la sentimentalité de côté — ainsi que les préjugés et les préférences irraisonnés et déraisonnables reçus en héritage —, tous les arguments sont du côté de la crémation, et aucun en faveur de l'inhumation.

*

Au riche la crémation conviendrait tout aussi bien que l'enterrement car elle donnerait lieu à des cérémonies qui pourraient être aussi coûteuses et ostentatoires qu'un *satī* hindou ; quant au pauvre, la crémation serait pour lui plus intéressante que l'inhumation, car bien meilleur marché* — tout au moins jusqu'à ce que le pauvre se mette à imiter le riche, ce qu'il finit toujours par faire. L'adoption de la crémation nous débarrasserait de la camelote de l'humour d'enterrement rebattu ; mais d'un autre côté, elle ressusciterait quantité de vieilles blagues crématoires anodines qui ont eu le temps de se reposer pendant deux mille ans.

Je connais une personne de couleur qui gagne sa vie, comme homme à tout faire, en effectuant des travaux manuels fatigants. Cet homme ne touche jamais plus que quatre cents dollars par an, et comme il a une femme et sept jeunes enfants, la plus petite économie lui est nécessaire pour parvenir sans dette au bout des douze mois. Pour un tel homme, un enterrement est une terrible catastrophe financière. Tandis que je rédigeais l'un des précédents chapitres, cet homme a perdu un petit enfant. Il a parcouru toute la ville avec un ami pour essayer de se procurer

* Quatre ou cinq dollars, c'est le coût minimal. *(N.d.A.)*

un cercueil dans ses prix. Il a acheté le meilleur marché qu'il a réussi à trouver, en bois ordinaire, et teinté. Il lui a coûté *vingt-six* dollars. Il aurait probablement valu moins de quatre dollars s'il avait été fabriqué pour contenir quelque chose d'utile. Sa famille et lui vont souffrir de cette dépense pendant plusieurs mois.

CHAPITRE XLIII

L'art de l'inhumation

Je rencontre quelqu'un que je connais. – Cercueils et maisons chics. – Mrs. O'Flaherty fait monter les enchères. – Épidémies et embaumement. – Six cents dollars pour un bon cas. – Une humeur très joyeuse.

A peu près à la même époque, j'ai rencontré dans la rue un homme que je n'avais pas vu depuis six ou sept ans ; il s'ensuivit quelque chose dans le genre de la conversation rapportée ici. J'ai dit :

— Mais autrefois vous aviez l'air triste et fatigué ; plus aujourd'hui. Où avez-vous trouvé toute cette jeunesse et cette bonne humeur débordante ? Donnez-moi l'adresse.

Il a eu un petit rire joyeux, a ôté son haut-de-forme brillant, a montré du doigt un petit cercle de papier rose dentelé collé dans le fond, avec quelque chose d'écrit dessus, et a continué à glousser tandis que je lisais : « J. B..., Pompes funèbres ». Puis il a remis son chapeau sur sa tête d'un geste brusque, lui a donné une légère inclinaison irrévérencieuse côté sous le vent, et s'est exclamé :

— C'est ça l' truc ! Les temps étaient durs pour moi quand vous me connaissiez — boulot pour une compagnie d'assurances, vous savez ; rudement irrégulier. Un grand incendie, d'accord : bonnes affaires pendant dix jours tant que les gens ont la trouille ; après ça, opérations languissantes jusqu'à l'incendie suivant. Des villes comme celle-là n'ont pas assez souvent de feux — un gars se tape tant de semaines ennuyeuses d'affilée qu'il est découragé. Mais j' vous jure, *ça,* c'est une affaire ! Les gens n'attendent pas d'avoir des exemples pour *mourir !* Non, m'sieur, ils trépassent bien régulièrement — il n'y a pas d'interruption dans les activités d'un croque-mort ! J'ai juste commencé avec deux ou trois vieux cercueils et un corbillard loué, et *maintenant* regardez le truc ! Je me suis fait un boulot, ici, qui comblerait n'importe quel homme. Y'a cinq ans, j' vivais dans un grenier ; aujourd'hui, j'habite dans une maison élégante, avec un toit mansardé et tous les inconvénients modernes.

— Est-ce qu'un cercueil rapporte tant que ça ? On fait beaucoup de bénéfices sur un cercueil ?

— Dites donc ! Comme vous y allez ! (Puis, me lançant un clin d'œil confidentiel, baissant la voix, posant solennellement la main sur son bras :) Écoutez un peu ; y'a une seule chose en ce monde qui n'est jamais bon marché. C'est un cercueil. Y'a une seule chose en ce monde qu'on n'essaie jamais de vous marchander. C'est un cercueil. Y'a une seule chose en ce monde dont on ne dit pas : « J' vais jeter un petit coup d'œil ailleurs et si j' peux pas trouver mieux, j' reviens et j' l'achète. » C'est un cercueil. Y'a une seule chose en ce monde qu'on n' prendra pas en pin si on peut avoir du noyer ; et qu'on n' prendra pas en noyer si on peut avoir de l'acajou ; et qu'on prendra pas en acajou si on peut avoir du fer avec une plaque de couvercle en argent et des poignées en bronze. C'est un cercueil. Et y'a une seule chose en ce monde pour laquelle vous n'avez pas à vous fatiguer à courir après quelqu'un pour qu'il vous paye. Et *c'est* un cercueil. Pigé ? Vraiment, c'est le boulot le plus sûr de la Chrétienté, et le plus chic.

» Bon, écoutez ça. Un riche n'achètera que ce que vous avez de mieux ; et vous pouvez saler la note, aussi — saler la note, et la lui balancer à travers la figure, il ne braillera même pas. Et vous prenez un pauvre, et si vous le travaillez bien, il va se ruiner pour un seul cercueil. Ou spécialement une femme. Par exemple, Mrs. O'Flaherty arrive — une veuve — en s'essuyant les yeux et en faisant dans le genre gémissant. Sort un œil de derrière son mouchoir, bat les paupières pleines de larmes au dessus de mon stock ; dit :

» — Et qu'est-c' qu' vous p'vez ben d'mander pour c'tui-là ?

» — Trente-neuf dollars, madame, je réponds.

» — C't' un bon gros prix, pour sûr, mais Pat s'ra enterré comme un dgintleman, c' qu'il était, même si j' dois m' crever au travail pour ça. J' prendrai c'tui-là, m'sieur.

» — Oui, madame, je fais, et il est vraiment bien, en

plus. Pas luxueux, c'est certain, mais dans cette vie il vaut mieux couper l'habit à sa mesure, comme on dit. (Et comme elle s'éloigne, je laisse échapper, avec l'air de pas y toucher :) Celui-là, avec la doublure de satin blanc, est de toute beauté, mais j'ai peur — bon, soixante-cinq dollars, c'est plutôt... plutôt... mais qu'importe, je me suis senti obligé d'expliquer à Mrs. O'Shaughnessy...

» — C' serait pas qu' vous voulez daire qu' Bridget O'Shaughnessy a ach'té la même bouaite à bijoux pour expédier c' diable d'ivrogne au purgatoire ?

» — Si, madame.

» — Alors Pat ira au paradis dans l' frère jumeau de c' tui-là, si ça prend les derniers sous qu' les O'Flaherty peuvent trouver ; et attention, collez un peu d' supplément et j' vous don'rai un autre dollar.

» Et comme je m'attarde sur la question des écuries de louage, je n'oublie pas de mentionner, bien sûr, que Mrs. O'Shaughnessy a pris pour cinquante-quatre dollars de chevaux et qu'elle a jeté autant de style dans les funérailles de Dennis que si ç'avait été un duc ou un assassin. Et évidemment, la O'Flaherty démarre au quart de tour et elle fait une surenchère sur les quatre chevaux et l'omnibus de la O'Shaughnessy. *C'était* comme ça, mais tout est joué, maintenant ; c'est-à-dire dans cette ville-ci. Les Irlandais entassaient tellement les chevaux, à leurs funérailles, qu'un enterrement les laissait en guenilles et affamés pendant deux ans ; alors le pasteur s'y est collé et a tout fichu en l'air. Il ne leur permet plus que deux chevaux, aujourd'hui, et même parfois un seul.

— Eh bien, dis-je, si vous êtes si joyeux et aimable en temps normal, comment *devez-vous* être pendant une épidémie ?

Il secoua la tête.

— Ben, vous vous trompez, là. Nous n'aimons pas les épidémies. Une épidémie ne paie pas. Euh, bien sûr, ce n'est pas le terme exact, mais ça ne paie pas par rapport au travail régulier. Est-ce que vous ne voyez pas pourquoi ?

— Non.

— Réfléchissez.

— Aucune idée. C'est quoi ?

— C'est juste deux choses.

— Eh bien, lesquelles ?

— L'une, c'est l'embaumement.

— Et l'autre ?

— La glace.

— Comment ça ?

— Ben, en temps normal, quelqu'un meurt, et nous le mettons dans la glace ; un jour, deux jours, peut-être trois, pour attendre la visite de ses amis. Il en faut beaucoup. Ça fond vite. Nous facturons cette glace à des taux formidables, et nous demandons pour le service des prix dignes de ceux qui ont été pratiqués pendant la guerre. Bon, si vous savez pas, en cas d'épidémie, on se dépêche de les amener au cimetière à la minute même où ils arrêtent de respirer. Aucun marché pour la glace, en période d'épidémie. Pareil avec l'embaumement. Vous prenez une famille qu'a les moyens d'embaumer, et ça va tout seul. Vous êtes capable de mentionner seize façons de faire le boulot — bien qu'il n'en existe *qu'une ou deux,* lorsque vous vous en tenez au fond des choses — et ils choisiront la plus chère, à chaque fois. C'est la nature humaine — la nature humaine dans l'affliction. Elle ne raisonne pas, vous voyez. Sur le moment, elle s'en fiche pas mal. Tout ce qu'elle veut, c'est l'immortalité physique pour les morts, et les gens sont tout disposés à payer pour ça. Tout c' que vous avez à faire, c'est just' d'êtr' calme et d'entasser, ils subviendront aux dépenses. Eh bien, mon gars, vous pouvez prendre un défunt qu' vous réussiriez même pas à *donner ;* et vous installez vos instruments d'embaumement autour de vous et vous vous mettez au travail ; et en deux heures il vaut un tranquille six cent dollars — c'est ça *qu'il vaut.* Y'a pas d'équivalent à c' truc, à part vendre des rats au prix des diams en période de famine. Eh ben, vous comprenez, lorsqu'y'a une épidémie, les gens n'attendent pas d'embaumer. Non, vraiment, ils n'attendent pas, et ça fait un mal *de bien* aux affaires, comme on dit — un mal de bien, *de chien,* vous pigez ? C'est notre petite blague, dans la profession *. Bon, faut qu' je file. Venez me voir quand vous aurez besoin de... je veux dire quand vous passez par là, des fois.

Dans l'humeur très joyeuse où il était, il en rajoutait,

* Dans le texte de Twain, le jeu de mot se fait entre *hell-th* (un mal... de tous les diables) et *health* (la bonne santé). Nous avons essayé de trouver un équivalent. *(N.d.T.)*

et si ses propos semblent outrés, ce n'est pas de mon fait. Je n'y ai rien changé.

Avec les brèves références sur l'inhumation données ci-dessus, laissons tomber le sujet. Pour ma part, j'espère être incinéré. J'ai fait cette remarque une fois à mon pasteur, qui m'a répondu, avec un air qu'il pensait sans doute être grave :

— Je ne me ferais pas de souci pour ça, si j'avais ta chance.

Il n'était pas au courant — toute ma famille est fort opposée à cette idée.

CHAPITRE XLIV

Spectacles urbains

Quartiers français et espagnol de la ville. – Mr. Cable et le vieux quartier. – Choux et bouquets. – Vaches et enfants. – La route au revêtement de coquillages. – Le West End. – Un bon repas copieux. – Le pompano. *– La Brigade du Balai. – Peinture historique. – Élocution sudiste. –* Lagniappe.

Le vieux quartier français* de New Orleans — anciennement quartier espagnol — ne ressemble pas à l'extrémité américaine de la ville, laquelle s'étend au-delà du centre commerçant, en brique, qui les sépare. Les maisons sont groupées en pâtés ; sont d'une simplicité austère et digne ; uniformité d'architecture, avec ici et là des exceptions qui font un effet plaisant ; toutes sont crépies, et presque toutes possèdent de longues vérandas aux balustrades en fer à chaque étage. Leur principal charme vient de la teinte profonde, chaude et nuancée dont l'âge et les intempéries ont enrichi le plâtre du crépi. Cela s'harmonise avec leur environnement et semble aussi naturel que le rougeoie-

* Le « Vieux Carré ». *(N.d.T.)*

ment des nuages au soleil couchant. On ne peut imiter correctement cette charmante décoration ; ni la trouver ailleurs en Amérique.

Ces balustrades en fer sont aussi une spécialité. Le motif en est souvent extrêmement léger et délicat, et aérien et gracieux — avec, au centre, un grand chiffre ou un monogramme, une délicate toile d'araignée aux formes compliquées et déconcertantes, en fonte moulue. Les anciennes balustrades étaient fabriquées à la main et sont aujourd'hui relativement rares et d'un prix en proportion. Elles sont devenues des objets de brocante.

Notre groupe a eu le privilège de flâner dans cet ancien quartier de New Orleans en compagnie du meilleur génie littéraire du Sud, l'auteur de *The Grandissimes*[29]. En lui le Sud a trouvé un peintre magistral de sa vie et de son histoire. En vérité, j'ai découvert par expérience qu'un œil non entraîné et un esprit libre pouvaient examiner et étudier et juger le Sud avec plus de clarté et de profit grâce à la lecture des livres de cet écrivain qu'en ayant un contact direct avec cette région.

Avec Mr. Cable qui le regarde pour vous et vous le décrit et vous l'explique et vous l'éclaire, une promenade dans ce vieux quartier est un vif plaisir. Et vous avez une impression *frappante* de choses invisibles ou entr'aperçues — frappante et pourtant trouble et obscure ; vous entrevoyez des traits caractéristiques, mais vous perdez les belles nuances, ou bien vous les saisissez imparfaitement à travers la vision de l'imagination : c'est la situation, pour ainsi dire, de l'étranger ignorant et myope qui voyage à la frontière des horizons vastes et flous des Alpes, accompagné d'un autochtone inspiré, presbyte et éclairé.

Nous avons visité le vieux Saint Louis Hotel, désormais occupé par des services municipaux. Il n'a rien de vraiment remarquable ; mais on peut dire de lui ce que l'on dit de l'Academy of Music de New York : si un balai ou une pelle ont jamais été utilisés à l'intérieur, on n'a aucune preuve indirecte de la chose. Il est curieux que choux, foin et autres plantes ne poussent pas dans l'Academy of Music ; nul doute que cela vient du fait que les sièges arrêtent la lumière et qu'il est impossible de biner la récolte, sauf dans les couloirs. Le fait que les huissiers cultivent dans l'immeuble les fleurs qu'ils se mettent à la boutonnière donne une idée de ce qui pourrait être accompli s'ils avaient le chef jardinier qui convenait à l'établissement.

Nous avons visité aussi la vénérable cathédrale et la jolie place qui s'étend devant elle ; la première baignée d'un clair-obscur de lumière religieuse et la seconde brillant de celle de la terre, et charmante avec ses orangers et ses arbustes en fleurs ; puis nous avons roulé sous le soleil brûlant à travers un désert de bâtiments et au-delà, jusqu'à la vaste zone parfaitement plate où se trouvent les maisons de campagne, et les roues hydrauliques qui drainent la ville, et les prés communaux pleins de vaches et d'enfants ; nous sommes passés devant un vieux cimetière où, nous a dit notre guide, reposaient les cendres d'un ancien pirate ; nous l'avons cru sur parole et ne l'avons pas visité.

C'était un pirate au passé épouvantable et sanguinaire ; et tant qu'il avait préservé de la souillure, dans sa retraite, la dignité de son nom et la grandeur de son ancienne profession, il avait bénéficié des hommages et du respect de tous ; mais lorsque finalement il s'était abaissé à faire de la politique et était devenu un conseiller municipal de rien du tout, le public avait douté de lui, s'était détourné et s'était lamenté. Après sa mort on avait élevé un monument au-dessus de lui ; et petit à petit il avait de nouveau retrouvé le respect — mais ce respect va au pirate, pas au conseiller municipal. Aujourd'hui, le fidèle et le généreux ne se souviennent que de ce qu'il était et ont la charité d'oublier ce qu'il est devenu.

De là, nous avons parcouru quelques miles à travers un marais, sur une route surélevée au revêtement de coquillages, avec un canal d'un côté et une épaisse forêt de l'autre ; et ici et là, dans le lointain, un cyprès en mauvais état, couvert de mousse, aux branches décharnées, se détachant sur une hauteur, bien découpé sur le ciel, et d'une forme aussi bizarre que les pommiers des tableaux japonais — tels furent notre promenade et son environnement. De temps en temps apparaissait un alligator nageant tranquillement dans le canal, ou une pittoresque personne de couleur, sur la rive, lançant telle une statue son reflet rigide sur l'eau calme dans l'attente d'une touche.

Et finalement nous avons atteint le West End, une série d'hôtels aux lignes légères, habituelles aux résidences d'été, entourés de vastes vérandas, et dont les vaguelettes du lac Pontchartrain, immense et bleu, viennent lécher les pieds. Nous avons déjeuné sur une véranda en terrasse, au-dessus de l'eau — avec pour plat principal le célèbre poisson appelé *pompano* *, aussi délicieux que les formes les plus anodines du péché.

Des milliers de gens viennent chaque soir dans le West End et à Spanish Fort, en train et en fiacre, pour y souper, écouter des orchestres, flâner en plein air sous les lampadaires électriques, pêcher sur le lac, et se donner du bon temps de diverses façons.

Nous avons eu plusieurs occasions, à d'autres moments et en d'autres lieux, d'essayer le pompano. En particulier à un dîner de presse, dans l'un des clubs de la ville. Il était ce jour-là dans son absolue perfection, et à la hauteur de sa réputation. A sa suite vint une haute pyramide d'écrevisses écarlates — des grosses ; aussi grosses que le pouce ; délicates, goûteuses, appétissantes. Et aussi une petite friture à la diable ; et aussi des crevettes de premier choix ; et un plateau de petits crabes à la coquille molle d'une race des plus supérieures. Les autres plats, on aurait pu les trouver chez Delmonico, ou à Buckingham Palace ; ceux dont je viens de parler ne pouvaient se rencontrer à un tel point de perfection qu'à New Orleans, je suppose.

Dans l'Ouest et le Sud existe une nouvelle institution — la *Broom Brigade* **. Elle est composée de jeunes

* Le *Trachinotus Carolinus,* de la famille des carangidés ; il ressemble aux liches de l'Atlantique et de la Méditerannée. *(N.d.T.)*

** La brigade du balai. *(N.d.T.)*

femmes qui mettent un uniforme et font les exercices d'infanterie avec un balai à la place du mousquet. C'est très joli, quand on assiste à la répétition. Lorsqu'elles donnent une représentation sur une scène de théâtre, dans le flamboiement de feux colorés, ce doit être un spectacle beau et fascinant. Je les ai vues se livrer à leurs manipulations complexes avec de la grâce, de l'entrain et une admirable précision. Je les ai vu faire avec un balai tout ce qu'un être humain était capable de faire, sauf balayer. Je ne les ai pas vu balayer. Mais je sais qu'elles pourraient apprendre. Ce qu'elles ont déjà appris le prouve. Et si cela se produisait un jour, et qu'elles partent en campagne dans Tchoupitoulas ou certaines autres rues de ce quartier, l'aspect des voies publiques en serait grandement amélioré en quelques minutes. Mais tel ne serait pas le cas pour ces jeunes filles ; si bien qu'on n'y gagnerait rien, après tout.

L'entraînement se déroulait dans l'immeuble de la Washington Artillery. A l'intérieur de celui-ci, nous avons contemplé beaucoup d'intéressantes reliques de la guerre. Et aussi une belle peinture à l'huile représentant le dernier entretien de Stonewall Jackson avec le général Lee[30]. Les deux hommes sont à cheval. Jackson vient juste d'arriver et il aborde Lee. L'œuvre est de grande valeur à cause des portraits, qui sont authentiques. Mais, comme beaucoup d'autres peintures historiques, elle ne signifie rien sans son titre. Et un titre lui irait aussi bien qu'un autre :

Premier entretien entre Lee et Jackson.

Dernier entretien entre Lee et Jackson.

Jackson se présentant à Lee.

Jackson acceptant l'invitation à dîner de Lee.

Jackson déclinant l'invitation à dîner de Lee — avec ses remerciements.

Jackson s'excusant pour une lourde défaite.

Jackson relatant une grande victoire.

Jackson demandant une allumette à Lee.

La toile raconte *une* histoire, et une histoire suffisante ; car elle dit, d'une manière tout à fait claire et satisfaisante : « Voici Lee et Jackson ensemble. » L'artiste lui aurait fait dire que c'était là le dernier entretien entre Lee et Jackson s'il l'avait pu. Mais il ne l'a pas pu, car il n'y avait aucun moyen de le faire. Un bon titre lisible vaut généralement, pour l'information, une tonne d'attitudes et d'expressions significatives dans une peinture historique. A Rome, des gens d'un naturel compatissant pleurent devant le célèbre « Béatrice Cenci la veille de son exécution ». Cela montre ce dont un titre est capable. S'ils ne connaissaient pas le tableau, ils le regarderaient, impassibles, et diraient : « Jeune fille avec le rhume des foins », « Jeune fille avec sa tête dans un sac ».

J'ai trouvé tout aussi agréables à l'oreille qu'auparavant les intonations et les élisions, à demi oubliées, du Sud. Un Sudiste parle en musique. Du moins est-ce de la musique pour moi, mais je suis né dans le Sud. Le Sudiste éduqué n'a que faire du *r*, sauf au début d'un mot. Il dit *honah*, et *dinnah*, et *Gove'nuh*, et *befo' the* *waw* *, et ainsi de suite. Les mots peuvent manquer de charme quand on les voit imprimés, mais ils en ont à l'oreille. Quand le *r* a-t-il disparu de l'élocution sudiste et comment en est-il venu à disparaître ? L'habitude de l'abandonner n'a pas été empruntée au Nord, et ce n'est pas non plus un legs de l'Angleterre. Beaucoup de Sudistes — la plupart d'entre eux — ajoutent un *y* dans certains mots qui commencent par le son *k*. Par exemple, ils disent *Mr. K'yahtah* (Carter) et parlent de « k'warthes » à jouer et de voyage en « k'woitu'e ». Et ils ont la plaisante coutume — depuis longtemps tombée en désuétude dans le Nord — d'employer à tout bout de champ le respectueux *Sir.* A la place du « oui » court et du « non » abrupt, ils disent « Oui, *Suh* », « Non, *Suh* ».

Mais certaines expressions sont malheureuses. Par exemple *like* au lieu de *as* et le rajout d'un *at* là où il n'est pas nécessaire. J'ai entendu un gentleman cultivé expliquer : « comme [*like*] l'officier général fit ». Son cuisinier ou son maître d'hôtel auraient dit : « comme [*like*] l'officier général a fait ». Les gentlemen disent aussi : « Où êtes-vous allé à ? » Et voici la forme aggravée — j'ai surpris un gamin des rues en guenilles qui lançait à un camarade : « J'ai *a*-d'mandé à Tom c' que tu *a*-fabriquais à. » Le meilleur Sudiste utilise sans y faire attention *will* lorsqu'il faut employer *shall* ; et beaucoup emploient « je ne me mettais pas à ça »

* Pour *Honor, diner, governor, before the war* (honneur, dîner, gouverneur, avant la guerre). *(N.d.T.)*

pour signifier « je n'avais pas l'intention de faire ça ». Le mot du Nord *guess* [croire] — importé de Grande-Bretagne, où il était très utilisé, et où il est aujourd'hui considéré par les Anglais sarcastiques comme un original yankee — n'est guère employé par les Sudistes. Ils disent *reckon*. Ils n'ont aucun *does n't* dans leur langue ; ils disent *don't*. Ceux qui manquent d'éducation utilisent souvent *went* pour *gone**. C'est presque aussi mauvais que le nordiste *had n't ought***. *Cela* me rappelle une remarque d'une nature très particulière employée ici, dans mon voisinage (dans le Nord), il y a quelques jours : « Il n'aurait pas fallu qu'il est venu. » Comment ? N'est-ce pas un beau triomphe ? On reconnaît la combinaison, dans cette architecture métisse, sans se poser de questions : un parent nordiste, l'autre sudiste. Aujourd'hui, j'ai entendu une maîtresse d'école demander : « Où a allé John*** ? » Cette forme est si courante — si proche de l'universel, en fait — que si elle avait utilisé *whither***** au lieu de *where*, je crois que cela aurait sonné comme une affectation de langage.

Nous avons appris un excellent mot — un mot dont la découverte valait la peine d'aller jusqu'à New Orleans —, un joli mot souple, expressif, pratique :

* Prétérit et participe passé du verbe *to go* (aller). *(N.d.T.)*
** Il n'aurait pas fallu. *(N.d.T.)*
*** *Is gone*, au lieu de *has gone*. *(N.d.T.)*
**** Ancienne forme littéraire pour « où ». *(N.d.T.)*

*lagniappe**. Ils le prononcent *lanny-yap.* C'est espagnol — d'après eux. Nous l'avons trouvé le premier jour en haut d'une colonne d'informations diverses dans le *Picayune;* avons entendu vingt personnes l'utiliser le deuxième jour ; avons demandé ce qu'il voulait dire le troisième ; l'avons adopté et utilisé facilement le quatrième. Il a un sens restreint, mais je crois que les gens l'étendent un petit peu quand ils en ont envie. C'est l'équivalent du treizième petit pain dans l'expression « treize à la douzaine** ». C'est quelque chose que l'on ajoute, gratis, pour faire bonne mesure. La coutume trouve son origine dans le quartier espagnol de la ville. Quand un enfant ou un serviteur achète quelque chose dans une boutique — ou même le maire ou le gouverneur, pour autant que je sache —, il termine l'opération en disant :

— Donnez-moi un truc en prime.

Le commerçant accepte toujours ; donne au gosse un morceau de bâton de réglisse, donne au serviteur un cigare bon marché ou une bobine de coton, donne au gouverneur... — je ne sais pas ce qu'il donne au gouverneur ; son soutien, probablement.

Lorsqu'on vous invite à boire un verre — et cela se produit en effet de temps à autre à New Orleans —, et que vous répondez :

— Comment, encore ? Non, j'en ai assez.

* « En prime ». *Cf.* la fin du chapitre premier, dans le premier volume. *(N.d.T.)*

** En anglais, *baker's dozen,* littéralement : la « douzaine du boulanger ». *(N.d.T.)*

L'autre partie dit :

— Mais juste encore cette fois — c'est pour la prime.

Quand un galant se rend compte qu'il vient de faire un tas un tout petit peu trop haut de compliments, et qu'il voit à l'expression de la jeune femme que l'édifice aurait été plus beau si l'on avait ôté le compliment du dessus, il met son : « Je vous demande pardon — c'était pas méchant » dans la formule plus brève : « Oh, ça c'est en prime. » Si le serveur d'un restaurant trébuche et fait couler un peu de café sur votre nuque, il dit : « En prime, m'sieur » et il vous apporte une autre tasse sans frais supplémentaires.

CHAPITRE XLV

Sports sudistes

Discussion de gwai'e. *– Combat de coqs. – Trop dur à supporter. – Belle écriture. – Course de mulets.*

Au nord, dans les conversations de tous les jours, on entend mentionner la guerre une fois par mois ; quelquefois même une fois par semaine ; mais comme thème de discussion en tant que tel, elle est dispensée de service depuis longtemps. Il y a des raisons suffisantes à cela. Dans un dîner de six gentlemen, aujourd'hui, il se trouve facilement quatre d'entre eux — et peut-être cinq — qui n'ont jamais mis un pied sur le champ de bataille. Si bien que les chances sont à quatre contre deux, ou cinq contre une, pour que la guerre ne soit le sujet de la conversation à aucun moment de la soirée ; et si l'on aborde la question, les chances sont encore plus grandes pour que cela ne dure pas très longtemps. Si vous ajoutez six dames à cette compagnie, vous avez ajouté six personnes qui ont vu si peu des réalités épouvantables de la guerre qu'elles ont épuisé ce sujet depuis des années et qu'elles s'en lasseraient vite aujourd'hui si vous le mettiez sur le tapis.

La chose est bien différente dans le Sud. Là, chaque homme que vous rencontrez a fait la guerre, et chaque femme que vous rencontrez a vu la guerre. La guerre est le principal sujet des conversations. L'intérêt pour elle est vif et constant; l'intérêt pour le reste est passager. Mentionnez la guerre, et une compagnie endormie se réveille et les langues se délient — là où pratiquement aucun autre propos n'y réussirait. Dans le Sud, la guerre est ce que *l'après J.-C.* est ailleurs : on calcule les dates à partir de là. Tout au long de la journée, vous entendez « situer » les choses suivant qu'elles sont arrivées « depuis la gwai'e » ; ou « pendant la gwai'e » ; ou « avant la gwai'e » ; ou « just' ap'wès la gwai'e » ; ou « à peu pw'ès deux ans » ou « cinq ans » ou « dix ans avant la gwai'e » ou « ap'wès la gwai'e ». Cela montre à quel point chaque personne a été profondément touchée dans son être par cet effroyable épisode. Et l'étranger sans expérience a ainsi une meilleure idée de ce désastre formidable et total qu'est une invasion que celle qu'il peut se faire en lisant des livres au coin du feu.

Dans un club, un soir, un gentleman s'est tourné vers moi et m'a dit, en aparté :

— Vous notez, bien sûr, que nous sommes presque toujours en train de parler de la guerre. Ce n'est pas parce que nous n'avons pas d'autre sujet de conversation, mais c'est que rien n'a autant d'intérêt pour nous. Et il y a une autre raison : pendant la guerre, chacun de nous semble avoir goûté au plus profond de lui-même toute la variété des expériences humaines ; en conséquence, vous pouvez mentionner n'importe quel sujet extérieur, il rappellera certainement à l'un de vos auditeurs quelque chose qui s'est produit pendant la guerre — et celui-ci démarrera là-dessus. Évidemment, ça ramène la conversation sur la guerre. Vous pouvez essayer tout ce que vous voulez pour parler d'autre chose et nous pouvons tous nous joindre à vous et vous aider, mais il n'y aura qu'un seul résultat : un sujet pris au hasard chargera chaque homme de réminiscences de la guerre et le *réduira au silence* aussi, et la conversation finira vraisemblablement par s'arrêter, parce que vous ne pouvez pas raconter des choses sans importance lorsque vous avez dans la tête des idées ou des faits sanglants que vous brûlez d'exprimer.

Le poète était assis pas très loin de nous ; et finalement il s'est mis à parler — de la lune.

Le gentleman qui venait de m'adresser la parole a remarqué dans un autre « aparté » :

— Tenez, la lune est assez éloignée du théâtre de la guerre, mais vous allez voir qu'elle va suggérer à quelqu'un quelque chose sur la guerre ; d'ici dix minutes la lune sera une question classée.

Le poète était en train de dire qu'il avait noté un détail qui le surprenait ; avait eu l'impression qu'ici, vers l'équateur, le clair de lune était beaucoup plus fort et plus brillant que là-haut dans le Nord ; avait eu l'impression que lorsqu'il avait visité New Orleans, des années auparavant, la lune...

Interruption depuis l'autre extrémité de la pièce :

— Laissez-moi expliquer ça. Me rappelle une anecdote. Tout est changé depuis la guerre, pour le meilleur et pour le pire ; mais vous trouverez des gens par ici, nés grincheux, qui ne voient aucun changement, sinon pour le pire. Y'avait une vieille femme nègre qui était comme ça. Un jeune New-Yorkais a dit en sa présence :

» — Quelle merveilleuse lune vous avez ici !

» Elle a soupiré et répondu :

» — Oh, mon Dieu, ché'i, il au'ait fallu qu' tu voies c'te lune avant la gwai'e !

Le nouveau sujet était déjà mort. Mais le poète le ressuscita, et lui donna un second départ.

Une brève controverse s'ensuivit pour savoir si la différence entre le clair de lune du Nord et celui du Sud existait vraiment, ou si elle était seulement le fruit de l'imagination. De la discussion sur le clair de lune, on passa sans difficulté à une discussion sur les méthodes artificielles pour repousser l'obscurité. Puis quelqu'un se souvint que lorsque Farragut s'avança sur Port Hudson par une sombre nuit — en n'ayant aucune envie d'aider les artilleurs confédérés à bien viser — il n'emporta aucune lanterne de bataille mais fit peindre en blanc le pont de ses navires, créant ainsi une luminosité, faible mais précieuse, qui permit à ses hommes d'avancer dans le noir avec une grande facilité. Dès lors, la guerre était de retour sur le tapis — les dix minutes n'étaient pas encore tout à fait écoulées.

Cela ne me dérangeait pas, car des discussions sur la

guerre par des hommes qui l'ont faite sont toujours intéressantes ; alors qu'un discours sur la lune par un poète qui n'y est pas allé a toutes les chances d'être ennuyeux.

A New Orleans, un samedi après-midi, nous nous sommes rendus dans une arène de combats de coqs. Je n'avais encore jamais assisté à un combat de coqs. Il y avait là des hommes et des gamins de tous les âges et de toutes les couleurs et d'un grand nombre de nationalités et parlant beaucoup de langues. Mais j'ai noté une absence tout à fait frappante et surprenante : les traditionnels visages brutaux. Il n'y avait pas de visages brutaux. Sans combat en cours, vous auriez pu faire croire à un étranger que ce rassemblement était une assemblée de prière ; et une fois que les choses eurent commencé, qu'il s'agissait d'un *revival** — à condition de bander les yeux à votre étranger —, vu que les cris étaient quelque chose de prodigieux.

Un nègre et un homme blanc étaient dans l'arène ; tous les autres à l'extérieur. Les coqs ont été amenés dans des sacs ; et le moment venu, ils en ont été sortis par les deux « soigneurs », et ils ont été lissés, caressés, mis en présence l'un de l'autre, et finalement lâchés. Le gros coq noir a immédiatement plongé sur le petit gris et lui a donné un coup d'éperon sur la tête. Le gris a riposté avec vigueur. Alors, la Babel de cris en plusieurs langues a explosé, et à partir de ce moment-là elle

* Réunion pour le renouveau de la foi, où l'on chante des negro-spirituals. *(N.d.T.)*

n'a plus cessé. Une fois que les coqs se furent battus quelques minutes, je me suis attendu à les voir s'écrouler morts d'un instant à l'autre, car ils s'étaient mutuellement crevé les yeux, ils étaient rouges de sang, et si fatigués qu'ils tombaient souvent. Et pourtant ils ne renonçaient pas et ils ne mouraient pas non plus. Toutes les quelques secondes, le nègre et l'homme blanc les remettaient debout, les essuyaient, leur soufflaient doucement de l'eau froide dessus et prenaient leur tête dans leur bouche et les gardaient ainsi un moment — peut-être pour réchauffer la vie qui s'enfuyait ; je ne sais pas. Puis, lorsqu'elles étaient reposées par terre, les deux créatures moribondes trottaient à l'aveuglette, en traînant des ailes, se cherchaient, donnaient encore un ou deux coups au jugé, et retombaient une nouvelle fois, épuisées.

Je n'ai pas vu la fin de la bataille. Je me suis efforcé de la supporter aussi longtemps que j'ai pu, mais c'était un spectacle trop lamentable ; alors je me suis livré à une franche confession à cet effet, et nous nous sommes retirés. Nous avons su plus tard que le coq noir était mort dans l'arène, et qu'il s'était battu jusqu'au bout.

A l'évidence il existe une fascination largement répandue pour ce « sport », pour autant que j'ai pu avoir un certain degré de familiarité avec lui. Je n'ai jamais vu des gens prendre plus de plaisir à quelque chose que cette assemblée à ce combat. Et c'était vrai pour les vieilles têtes grises tout autant que pour les gamins de dix ans. Tous s'abandonnaient à des frénésies de ravissement. Les « séries de combats de coqs » sont une façon inhumaine de se divertir, il n'y a aucun doute là-dessus ; et pourtant, cela semble un sport beaucoup plus respectable et bien moins cruel que la chasse au renard — car les coqs aiment ça. Ils éprouvent du plaisir tout autant qu'ils en donnent ; ce qui n'est pas le cas du renard.

Un jour nous avons « assisté » — au sens français du terme — à une course de mulets. Je crois que j'ai apprécié cette compétition plus que n'importe lequel de ces mulets. Je l'ai appréciée plus qu'aucune autre course d'animaux que j'aie jamais suivie et dont je me souvienne. La grande tribune était bien remplie par toute la beauté et la chevalerie de New Orleans. Cette phrase n'est pas de moi. Elle est du journaliste sudiste. Il s'en sert depuis deux générations. Il s'en sert vingt fois par jour, ou vingt mille fois par jour ; ou un million de fois par jour — suivant les besoins. Il est forcé de l'utiliser un million de fois par jour s'il a l'occasion de parler d'hommes et de femmes respectables aussi souvent ; car il n'a pas d'autre phrase pour cela. Il ne s'en lasse jamais ; elle sonne toujours agréablement à ses oreilles. Il y a là-dedans une espèce de brutalité et de clinquant moyenâgeux très chics qui plaît à son âme barbare et vulgaire. S'il s'était trouvé en Palestine aux premiers temps, nous n'aurions pas eu par lui d'allusions à « beaucoup de gens ». Non, il aurait parlé de « la beauté et la chevalerie de Galilée » rassemblées pour entendre le Sermon sur la montagne. Il est vraisemblable que les hommes et les femmes du Sud en ont assez de cette phrase aujourd'hui, et qu'ils aimeraient bien un changement, mais pour le moment rien ne laisse prévoir qu'ils l'auront.

Le chroniqueur de New Orleans a un style puissant, compact, direct, sans fioritures ; ne gaspille aucun mot et ne fait pas dans la sensiblerie. On ne peut en dire autant du correspondant moyen. En appendice, je cite une bonne lettre rédigée d'une main entraînée ; mais le correspondant moyen crache un style différent. Par exemple :

Le *Times-Democrat* a envoyé un vapeur de secours remonter l'un des bayous, en avril dernier. Ce bateau a accosté à un village, quelque part par là-haut, et le capitaine a invité quelques-unes des dames de ce village à faire un court voyage avec lui. Elles ont accepté et sont montées à bord, et le vapeur s'est mis en route sur le bras d'eau. C'était tout ce qu'il y avait « pour ça ». Et c'est tout ce que le chroniqueur du *Times-Democrat* en aurait tiré. Il n'y avait rien là-dedans, sinon des éléments statistiques, et il n'en aurait rien fait d'autre. Sans doute les aurait-il même mis en tableau, en partie pour s'assurer d'une parfaite clarté de compte rendu et en partie pour gagner de la place. Mais son correspondant spécial connaît d'autres méthodes de maniement des éléments statistiques. Il ne garde tout simplement aucune retenue et se vautre dedans :

> Samedi, tôt le matin, la beauté de l'endroit a embelli notre cabine et, fier de sa belle cargaison, le galant petit bateau a remonté doucement le bayou.

Vingt-sept mots pour dire que les dames ont embarqué et que le bateau s'est mis en route sur le bras d'eau, c'est à l'évidence dix mots gaspillés, et c'est fatal aussi à la concision du compte rendu.

L'ennui avec le journaliste sudiste, c'est... les Femmes. Elles le troublent ; elles le déséquilibrent. Il est simple et sensé et satisfaisant jusqu'à ce qu'une femme paraisse à l'horizon. Alors il part en morceaux ; son esprit vacille ; il commence à faire de grandes phrases et devient idiot. A la lecture de l'extrait ci-dessus, vous imaginez sans doute que cet élève de sir Walter Scott est un débutant et ne connaît à peu près rien de l'utilisation d'une plume. Au contraire, dans sa longue lettre, il fournit de nombreuses preuves qu'il sait assez bien s'en servir quand il n'y a pas de femmes dans les environs pour lui donner la maladie de la fleur artificielle. Par exemple :

> A quatre heures, des nuages sinistres commencèrent à se rassembler au sud-est, et finalement du golfe arriva un coup de vent dont la violence augmentait à chaque minute. Ce n'était pas prudent de quitter le débarcadère, et l'on retarda donc le départ. Les chênes agitaient les longues boucles de leurs barbes de mousse sous les poussées du vent, et l'ambitieux bayou faisait de minuscules vagues pour imiter de plus vastes étendues d'eau. Une accalmie permit de partir, et nous voguâmes vers notre port d'attache sous un ciel d'encre et dans un grand vent. Tandis que l'obscurité augmentait lentement, ils étaient peu nombreux, à bord, ceux qui ne souhaitaient pas être plus près de chez eux.

Il n'y a aucun problème avec ce qui précède. C'est une bonne description, et concise. Pourtant la tentation était grande, là, de se laisser aller à des effets grandiloquents.

Mais revenons à nos mulets. Depuis que je les ai abandonnés, j'ai farfouillé un peu partout et je suis tombé sur un compte rendu complet de la course. J'y ai trouvé la confirmation de la théorie que je viens juste d'aborder — à savoir que le problème du journaliste sudiste, ce sont les Femmes : les Femmes, ajoutées à Walter Scott et ses chevaliers et la beauté et la chevalerie, et ainsi de suite. Tant que les femmes restent à l'écart, c'est un excellent article. Mais lorsqu'elles surviennent nous avons droit à ce résultat délirant :

> Il s'écoulera sans doute beaucoup de temps avant que la tribune des dames montre à nouveau, comme ce fut hier le cas, une telle mer avec la beauté pour écume. Les femmes de New Orleans sont toujours charmantes, mais jamais autant qu'à cette époque de l'année, lorsque dans leurs délicates toilettes printanières elles amènent avec elles un souffle de fraîcheur parfumée et une indicible odeur de sainteté. La tribune était si bondée, avec toutes ces dames, que plus d'un homme, marchant au-dessous et ne voyant aucun moyen d'approcher, a compris pour la première fois ce qu'ont ressenti les Péris * aux portes du paradis, et s'est demandé quel serait l'inestimable bienfait qui lui permettrait d'être admis en leur présence sacrée. Étincelaient sur leurs

* Créature surnaturelle du folklore perse, sorte d'elfe de feu chassé du paradis. *(N.d.T.)*

> poitrines ou leurs épaules vêtues de blanc les couleurs de leurs chevaliers favoris, et, hormis le fait que les preux héros apparurent sur des mulets peu romantiques, l'on se serait facilement imaginé à l'une des fêtes du roi Arthur.

Il y avait treize mulets dans la première épreuve ; c'étaient des mulets en tout genre ; toute sorte de couleurs, d'allures, de dispositions, d'apparences ; certains étaient de belles créatures, et d'autres non ; certains avaient le poil luisant, d'autres n'avaient pas été brossés récemment ; certains étaient guillerets et folâtres, en toute innocence ; d'autres étaient pleins de méchanceté et de malveillance ; à voir leur apparence, certains estimaient que l'affaire en cours c'était la guerre, certains jugeaient que c'était une farce, et les autres la prenait pour un événement religieux. Et chaque mulet agissait suivant ses convictions personnelles. Le résultat était une absence d'harmonie, largement compensée par une évidente présence de diversité — une diversité d'un genre pittoresque et distrayant.

Tous les cavaliers étaient de jeunes gentlemen de la bonne société. Si le lecteur se demandait pourquoi les dames de New Orleans suivaient une bacchanale aussi humble qu'une course de mulets, le mystère est désormais résolu. C'est un caprice de la mode. Tous ceux qui sont impliqués là-dedans sont des gens à la mode.

C'est un grand plaisir, et sincèrement apprécié. La course de mulets est l'un des grands événements de l'année. Elle a mis en avant quelques beaux mulets rapides. L'un d'eux a dû être éliminé, car il courait si vite qu'il transformait la chose en une compétition pour un seul mulet et lui ôtait l'un de ses principaux charmes — la diversité. Mais de temps à autre quelqu'un le travestissait sous un nouveau nom et une nouvelle couleur et le remettait en piste.

Les cavaliers étaient vêtus de costumes de jockey en soie, en satin et en velours aux teintes éclatantes.

Les treize mulets ont démarré en masse après deux faux départs et ils ont pris leurs jambes à leur cou avec un prodigieuse énergie. Comme chaque mulet et chaque cavalier avait une opinion différente sur la façon de mener la course, et sur le choix du meilleur côté de la piste suivant les circonstances, et sur le nombre de fois où celle-ci devait être traversée, et sur le moment où il fallait entrer en collision et celui où il ne le fallait pas, ces vingt-six opinions contradictoires ont créé une confusion des plus fantastiques et pittoresques, et le spectacle qui en a résulté a été d'un comique à mourir de rire.

Épreuve d'un mile ; temps, 2 min 22 s. Huit des treize mulets distancés. J'avais parié sur un mulet qui aurait gagné si l'on avait inversé le sens du défilé. La deuxième course fut très amusante ; de même que la « course de consolation pour les mulets battus » qui suivit un peu plus tard ; mais la première avait été la meilleure à cet égard.

Je crois que la plus agréable, et de loin, de toutes les courses, c'est celle de vapeurs ; mais tout de suite après, je préfère la joyeuse et rigolote ruée des mulets. Deux vapeurs chauffés à blanc, déchaînés, bord à bord, tirant sur chacun de leurs nerfs — c'est-à-dire sur chaque rivet de leurs chaudières —, tremblant et frémissant et gémissant de la proue à la poupe, crachant de la vapeur blanche de leurs tuyaux, déversant de la fumée noire de leurs cheminées, faisant pleuvoir des étincelles, partageant le fleuve en de longues brèches d'écume chuintante — voilà un sport qui vous incite vraiment à vous tordre de plaisir. Une course hippique est plutôt terne et anodine en comparaison. Et pourtant, une course de chevaux pourrait être assez bien, dans son genre, peut-être, s'il n'y avait pas ces faux départs pénibles et fatigants. Mais personne n'est jamais tué. Du moins personne ne l'a été lors des courses auxquelles j'ai assisté. Certains ont été estropiés, c'est vrai ; mais cela ne vaut pas grand-chose.

CHAPITRE XLVI

Enchantements et enchanteurs

Mardi gras. – La Mystic Crewe. – Rex et reliques. – Sir Walter Scott. – Un monde ramené au passé. – Titres et décorations. – Un changement.

L'événement annuel le plus important de New Orleans, nous arrivâmes trop tard pour en profiter — il s'agit des festivités du Mardi gras. Il y a vingt-quatre ans, j'ai vu ici la procession de la Mystic Crewe of Comus *— avec chevaliers et nobles, et ainsi de suite, vêtus de somptuosités de soie et d'or fabriquées à Paris, dessinées et achetées pour cette seule nuit ; et dans leur cortège toute sorte de géants, de nains, de monstres et autres divertissantes bizarreries —, un genre de spectacle sensationnel et merveilleux, qui défilait solennellement, en silence, dans la rue, à la lueur de torches fumantes et tremblotantes ; mais on dit que ces der-

* La Mystic Krewe of Comus est la première équipe de Blancs constituée par les Louisianais pour organiser le défilé du Mardi gras. Elle a eu la responsabilité de la parade « avec attelages » de 1857. *(N.d.T.)*

nières années le spectacle a extrêmement augmenté, en coût, en splendeur et en diversité. Il y a un personnage principal — « Rex » ; et si je me souviens bien, ni ce roi, ni personne de sa grande cour de subordonnés n'est connu du public. Ce sont tous des gentlemen de condition et des personnalités ; et c'est un grand honneur d'appartenir à l'organisation ; et, donc, le mystère sous lequel ils dissimulent leur identité, c'est seulement pour entretenir le romanesque, et non à cause de la police.

Le Mardi gras est, bien sûr, un vestige de l'occupation française et espagnole, mais j'estime que le côté religieux en a été bien éliminé aujourd'hui. Sir Walter a eu l'avantage sur les messieurs aux capuchons et aux rosaires, et il se maintiendra. Ses histoires médiévales, complétées par les monstres et les bizarreries et les plaisantes créatures du royaume des fées, sont plus agréables à regarder que les inventions et les spectacles pauvres et invraisemblables de la foule qui s'amusait à l'époque du prêtre, et ils servent tout aussi bien, peut-être, à donner de l'importance à ce jour et à prévenir les hommes que la ligne de grâce entre la saison terrestre et la saison céleste est atteinte.

Jusqu'à une date récente ce grand spectacle du Mardi gras a été la propriété exclusive de New Orleans. Mais à présent il s'est étendu à Memphis et à Saint Louis et à Baltimore. Il a probablement atteint ses limites. C'est quelque chose qui pourrait difficilement exister dans le Nord prosaïque ; n'y durerait certainement qu'un temps très bref ; aussi brièvement qu'il tiendrait à

Londres. Car l'âme de la chose, c'est le romanesque, et non le comique et le grotesque. Ôtez les mystères romanesques, les rois et les chevaliers et les titres ronflants, et le Mardi gras mourrait, ici dans le Sud. Et le véritable trait qui le maintient en vie dans le Sud — le romanesque pour jeunes filles — le tuerait dans le Nord ou à Londres. Puck et Polichinelle, et la presse universelle, lui tomberaient dessus et se moqueraient de lui sans pitié, et sa première sortie serait aussi la dernière.

Deux bienfaits compensent les crimes de la Révolution française et de Bonaparte : la Révolution a brisé les chaînes de l'*ancien régime* * et de l'Église, et transformé une nation d'esclaves pitoyables en une nation d'hommes libres ; et Bonaparte a fait passer le mérite au-dessus de la naissance et a si totalement, aussi, dépouillé la royauté de sa divinité que là où, auparavant, les têtes couronnées d'Europe étaient des dieux, elles ne sont plus que des êtres humains désormais, et ne pourront plus jamais être autre chose que des personnages purement décoratifs, forcés de répondre de leurs actes à l'instar du commun des mortels. De tels bienfaits compensent le mal temporaire que firent Bonaparte et la Révolution, et pour ces services immenses et permanents rendus à la liberté, à l'humanité et au progrès, le monde a une dette envers eux.

Et puis arrive sir Walter Scott avec ses enchantements, et par son seul pouvoir il enraie cette vague de

* En français dans le texte.

progrès et il lui fait même faire machine arrière ; à cause de lui, le monde tombe amoureux de rêves et de fantômes ; de formes de religion décadentes et bestiales ; de systèmes de gouvernement décadents et dégénérés ; de niaiseries et de stupidités, de fausses grandeurs, de fastes factices et de fausses conduites chevaleresques d'une société sans cervelle et sans valeur, depuis longtemps disparue. Il a causé un mal infini ; un mal plus réel et plus durable, peut-être, que n'importe quel autre individu qui jamais prit la plume. La majeure partie du monde a aujourd'hui survécu à une bonne part de ces maux, quoique nullement à tous ; mais dans notre Sud ils fleurissent encore assez vigoureusement. Pas aussi vigoureusement qu'il y a une demi-génération, peut-être, mais avec encore assez de force. Ici, la civilisation authentique et simple du XIXe siècle est curieusement confondue et mélangée avec la fausse civilisation du Moyen Âge de Walter Scott, si bien que vous trouvez des idées pratiques, sensées et progressistes mêlées au duel, au discours ampoulé et au romanesque stérile d'un passé absurde qui est mort et qui, par charité, devrait être enterré. Sans la maladie de sir Walter, le caractère du Sudiste — ou *Southron*, suivant la terminologie plus guindée de sir Walter — serait totalement moderne, au lieu d'être un mélange de modernité et de médiévalisme, et le Sud aurait au moins une génération d'avance par rapport à aujourd'hui. C'est sir Walter qui, avant la guerre, a fait de chaque gentleman du Sud un commandant ou un colonel, ou un général ou un juge ; et c'est à cause de lui, aussi, que ces gentlemen prisèrent toutes ces décorations bidon. Car c'est lui qui a donné naissance ici à un rang et une caste, et aussi à la vénération pour le rang et la caste, et à la fierté et au plaisir que l'on y trouve. On a assez chargé l'esclavage pour ne pas lui attribuer en plus ces créations et ces contributions de sir Walter.

Sir Walter a tellement trempé dans la fabrication du caractère sudiste, tel qu'il existait avant la guerre, qu'il est dans une grande mesure responsable de la guerre. Cela semble un peu dur, envers un homme mort, de prétendre que nous n'aurions jamais dû avoir de guerre sans lui ; et pourtant on peut peut-être avancer un argument plus ou moins plausible pour étayer cette folle proposition. Le Sudiste de la révolution américaine possédait des esclaves ; et aussi le Sudiste de la guerre civile ; mais le premier ressemble au second comme un Anglais ressemble à un Français. Le changement de caractère peut être attribué plus aisément à l'influence de sir Walter qu'à n'importe quel autre fait ou n'importe quelle autre personne.

On peut observer, grâce à un ou deux indices, combien cette influence fut profonde, et combien elle est encore solide. Si l'on prend une revue littéraire du Nord ou du Sud d'il y a quarante ou cinquante ans, on la trouvera pleine d'une « éloquence », d'une sentimentalité et d'un romanesque verbeux, ampoulés et fleuris — tous imités de sir Walter, et plutôt mal —, innocentes parodies de son style et de ses méthodes. Ce genre de littérature étant la mode dans les deux parties du pays, c'était l'occasion d'une compétition des plus loyales ; et par conséquent le Sud était capable d'aligner autant de signatures connues, proportionnellement à sa population, que le Nord.

Mais un changement s'est produit, et il n'y a plus, à présent, de possibilité de compétition honnête entre le Nord et le Sud. Car le Nord a rejeté ce vieux style boursouflé, alors que l'écrivain du Sud s'y accroche toujours — s'y accroche et, par voie de conséquence, a un marché réduit pour sa production. Aujourd'hui, dans le Sud, il y a autant de talent littéraire qu'autrefois, bien sûr ; mais ses créations ne peuvent trouver qu'une faible audience dans les conditions actuelles ; les auteurs écrivent pour le passé, non pour le présent ; ils utilisent des formes obsolètes et un langage mort. Mais lorsqu'un Sudiste de génie écrit un anglais moderne, son livre ne se déplace plus sur des béquilles, il vole ; et ses ailes le transportent rapidement partout en Amérique et en Angleterre, et dans les grandes maisons d'édition allemandes qui publient des traductions de l'anglais — comme en témoigne l'expérience de Mr. Cable et d'Oncle Rémus, deux des très rares auteurs sudistes qui n'écrivent pas dans le style sudiste. Au lieu de trois ou quatre noms largement connus, le Sud devrait en avoir une ou deux douzaines — et il les aura lorsque le temps de sir Walter sera révolu.

Une curieuse démonstration du fait qu'un seul livre peut produire du bon ou du mauvais nous est donnée par les effets engendrés respectivement par *Don Quichotte* et *Ivanohé*. Le premier a débarrassé le monde de l'admiration pour la folie chevaleresque médiévale ; et l'autre a ressuscité celle-ci. En ce qui concerne notre Sud, le bon travail de Cervantès est presque complètement lettre morte, tant l'œuvre pernicieuse de Scott l'a efficacement sapé.

CHAPITRE XLVII

Oncle Rémus et Mr. Cable

Oncle Rémus. – Les enfants sont déçus. – Nous lisons à haute voix. – Mr. Cable et Jean-ah Poquelin. – Offense involontaire. – The Gilded Age. *– Une combinaison impossible. – Le propriétaire se matérialise et proteste.*

Mr. Joel Chandler Harris *(Oncle Rémus)* devait arriver d'Atlanta à sept heures, dimanche matin ; nous nous sommes donc levés et l'avons accueilli. Nous avons pu le reconnaître dans la foule des arrivants à la réception de l'hôtel parce qu'il correspondait à une description de lui qui nous avait été fournie par une source digne de foi. On disait qu'il était d'une taille au-dessous de la moyenne, avec des cheveux roux et un certain nombre de taches de rousseur. C'était le seul homme du groupe dont l'apparence extérieure collait à cette liste de signes particuliers. On disait aussi qu'il était très timide. C'est un homme timide. Cela ne fait aucun doute. Peut-être que cela ne se voit pas en surface, mais la timidité est là. Après des jours d'intimité, on s'étonne de constater qu'elle est toujours présente, avec autant de force. Il y a une très belle nature cachée là derrière, comme le savent tous ceux qui ont lu *Oncle Rémus ;* et un sacré génie, aussi, tout le monde en a eu la même preuve. Je donne l'impression d'évoquer assez librement ce voisin ; mais en parlant au public je ne m'adresse qu'à ses amis personnels, et ces choses-là sont permises entre amis.

Il a profondément déçu un certain nombre de gamins qui s'étaient attroupés avec empressement devant la maison de Mr. Cable pour jeter un œil au sage et à l'oracle illustre des chambres d'enfants de la nation. Ils s'exclamèrent :

— Hé ! Mais il est blanc !

Cela leur fit de la peine. Aussi, pour les consoler, on apporta le livre afin de leur faire entendre l'histoire de la poupée de goudron d'oncle Rémus de la bouche d'oncle Rémus en personne — ou du moins de ce qui restait de lui à leurs yeux outragés. Mais il s'est trouvé que celui-ci n'avait jamais fait de lecture publique, et qu'il était trop timide pour s'y risquer maintenant. Mr. Cable et moi-même, nous avons lu des passages de nos livres pour lui montrer combien c'était facile ; mais sa timidité immortelle resta imperméable à une aussi judicieuse stratégie, si bien que nous dûmes raconter les histoires de Frère Lapin nous-mêmes.

Mr. Harris devait être capable de lire le dialecte nègre mieux que tout le monde, parce que du point de vue de l'écriture, c'est le seul maître que le pays ait produit. Mr. Cable est le seul maître pour l'écriture des dialectes français que le pays ait produit ; et il les déclame à la perfection. C'était un régal de l'entendre lire des choses sur Jean-ah Poquelin et sur Innerarity et sa célèbre « painntu'e » représentant « la Louisihanna rif-fusant d'en-en-trer dans l'Union », avec des passages de dialecte germanique joliment nuancé tirés d'un roman toujours à l'état de manuscrit.

Il ressortit de la conversation qu'en deux occasions différentes Mr. Cable avait eu des problèmes ridicules pour avoir utilisé dans ses livres des noms français presque impossibles qui, néanmoins, se trouvaient être portés par des citoyens vivants et susceptibles de New Orleans. Ses noms étaient soit des inventions soit des emprunts à un passé ancien et révolu, je ne m'en souviens plus exactement aujourd'hui ; mais en tout cas, les vivants qui les portaient se sont manifestés et ils ont été très choqués que l'on s'intéressât à eux et que leurs affaires fussent mises ainsi, à l'excès, sur la place publique.

Mr. Warner[31] et moi-même avons connu une aventure du même genre lorsque nous avons publié le livre intitulé *The Gilded Age**. Il y a dans cet ouvrage un personnage nommé « Sellers ». Je ne me souviens pas quel fut son premier nom, mais de toute façon Mr. Warner ne l'aimait pas, et il voulait quelque chose de mieux. Il me demanda si j'étais capable d'imaginer quelqu'un qui s'appellerait « Eschol Sellers** ». Bien sûr je lui ai répondu que je ne le pouvais pas,

* « L'âge doré. » *(N.d.T.)*

** Jeu de mots sur *eschscholtzia,* herbacée à grandes fleurs très connue en Amérique du Nord. *(N.d.T.)*

sans stimulants. Il m'a expliqué qu'au fin fond de l'Ouest, une fois, il avait rencontré et contemplé et vraiment salué en lui serrant la main un homme qui portait ce nom impossible : « Eschol Sellers ». Il a ajouté :

— C'était il y a vingt ans. Son nom l'a probablement tué depuis ; et dans le cas contraire il ne verra jamais le livre, de toute façon. On lui confisquera son nom. Celui que tu utilises est commun, et donc dangereux ; il y a sans doute un millier de Sellers qui le portent, et la horde tout entière sera après nous ; mais Eschol Sellers est un nom sûr — c'est un roc.

Si bien que nous avons emprunté ce patronyme ; et lorsque le livre fut sorti à peu près depuis une semaine, l'un des plus nobles et des plus beaux et des plus aristocratiques des hommes blancs qui eussent jamais vécu se manifesta, avec le plus formidable procès en diffamation dans sa poche — bon, en bref, nous avons eu sa permission de détruire une édition de dix millions d'exemplaires du livre* et de transformer ce nom en « Mulberry**Sellers » dans les futures éditions.

*

[Prévu à l'origine pour constituer le chapitre suivant.]

Il y a une chose que je n'ai pas trouvée dans le Sud — l'esclavage africain. Cette horreur est terminée, et

* Chiffre cité de mémoire et probablement incorrect. Je pense que c'était davantage. *(N.d.A.)*

** Mûrier. *(N.d.T.)*

définitivement. La moitié du Sud est donc finalement émancipée, la moitié du Sud est libre. Mais la moitié blanche est apparemment aussi loin de l'émancipation que jamais.

Les Sudistes sont « unanimes » pour un parti politique unique. C'est difficile à expliquer ; c'est-à-dire dans une région censée être libre. Les êtres humains sont ainsi faits que si vous prenez cent, mille ou un million de personnes intelligentes et réfléchies, et que vous réussissiez à les convaincre qu'elles sont libres de tout danger individuel ou qu'elles ne risquent aucune excommunication sociale en raison de leurs opinions, il est absolument impossible qu'elles se lient volontairement à une quelconque secte, religieuse ou politique. Tout être pensant, dans le Sud et ailleurs, sait cela ; c'est un truisme.

Prenez un pays de gens « unanimes », n'importe où : on en conclura facilement qu'il s'agit d'une communauté de sauvages. Mais ici on a les faits — pas des hypothèses, mais des faits —, et je pense qu'ils gâchent cette conclusion. La grande masse des Sudistes, à la ville comme à la campagne, est de bon voisinage, amicale, hospitalière, pacifique, et elle éprouve de l'aversion pour les querelles et les complications. Les Sudistes appartiennent à l'église et la fréquentent ; ils observent le sabbat ; ils tiennent leurs promesses ; en affaires, ce sont des hommes d'honneur, et honnêtes ; là où leurs préjugés ne prennent pas le dessus, ils sont justes et ils aiment voir appliquer la justice ; ils sont capables de raisonner, et ils raisonnent.

Ces caractéristiques ne s'appliquent pas à une communauté de sauvages, elles s'appliquent à son exact contraire, une excellente communauté ; comment ses membres parviennent à voter tous de la même façon, c'est là un problème difficile. Qu'une telle population puisse être entièrement démocrate ou entièrement républicaine semble contre nature.

Il se peut qu'un ou deux faits mineurs nous aident à approcher de la solution. Dans le Nord on imagine que le Sud est un vaste et sanglant champ de meurtres, et que chaque homme est armé, et qu'il a ôté à un moment ou un autre la vie d'un voisin. Or, en réalité, la grande masse des Sudistes n'est pas armée et ne se querelle pas. Dans la ville de New York, où l'assassinat semble si affreusement commun, la puissante majorité, l'écrasante majorité des citoyens n'a jamais vu, en l'espace d'une vie entière, une seule arme dégainée. C'est le cas dans le Sud. La plupart des gens n'y sont pas familiarisés avec le meurtre ; ils n'ont jamais assisté à un meurtre. Il y a eu des milliers d'assassinats dans le Sud ; les assassinats y sont beaucoup plus communs que dans le Nord ; mais ils sont éparpillés sur un vaste territoire ; dans les petites villes, de longs intervalles de temps s'écoulent entre des événements de ce genre ; et tant dans les petites cités que dans les grandes, c'est un hasard si une demi-douzaine de personnes sont témoins d'un meurtre — les autres membres de cette communauté ne sont pas là et ils peuvent vivre vieux et mourir sans jamais avoir vu un tel événement.

Comme je l'ai dit, la plupart des Sudistes ne sont en

aucun cas des familiers du meurtre. Et comme ils ont des dispositions pacifiques et qu'ils sont aussi habitués à vivre en paix, ils ont le meurtre et la violence en horreur. On croit partout que le tempérament sudiste est particulièrement chaud ; alors qu'en vérité le tempérament du Sudiste moyen n'est pas plus chaud que celui du Nordiste moyen. Le tempérament du Nordiste, à cause de l'éducation, de l'hérédité et de la crainte de la loi, est mieux maîtrisé, voilà tout. Dans un pays sauvage où les instincts de naissance peuvent remonter à la surface, c'est évident. En Californie, au Nevada et au Montana, la plupart des desperados et les plus redoutables d'entre eux n'étaient pas du Sud, mais bien du Nord.

Cela dit, dans chaque communauté, du Nord comme du Sud, il y a une tête brûlée, ou une douzaine ou une centaine, suivant la distribution de la population ; le reste de la communauté est composé de gars tranquilles. Que représentent ces têtes brûlées, dans le Nord ? Rien. Qui a peur d'elles ? Personne. Leurs têtes ne brûlent jamais au point de ne pas garder suffisamment de sang-froid pour se souvenir qu'elles font partie d'un peuple qui ne se laisse pas marcher sur les pieds par des individus dans leur genre ; un peuple qui, bien qu'il ne soit pas insensé au point de pendre ceux-ci sur de simples soupçons et sans procès, ni au point de les juger, de les condamner et puis de les laisser partir, leur donnera une chance juste et équitable devant les tribunaux, un peuple qui, s'ils sont déclarés coupables, les punira d'une peine d'emprisonnement ou de la corde.

Dans le Sud, la situation est très différente. La seule tête brûlée défie le hameau ; la demi-douzaine ou la douzaine défient le village ou la ville ; dans le Sud, on a une expression courante : on dit de tel ou tel vaurien qu'il est « la terreur de la ville ». Pourrait-il aller dans le Nord et être la terreur d'une ville ? C'est impossible. La détermination nordiste, le soutien de la loi nordiste, c'est trop, même pour les « Molie Maguires », aussi puissante, nombreuse et déterminée qu'ait été cette diabolique organisation secrète*. Mais elle aurait pu vivre longtemps dans le Sud ; car là, les tribunaux n'ont pas pour règle de pendre les meurtriers.

Pourquoi ? Est-ce le fait de constater que le gros de la communauté déteste le meurtre ? C'est difficile à dire. Sont-ils simplement léthargiques ? indifférents ? Manquent-ils d'esprit public ?

Leurs jurés s'abstiennent de condamner même dans les affaires les plus évidentes. Que cela déplaise aux citoyens, on le voit dans le fait que, très souvent, ce

* Groupe de mineurs du charbon responsable, croit-on, de la vague de terrorisme qui frappa les bassins houillers de Pennsylvanie et de Virginie-Occidentale de 1862 à 1876, en raison des conditions de travail très dures et de la discrimination de l'emploi en défaveur des immigrants irlandais. Ce groupe s'était donné le nom d'une veuve qui avait pris la tête des agitateurs irlandais dans les années 1840. Les propriétaires engagèrent un détective pour infiltrer le groupe, et de 1875 à 1877, une série de procès s'ensuivit ; dix hommes furent pendus. *(N.d.T.)*

déni de justice soulève tellement l'indignation de la population que celle-ci se met en colère, fait irruption dans la prison, en arrache son homme et le lynche. C'est là une preuve tout à fait suffisante qu'elle n'approuve ni le meurtre, ni les meurtriers. Mais cette centaine d'hommes, ou ces deux centaines, font généralement cet acte de justice publique après s'être masqués. Ils vont à leur sinistre travail la conscience tranquille, mais le visage dissimulé. Ils savent que la loi n'interviendra pas — du moins autrement que pour la forme —, et ils savent que la communauté applaudira à leur action. Et cependant, ils se déguisent.

L'autre jour, au Kentucky, un témoin a déposé au tribunal contre un jeune homme, ce qui a valu à celui-ci une amende pour avoir violé une loi. Le jeune homme est rentré chez lui et a pris son fusil de chasse et a fait rapidement son affaire à ce témoin. Il n'a pas inventé cette méthode de correction des témoins ; elle a déjà été utilisée auparavant dans le Sud. Peut-être que ce détail explique le peu d'empressement que montrent ici les témoins à déposer à la barre ; et aussi le peu d'empressement des jurés à condamner ; et peut-être aussi le penchant des lyncheurs à se rendre déguisés à leur macabre travail.

Le courage individuel est une qualité rare. Partout dans le monde chrétien — hormis, peut-être, dans le Sud profond —, le citoyen moyen n'est pas courageux, il est peureux. Peut-être est-il peureux en bas dans le Sud, aussi. Si l'on en croit le *Times-Democrat,* « l'amusement favori des voyous de New Orleans, c'est de prendre d'assaut les derniers tramways, de racketter les hommes et d'insulter les dames ». Ils fument, ils parlent grossièrement, ils résistent avec succès au conducteur lorsqu'il leur demande leurs billets. Tout ceci se produit, et ils ne reçoivent aucun mauvais coup. Apparemment, le citoyen sudiste moyen est comme le citoyen nordiste moyen — il n'aime pas se brouiller avec un vaurien.

L'autre jour, au Kentucky, un seul voleur de grands chemins, revolver au poing, a arrêté une diligence et a dépouillé les passagers, dont certains étaient armés — et il est reparti sain et sauf. Le Kentuckien hors norme, étant courageux, n'a pas peur d'attaquer une demi-douzaine de Kentuckiens moyens ; et son audacieuse entreprise réussit — probablement parce que le Kentuckien moyen est comme l'être humain moyen, non pas courageux, mais peureux.

Il est un domaine où le Nordiste moyen semble avoir une longueur d'avance sur le Sudiste moyen : il se regroupe avec ses camarades timorés pour défendre la loi (au moins en ce qui concerne le meurtre), pour protéger les juges, les jurés et les témoins, et aussi pour mettre tous les citoyens à l'abri du danger individuel, de la calomnie ou de l'ostracisme social qu'ils risqueraient en raison de leurs opinions politiques ou religieuses ; alors que les Sudistes moyens ne se regroupent pas pour défendre ces intérêts importants, et laissent chacun y veiller seul ; avec pour conséquence le meurtre impuni, en dépit de l'approbation populaire, ainsi que le déclin et la disparition de l'indépendance de réflexion et d'action en politique.

Je tire le paragraphe suivant d'un article récent de l'*Evening Post*, publié à Louisville, Kentucky. Les italiques sont de moi :

> Il ne sert à rien de mâcher ses mots. La situation sociale de l'État est pire que jamais. Les meurtres sont plus fréquents, le châtiment plus léger, les grâces plus nombreuses, et les abus plus flagrants que dans toute période dont nous nous souvenons, en remontant quinze ans en arrière. Les choses empirent quotidiennement. La particularité la plus alarmante de toutes, c'est l'*indifférence* du public. Personne ne semble voir le carnaval de crime et de chaos social vers lequel nous glissons rapidement. Personne ne semble tirer la leçon des événements actuels. Personne ne semble réaliser le danger suspendu aujourd'hui au-dessus de nos têtes. *Les appels aux hommes aimant l'ordre et respectueux de la loi apparaissent vains et inutiles. C'est difficile de les faire bouger.* D'horribles tragédies devant leurs portes ne les aident pas à voir les démons qui affligent le Kentucky, qui mettent en danger la vie des citoyens de cet État, et qui nous ferment aux courants de l'immigration et du commerce, et qui nous font passer aux yeux du reste du monde pour une bande téméraire, mécréante et puante de hors-la-loi et de meurtriers.

Ce chroniqueur n'est pas indifférent. Il est même le contraire d'un indifférent. Pense-t-il être le seul ? C'est impossible qu'il le soit. Je crois qu'il exprime sans aucun doute le sentiment général de l'État. Mais celui-ci n'est pas *organisé*, et donc inefficace. Une fois organisé, il serait très puissant en la circonstance ; l'état de fait dont se plaint le chroniqueur serait réglé. Mais les choses ne vont pas se mettre en place toutes seules ; quelqu'un doit prendre sur lui la tâche désagréable de faire le premier pas. Dans la région de Knoxville, dans le Tennessee, cette tâche a été menée à bien, et un mouvement est maintenant sur pied pour réunir et organiser les meilleurs citoyens afin de protéger les tribunaux, les jurés et les témoins. Il n'y a pas de raison pour que l'expérience échoue ; et si elle réussit, il n'y a pas de raison pour que la réforme ne se développe pas.

En ce qui concerne la liberté politique des Blancs à New Orleans, je prends quatre pages au hasard dans le répertoire de la ville pour cette année — 1882. Cela offre un échantillon de cet ouvrage et permet d'avoir une sorte de vue d'ensemble des nationalités de New Orleans :

[Twain a noté ici, à l'intention de l'imprimeur : « Insérez les quatre pages — réduisez-les en fac-similé et rassemblez-les sur une seule page de mon livre, de façon à ce qu'on les lise avec une loupe. » Les quatre pages en question ne sont pourtant pas incluses dans le manuscrit Morgan.]

« A chaque homme son avis », dit le proverbe. Quelle chose merveilleuse que de voir toutes ces nationalités diverses réaliser un miracle à côté duquel tous les autres semblent peu importants — c'est-à-dire voter et penser de la même façon, malgré une loi éternelle de la nature qui affirme l'impossibilité d'une telle chose. Et qu'il est beau de voir tous ces Allemands et ces Français, terriblement différents dans tous les autres domaines, se rejoindre gentiment sur la plate-forme d'un seul parti dans l'atmosphère politique libre et désinvolte de New Orleans. Combien il est étrange de voir les nationalités mélangées de New York voter pour toute sorte de listes, alors qu'exactement le même mélange de nationalités de New Orleans vote dans un seul sens — et chacun expliquant que c'est tout à fait ce qu'il veut faire et qu'il est totalement libre en ce domaine et qu'il ne voterait pas autrement, oh ! pour rien au monde. Comme disent les Allemands, « c'est pas assez gros ».

*

CHAPITRE XLVIII

Sucre et affranchissement

Boucles serrées et démarche légère. – Charrues à vapeur. – Sucre « n° 1 ». – Un rire à la Frankenstein. – Affranchissement spirituel. – Un endroit où il n'y a ni boucher, ni plombier. – Spasmes stupides.

Un jour, dans la rue, j'ai rencontré l'homme que, de tous les hommes, je souhaitais le plus revoir : Horace Bixby ; pilote sous moi, autrefois — ou plutôt au dessus de moi —, aujourd'hui capitaine du grand vapeur *City of Baton Rouge*, l'ajout le plus récent et le plus rapide à l'Anchor Line. La même svelte silhouette, les mêmes boucles serrées, la même démarche légère, la même vivacité, les mêmes sûretés de vision et de réaction, le même maintien militaire ; pas un centimètre gagné ou perdu en tour de taille, pas un gramme gagné ou perdu en poids, pas un cheveu blanc. C'est une curieuse chose que de quitter un homme de vingt-cinq ans, et de revenir vingt et un ans plus tard, et de le retrouver encore âgé de vingt-cinq ans, pas plus. Je n'avais jamais fait une expérience de ce genre, je crois.

Il y avait quelques pattes-d'oie au coin de ses yeux, mais elles comptaient pour presque rien, car on les voyait à peine.

Son bateau venait d'arriver. Je l'attendais depuis plusieurs jours, me proposant de le prendre pour retourner à Saint Louis. Le capitaine et moi, nous nous sommes joints à un groupe de dames et de gentlemen, invités du commandant Wood, et nous avons descendu le fleuve sur cinquante-quatre miles, sur un remorqueur rapide, jusqu'à la plantation de canne à sucre de l'ex-gouverneur Warmouth. Alignés en aval de la ville se trouvaient un grand nombre de vieux vapeurs en ruine, délabrés, retirés du service, que je n'avais jamais vus auparavant — aucun d'entre eux. Ils avaient tous été construits, et usés, et mis à l'écart, depuis mon dernier séjour. Cela permet de mieux comprendre la fragilité d'un bateau du Mississippi et la brièveté de son existence.

Six miles en aval de la ville, une cheminée de brique, grosse et délabrée, plantée au-dessus des magnolias et des chênes verts, nous fut décrite comme le monument élevé par une nation reconnaissante pour célébrer la bataille de New Orleans — la victoire de Jackson sur les Britanniques, le 8 janvier 1815. La guerre était terminée, les deux nations étaient en paix, mais les nouvelles n'avaient pas encore atteint New Orleans*. Si nous avions eu le télégraphe par câble, à cette

* La bataille de New Orleans se déroula alors que le traité de Gand, marquant la fin des hostilités, avait été signé deux semaines auparavant. *(N.d.T.)*

époque, ce sang n'aurait pas été répandu, ces vies humaines n'auraient pas été gaspillées; et encore mieux, Jackson n'aurait sans doute jamais été président. Nous nous sommes remis des maux de la guerre de 1812, mais pas de certains de la présidence de Jackson.

La plantation Warmouth couvre une vaste étendue de terrain, et l'hospitalité de la maison Warmouth est à l'échelle de cette propriété. C'est ici que nous avons vu, pour la première fois, fonctionner des charrues à vapeur. L'engin de traction se déplace sur ses propres roues, jusqu'à ce qu'il atteigne l'endroit qu'il faut ; puis il s'immobilise et, au moyen d'un câble métallique, il tire à lui l'énorme charrue sur deux ou trois cents mètres de champ, entre les rangées de canne. La chose ouvre la terre noire sur une profondeur de quarante-cinq centimètres. La charrue ressemble à l'étrave longitudinale d'un vapeur de l'Hudson, vue à l'envers. Lorsque le timonier nègre s'assied à l'une de ses extrémités, celle-ci s'incline vers le sol, tandis que l'autre se relève. Cette grande balançoire s'avance en roulant et en tanguant comme un vaisseau sur la mer, et il n'est pas donné à n'importe quel écuyer de s'y maintenir.

La plantation fait mille trois cents hectares; trois cent vingt-cinq sont plantés de canne; et il y a une orangeraie de cinq mille arbres. La canne est cultivée selon une méthode scientifique moderne et compliquée, trop élaborée et complexe pour que j'essaie de la décrire; mais elle a fait perdre quarante mille dollars l'année dernière. J'ai oublié les autres détails. Cependant, la récolte de cette année atteindra dix ou douze cents tonnes de sucre, si bien que la perte de l'année précédente ne comptera pas. Ces méthodes scientifiques chères et ennuyeuses produisent trois tonnes, voire quatre tonnes, à l'hectare, c'est-à-dire trois ou quatre fois plus que ce que donnait un hectare de mon temps.

Les fossés de drainage grouillaient partout de petits crabes — des « crabes appelants ». On les voyait détaler latéralement dans toutes les directions dès qu'ils entendaient un bruit qui les inquiétait. Un fléau qui coûte cher, ces crabes ; car ils creusent dans les digues et les abîment.

La grande raffinerie était un désert de tuyaux et de réservoirs et de cuves et de filtres, de pompes, de canalisations et de machines. Le procédé de fabrication du sucre est extrêmement intéressant. D'abord, vous chargez votre canne dans les centrifugeuses et vous l'écrasez pour en extraire le jus ; puis vous faites passer ce jus par le bassin d'évaporation pour ôter la fibre ; puis par le filtre à os pour ôter l'alcool ; puis par les cuves à clarifier pour décharger la mélasse ; puis par les tubes cristallisants pour le concentrer ; puis par l'autoclave à vide pour en extraire le vide. A présent, il est prêt pour le marché. J'ai jeté ces détails sur le papier de mémoire. Tout cela paraît simple et facile. Mais ne vous y trompez pas. Faire du sucre est vraiment l'une des choses les plus compliquées du monde. Et le faire bien est proche de l'impossible. Examinez de temps à autre votre provision, sur des années, et réalisez un tableau avec les résultats, vous découvrirez qu'il n'y a pas deux hommes sur vingt qui soient capables de fabriquer du sucre sans mettre du sable dedans.

Nous aurions pu descendre jusqu'à l'embouchure du fleuve et visiter la grande réalisation du capitaine Eads[32], les « digues », là où le fleuve a été compressé entre des murs, si bien que sa profondeur est descendue jusqu'à huit mètres ; mais nous avons décidé qu'il était inutile de nous y rendre car, étant donné le niveau actuel de l'eau, tout serait noyé et invisible.

Nous aurions pu visiter ce bourg ancien et singulier, « Pilot-town », érigé sur des pilotis au-dessus de l'eau — raconte-t-on —, où presque tous les déplacements se font en yole et en canoë, même pour se rendre aux mariages et aux enterrements ; et où les garçons et les filles les plus jeunes sont aussi habiles avec une rame que les enfants non amphibies le sont avec leur tricycle.

Nous aurions pu faire beaucoup d'autres choses ; mais comme notre temps était limité, nous sommes rentrés. Le voyage de retour sur le fleuve aux eaux scintillantes balayées par le vent fut une charmante expérience, et il aurait été d'une sentimentalité et d'un romanesque satisfaisants sans les interruptions du perroquet du remorqueur, dont les commentaires infatigables sur le spectacle et les invités étaient toujours terre à terre et souvent profanes. Il avait aussi une surabondance de ce rire commun à son espèce, un rire discordant, métallique qui vous fendait les oreilles — un rire de machine, un rire de Frankenstein, sans âme.

Il l'appliquait à chaque remarque sentimentale et à chaque chanson triste. Il a ricané avec une affreuse énergie après *De retour chez nous, de retour chez nous, d'un rivage étranger,* et il a dit qu'il « se fichait comme de l'an quarante d'un remorqueur chargé de telles imbécillités ». Le romanesque et le sentiment ne pouvaient survivre longtemps à ce genre de désapprobation ; si bien que les chansons et les conversations ont cessé, ce qui a ravi le perroquet à un point tel que, de joie, il s'est enroué à force de jurer.

Puis les éléments masculins du groupe sont passés sur le gaillard d'avant pour fumer et bavarder. Il y avait parmi eux plusieurs anciens marins de vapeur, et ils m'ont appris une bonne part de ce qui était arrivé à mes vieux amis du fleuve pendant ma longue absence. J'ai appris qu'un pilote pour lequel j'avais barré était devenu spiritualiste et que pendant plus de quinze ans il avait reçu chaque semaine une lettre d'un parent décédé, par l'intermédiaire d'un médium spirite de New York nommé Manchester — frais de port proportionnels à la distance : de la poste locale du paradis jusqu'à New York, cinq dollars, de New York à Saint Louis, trois *cents.* Je me souviens très bien de Mr. Manchester*. Je lui ai rendu visite une fois, il y a dix ans, avec deux amis dont l'un voulait avoir des nouvelles d'un oncle décédé. Cet oncle avait trouvé la mort d'une façon particulièrement violente et inhabi-

* *Dans le manuscrit, le reste de ce paragraphe est le suivant :* « Je lui ai rendu visite une fois, il y a dix ans, avec deux amis, pour

tuelle, une demi-douzaine d'années auparavant : un cyclone l'avait soufflé sur quelque trois miles et s'en était servi pour déraciner un arbre haut de vingt mètres, et dont le pied mesurait un mètre vingt de diamètre. L'oncle n'avait pas survécu à ce triomphe. A la *séance* dont je viens juste de parler, mon ami a questionné feu son oncle, par l'intermédiaire de Mr. Manchester, et feu son oncle lui a écrit ses réponses en utilisant pour cela la main et un stylo de Mr. Manchester. Ce qui suit est un bon exemple des questions qui lui furent posées, ainsi que des balivernes larmoyantes en matière de réponses débitées par Manchester, qui prétendait qu'elles venaient du spectre. Si cet individu n'est pas le charlatan le plus minable de cette terre, je lui dois des excuses :

Question. Où es-tu ?

Réponse. Dans le monde spirituel.

Q. Es-tu heureux ?

R. Très heureux. Parfaitement heureux.

Q. Comment te distrais-tu ?

R. Conversation avec des amis et d'autres esprits.

Q. Quoi encore ?

R. Rien d'autre. Rien d'autre n'est nécessaire.

Q. De quoi discutes-tu ?

---

demander des nouvelles d'un lointain parent, tué par un cyclone. J'ai posé les questions, et mon lointain parent a écrit les réponses par l'intermédiaire de la main du médium — j'entends par là que le médium *disait* que c'était mon parent. La conversation était quelque chose du genre : »

R. Du bonheur que nous éprouvons ; et des amis que nous avons laissés derrière nous sur la Terre, et de la façon de les influencer pour leur bien.

Q. Quand tous tes amis de la Terre aurons rejoint le monde spirituel, de quoi pourras-tu parler, alors ? Juste du bonheur que vous éprouvez tous ?

Pas de réponse. On expliqua que les esprits ne répondent pas aux questions futiles.

Q. Comment se fait-il que les esprits, qui sont heureux de passer une éternité en occupations futiles et qui admettent que c'est le bonheur, soient si exigeants en ce qui concerne les questions futiles sur le sujet ?

Pas de réponse.

Q. Tu voudrais revenir ?

R. Non.

Q. Tu dirais ça sous serment ?

R. Oui.

Q. Qu'est-ce que tu manges, là où tu es ?

R. Nous ne mangeons pas.

Q. Qu'est-ce que tu bois ?

R. Nous ne buvons pas.

Q. Qu'est-ce que tu fumes ?

R. Nous ne fumons pas.

Q. Qu'est-ce que tu lis ?

R. Nous ne lisons pas.

Q. Est-ce que tous les gens honnêtes vont là où tu es ?

R. Oui.

Q. Tu connais ma vie actuelle. Pourrais-tu me suggérer d'y ajouter certaines choses, dans le domaine du crime, qui m'assureront raisonnablement que j'irai ailleurs ?

Pas de réponse.

Q. Quand es-tu mort ?

R. Je ne suis pas mort, je suis passé *.

Q. Très bien, alors. Quand es-tu passé ? Depuis combien de temps es-tu dans le royaume spirituel ?

R. Nous n'avons pas de mesures de temps, ici.

Q. Bien que tu puisses être indifférent et pas très sûr en ce qui concerne les dates et les heures, dans ta condition et ton environnement présents, cela n'a rien à voir avec ton ancienne condition. Tu avais des dates, alors. C'est l'une de celles-là que je te demande. Tu es parti un certain jour, une certaine année. Ce n'est pas vrai ?

R. Oui.

Q. Alors indique le jour du mois.

(Importante hésitation du crayon, de la part du médium, accompagnée par des mouvements saccadés, violents et convulsifs, pendant un petit moment. Fina-

* *Au lieu de la question qui vient ensuite, le manuscrit dit :*

« Q. Très bien, alors, quand es-tu passé ?

» (Question imparfaitement comprise.)

» Q. Pas compris ? Ça semble assez clair. Exprimons-la sous cette forme, alors : Depuis combien de temps es-tu un légume béatifié ?

» (Pas de réponse. Il semble que ce langage soit blessant pour l'esprit.)

» Q. Je suis désolé, et je te prie de m'excuser ; car je suis quelqu'un qui n'offense pas délibérément, même un navet spiritualisé. Laisse-moi reformuler la question, donc : Depuis combien de temps es-tu dans le royaume spirituel ? »

lement, explication que les esprits oublient souvent les dates, de telles choses étant pour eux sans importance.)

Q. Ainsi, celui-ci a vraiment oublié la date de son enlèvement vers le monde spirituel ?

On admit que c'était le cas.

Q. C'est très curieux. Eh bien, alors, quelle année était-ce ?

(D'autres spasmes maladroits, saccadés, stupides, de la part du médium. Finalement, explication que l'esprit a oublié l'année.)

Q. C'est en effet prodigieux. Laisse-moi te poser une autre question, une dernière question, avant que nous nous quittions pour ne plus nous revoir — car même si je ne réussis pas à éviter ton asile, une rencontre là-bas ne vaudra rien *en tant que* rencontre, puisque d'ici là tu m'auras facilement oublié, et mon nom aussi : es-tu mort de mort naturelle, ou as-tu été emporté par une catastrophe ?

R. (Après une longue hésitation et beaucoup de douleurs et de spasmes.) *Mort naturelle.*

Cela mit fin à l'entretien. Mon ami dit au médium que lorsque son parent était encore de ce pauvre monde il était doté d'une intelligence extraordinaire et d'une mémoire absolument sans défaut, et qu'il paraissait bien dommage qu'il n'eût pas été autorisé à en conserver un petit morceau pour sa distraction dans le royaume du contentement éternel, et pour l'amusement et l'admiration du reste de ses habitants.

*

Mais j'ai expliqué que si j'avais eu la plus petite idée que j'étais vraiment en train de parler avec un être humain décédé, je n'aurais prononcé absolument aucun mot désobligeant et je me serais exprimé, dans tous les cas, avec respect. J'ai ajouté que si je ne pouvais pas dire que je n'avais *pas* été en conversation avec mon parent, j'étais au moins tout à fait capable de dire que je ne *croyais* pas avoir été en conversation avec lui.

*

Cet homme avait beaucoup de clients — en a encore beaucoup. Il reçoit des lettres d'esprits de toutes les régions du monde spirituel, et il les distribue à travers l'ensemble du pays grâce à la poste des États-Unis. Ces lettres sont pleines de conseils — des conseils d'« esprits » qui n'en savent pas plus qu'un têtard — et ces conseils sont religieusement suivis par les destinataires. L'un de ses clients était un homme dont les esprits (si l'on peut parler ainsi au pluriel de l'ingénieux Manchester) lui apprenaient comment inventer une roue de wagon de chemin de fer perfectionnée. C'est là une occupation vulgaire pour un esprit, mais certainement plus élevée et plus saine que de sans cesse répéter « combien nous sommes heureux ».

CHAPITRE XLIX

Épisodes d'une vie de pilote

Pilotes-fermiers. – Travail en métayage. – Conséquences. – Des hommes qui restent à leur poste. – Il vit ce qu'il ferait. – Lendemain de fête.

Au cours de la conversation sur le remorqueur, il apparut que les quatre cinquièmes de tous mes anciens amis qui avaient abandonné le fleuve avaient choisi l'agriculture pour occupation. Bien sûr, ce n'était pas parce qu'ils étaient particulièrement doués en ce domaine et qu'ils avaient donc plus de chances de réussir comme fermiers que dans d'autres métiers : la raison de leur choix devait avoir quelque autre origine. Sans doute avaient-ils opté pour la culture de la terre parce qu'il s'agissait d'une existence solitaire et protégée de l'irruption d'étrangers indésirables — comme l'ermitage de la cabine du pilote. Et sans doute aussi avaient-ils opté pour elle car, lors d'un millier de nuits de sombres tempêtes et de dangers, ils avaient remarqué les lumières scintillantes de fermes isolées, tandis que le bateau passait sur le fleuve, et ils s'étaient alors représenté la sérénité et la sécurité et le confort de tels refuges en pareils moments, et ainsi en étaient-ils finalement arrivés à rêver de cette vie retirée et paisible et à la considérer comme une chose séduisante que l'on pouvait espérer, imaginer, mériter et, enfin, savourer.

Mais à ma connaissance aucun de ces pilotes-fermiers n'a étonné quiconque avec ses succès. Leurs fermes ne les font pas vivre : ce sont eux qui font vivre leurs fermes. Le pilote-fermier disparaît du fleuve chaque année, vers le début du printemps, et on ne le voit plus jusqu'au retour du gel. Alors il réapparaît, habillé de gros drap en mauvais état, il se donne un coup de peigne pour ôter les graines de foin de ses cheveux, et il prend un emploi de pilote pour l'hiver. C'est de cette façon qu'il paie les dettes occasionnées par son exploitation pendant la saison agricole. Ainsi son asservissement au fleuve n'est-il qu'à demi brisé ; il est toujours l'esclave du fleuve pendant la moitié la plus dure de l'année.

L'un de ces hommes a acheté une ferme, mais il ne s'y est pas retiré. Il connaissait un tour encore meilleur que celui-là. Il ne se proposait pas d'appauvrir sa ferme en utilisant son ignorance personnelle pour la travailler. Non, il l'a remise entre les mains d'un expert agricole pour l'exploiter en métayage — sur trois chargements de maïs, l'expert devait en avoir deux et le pilote un. Mais à la fin de la saison, le pilote n'a reçu aucun maïs. L'expert lui a expliqué que *sa* part n'était pas atteinte. La ferme ne produisait que deux chargements.

Certains des pilotes que j'avais connus avaient eu des aventures — avec, quelquefois, une issue heureuse, mais pas dans tous les cas. Le capitaine Montgomery, pour lequel j'avais barré quand il était pilote, commandait la flotte confédérée pendant la grande bataille devant Memphis ; lorsque son bateau a coulé, il a nagé jusqu'à la berge, s'est frayé un chemin, en se battant, à travers une escouade de soldats, et a réussi d'un cheveu une valeureuse évasion. C'était toujours un homme tranquille ; rien ne pouvait troubler sa sérénité. Une fois, lorsqu'il était capitaine du *Crescent City*, j'étais en train de rentrer le bateau dans le port de New Orleans et j'attendais d'un moment à l'autre des ordres du pont-abri, mais je n'en recevais pas. J'avais stoppé les roues, et à ce moment-là mon autorité et ma responsabilité avaient cessé. C'était le soir — un pâle crépuscule —, le chapeau du capitaine était perché au-dessus de la grosse cloche, et j'ai supposé que l'extrémité intellectuelle du capitaine était dedans, mais tel n'était pas le cas. Le capitaine était très strict ; j'ai donc préféré ne pas toucher une cloche sans ordre. Mon devoir était de maintenir fermement le bateau sur sa route désastreuse, et de laisser les conséquences s'occuper d'elles-mêmes — ce que je fis. Aussi continuions-nous à fendre les flots en longeant la poupe des vapeurs et nous en rapprochions-nous de plus en plus — la collision allait sûrement se produire très bientôt —, et néanmoins ce chapeau ne bougeait toujours pas ; car, hélas ! le capitaine faisait un petit somme au pont texas... Les choses devenaient extrêmement inquiétantes et fâcheuses. Il me sembla que le capitaine ne se montrerait pas à temps pour assister aux réjouissances. Et pourtant si. Juste comme nous allions donner dans la poupe d'un vapeur, il sortit sur le pont et dit, avec une céleste sérénité :

— Recule des deux.

Ce que je fis ; mais un tantinet trop tard, cependant, car l'instant suivant nous heurtions violemment les fragiles œuvres mortes de cet autre bateau dans un vacarme des plus prodigieux. Le capitaine ne m'a jamais dit un mot de cette affaire, par la suite, sauf pour remarquer que j'avais fait ce qu'il fallait, et qu'il espérait que je n'hésiterais pas à agir de nouveau de la même façon en des circonstances identiques.

L'un des pilotes que j'avais connus lorsque j'étais sur le fleuve avait eu une mort très honorable. Son bateau ayant pris feu, il est resté à la barre jusqu'à ce qu'il fût parvenu à l'amener en sécurité jusqu'à la berge. Puis il est sorti en passant par-dessus la lisse de sa cabine avec ses vêtements en flammes, et il a été la dernière personne à prendre pied sur la rive. Il a succombé à ses blessures dans les deux ou trois heures qui ont suivi, et il a été la seule victime.

L'histoire du pilotage sur le Mississippi offre six ou sept exemples de ce genre de martyre, et une cinquantaine d'exemples d'hommes échappant à un destin identique quelques secondes avant l'issue fatale ; *mais il n'y a pas un seul cas de pilote abandonnant son poste pour sauver sa vie si, en restant et en la sacrifiant, il pouvait préserver d'autres existences de la destruction.*

Cela vaut vraiment la peine de coucher ce noble fait par écrit, et de le mettre en italique, en plus.

On apprend dès le début à l' « apprenti pilote » à se moquer de tous les périls liés à sa profession et à préférer n'importe quelle mort au profond déshonneur de déserter son poste s'il reste la moindre possibilité d'y être utile. Et ces instructions sont si efficacement inculquées que l'on peut même faire confiance à de jeunes pilotes seulement à moitié entraînés : ils restent à leur barre et y meurent lorsque les circonstances l'exigent. Dans un cimetière de Memphis est inhumé un jeune compagnon qui est mort à sa barre, il y a maintenant de très nombreuses années, sur la White River, pour préserver la vie d'autres hommes. Il a expliqué au capitaine que si le feu lui laissait le temps d'atteindre un banc de sable, à quelque distance, tout le monde pourrait être sauvé, mais que toucher terre contre la rive abrupte de la rivière entraînerait certainement la perte de nombreuses vies humaines. Il est arrivé jusqu'au banc de sable et a échoué le bateau en eau peu profonde ; mais entre-temps les flammes l'avaient encerclé, et en les franchissant pour leur échapper, il a été mortellement brûlé. On l'avait exhorté à fuir plus tôt, mais il a répondu comme un pilote devait répondre :

— Je ne partirai pas. Si je pars, personne ne sera sauvé ; si je reste, personne ne sera perdu, sauf moi. Je reste.

Il y avait à bord deux cents personnes, et il n'y eut aucune victime, à part le pilote. Un monument avait été élevé à ce jeune camarade, dans ce cimetière de Memphis. A notre escale à Memphis, lors de notre descente du fleuve, j'ai voulu aller le voir, mais nous avions si peu de temps que j'ai été obligé de rebrousser chemin avant d'avoir accompli mon objectif.

La conversation sur le remorqueur m'a appris que Dick Kennet était mort — soufflé dans une explosion, près de Memphis, et tué ; que plusieurs autres pilotes de ma connaissance avaient perdu la vie pendant la guerre — dont un ou deux tués par balle à la barre — ; qu'un autre ami très intime, pour lequel j'avais tenu la barre pendant plusieurs voyages, était sorti de chez lui, une nuit, à New Orleans, il y a des années, pour aller chercher de l'argent dans un quartier éloigné de la ville ; on ne l'avait plus revu — on pensait qu'il avait été assassiné et jeté dans le fleuve — ; que Ben Thornburgh était mort depuis longtemps ; et aussi son « apprenti » indiscipliné, avec lequel je me querellais tout au long de chacun de nos quarts diurnes ; c'était une créature étourdie et imprudente, et toujours énervée, toujours à faire des siennes. Un jour, un passager de l'Arkansas avait amené un énorme ours à bord, et l'avait enchaîné à un bateau de sauvetage, sur le pont-abri. L' « apprenti » de Thornburgh ne fut pas satisfait tant qu'il ne fut pas venu là et n'eut pas détaché l'animal, « pour voir ce qu'il allait faire ». Ses désirs ont été rapidement exaucés. L'ours l'a poursuivi tout autour du pont, sur des miles et des miles, avec pour public deux cents visages passionnés qui suivaient l'événement, derrière les garde-fous, avec des sourires narquois, et finalement il a arraché la queue de pie du garçon et a gagné le pont texas pour la mâchonner. Notre apprenti s'en est allé promptement, abandonnant le morceau à l'ours. Celui-ci, au bout du compte, s'est senti seul et il est parti s'amuser. Il a rôdé à travers tout le bateau — en a visité chaque partie, avec une avant-garde s'enfuyant devant lui, et un vide silencieux derrière — ; et lorsque son propriétaire a enfin réussi à le capturer, lui et l'animal étaient les deux seuls êtres vivants visibles du bateau ; tout le monde s'était caché, et le vapeur était désert.

On m'a dit que l'un de mes amis pilotes était mort à la barre, d'une crise cardiaque, en 1869. Le capitaine était sur le toit à ce moment-là. Il a vu le bateau filer vers la rive ; a hurlé et n'a obtenu aucune réponse ; s'est précipité dans la cabine et a découvert le pilote qui gisait mort sur le plancher.

Mr. Bixby avait été soufflé par une explosion, dans le tournant de Madrid ; n'avait pas été blessé, mais on avait perdu l'autre pilote.

George Ritchie avait sauté près de Memphis — précipité dans le fleuve alors qu'il était à la barre, et gravement blessé. L'eau était très froide ; il s'est accroché à une balle de coton — surtout avec les dents — et a flotté jusqu'à l'épuisement presque total, avant d'être sauvé par quelques matelots qui se trouvaient sur un morceau de l'épave. Ils ont éventré la balle et ont empaqueté George Ritchie dans le coton et l'ont réchauffé pour le faire revenir à la vie et l'ont ramené vivant à Memphis. C'est à présent l'un des pilotes de Bixby sur le *Baton Rouge.*

Dans l'existence d'un commissaire de vapeur, aujourd'hui décédé, était entré un peu de romanesque — un romanesque légèrement ridicule, mais un romanesque tout de même. Lorsque je l'ai connu, c'était un jeune dépensier paresseux, turbulent, généreux, plein d'une insouciante libéralité, et promettant assez visiblement de gaspiller très vite ses possibilités tout en ne parvenant à rien. Dans une ville de l'Ouest vivaient un vieil étranger et son épouse, riches et sans enfant ; et dans leur famille il y avait une charmante jeune fille — moitié amie, moitié domestique. Le jeune commissaire dont je viens de parler — qui ne s'appelait pas George Johnson, mais que l'on nommera George Johnson pour les besoins de ce récit — a fait la connaissance de cette jeune fille, et ils ont péché ; et le vieil étranger les a découverts et il les a blâmés. Comme ils avaient honte, ils ont menti et ont prétendu qu'ils étaient mariés ; qu'ils avaient été mariés dans l'intimité. Alors la souffrance du vieil étranger a été apaisée, et il leur a pardonné et les a bénis. Après cela, ils ont pu continuer à pécher sans plus se cacher. Finalement, la femme de l'étranger est morte ; et il n'a pas tardé à la suivre dans la tombe. Les amis de la famille se sont retrouvés pour le deuil ; et parmi eux, les deux jeunes pécheurs. Le testament a été ouvert et lu solennellement. D'après celui-ci, chaque penny de la grande richesse de ce vieil homme était légué à *Mrs. George Johnson !*

Et une telle personne n'existait pas. Les jeunes pécheurs se sont enfuis et ils ont fait quelque chose de vraiment fou : ils se sont mariés devant un obscur juge de paix, et l'ont obligé à antidater l'acte. Cela n'a rien donné de bon. Les parents éloignés se sont réunis et ont dénoncé la date frauduleuse très rapidement et avec une facilité surprenante, et ils ont emporté la fortune, laissant les Johnson très légitimement et légalement et irrévocablement enchaînés en un honorable mariage, mais sans le sou. Ce sont là les véritables faits ; et tous les romans ne sont pas construits sur une situation aussi efficace.

CHAPITRE L

Les Jacob d'origine

Un patriarche. – Feuilles d'un journal. – Un cloueur de bec. – L'ancien marin. – Mis au pilori dans la presse. – Vérité pétrifiée.

Nous avons un peu parlé du capitaine Isaiah Sellers, aujourd'hui décédé depuis longtemps. C'était un bel homme, un homme à l'âme noble, et grandement respecté tant sur le fleuve que sur la terre ferme. Il était très grand, bien charpenté, et bien fait ; et dans sa vieillesse — tel que je m'en souviens — ses cheveux étaient aussi noirs que ceux d'un Indien, et son œil et sa main étaient aussi solides et fermes, et son sang-froid et son jugement aussi efficaces et clairs que ceux de n'importe quel membre, jeune ou vieux, de la confrérie des pilotes. C'était le patriarche de la profession ; il avait été pilote de bateaux à fond plat avant le temps des vapeurs ; et pilote de vapeur avant qu'aucun autre pilote de vapeur, encore vivant à l'époque dont je parle, n'eût fait tourner une barre. Voilà pourquoi ses frères éprouvaient pour lui l'espèce de crainte respectueuse dont bénéficient toujours, de la part de leurs compagnons, les illustres survivants du passé. Il savait comment on le considérait, et cela ajoutait peut-être un peu de raideur supplémentaire à sa dignité naturelle qui était suffisamment guindée dans son état originel.

Il a laissé un journal ; mais apparemment celui-ci ne remonte pas à son premier voyage sur un vapeur, lequel, disait-on, datait de 1811, l'année où le premier vapeur est venu troubler les eaux du Mississippi. Au moment de sa mort, un correspondant du *Saint Louis Republican* a tiré de ce journal les informations suivantes :

> En février 1825, il a été engagé sur le vapeur *Rambler* à Florence (Alabama), et cette année-là il a effectué aussi trois voyages à New Orleans, et retour — cela sur le *Gen. Carrol*, entre Nashville et New Orleans. C'est durant son séjour sur ce bateau que le capitaine Sellers a introduit le battement de cloche pour indiquer qu'il fallait jeter la sonde, alors qu'auparavant le pilote avait l'habitude de s'adresser aux hommes de vive voix, en dessous de lui, lorsqu'il avait besoin de sondages. La proximité du gaillard d'avant et de la cabine de pilotage facilitait la chose, sans aucun doute ; mais c'est bien différent sur nos palaces de l'époque actuelle.
>
> En 1827, nous le trouvons à bord du *President*, un navire de deux cent quatre-vingt-cinq tonneaux, et faisant la navette entre Smithland et New Orleans. De là, il a rejoint le *Jubilee* en 1828, c'est sur ce bateau qu'il a piloté pour la première fois dans le commerce de Saint Louis ; son premier quart a duré d'Herculaneum à Saint Genevieve. Le 26 mai 1836, il a terminé son apprentissage et a quitté Pittsburg avec la responsabilité du

vapeur *Prairie*, un bâtiment de quatre cents tonneaux, et le premier vapeur vu à Saint Louis avec une *cabine de luxe*. En 1857, il a introduit le signal pour les bateaux qui se croisent, devenu, avec quelques légères modifications, l'habitude universelle de notre époque ; en fait, une loi du Congrès l'a rendu obligatoire.

Comme informations générales sur l'histoire du fleuve, nous citons les notes suivantes, écrites dans les marges de son journal :

« En mars 1825, le général Lafayette a quitté New Orleans pour Saint Louis à bord du vapeur à basse pression *Natchez*.

» En janvier 1828, vingt et un vapeurs sont partis du wharf de New Orleans pour célébrer la visite du général Jackson en cette ville.

» En 1830, le *North American* a fait le trajet entre New Orleans et Memphis en six jours — meilleur temps enregistré à cette date. Depuis, on a mis deux jours et dix heures pour effectuer le même voyage.

» En 1831, formation du raccourci de la Red River.

» En 1832, le vapeur *Hudson* a parcouru la distance entre White River et Helena, soixante-dix-sept miles, en douze heures. Ce fut l'objet de beaucoup de discussions et de spéculations chez les parties directement intéressées.

» En 1839, formation du raccourci du Great Horseshoe. »

Jusqu'à aujourd'hui, soit une période de trente-cinq ans, nous constatons, en nous référant à ce journal, que notre pilote a effectué quatre cent soixante voyages aller-retour jusqu'à New Orleans, soit une distance d'un million cent quatre mille miles, ou une moyenne de quatre-vingt-six miles par jour.

Dès que le capitaine Sellers s'approchait d'un groupe de pilotes qui bavardaient, cela jetait un froid, et la conversation cessait. Pour la raison suivante : chaque fois que six pilotes se trouvaient ensemble, il y avait toujours un ou deux nouveaux diplômés dans le lot, et les plus vieux cherchaient toujours à « épater » ces pauvres garçons ; ils leur faisaient tristement sentir quels blancs-becs ils étaient, et à quel point leur noblesse était récente, et humble leur condition, en parlant largement et très vaguement des expériences de l'ancien temps sur le fleuve ; prenant toujours grand soin de faire remonter les choses aussi loin que possible, de façon à obliger les jeunes gens à prendre conscience au plus haut point de leur inexpérience et à envier au même degré les vieux routiers. Et il fallait voir comment ces vieux déplumés suffisants paradaient et se vantaient et mentaient et antidataient — de dix, quinze, vingt ans —, et comment ils se régalaient de l'effet produit sur ces petits jeunes émerveillés et envieux !

Et peut-être que juste à cet agréable moment de la séance l'imposante silhouette du capitaine Isaiah Sellers, ce seul véritable Fils de l'Antiquité, se glissait solennellement parmi eux. Imaginez la profondeur du silence qui, immédiatement, en résultait. Et imaginez les sentiments de ces têtes chauves, et le triomphe de leur public récent, lorsque l'ancien capitaine commençait à parler de choses et d'autres, sous forme de souvenirs — à propos d'îles qui avaient disparu, et de raccourcis qui s'étaient formés une génération avant même que le plus âgé des crânes d'œuf du groupe eût posé un pied dans une cabine de pilote !

Cet ancien marin est entré en scène mainte et mainte fois de la façon décrite ci-dessus, et il a semé autour de lui désastre et humiliation. A en croire les pilotes, il faisait toujours remonter ses îles à l'aube brumeuse de l'histoire du fleuve ; et il ne mentionnait jamais deux fois la même ; et jamais il ne citait une île qui existait encore, ou ne lui donnait un nom que quiconque des présents eût été assez vieux pour avoir pu l'entendre auparavant. A en croire les pilotes, il était toujours d'une précision maniaque avec les petits détails ; il ne parlait jamais de « l'État du Mississippi », par exemple — non, il disait : « Quand l'État du Mississippi se trouvait là où il y a l'Arkansas aujourd'hui » ; et il ne parlait jamais de la Louisiane ou du Missouri d'une façon générale, et il ne laissait pas dans votre esprit une fausse impression — non, il disait : « Quand la Lousiane était plus loin en amont du fleuve », ou « Quand le Missouri se trouvait du côté Illinois. »

Le vieux gentleman n'avait ni don ni capacité littéraires, mais il avait l'habitude de jeter sur le papier quelques brefs textes d'informations purement pratiques sur le fleuve, et de les signer « MARK TWAIN[33] », et de les donner au *New Orleans Picayune*. Ils parlaient du niveau et de l'état du fleuve, et ils étaient précis et précieux ; et jusque-là, ils ne contenaient nul poison. Mais lorsqu'il évoquait la hauteur actuelle du fleuve, à un endroit donné, le capitaine était tout à fait capable de laisser tomber une petite remarque à ce sujet, comme quoi c'était la première fois qu'il voyait l'eau si haute ou si basse en ce point particulier depuis quarante-neuf ans ; et de temps en temps, il mentionnait l'île Une telle et ajoutait entre parenthèses des observations du genre : « Disparue en 1807, si je me souviens bien. » C'était dans ces vénérables remarques que résidaient le poison et l'amertume pour les autres vieux pilotes, et ceux-ci se moquaient des entrefilets de « Mark Twain » avec une infatigable dérision.

Il s'est trouvé par hasard que l'un de ces entrefilets * est devenu le texte de mon premier article de presse. J'en ai fait une parodie grossière, très grossière, enfilant mes invraisemblables fantaisies jusqu'à avoir huit cents ou mille mots. J'étais un « apprenti » à l'époque. J'ai montré mon œuvre à quelques pilotes, qui se sont empressés de la faire publier dans le *New Orleans True Delta.* Ce fut vraiment dommage. Car ce texte n'a rendu aucun service à personne, et il a transpercé le cœur d'un homme bien. Il n'y avait nul désir de nuire dans mes niaiseries ; mais elles se moquaient du capitaine. Elles se moquaient d'un homme pour qui pareille

* Le manuscrit original de ce texte, de la propre main du capitaine, m'avait été envoyé de New Orleans. On pouvait y lire :

VICKSBURG, le 4 mai 1859.

Mon opinion dans l'intérêt des citoyens de New Orleans : l'eau est plus haute ici en amont qu'elle ne l'a jamais été depuis 1815. Mon opinion est que l'eau aura quatre pieds de profondeur dans Canal Street avant le 1er juin prochain. La plantation de Mrs. Turner, à l'extrémité de Big Black Island, est entièrement sous l'eau, ce qui ne s'est pas produit depuis 1815.

I. SELLERS

chose était nouvelle et étrange et affreuse. Je ne le savais pas, à l'époque, contrairement à aujourd'hui, et il n'y a aucune souffrance comparable à celle que ressent une personne privée la première fois qu'elle est clouée au pilori dans la presse.

Le capitaine Sellers m'a fait l'honneur de me détester profondément depuis ce jour-là. Lorsque je dis « m'a fait l'honneur », je n'emploie pas de mots vides de sens. C'était en effet pour moi un véritable honneur que de figurer dans les pensées d'un aussi grand homme que le capitaine Sellers, et j'avais assez de bon sens pour apprécier la chose et en être fier. C'était une distinction d'être aimé par un tel homme ; mais c'était une distinction encore plus grande d'être haï par lui, parce qu'il aimait une foule de gens ; mais il ne veillait, la nuit, que pour me haïr.

Il n'a plus publié un seul entrefilet de son vivant, et il n'a plus jamais rien signé « Mark Twain ». Lorsque le télégraphe m'a apporté la nouvelle de sa mort, je me trouvais sur la côte pacifique. J'étais un journaliste tout nouveau, et j'avais besoin d'un *nom de guerre ;* alors j'ai confisqué celui que l'ancien marin avait abandonné, et j'ai fait de mon mieux pour le conserver tel qu'il était entre ses mains — signe et symbole et garantie que tout ce qui est trouvé en sa compagnie on peut compter dessus, est vérité pétrifiée ; comment y ai-je réussi, ce serait manquer de modestie de ma part que de le dire.

Le capitaine éprouvait un orgueil légitime pour sa profession et un amour immuable pour elle. Il a commandé son monument funéraire avant de mourir, et l'a gardé près de lui jusqu'au moment de son décès. Il s'élève sur sa tombe, aujourd'hui, dans le cimetière Bellefontaine, à Saint Louis. C'est son portrait, en marbre, faisant son devoir à la barre du pilote ; et il mérite de se tenir debout ainsi et d'affronter la critique, car il représente un homme qui, dans la vie, serait resté à son poste jusqu'à ce qu'il eût été réduit en cendres si le devoir l'avait exigé.

La plus belle chose que nous vîmes de tout notre voyage sur le Mississippi, nous la vîmes en approchant de New Orleans sur le remorqueur à vapeur. C'était la courbe où s'alignaient les constructions de la ville en croissant *, illuminée par le blanc rayonnement de cinq mille de lampes électriques. C'était un spectacle merveilleux, et vraiment très beau.

*

La lumière électrique était abondante, aussi, au centre ville. En fait, les progrès de New Orleans, en ce domaine, surpassaient ceux de n'importe quelle ville américaine — à l'époque dont je parle. Peut-être celle de New York vient-elle en tête des villes de l'Union, maintenant, question électricité, mais à cette date elle était loin derrière New Orleans.

*

* The Crescent City, surnom de New Orleans. *(N.d.T.)*

CHAPITRE LI

Souvenirs

Un nouvel « apprenti » pilote à la barre. – Un orage dans la vallée. – Quelques remarques sur la construction. – Comédie et cothurne. – L'homme qui ne joua jamais Hamlet. *– J'ai soif. – Statistiques dominicales.*

Nous sommes partis pour Saint Louis sur le *City of Baton Rouge* par une chaude et délicieuse journée ; mais le but principal de ma visite n'était qu'imparfaitement atteint. J'avais espéré retrouver une centaine d'hommes du fleuve et discuter avec eux, mais j'avais été si agréablement plongé dans la vie sociale de la ville que je n'avais eu que de simples conversations de cinq minutes avec deux douzaines de membres de la profession.

J'étais installé sur le banc de la cabine du pilote lorsque nous avons démarré en marche arrière et que nous nous sommes « redressés » pour le départ — le bateau marquant un temps d'arrêt pour un « bon démarrage », à l'ancienne, tandis que les cheminées crachaient leur fumée noire, à l'ancienne aussi. Puis nous avons commencé à prendre de l'élan, et bientôt nous étions vraiment en route et nous fonçions. Tout cela était aussi naturel et familier — de même que le spectacle des berges — que s'il n'y avait eu aucune interruption dans ma vie fluviale. Il y avait un « apprenti » et j'estimais qu'il allait prendre la barre maintenant ; et ce fut le cas. Le capitaine Bixby est entré dans la cabine de pilotage. Puis l'élève s'est serré contre la rangée des vapeurs. Il m'a énervé, car il laissait trop d'eau entre eux et notre bateau. Je savais très bien ce qui allait se passer, parce que je pouvais remonter dans ma propre vie et consulter le dossier. Le capitaine l'a regardé faire en silence pendant une demi-minute, puis il a pris la barre lui-même et il a avancé le bateau jusqu'à passer à moins d'une main de distance des autres vapeurs. C'était exactement la faveur qu'il m'avait faite, à peu près un quart de siècle plus tôt, au même endroit, la première fois que j'avais sorti le vapeur du port de New Orleans. C'était pour moi un très grand et véritable plaisir que de voir la chose se répéter — avec une autre victime.

Nous avons atteint Natchez (trois cents miles) en vingt-deux heures et demie — je n'avais jamais effectué, et de loin, un trajet aussi rapide sur cette portion de fleuve.

Le lendemain matin, je suis monté avec le quart de quatre heures, et j'ai vu Ritchie abattre avec succès une demi-douzaine de traversées, dans le brouillard, en utilisant pour se guider la carte annotée que Bixby et lui avaient inventée et fait breveter. Cela mettait suffisamment en évidence la grande valeur de leur carte.

Finalement, lorsque le brouillard a commencé à se lever, j'ai noté que le reflet d'un arbre sur la surface de l'eau étale d'une berge inondée, à six cents mètres devant nous, était plus marqué et plus sombre que l'arbre fantomatique lui-même. Les arbres spectraux à peine visibles, entr'aperçus à travers les lambeaux de brouillard, étaient très jolis à voir.

Nous avons eu un terrible orage à Natchez, un autre à Vicksburg, et encore un autre à cinquante miles environ en aval de Memphis. Ils avaient une énergie de l'ancien temps qui ne m'était plus familière depuis longtemps. Ce troisième orage était accompagné d'un vent violent. Nous nous sommes amarrés à la berge lorsque nous avons vu approcher la tempête, et tout le monde, sauf moi, a quitté la cabine du pilote. Le vent ployait les jeunes arbres, exposant à la vue la face inférieure plus pâle de leurs feuilles ; et les bourrasques succédaient aux bourrasques, rapidement, faisaient s'entrechoquer violemment les branches dans tous les sens, et donnaient alternativement naissance à des vagues de blanc et de vert, suivant le côté des feuilles que l'on voyait, et ces vagues se poursuivaient comme celles d'un champ d'avoine agité par le vent. Autour de nous, aucune des couleurs n'était naturelle — elles étaient chargées d'une teinte de plomb qui venait de l'épais banc de nuages du ciel, au-dessus. Le fleuve était de plomb ; et tous les lointains aussi ; et même les longues rangées de vaguelettes moutonneuses étaient très assombries par l'atmosphère lourde et grise à travers laquelle avançaient leurs grouillantes légions. Les coups de tonnerre ne cessaient pas et nous assourdissaient ; une explosion suivait l'autre presque sans aucun intervalle et le bruit des détonations devenait de plus en plus aigu et plus haut et plus éprouvant pour l'oreille ; les éclairs étaient aussi appliqués que le tonnerre et produisaient des effets qui enchantaient l'œil et faisaient courir un cortège ininterrompu de frissons électriques, mélange de plaisir et d'appréhension, le long de chaque nerf de votre corps. Une quantité prodigieuse de pluie tombait ; les coups de tonnerre qui crevaient les tympans se rapprochaient de plus en plus ; le vent augmentait en fureur et commençait à tordre et à arracher les branches et les cimes des arbres, et les envoyait voler à travers l'espace ; puis la cabine du pilote s'est mise à osciller et à forcer et à craquer et à se soulever, et je suis descendu dans la cale pour voir l'heure qu'il était.

Les gens font toute une histoire avec les orages des Alpes ; mais ceux que j'ai eu la chance de connaître dans les Alpes n'égalaient pas certains de ceux que j'ai vus dans la vallée du Mississippi. Peut-être, bien sûr, n'ai-je pas vu les Alpes dans leur meilleure forme, et si elles peuvent battre le Mississippi, je n'aime mieux pas.

Au cours de ce voyage vers l'amont, j'ai aperçu un petit banc de sable avec un peu de végétation (un bébé île) d'un demi-mile de long, qui s'était formé au cours des dix-neuf années précédentes. Puisque l'on disposait de tant de temps que l'on pouvait consacrer dix-neuf ans à la construction d'un simple banc de sable avec quelques arbres, à quoi cela a-t-il servi, à l'origine, de se dépêcher de fabriquer le monde entier en six jours ? Il est vraisemblable que si l'on avait pris plus de temps au début, le monde aurait été fait comme il fallait, et dans ce cas ces améliorations et ces réparations perpétuelles ne seraient plus nécessaires. Mais si vous bâtissez trop vite un monde ou une maison, vous êtes presque sûr de découvrir finalement que vous avez oublié un banc de sable, ou un placard à balais, ou quelque autre petite commodité, ici ou là, qui se doivent d'être fournis, quoi que cela puisse coûter en frais et en vexation.

Nous avons eu une succession de nuits noires, en remontant le fleuve, et nous avons remarqué que chaque fois que nous accostions et que nous inondions soudain les arbres avec la puissante échappée de soleil que produisait la lumière électrique, cela avait toujours une curieuse conséquence : des centaines d'oiseaux sortaient immédiatement des masses de feuillage vert brillant et venaient voleter follement dans les rayons blancs, et souvent un oiseau s'accordait et se mettait à chanter. Nous avons pensé qu'ils prenaient ce superbe jour artificiel pour l'article garanti d'origine.

Nous avons fait un délicieux voyage sur ce vapeur parfaitement en ordre, et avons regretté qu'il se terminât si vite. Grâce à notre zèle et notre activité, nous nous sommes arrangés pour dénicher presque tous les vieux amis. L'un d'eux était porté manquant, pourtant ; il avait eu sa récompense, quelle qu'elle fût, deux ans plus tôt. Mais je sais tout de son histoire. Son cas m'a aidé à comprendre quel effet durable peut avoir un événement vraiment minime. Lorsqu'il était apprenti forgeron dans notre village et moi écolier, deux jeunes Anglais sont arrivés et ont séjourné chez nous un moment ; et un jour, ils se sont habillés d'atours royaux bon marché et ils se sont lancés dans le combat à l'épée de *Richard III* avec une furieuse énergie et un prodigieux cérémonial en présence des enfants du village. Cet apprenti forgeron était là, et le poison du théâtre est entré dans ses veines. Ce gros lourdaud pesant, ignorant et obtus était devenu fou de théâtre, et irrémédiablement. Il a disparu et, plus tard, il est arrivé à Saint Louis. Je suis tombé sur lui par hasard, en fin de compte. Il se tenait au coin d'une rue, à rêvasser, la main droite sur la hanche, le pouce de la gauche soutenant son menton, le visage baissé et renfrogné, son chapeau mou descendu sur le front — s'imaginant qu'il était Othello ou quelque autre personnage, et s'imaginant que la foule qui passait notait son maintien tragique et en était stupéfaite.

Je me suis approché, et j'ai essayé de le faire redescendre des nuages, mais en vain. Cependant, il m'a aussitôt informé, d'un air détaché, qu'il était membre de la compagnie théâtrale Walnut Street — et il a essayé de m'annoncer la chose avec indifférence, mais la couche d'indifférence était fine et, à travers, on apercevait une puissante jubilation. Il m'a dit qu'il avait un rôle dans *Jules César*, ce soir-là, et que je le verrais si je venais. *Si* je venais ! Je lui ai répondu que je ne le raterais pas même si j'étais mort !

Je me suis éloigné, médusé, et me disant en moi-même : « Que c'est bizarre ! *Nous* avons toujours pensé que ce gars-là était fou ; et pourtant, dès qu'il arrive dans une grande ville, où abondent l'intelligence et la critique, le talent dissimulé sous cette vieille serviette est soudain découvert et rapidement reconnu et honoré. »

Mais je suis reparti du théâtre, ce soir-là, déçu et offensé ; car je n'avais pas vu mon héros et son nom n'était pas sur les programmes. Je l'ai rencontré dans la rue le lendemain matin, et je n'ai pas eu le temps d'ouvrir la bouche que déjà il me demandait :

— Est-ce que tu m'as vu ?

— Non, tu n'étais pas là.

Il a semblé surpris et décontenancé. Il a répliqué :

— Si, j'y étais. Bien sûr que j'y étais. J'étais un soldat romain.

— Lequel ?

— Ben, est-ce que tu n'as pas remarqué ces soldats romains qui se tenaient en arrière, en rang, et qui, de temps en temps, faisaient le tour de la scène en cortège ?

— Tu veux parler de l'armée romaine ? Ces six débardeurs en sandales et en chemise de nuit, avec leurs boucliers et leurs casques en fer-blanc, qui se marchaient sur les pieds tout autour de la scène, gardés par un poitrinaire aux pattes longues et minces comme une araignée, habillé comme eux ?

— C'est ça ! C'est ça ! J'étais un des soldats romains. J'étais l'avant-dernier de la file. Il y a six mois, j'étais toujours le dernier ; mais j'ai eu une promotion.

Bon, on m'a dit que ce pauvre garçon était resté soldat romain jusqu'à la fin — une affaire de vingt-quatre ans. De temps en temps, on l'a utilisé pour un « rôle avec dialogue » — mais pas très compliqué. On pouvait lui faire confiance pour entrer en scène et dire : « Mon seigneur, la voiture attend », mais si l'on se risquait à lui ajouter une phrase ou deux, sa mémoire était trop survoltée et l'on pouvait s'attendre à le voir bafouiller. Et pourtant, le pauvre diable, il a patiemment étudié le rôle de Hamlet pendant plus de trente ans, et il a vécu et il est mort dans la certitude qu'un jour ou l'autre il serait invité à le jouer !

Et tout cela est la conséquence de la courte visite de ces Anglais dans notre village, il y a des siècles et des siècles ! Quels nobles fers à cheval cet homme aurait pu fabriquer, sans ces Anglais ; et quel médiocre soldat romain il *fit !*

Un jour ou deux après notre arrivée à Saint Louis, j'étais dans Fourth Street lorsqu'un homme aux cheveux gris a eu une espèce de sursaut en me dépassant, puis s'est arrêté, est revenu sur ses pas, m'a examiné avec attention, d'un air sombre, et m'a finalement demandé très sèchement :

— Dis donc, *est-ce que tu l'as enfin bu, ton verre ?*

Un fou, ai-je d'abord pensé. Et puis dans un éclair, je l'ai reconnu. Je me suis efforcé de rougir, ce qui a tendu le moindre de mes muscles, et je lui ai répondu de la façon la plus douce et la plus engageante dont j'aie jamais été capable :

— Ça a été un peu long, mais je viens juste, à la minute même, de repérer l'endroit où ils le gardent. Viens me donner un coup de main.

Il s'est radouci, et il a dit de commander une bouteille de champagne, et il s'est montré aimable. Il m'a expliqué qu'il avait vu mon nom dans les journaux, et qu'il avait laissé tomber toutes ses affaires et s'était mis en route, décidé à me retrouver ou à mourir ; et à me faire répondre à cette question de façon satisfaisante ou à me tuer ; quoique la majeure partie de la rudesse qu'il venait de montrer était simulée plus qu'autre chose.

Cette rencontre m'a ramené aux émeutes de Saint Louis, environ trente ans plus tôt. A cette époque, je passais une semaine dans une pension de famille de cette ville, et j'avais ce jeune gars comme voisin, de l'autre côté du couloir. Nous avons assisté à des combats de rue et des tueries ; et finalement, une nuit, nous avons rejoint une armurerie, où s'étaient réunis deux cents jeunes gens, sur convocation, pour y être armés et aller s'opposer aux émeutiers, sous le commandement d'un militaire. Nous nous sommes entraînés jusqu'à environ dix heures du soir ; puis nous avons appris que les émeutiers étaient très nombreux dans la basse ville, et qu'ils détruisaient tout sur leur passage. Notre colonne s'est aussitôt mise en route. C'était une nuit très chaude, et mon mousquet était très lourd. Nous avons marché et marché encore ; et plus nous nous approchions de l'endroit où l'on se battait, plus j'avais chaud et plus j'avais soif. J'étais derrière mon ami ; aussi, finalement, lui ai-je demandé de porter mon mousquet tandis que je sortais des rangs pour boire un coup. Puis j'ai bifurqué et je suis rentré chez moi. Je ne me faisais aucun souci à *son* propos, bien sûr, parce que je savais qu'il était tellement bien armé, à présent, qu'il pouvait prendre soin de lui-même sans problème. Si j'avais eu le moindre doute à ce sujet, j'aurais emprunté un autre mousquet pour lui. J'ai quitté la ville assez tôt, le lendemain matin, et si cet homme aux cheveux gris n'avait pas trouvé mon nom dans les journaux, l'autre jour, à Saint Louis, et s'il ne s'était pas senti poussé à partir à ma recherche, j'aurais emporté avec moi dans ma tombe une incertitude déchirante — s'était-il tiré sain et sauf ou non des émeutes ? J'aurais dû chercher à le savoir, il y a trente ans ; j'en ai bien conscience. Et je l'aurais fait, si j'avais eu les mousquets ; mais, en la circonstance, il semblait mieux à même de mener l'enquête que moi[34].

Un lundi, à peu près à l'époque de notre visite à Saint Louis, le *Globe-Democrat* a publié deux pages de statistiques de la veille, dans lesquelles il apparaissait que cent dix-neuf mille quatre cent quarante-huit habitants de Saint Louis avaient suivi les services religieux du matin et du soir, et que vingt-trois mille cent deux enfants avaient été à l'école du dimanche. Ainsi, cent quarante-deux mille cinq cent cinquante personnes, sur une population totale de quatre cent mille, avaient respecté le caractère religieux de ce jour.

J'ai trouvé ces statistiques, sous une forme condensée, dans une dépêche de l'*Associated Press,* et je les ai conservées. Grâce à elles, il était évident que Saint Louis connaissait un état de grâce plus élevé que celui qu'il aurait pu revendiquer de mon temps. Mais maintenant que j'examine très attentivement les chiffres, je soupçonne la transmission télégraphique de les avoir mutilés. Il ne peut pas y avoir plus de cent cinquante mille catholiques dans la ville ; les autres deux cent cinquante mille doivent être classés comme protestants. Sur ces deux cent cinquante mille, si l'on en croit cette discutable dépêche, seules vingt-six mille trois cent soixante-deux personnes sont allées au temple et à l'école du dimanche, tandis que sur les cent cinquante mille catholiques, cent seize mille cent dix-huit ont assisté au service religieux et à l'école du dimanche.

CHAPITRE LII

Une âme sauvée

Je saisis une idée au vol. – Un diplômé de Harvard. – Un voleur repentant. – Son histoire en chaire. – Quelque chose de symétrique. – Un artiste littéraire. – Une épître modèle. – Les pompes recommencent à travailler. – Le « point essentiel » du texte.

Tout à coup, une pensée me traverse l'esprit : « Je n'ai pas cherché Mr. Brown*. »

Dans ce texte, je souhaite m'écarter de la droite ligne de mon sujet, et faire une petite digression. Je désire révéler un secret que je transporte avec moi depuis neuf ans, et qui est devenu pesant.

En une certaine occasion, il y a neuf ans, je me suis exclamé, avec beaucoup d'émotion :

— Si je revois jamais Saint Louis, je chercherai Mr. Brown, le grand marchand de grains, et je solliciterai de lui le privilège de lui serrer la main.

* *Dans le manuscrit, le paragraphe suivant dit :* « Dans ce texte, je vais m'écarter de la droite ligne de mon sujet, à présent, et faire une petite digression. Mais aucune excuse n'est nécessaire, et je n'en présente pas. Je tiens à révéler un secret que je transporte avec moi depuis neuf ans, et que j'ai souvent voulu dévoiler. »

L'occasion et les circonstances furent les suivantes. Un ami à moi, un clergyman, est venu me voir un soir et m'a dit :

— J'ai ici une lettre des plus remarquables, que je veux te lire, si j'y arrive sans fondre en larmes. Il me faut la faire précéder de quelques explications, cependant. Cette lettre a été écrite par un ex-voleur et ex-vagabond d'une extraction des plus basses et d'une éducation des plus mauvaises, un homme complètement souillé par le crime et pétri d'ignorance ; mais, Dieu merci, avec une mine d'or pur dissimulée en lui, comme tu le constateras. Cette missive est adressée à un truand nommé Williams, qui a passé neuf ans dans une certaine prison d'État pour cambriolage. Williams était un monte-en-l'air particulièrement audacieux, et il a exercé ce métier pendant bon nombre d'années ; mais finalement on l'a attrapé et jeté en prison, en attendant de le faire passer en jugement dans une ville où il avait pénétré dans une maison, une nuit, pistolet au poing, et avait obligé le propriétaire à lui remettre huit mille dollars en bons du gouvernement. Williams n'était en rien quelqu'un de commun. Il était diplômé de Harvard et il venait d'une bonne famille de Nouvelle-Angleterre. Son père était clergyman. Tandis qu'il était en prison, sa santé a commencé à décliner et il est devenu poitrinaire. Ce fait, ajouté à l'occasion qu'il a eue de méditer pendant sa réclusion, a produit son effet — son effet normal ; il s'est mis à réfléchir sérieusement ; son éducation initiale lui a été très utile et elle a eu une puissante influence sur son esprit et sur son cœur. Il a renoncé à son ancienne vie, et il est devenu un vrai chrétien. Certaines dames, en ville, ont entendu parler de la chose, lui ont rendu visite, et par leurs encouragements l'ont aidé à se tenir à ses bonnes résolutions et lui ont donné la force de continuer dans sa nouvelle existence. Le procès s'est terminé par sa condamnation à neuf ans dans une prison d'État, comme je te l'ai dit. En prison, il s'est lié d'amitié avec le pauvre diable auquel j'ai fait allusion au début de mon histoire, Jack Hunt, l'auteur de la lettre que je vais te lire. Tu verras que cette amitié a porté ses fruits, pour Hunt. Lorsque celui-ci a terminé sa peine, il a vagabondé jusqu'à Saint Louis ; et c'est de cette ville qu'il a écrit sa lettre à Williams. La lettre n'a pas dépassé le bureau du directeur, bien sûr ; les prisonniers ne sont pas souvent autorisés à recevoir des lettres de l'extérieur. Les autorités de l'établissement l'ont lue, mais elles ne l'ont pas détruite. Elles n'ont pas eu le cœur à ça. Elles l'ont lue à plusieurs personnes, et finalement elle est tombée entre les mains de ces dames dont j'ai parlé il y a un instant. L'autre jour, j'ai rencontré un vieil ami à moi — un clergyman — qui avait vu cette lettre et qui en était tout pénétré. Le simple souvenir de ce texte le bouleversait tellement qu'il ne pouvait en parler sans que sa voix se casse. Il m'a promis de m'en avoir une copie ; et la voici — une copie exacte, avec toutes les imperfections de l'original. Il y a beaucoup d'expressions argotiques là-dedans —

l'*argot** des voleurs —, mais leur signification a été ajoutée entre parenthèses par les responsables de la prison :

Saint Louis, 9 juin 1872.

Monsieur W... ami Charlie, si je peux t'appeler comme ça : je sé que tu es surpris de recevoir une lettre par moi, mais j'espère que tu seras pas furieux de cette écriture. Je veux te dire mes remerciements pour la façon que tu m'as parlé quand j'étais en prison — ça m'a amené à essayer d'être un homme meilleur ; j'imagine que tu as pensé que je n'apraicié pas ce que tu disais, & au départ je l'ai pas apraicié, mais je savé que tu étais un homme qui a fait un gros travail avec des hommes bien & qui ne voulé pas nous rouler ni nous embobiner & tous les gars le savé.

Je pensais pendant la nui à ce que tu disais, & pour ça j'ai arété de jurer 5 mois avant que mon temps est fini, parce que j'ai vu que ça ferait rien de bon en ocune façon — le jour où mon temps a été fini, tu m'as dit que si je secouais la croix *(cessais de voler)* & que je restais honnête pendant 3 mois, ce serait le meilleur boulo que j'aurais jamais fait dans ma vie. L'agent de l'État m'a donné un ticket pour ici, & dans le train j'ai pensé davantage à ce que tu m'avais dit, mais je n'ai pas décidé. Quand on est arrivés à Chicago, dans les wagons, entre là-bas et ici, j'ai décroché le sac à main d'une vieille femme *(je le lui ai volé)* ; j'avais rien fait d'autre que de le lui enlever quand je me suis mis à souhaiter ne pas l'avoir fait, parce que peu de temps avant ça j'avais décidé d'être un tipe honnête, pour 3 mois comme tu avais dit, mais j'avais oublié quand j'ai vu que le sac était

* En français dans le texte.

bien en main *(facile à prendre)* — mais je suis resté pré d'elle & quand elle est sortie du wagon à une petite gare, j'ai dit, m'dame est-ce que vous avez perdu quelque chose ? & elle a pigé *(découvert)* que son sac avait filé *(n'était plus là)* — est-ce que c'est pas ça, j'ai dit, en le lui donnant — eh ben si vous z'étiez pas honnête, elle a répondu, mais j'avais pas assez de culo pour supporter ce genre de discours, alors je l'ai quitté à toute vitesse. Quand je suis arrivé ici, il me restait 1 dollar et 25 *cents* & j'ai pas trouvé de boulot pendant 3 jours parce que j'étais pas assez costo pour faire le débardeur sur un bato à vapeur *(pour être matelot de pont)*. L'après-midi du 3e jour, j'ai dépensé mes derniers 10 *cents* pour 2 lunes *(gros biscuits de mer ronds)* et du fromage & et je me sentais plutôt patraque & et je pensais que j'allais être obligé de retourner à la fourche *(voler à la tire)*, quand je me suis rappelé ce que tu disais un jour à propos d'un gars qui appelait le Seigneur lorsqu'il était dans une mauvaise passe & j'ai pensé que j'allais essayer tout de suite, de toute façon, mais quand je m'y suis mis je suis resté en carafe tout de suite & tout ce que j'ai pu trouver de vallable c'est, Dieu donne à un pauvre gars une chance d'être honnête pendant 3 mois, pour l'amour du Christ, amen ; & j'ai continué à réfléchir à ça encore et encore alors que je marchais — à peu près une heure après ça j'étais dans la 4e Rue & voilà ce qui est arrivé & c'est à cause de ça que je suis là où je suis maintenant & c'est ça que je veux te raconter avant que j'araite d'écrire. Pendant que je marchais, j'ai antandu un grand bruit & j'ai vu un cheval qui s'emballait avec une voiture avec 2 enfants dedans, & j'ai ramassé un morsso de couvercle de caisse qui était sur le trottoir & j'ai couru au milieu de la rue, & quand le cheval est arrivé je l'ai frappé sur le dessus de la tête aussi fort que j'ai pu — la plenche est partie en morços & le cheval s'est arraité un petit peu & j'ai attrapé les reines & je lui ai fait baisser la tête jusqu'à quand il stoppe — le gentleman qui était son propriétaire est venu en courant & dès qu'il a vu que les enfants étaient sovés, il m'a serré la main & il m'a donné un billet de 50 dollars & ma demande au Seigneur d'être aidé m'est revenue à la tête & et j'étais si foudroyé que je ne pouvais pas lâcher les reines ni dire quelque chose — il a vu qu'il y avait un problème, & revenant vers moi il a dit, mon garçon est-ce que tu es blessé ? l'idée m'est venue dans la tête juste à ce moment-là de lui demander du travail ; & je lui ai demandé de reprendre le billet et de me donner un boulo — et il a répondu monte là-dedans & parlons de ça, mais garde l'argent — il a voulu savoir si je pouvais m'occuper de chevaux & j'ai dit oui, parce que j'avais l'habitude de rôder dans les écuries de louage & que souvent j'aidais à nettoyer et à conduire les chevaux, il m'a dit qu'il cherchait quelqu'un pour ce travail & qu'il me donnerait 16 dollars par mois et qu'il me prendrait en pension. Tu penses que j'ai saisi cette chance immédiatement. cette nui, dans ma petite chambre au-desssus de l'écurie, je suis resté assis un long moment à penser sur ma vie passée & sur ce qui venait juste d'arriver & je suis juste tombé sur mes jenoux & j'ai remercié le Seigneur pour le travail & pour m'aider à rester honnête, & de te bénir pour m'avoir tuyauté & le lendemain matin j'ai recommencé, & je me suis procuré quelques nouvelles nippes *(vêtements)* & une bible parce que *j'étais décidé* après ce que le Seigneur avait fait pour moi j'allais lire la bible chaque nui et chaque matin, & lui demander de garder un œil sur moi. Quand j'ai été là depuis environ une semaine, Mr. Brown (c'est son nom) est entré dans ma chambre une nui & m'a vu en train de lire la bible — il m'a demandé si j'étais chrétien et je lui ai répondu que non — il m'a demandé comment ça se faisait que je lit la bible au lieu de journaux & de livres — Bon Charlie j'ai pensé je ferais mieux d'être honnête avec lui dès le début, alors je lui ai tout raconté sur le fait que j'avais été en prison & puis sur toi, & comment j'avais presque renoncé à trouver un travail & comment le Seigneur m'a trouvé le boulo quand je le lui ai demandé ; & que la seule façon que j'avais de le rembourser, c'était de lire la bible et d'être réglo, & je l'ai supplié de me laisser ma chance pendant 3 mois — il m'a parlé comme un père un bon moment, & il m'a dit que je pouvais rester, & alors je me suis senti mieux que j'avais jamais été dans ma vie, parce que j'avais permis à Mr. Brown de bien démarrer avec moi & maintenant j'avais plus peur que quelqu'un me retourne la casquette *(révéler sa vie passée)* & me chasse de ce boulo — le lendemain matin il m'a convoqué dans la bibliothèque & m'a donné un autre long discours, & m'a conseillé d'étudier un peu tous les jours, & il m'aiderait une ou deux heures chaque nui, & il m'a donné un Arithmétique, un alphabet, une Géographie et un livre d'écriture, & il m'aicoute toutes les nuis — il me laisse entrer dans la maison pour les prières chaque matin, & il m'a inscrit au catéchisme à l'école du dimanche ce que j'aime vraiment beaucoup parce ça m'aide à comprendre ma bible mieux.

Maintenant, Charlie les 3 mois réglos sont passés de 2 mois, & comme tu as dit, c'est le meilleur boulo que j'ai jamais fait de ma vie, & j'en ai commencé un du même genre tout de suite, mais seulement c'est à Dieu à m'aider à tenir toute une vie Charlie — j'écris cette lettre pour te dire que je pense vraiment que Dieu a pardonné mes péchés & antandu tes prières, puisque tu m'as dit que tu prierais pour moi — je sé que j'aime lire son nom & lui dire tous mes ennuis & il m'aide je le sais parce que j'ai plein d'occasions de voler mais je ne me sens pas de le faire comme avant & maintenant je prends plus de plaisir en allant à l'église qu'au théâtre & c'été pas comme ça avant — notre pasteur et d'autres gens parlent souvent avec moi & il y a un mois ils ont voulu que je rejoigne l'église, mais j'ai dit non, pas maintenant, je peux me tromper dans mes santiments, j'attendrai un moment, mais maintenant je sens que Dieu m'a appelé & le premier dimanche de juillet je vais rejoindre l'église — cher ami j'aimerais être capable de t'écrire comme je ressens, mais je peu pas encore — tu sé que j'ai appris à lire et à écrire pendant que j'étais en prison & je n'en connais pas encore assez pour écrire comme j'aurais parlé ; je sé que je n'ai pas écrit tous les mots comme il fau ici & beaucoup d'autres fautes mais tu excuseras ça je sé, parce que tu sé que j'ai été élevé dans une pauvre maison jusqu'à quand je me suis enfui, & je n'ai jamais çu qui était mon père et ma mère et je ne sé pas mon vré nom, & j'espère que tu m'en voudras pas, mais j'ai autant de droi à un nom qu'un autre & j'ai pris ton nom, parce que tu l'utiliseras pas quand tu sortiras je le sé, & tu es l'homme que je pense le plus dans le monde ; alors j'espère que tu seras pas faché — je vais bien, je mets 10 dollars par mois à la banque avec les 25 des 50 — et si tu en veux jamais une partie ou le tout fais-le moi savoir, & c'est à toi. je souhaite que tu vas me laisser t'en envoyer un peu maintenant. Je t'envoie avec ça un abonnement pour un an de *Littles Living Age*, je ne savais pas ce que tu aimerais & je l'ai dit à Mr. Brown & il a dit qu'il pensait que tu aimerais ça — je souhaite avoir été plus pré de toi ainsi j'aurais pu t'envoyer de la becquetance *(à manger et à boire)* pour les vacances ; d'ici ça pourrirait avec ce temps, mais je t'enverrai un paquet pour le prochain Thanksgiving de toute façon — la semaine prochaine, Mr. Brown me prend dans son magasin comme porteur pour les petits fardos & il me donnera de l'avancement dès que j'en sais un peu plus — il tient un grand magasin de grains, en gros — j'ai oublié de te parler de ma mission d'école, ma classe de l'école du dimanche — l'école est le dimanche après-midi, je sors deux après-midis de dimanche, et je prends sept mioches *(petits enfants)* & je les amène là-bas deux d'entre eux save autant que moi & je les mets dans une classe où ils peuvent apprendre quelque chose. j'en sé pas beaucoup moi-même, mais comme ces mioches ne peuvent pas lire, je m'entends très bien avec eux, je m'assure d'eux en allant les chercher chaque dimanche 1/2 heure avant le début de l'école, et j'ai aussi 4 filles qui viennent. parle de moi à Mack et à Harry, s'ils viendront ici lorsque leur temps est fini je leur trouverai tout de suite du travail. j'espère que tu excuseras cette longue lettre & toutes ces fautes, je voudrais pouvoir te voir parce que je peu pas écrire comme je parlerais — j'espère que le temps doux fait du bien pour tes poumons — quand tu saignais j'avais peur de te voir mourir — donne mes respects à tous les gars et dis-leur comment je vais — je vais bien et tout le monde ici me traite aussi gentiment qu'il peut — Mr. Brown va t'écrire de temps en temps — j'espère qu'un jour ou l'autre tu m'écriras, cette lettre est de ton très vrai ami

C... W...

que tu connais sous le nom de Jack Hunt.

Je t'envoie la carte de Mr. Brown. Envoie ma lettre à lui.

Voilà une véritable éloquence ; une éloquence irrésistible ; et sans la moindre élégance ni le moindre ornement pour la soutenir. J'ai rarement été aussi profondément ému par un texte. Celui qui le lisait s'est régulièrement interrompu, pendant tout le temps de sa lecture, car sa voix était faible et cassée ; et pourtant, il avait essayé de fortifier ses sentiments en parcourant plusieurs fois cette lettre tout seul, avant de se hasarder en public avec elle. Maintenant, il s'entraînait sur moi pour voir s'il avait le moindre espoir d'être capable de la lire lors de son office de la semaine avec quelque chose comme une maîtrise normale de ses émotions. Le résultat n'était guère prometteur. Il a pourtant décidé de s'y risquer ; et il l'a fait. Il s'en est tiré à peu près bien. Mais son public a très vite éclaté en sanglots et a continué à pleurer jusqu'à la fin.

La renommée de la lettre s'est étendue à travers la ville. Un frère pasteur est venu emprunter le manuscrit, l'a inséré intégralement dans un sermon qu'il a prononcé un dimanche matin, devant douze cents personnes — que la lettre a fait fondre en larmes. Puis mon ami l'a mise à son tour dans son sermon et s'en est servi devant sa congrégation du dimanche matin. Elle a connu un nouveau triomphe. L'assistance a pleuré comme un seul homme.

Mon ami est parti en vacances d'été dans les régions de pêche de nos voisins britanniques du Nord, et il a emporté ce sermon avec lui, pensant qu'il aurait peut-être une occasion de l'utiliser. Un jour, on lui a demandé de prêcher. La petite église était bondée. Parmi les présents, on comptait feu le Dr J. G. Holland, feu Mr. Seymour du *New York Times*, Mr. Page, l'avocat philanthrope et antialcoolique, ainsi, je crois, que le sénateur Frye, du Maine. La merveilleuse lettre a joué son rôle habituel ; tous les auditeurs furent émus, tous les auditeurs pleurèrent. Deux ruisseaux de larmes ne cessaient de couler sur les joues de Mr. Holland, et l'on pouvait dire à peu près la même chose de tous ceux qui étaient là. Mr. Page a été si enthousiasmé par cette lettre qu'il n'aurait point de cesse, a-t-il annoncé, qu'il n'eût fait un pèlerinage à cette prison et n'eût une conversation avec l'homme capable d'inspirer à un camarade d'infortune ce texte inestimable.

Ah, ce malheureux Page ! — et un autre homme avec lui. Si seulement ils s'étaient trouvés à Jéricho, cette lettre aurait résonné à travers le monde et ému tous les cœurs de toutes les nations pour un millier d'années à venir, et personne n'aurait jamais pu découvrir qu'il s'agissait de l'invention frauduleuse et mystificatrice la plus maudite, la plus audacieuse et la plus ingénieuse qui eût jamais été concoctée pour abuser les pauvres mortels confiants !

La lettre était une pure escroquerie, et c'est cela la vérité. Et à tout prendre, elle était sans égale. Elle était parfaite, elle était élégante, symétrique, complète, colossale !

Le lecteur l'apprend maintenant. Mais nous, pour le découvrir, nous avons encore dû attendre quelques miles et quelques semaines après ce stade de l'affaire. Mon ami est rentré des forêts, et, comme d'autres clergymen et des missionnaires lais, il a recommencé à inonder divers publics de ses larmes et des larmes desdits publics. J'ai dû énormément supplier pour avoir la permission de publier la lettre dans un magazine et de raconter l'histoire, humide de pleurs, de ses triomphes ; beaucoup de gens avaient des copies, avec l'autorisation de les faire circuler en les reproduisant à la main, mais pas en les imprimant ; certaines furent même envoyées aux îles Sandwich et dans d'autres régions lointaines.

Charles Dudley Warner était à l'église, un jour, lorsque la lettre usée fut lue au milieu des larmes. A la sortie, ensuite, il a laissé tomber un iceberg particulièrement glacé sur les épaules du clergyman lorsqu'il lui a demandé :

— Vous avez la preuve que cette lettre est authentique ?

C'était le premier soupçon qui était exprimé ; mais il produisit ce même effet révoltant qu'ont toujours les premiers soupçons envers une idole. Une petite conversation s'ensuivit :

— Voyons, qu'est-ce qui pourrait vous faire suspecter qu'elle n'est pas authentique ?

— Rien que je sache, sauf qu'elle est trop bien tournée, et trop concise et coulante et joliment ordonnancée pour quelqu'un d'ignorant qui n'a pas l'habitude d'écrire. Je pense qu'elle a été rédigée par une personne instruite. L'artiste littéraire avait repéré la machine littéraire. Si vous voulez bien, à présent, regarder la lettre de nouveau, vous le remarquerez vous-mêmes — c'est visible à chaque ligne.

Aussitôt le clergyman s'en est allé, avec cette graine de soupçon germant en lui, et il a écrit à un pasteur qui habitait dans cette ville où Williams avait été emprisonné et converti ; a demandé des éclaircissements ; et a demandé aussi si une personne dans la littérature (il voulait parler de moi) était autorisée à imprimer cette lettre et à raconter son histoire. Finalement, il reçut la réponse que voici :

Rév. ...

MON CHER AMI — En ce qui concerne cette « lettre de détenu », il ne peut y avoir aucun doute quant à son authenticité. « Williams », à qui elle était adressée, se trouve dans notre prison et déclare avoir été converti, et le rév. Mr. ..., l'aumônier, a une grande confiance dans la véridicité de ce changement — autant que l'on peut en avoir dans un cas de ce genre.

La lettre a été envoyée à l'une de nos dames, qui est professeur dans une école du dimanche — envoyée ou par Williams lui-même, ou par l'aumônier de la prison d'État, probablement. Cette dame a été très ennuyée par une telle publicité, craignant que cela pût passer pour une indiscrétion, ou que ce fût préjudiciable à Williams. Pour sa publication, je ne peux donner aucune permission ; bien que si l'on ôtait les noms et les lieux et, surtout, si on l'imprimait hors de ce pays, je pense que vous pourriez en prendre la responsabilité et le faire.

C'est une lettre merveilleuse, qu'aucun génie chrétien, et encore moins profane, n'aurait jamais pu écrire. En montrant l'œuvre de la grâce dans un cœur humain, et dans un cœur très avili et très mauvais, elle prouve sa propre origine et réprouve notre faible foi dans le pouvoir qu'a cette grâce de venir à bout de n'importe quelle forme de méchanceté.

« Mr. Brown » de Saint Louis, a-t-on dit, est un homme de Hartford. Est-ce que tous ceux que vous envoyez de Hartford servent aussi leur maître ?

P.-S. Williams est toujours dans la prison de l'État, où il purge une longue peine — neuf ans, je crois. Il a été malade et il est devenu poitrinaire, mais je n'ai pas demandé récemment de ses nouvelles. Cette dame dont je parle correspond avec lui, je présume, et on est sûr qu'elle veillera sur lui.

Cette lettre arriva quelques jours après avoir été écrite — et les actions de Mr. Williams remontèrent. Les soupçons honteux de Mr. Warner furent enterrés très profondément, là où était apparemment leur place ; c'étaient des soupçons basés sur une simple preuve interne, de toute façon ; et lorsque vous en venez aux preuves internes, c'est un vaste domaine et un jeu auquel on peut jouer à deux : pour témoignage, cette autre « preuve interne », découverte par l'auteur du texte cité plus haut, qu'il s'agit « d'une lettre merveilleuse qu'aucun génie chrétien, et encore moins profane, n'aurait jamais pu écrire ».

J'ai eu enfin la permission de l'imprimer — à condition de supprimer les noms et les lieux, et d'envoyer mon article dans un autre pays. Aussi ai-je choisi un magazine australien, assez loin de chez nous, et me suis-je mis au travail. Et les pasteurs ont fait redémarrer les pompes, avec la lettre pour actionner leurs bras.

Mais, entre-temps, frère Page s'était agité. Il n'avait pas visité le pénitencier, mais il avait envoyé une copie de l'illustre lettre à l'aumônier de cette institution et il y avait joint — je suppose — des questions. Il a reçu une réponse datée de quatre jours après l'épître rassurante de cet autre frère ; et mon article n'était pas encore terminé qu'elle me tombait par hasard entre les mains. L'original est devant moi, maintenant, et je le reproduis ici. Il est plutôt bien fourni en preuves internes des plus solidement décrites :

> Prison d'État, bureau de l'aumônier,
> 11 juillet 1873.
>
> CHER FRÈRE PAGE — Veuillez trouver ci-joint la lettre que vous m'avez gentiment prêtée. Je crains que son authenticité ne puisse être établie. Elle est censée être adressée à un prisonnier d'ici. Aucune lettre de ce genre n'est jamais arrivée à un prisonnier d'ici. Toutes celles qui nous parviennent sont lues avec soin par les fonctionnaires de la prison avant d'être remises aux détenus, et on ne pourrait oublier aucune lettre de ce genre. En outre, Charles Williams n'est pas un chrétien mais un débauché, prodigue en fourberies, dont le père est ministre de l'Évangile. Son nom est un pseudonyme. Je suis heureux d'avoir fait votre connaissance. Je prépare une conférence sur l'existence vue à travers les barreaux de prison, et j'aimerais la faire vers chez vous.

C'est ainsi que se termina ce petit drame. Mon pauvre article fila au feu ; car même si les matériaux réunis pour lui étaient désormais plus abondants et infiniment plus riches qu'au début, il y avait des personnes tout autour de moi qui, bien qu'ayant auparavant attendu avec impatience sa publication, étaient unanimes pour sa destruction à ce stade du jeu, vu la forme prise par celui-ci. Elles disaient :

— Attendez, la blessure est encore trop fraîche.

Toutes les copies de la célèbre lettre, excepté la mienne, disparurent comme par enchantement ; et depuis ce temps-là, la même bonne vieille sécheresse qu'auparavant règne dans les églises. En règle générale, la ville a exhibé un large sourire pendant un moment, mais il y avait des endroits où ce sourire ne se voyait pas et où il était dangereux de faire allusion à la lettre de l'ex-détenu.

Un mot d'explication. « Jack Hunt », le prétendu auteur de la lettre, était un personnage imaginaire. Le cambrioleur Williams — diplômé de Harvard, fils de pasteur — a écrit lui-même la lettre, et *à lui-même :* il s'est arrangé pour la faire sortir en fraude de la prison ; pour la faire apporter aux personnes qui avaient soutenu et encouragé sa conversion — là où, il le savait, deux choses allaient obligatoirement se produire : l'authenticité de la lettre ne serait ni mise en doute ni contrôlée ; et l'on en remarquerait le point essentiel, qui produirait l'effet voulu — sans aucun doute, un mouvement en faveur de la grâce et de la libération de Mr. Williams.

Ce « point essentiel » est exprimé si ingénieusement, et avec un tel air de ne pas y toucher, et placé presque à la fin de la lettre, sans la moindre insistance, qu'un lecteur indifférent n'aurait jamais soupçonné que c'était là le cœur, le noyau central de l'épître — à condition même qu'il eût noté ce détail. Voici le « point essentiel » :

> ... j'espère que le temps doux fait du bien pour tes poumons — *quand tu saignais j'avais peur de te voir mourir* — donne mes respects à, etc.

C'est tout — on effleure simplement et on passe —, on ne s'attarde pas. Néanmoins, ce détail était destiné à un œil qui le verrait rapidement ; et il devait émouvoir un cœur bienveillant qui essaierait alors de faire libérer un pauvre garçon corrigé et purifié, au pouvoir de l'impitoyable étreinte de la phtisie.

Lorsque l'on m'a lu cette lettre pour la première fois, il y a neuf ans, j'ai pensé que c'était la plus remarquable que j'avais jamais entendue. Et elle a fait naître en moi tant de sympathie pour Mr. Brown de Saint Louis que j'ai annoncé que si je visitais jamais cette ville à nouveau, je chercherais cet excellent homme et je baiserais l'ourlet de son vêtement, s'il était neuf. Eh bien, je suis revenu à Saint Louis, mais je ne me suis pas lancé à la recherche de Mr. Brown ; car, hélas ! l'enquête d'autrefois avait prouvé que le bienveillant Brown, tout comme « Jack Hunt », n'était pas une personne réelle, mais une pure invention de ce vaurien doué, Williams — cambrioleur, diplômé de Harvard, fils de clergyman.

CHAPITRE LIII

La maison de mon enfance

Une retraite magistrale. – Une ville au repos. – Farces enfantines. – Amis de ma jeunesse. – Le refuge des imbéciles. – On me montre tel que je suis.

Nous avons pris passage sur l'un des bateaux les plus rapides de la Saint Louis and Saint Paul Packet Company, et nous sommes repartis sur le fleuve.

Lorsque, enfant, j'ai vu pour la première fois le point de confluence du Missouri, il se trouvait à vingt-deux ou vingt-trois miles en amont de Saint Louis, selon l'estimation des pilotes. L'érosion des berges l'a déplacé de huit miles en aval, depuis ce temps-là ; et les pilotes disent que d'ici à cinq ans la rivière creusera un raccourci et transportera ce confluent cinq miles plus bas en aval, ce qui l'amènera à moins de dix miles de Saint Louis.

Vers la tombée du jour nous avons dépassé la vaste et florissante cité d'Alton (Illinois) ; et avant l'aube le lendemain matin celle de Louisiana (Missouri), de mon temps un village endormi, mais aujourd'hui un centre ferroviaire animé ; du reste, toutes les villes, par ici, sont désormais des centres ferroviaires. Je n'ai pas bien reconnu l'endroit. Cela m'a fait une étrange impression, car lorsque j'ai démissionné de l'armée rebelle en 61, je me suis replié sur Louisiana en bon ordre ; du moins, en assez bon ordre pour quelqu'un qui n'avait pas encore appris comment battre en retraite selon les règles de la guerre et qui devait faire confiance à son génie naturel. Il m'a semblé que pour une première tentative de retraite, ce n'était pas trop mal. Je n'avais effectué aucune avancée, au cours de l'ensemble de cette campagne, qui n'eût égalé cela.

Il y avait là un pont de chemin de fer qui franchissait le fleuve, largement piqueté de lumières éclatantes, et c'était un très beau spectacle.

A sept heures du matin nous avons atteint Hannibal, Missouri, où j'ai passé mon enfance. J'avais revu cet endroit en coup de vent quinze ans plus tôt, puis à nouveau il y avait six ans, mais ces deux visites avaient été si rapides qu'elles comptaient à peine. La seule notion de la ville qui me restait à l'esprit, c'était le souvenir d'elle telle que je la connaissais lorsque je l'avais quittée pour la première fois vingt-neuf ans auparavant. Cette image était toujours aussi claire et vivante pour moi qu'une photographie. Je suis descendu à terre avec la sensation de quelqu'un qui revient d'une génération morte et enterrée. J'avais l'impression de comprendre un peu ce que les prisonniers de la Bastille ont dû ressentir lorsqu'ils sont sortis de prison et qu'ils ont vu Paris après des années de captivité et qu'ils se sont rendu compte que les choses familières et les choses bizarres se mélangeaient curieusement sous leurs yeux. Je voyais les nouvelles maisons — je les voyais assez distinctement —, mais elles n'affectaient pas l'image plus ancienne dans mon esprit, car à travers leurs briques et leur mortier solides, je distinguais avec une netteté parfaite les maisons disparues qui s'étaient élevées là, jadis.

C'était un dimanche matin, et tout le monde était encore au lit. Aussi ai-je parcouru les rues vides, en voyant toujours la ville comme elle était dans le temps et non comme elle était aujourd'hui, et en reconnaissant et en serrant métaphoriquement la main à une centaine d'objets familiers qui n'existaient plus depuis longtemps ; et finalement, j'ai grimpé sur Holiday's Hill pour en avoir une vision d'ensemble. La cité tout entière s'étendait en dessous de moi, et je pouvais repérer et nommer chaque lieu, chaque détail. Naturellement, j'étais très ému. J'ai dit : « De nombreuses personnes que j'ai connues autrefois dans ce refuge tranquille de mon enfance sont maintenant au paradis ; et certaines, je crois, sont dans l'autre endroit. »

Les choses qui m'entouraient et celles qui se trouvaient au-dessous de moi m'ont donné l'impression d'être redevenu un petit garçon — m'ont convaincu que j'étais de nouveau un petit garçon, et que j'avais simplement fait un rêve d'une longueur inhabituelle ; mais mes réflexions ont gâché tout cela ; car elles m'ont obligé à ajouter : « Là, en bas, je vois cinquante vieilles maisons ; je peux entrer dans chacune d'elles et y trouver ou un homme ou une femme qui était un bébé ou qui n'était même pas encore né la dernière fois que j'ai aperçu ces maisons, ou une grand-mère qui était une jeune mariée grassouillette à cette époque. »

*

Voyez comme un petit péché, jeté dans l'eau d'une main insouciante, revient vingt-cinq ans après pour se moquer de vous et vous porter préjudice ! J'étais obligé de rester debout pour me faire ces mélancoliques réflexions, car il n'y avait rien ici pour s'asseoir, à cause d'une action commise par mes soins, à ce même endroit, si longtemps auparavant. Car il y avait jadis un gros rocher perché ici ; mais avec un camarade nous avons travaillé là-dessus pendant tout un samedi, et finalement nous l'avons fait basculer et dégringoler la colline, avec fracas, jusqu'au fleuve ; il a fauché la jeune forêt comme si c'était de l'herbe, a sauté en l'air, très haut, au pied de la colline, a nettoyé la route et un chariot, avec un nègre de valeur dessus, puis a traversé, en écrasant tout, la boutique d'un tonnelier, de l'autre côté, et j'ai toujours été trop timide, après coup, pour demander combien d'ouvriers il avait tués. Nous en avons vu une douzaine s'en échapper en manches de chemise, puis nous avons déguerpi de l'autre côté de la colline, pendant que l'affaire continuait dans plusieurs comtés des environs. Et maintenant, trente-cinq ans plus tard, j'avais besoin de ce rocher précis. C'était un exploit fou, et il me coûtait cher, en fin de compte. Et pourtant, cela valait toujours des millions de dollars, pour moi, de me souvenir à quoi ressemblaient ce nègre et ces tonneliers ; et donc, si j'avais pu redevenir un enfant, avec le rocher à portée de la main, je le leur aurais lancé une autre fois et j'aurais laissé les trente-cinq années suivantes s'occuper d'eux[35].

*

Depuis cette position avantageuse, la vue très vaste en amont et en aval sur le fleuve, et bien dégagée au-dessus des forêts de l'Illinois, est très belle — c'est l'une des plus belles du Mississippi, à mon avis ; ce qui est une remarque risquée, car les huit cents miles de fleuve entre Saint Louis et Saint Paul offrent une succession ininterrompue de magnifiques paysages. Il se peut que mon affection pour celui dont il est question ici fasse pencher mon jugement en sa faveur ; je ne saurais le dire. De toute façon, il était d'une beauté satisfaisante pour moi, et il avait cet avantage sur tous les autres amis que je n'allais pas tarder à saluer à nouveau : il n'avait subi aucune modification ; il était aussi jeune et frais et avenant et gracieux que jamais ; en revanche, les visages des autres seraient vieux, et balafrés par les campagnes de l'existence, et marqués par les chagrins et les défaites de celle-ci, et ils ne m'élèveraient aucunement l'esprit.

Un vieux gentleman, de retour d'une promenade très matinale, s'est approché, et nous avons discuté du temps, puis nous sommes passés à d'autres sujets. Son visage ne me disait rien. Il m'a expliqué qu'il avait vécu ici vingt-huit ans. Il était donc arrivé après ma propre époque, et je ne l'avais jamais rencontré. Je lui ai posé diverses questions ; la première à propos de l'un de mes camarades de l'école du dimanche — qu'était-il devenu ?

— Il a eu son diplôme, avec mention, dans une université de l'Est, a erré quelque part dans le monde, n'est arrivé à rien, a disparu de nos mémoires et de nos existences il y a des années, et on suppose qu'il a mal tourné.

— Il était brillant et il promettait beaucoup, lorsqu'il était gosse.

— Oui, mais il est arrivé ce qui est arrivé.

Je l'ai interrogé sur un autre copain, qui était vraiment le plus brillant de l'école de notre village quand j'étais enfant.

— Lui aussi, il eu son diplôme, avec mention, dans une université de l'Est ; mais la vie l'a battu à plates coutures dans chacune de ses batailles, tout le temps, et il est mort dans l'un des Territoires, il y a des années, un homme vaincu.

J'ai demandé des nouvelles d'un autre des bons élèves.

— Il réussit, a toujours réussi, et toujours il réussira, je pense.

Je l'ai questionné sur un jeune camarade qui était parti à la ville apprendre une profession libérale, quand j'étais gamin.

— Il s'est intéressé à autre chose avant d'avoir terminé — a quitté la médecine pour le droit, ou le droit pour la médecine —, puis encore à autre chose ; a été absent un an, est revenu avec une jeune épouse ; s'est mis à boire, puis à jouer en cachette ; finalement, a laissé sa femme et leurs deux jeunes enfants à son père à elle et il est parti pour le Mexique ; est allé de mal en pis, et finalement il est mort là-bas, sans un *cent* pour acheter un linceul et sans un ami pour assister à ses funérailles.

— Dommage, parce que c'était le jeune gars le plus facile à vivre et le plus joyeux et le plus optimiste qui ait jamais existé.

J'ai nommé un autre garçon.

— Oh, tout va bien pour lui. Vit encore ici ; a une femme et des enfants, et il réussit.

Même verdict concernant d'autres garçons.

J'ai donné le nom de trois écolières.

— Les deux premières habitent ici, sont mariées et ont des enfants ; l'autre est morte depuis longtemps — ne s'est jamais mariée.

J'ai cité, avec émotion, l'une de mes premières chéries.

— Elle va bien. A été mariée trois fois ; a enterré deux maris, a divorcé du troisième, et j'ai entendu dire qu'elle se prépare à épouser un vieil ami, quelque part au Colorado. Elle a des enfants éparpillés ici et là, presque de tous les côtés.

La réponse à plusieurs autres questions fut brève et simple :

— Mort à la guerre.

J'ai donné le nom d'un autre garçon.

— Ben, tenez, son cas *est* curieux ! Il n'y avait pas

une seule personne dans cette ville qui ne savait pas que ce gosse était une parfaite andouille ; un parfait lourdaud ; que c'était juste un âne bâté, comme vous diriez. Tout le monde était au courant, et tout le monde le disait. Eh ben, si ce garçon-là n'est pas aujourd'hui le principal juriste de l'État du Missouri, moi j' suis démocrate !

— Vraiment ?

— Oui, vraiment. J' vous dis la vérité.

— Comment expliquez-vous ça ?

— Expliquer ça ? Y'a aucune explication pour ça, sauf que si vous envoyez un bougre d'idiot à Saint Louis et que vous ne leur dites pas que c'est un bougre d'idiot, *ils* ne s'en rendront jamais compte tout seuls. Y'a une chose de sûre — si j'avais un bougre d'idiot, je saurais quoi faire avec lui : je l'embarquerais pour Saint Louis — c'est le marché le plus grandiose du monde pour ce genre de produit. Vraiment, quand vous regardez cette affaire sous tous ses angles, et que vous la ruminez, et que vous y pensez, est-ce que ça n'écrase pas tout ce que vous avez jamais entendu ?

— Ben, oui, il semble bien. Mais vous ne croyez pas que ce sont peut-être les gens d'Hannibal qui se sont trompés sur ce garçon, et pas ceux de Saint Louis ?

— Oh, foutaises ! Les gens d'ici l'ont vraiment connu depuis le berceau. Ils le connaissaient cent fois mieux que les imbéciles de Saint Louis *peuvent* l'avoir connu. Non, si vous avez des bougres d'idiots que vous voulez voir rapporter, suivez mon conseil — envoyez-les à Saint Louis.

J'ai cité un grand nombre de personnes que j'avais fréquentées jadis. Certaines étaient mortes, certaines étaient parties, certaines avaient prospéré, certaines n'étaient arrivées à rien ; mais en ce qui concernait une douzaine du lot, ou à peu près, la réponse était réconfortante :

— Florissant — vivent encore ici — leurs enfants traînent partout dans la ville.

Je l'ai interrogé sur Miss ...

— Morte à l'asile il y a trois ou quatre ans — elle ne l'a plus jamais quitté du jour où elle y est entrée ; et elle a toujours souffert, aussi ; elle n'a jamais retrouvé le moindre petit bout de son cerveau.

S'il disait la vérité, c'était là une terrible tragédie, en effet. Trente-six ans dans une maison de fous, ces jeunes idiotes peuvent s'être amusées un peu ! J'étais petit, à l'époque ; et j'ai vu ces jeunes écervelées entrer sur la pointe des pieds dans la chambre où Miss ... lisait, assise à côté d'une lampe, à minuit. La fille qui se trouvait en tête de leur groupe portait un linceul et un masque ; elle s'est glissée derrière la victime, lui a touché l'épaule, et celle-ci a levé les yeux et a hurlé et puis elle a été prise de convulsions. Elle ne s'est pas remise de sa frayeur, et elle est devenue folle. De nos jours, il semble invraisemblable que les gens pouvaient croire aux fantômes il y a encore si peu de temps. Et pourtant, ils y croyaient.

Après l'avoir interrogé sur toutes les personnes dont je me souvenais, je me suis finalement renseigné sur *moi-même :*

— Oh, il a assez bien réussi — un autre exemple de bougre d'idiot. Si on l'avait expédié à Saint Louis, il aurait réussi plus tôt.

J'ai été très satisfait d'avoir eu, au début, la sagesse de dire à ce gentleman si franc que mon nom était Smith.

CHAPITRE LIV

Passé et présent

Un jugement spécial. – Intérêt céleste. – Une nuit d'angoisse. – Une autre mauvaise attaque. – J'entre en convalescence. – Je fais un discours dans une école du dimanche. – Un Enfant Modèle.

Seul de nouveau, là-haut, j'ai continué à repérer les vieilles maisons dans la ville lointaine, et à rappeler du passé moisi leurs anciens habitants. Parmi elles, j'ai finalement reconnu la demeure du père de Lem Hackett (un nom inventé). Cela me fit, en un instant, remonter de plus d'une génération dans le temps, et atterrir au beau milieu d'une époque où les événements de l'existence n'étaient pas les résultats logiques et naturels de grandes lois générales, mais d'ordres particuliers, et où ils étaient chargés de desseins bien précis et bien distincts — en partie répressifs dans l'intention, en partie ayant valeur d'avertissements ; et, en général, d'une portée locale.

Quand j'étais petit garçon, Lem Hackett s'est noyé — un dimanche. Il est tombé d'un bateau à fond plat qui était vide et où il était en train de jouer. Comme il était lourd de ses péchés, il a coulé jusqu'au fond telle une enclume. Ce fut le seul garçon du village qui dormit, cette nuit-là. Nous, les autres, nous sommes tous restés parfaitement réveillés dans nos lits, à nous repentir. Nous n'avions pas eu besoin d'entendre l'information, donnée depuis la chaire, cette soirée-là, selon laquelle Lem allait bénéficier d'un jugement spécial — cela, nous le savions déjà. Il y eut un féroce orage, cette nuit-là, qui se déchaîna sans interruption presque jusqu'à l'aube. Le vent soufflait, les fenêtres battaient, la pluie balayait le toit de ses nappes d'eau et, à intervalles très rapprochés, la noirceur d'encre de la nuit s'évanouissait, les maisons de l'autre côté de la route brillaient d'une blancheur éblouissante et aveuglante l'espace d'une palpitation, puis les ténèbres épaisses se refermaient et un déchirant coup de tonnerre s'ensuivait, qui semblait tout réduire en lambeaux et en éclats dans les environs. Je me suis assis dans mon lit, tremblant et frémissant, attendant la destruction du monde et l'espérant. Pour moi, il n'y avait rien d'étrange ni d'incongru à ce que le paradis fît un tel vacarme à propos de Lem Hackett. Apparemment, c'était bien ce qu'il convenait de faire. Pas un instant je n'ai douté que tous les anges étaient rassemblés, à discuter le cas de ce garçon et à observer, avec satisfaction et approbation, l'affreux bombardement de notre minable petit village. Il y avait une chose qui me troublait des plus sérieusement ; c'était l'idée que cette focalisation de l'intérêt céleste sur notre village ne pouvait manquer d'attirer l'attention des observateurs sur des gens parmi nous qui, autrement, auraient pu passer inaperçus pendant des années. Je sentais que j'étais l'un de ceux-là, mais surtout celui qui avait le plus de chances d'être découvert. Une découverte qui ne pourrait avoir qu'un seul résultat : j'allais me retrouver dans le feu avec Lem avant même que le froid du fleuve qui était en lui eût vraiment quitté son corps. Je savais que ce ne serait que justice et équité. J'augmentais, pendant tout ce temps, les chances qui étaient contre moi, en éprouvant une secrète rancune contre Lem pour avoir attiré cette fatale attention sur moi, mais je ne pouvais pas m'en empêcher — cette pensée pécheresse continuait malgré moi à infester mon cœur. A chaque éclair, je retenais ma respiration et je croyais que j'étais mort. Dans ma terreur et ma détresse, j'ai commencé, mesquinement, à suggérer le nom d'autres garçons et à mentionner certaines de leurs actions qui étaient plus mauvaises que les miennes et méritaient tout particulièrement une punition — et je cherchais à me persuader moi-même que je faisais simplement cela par hasard, et sans intention de détourner sur eux l'attention des cieux pour qu'elle ne pesât plus sur moi. Avec une profonde sagacité, j'ai transmis ces informations sous forme de souvenirs affligés et de supplications feintes et hypocrites afin que l'on permît aux péchés de ces garçons de passer inaperçus — « Peut-être qu'ils peuvent se repentir ». « C'est vrai que Jim Smith a cassé une fenêtre et qu'il a menti à ce sujet — mais peut-être qu'il n'a pas agi par méchanceté. Et bien que Tom Holmes dise plus de mots grossiers que n'importe lequel des autres garçons du village, il a probablement l'intention de se repentir — même s'il n'a jamais annoncé qu'il le désirait. Et s'il est exact que John Jones est un peu allé à la pêche le dimanche, une fois, il n'a pas vraiment attrapé quelque chose, juste un petit poisson-chat sans intérêt ; et peut-être que ça n'aurait pas été si terrible s'il l'avait rejeté à l'eau — comme il prétend l'avoir fait, mais c'est faux. Dommage qu'ils n'aient montré aucun regret pour ces affreuses choses — et peut-être encore qu'ils vont le faire. »

Mais tandis que j'essayais honteusement d'attirer l'attention sur ces pauvres garçons — qui, au même moment, étaient sans aucun doute en train de diriger l'intérêt du Ciel sur ma propre personne, bien que je n'aie jamais soupçonné une chose pareille, à l'époque —, j'avais été assez imprudent pour laisser brûler ma bougie. Ce n'était pas le moment de négliger les plus infimes précautions. Il n'y avait pas lieu d'ajouter quoi que ce fût aux moyens de me faire remarquer — alors, je l'ai éteinte.

Ce fut une longue nuit, et peut-être la plus angoissante que j'eusse jamais passée. J'endurais des remords atroces pour des péchés que je savais avoir commis, et pour d'autres pour lesquels je n'étais sûr de rien, et pourtant j'étais certain qu'ils avaient été notés à mon débit dans un livre tenu par un ange plus sage que moi qui ne se fiait pas à la mémoire pour des choses aussi importantes. Finalement, il me sembla que je venais de commettre une erreur des plus folles et des plus désastreuses à un point de vue : je n'avais, sans aucun doute, pas seulement assuré ma propre destruction en détournant l'attention sur ces autres garçons, mais j'avais aussi déjà causé la leur ! La foudre les avait certainement tous étendus morts dans leur lit à cette heure ! L'angoisse et l'épouvante que cette idée déclencha en moi firent paraître mes précédentes souffrances bien minimes en comparaison.

Les choses étaient devenues vraiment sérieuses. J'ai pris la résolution de changer immédiatement de conduite ; et aussi de rejoindre l'église le lendemain, si j'étais encore vivant pour voir réapparaître le soleil. J'ai décidé de renoncer au péché sous toutes ses formes, et ensuite de mener pour toujours une existence élevée et irréprochable. Je serais ponctuel à l'église et à l'école du dimanche ; visiterais les malades ; apporterais aux pauvres des paniers de vivres (simplement pour remplir les conditions réglementaires, même si je savais que nous n'avions parmi nous personne de si pauvre qu'il ne m'écraserait le panier sur la tête pour la peine) ; j'enseignerais aux autres garçons le droit chemin et prendrais avec soumission les raclées qui en résulteraient ; je vivrais entièrement de la vente de brochures de piété ; je prendrais d'assaut les tavernes et ferais la leçon aux ivrognes — et finalement, si j'échappais au destin de ceux qui deviennent prématurément trop bons pour continuer à vivre, je me ferais missionnaire.

L'orage s'est apaisé vers l'aube, et je me suis peu à peu assoupi avec un sentiment d'obligation envers Lem

Hackett pour être parti de cette façon brutale vers une souffrance éternelle, et d'avoir ainsi prévenu un désastre de loin plus affreux — ma propre perte.

Mais finalement, lorsque je me suis levé, bien reposé, et que j'ai découvert que ces autres garçons étaient toujours vivants, j'ai eu le vague sentiment que toute cette histoire était peut-être une fausse alerte ; que tout ce tumulte s'était produit à cause de Lem et de personne d'autre. Le monde paraissait si brillant et si sûr qu'il ne semblait y avoir aucune véritable raison de me corriger ; je fus un peu déprimé ce jour-là, et peut-être aussi le suivant ; ensuite, mon intention de me réformer m'est lentement sortie de l'esprit, et j'ai recommencé à vivre en paix, rassuré, jusqu'au prochain orage.

Cet orage a éclaté à peu près trois semaines plus tard ; et ce fut le plus incompréhensible, pour moi, de tous ceux que j'avais vécus ; car ce jour-là, dans l'après-midi, « Dutchy » s'est noyé. Dutchy appartenait à notre école du dimanche. C'était un gamin allemand qui n'en savait pas assez pour se mettre à l'abri quand il pleuvait ; mais il était d'une exaspérante bonté, et il avait une mémoire prodigieuse. Le dimanche, il devenait l'objet d'envie de tous les jeunes et le sujet de conversation de tout le village admiratif, en récitant trois mille vers des Écritures sans en oublier un mot ; et puis ce dernier jour, il est sorti et il s'est noyé.

Les circonstances ont donné à sa mort un aspect particulièrement impressionnant. Nous étions tous en train de nous baigner dans un ruisseau boueux, où il y avait un trou profond, et dans ce trou les tonneliers avaient plongé un tas de cercles de tonneaux en bois de hickory encore vert pour les détremper, à quelque quatre mètres sous l'eau. Nous plongions et nous voyions « qui pouvait rester en dessous le plus longtemps ». Nous réussissions à demeurer sous l'eau en nous retenant aux cercles de tonneaux. Dutchy avait de si pauvres résultats à ce jeu qu'il était salué par des rires et des moqueries chaque fois que sa tête réapparaissait à la surface. Finalement, il a semblé blessé par les sarcasmes et il nous a suppliés de rester tranquilles sur la berge et d'être équitables avec lui et de compter honnêtement — « d'être amicaux et gentils cette fois, et de ne pas compter faux pour avoir le plaisir de rire de moi ». On a échangé des clins d'œil perfides, et tout le monde a promis :

— D'accord, Dutchy — vas-y, on sera bons joueurs.

Dutchy a plongé, mais les garçons, au lieu de se mettre à compter, ont suivi l'exemple de l'un d'entre eux et ont détalé vers un roncier, pas très loin de là, et se sont cachés derrière. Ils imaginaient l'humiliation de Dutchy lorsqu'il reviendrait à la surface après un effort surhumain, et qu'il trouverait l'endroit désert et silencieux, sans personne pour l'applaudir. L'idée les amusait tant qu'ils pouffaient continuellement. Le temps a passé, et finalement l'un de ceux qui surveillaient la scène à travers les ronces n'est exclamé, surpris :

— Tiens, il n'est pas encore remonté !

Les rires ont cessé.

— Les gars, c'est un plongeon splendide, a dit quelqu'un.

— On s'en fiche, a dit un autre, ça rend notre blague encore meilleure.

Il y a eu une ou deux remarques supplémentaires, puis un silence. Les discussions se sont arrêtées, et tout le monde a commencé à regarder à travers les buissons. Au bout d'un moment les visages des garçons ont paru inquiets, puis angoissés, puis terrifiés. Et il n'y avait toujours aucun mouvement dans l'eau calme. Les battements de cœur se sont accélérés, et les visages ont pâli. Nous sommes tous sortis lentement de notre cachette et nous sommes restés sur la rive, nos yeux horrifiés faisant des aller et retour entre notre petit groupe et le ruisseau.

— Faut que quelqu'un plonge et aille voir !

Oui, c'était évident, mais personne ne voulait se charger de cette sinistre tâche.

— On tire à la courte paille !

Ce que nous avons fait — avec les mains qui tremblaient tellement que nous savions à peine où nous en étions. Le sort est tombé sur moi, et j'ai plongé. L'eau était si boueuse que je n'y voyais rien, mais j'ai tâtonné parmi les cercles de tonneaux, et j'ai finalement attrapé un poignet tout mou qui n'a pas réagi — et s'il l'avait fait, je n'aurais pas pu le savoir tellement je l'ai lâché en vitesse, terrorisé que j'étais.

Le garçon avait été pris dans les cercles de tonneaux et il s'y était empêtré, sans plus pouvoir bouger. Je me suis dépêché de remonter à la surface pour annoncer l'horrible nouvelle. Certains d'entre nous savaient que si le garçon était tiré hors de l'eau immédiatement il pourrait peut-être être ramené à la vie, mais à aucun moment nous n'y avons pensé. Nous n'avons pensé à rien ; nous ne savions pas quoi faire, si bien que nous n'avons rien fait — sauf que les gamins les plus jeunes pleuraient, d'une façon pitoyable, et que nous nous sommes tous mis à batailler frénétiquement avec nos vêtements, mettant tous ceux qui nous tombaient sous la main et les enfilant en général devant derrière ou à l'envers. Puis nous avons décampé et nous avons donné l'alerte, mais aucun de nous n'est revenu pour voir la fin de la tragédie. Nous avions une chose bien plus importante à faire : nous nous sommes tous empressés de rentrer chez nous et, sans perdre un instant, nous nous sommes préparés à mener une vie meilleure.

Bientôt la nuit est tombée. Puis cet orage épouvantable et tout à fait incongru a éclaté. J'étais parfaitement sidéré ; je n'y comprenais rien. Il me semblait qu'il devait y avoir une erreur quelque part. Les éléments se déchaînaient et ils cognaient et tonnaient et explosaient avec frénésie et à l'aveuglette. J'ai perdu tout courage et tout espoir, et une sombre pensée ne cessait de me travailler : « Si un garçon qui connaît trois mille vers par cœur ne donne pas satisfaction, quelle chance reste-t-il pour tous les autres ? »

Bien sûr, sur le moment, je n'ai pas remis un instant en question l'idée que l'orage était causé par Dutchy, et que ce garçon ou n'importe quel autre animal sans importance était digne d'une telle majestueuse démonstration venue d'en haut ; la leçon que j'en avais tirée était la seule chose qui me troublait ; car elle m'avait convaincu que si Dutchy, avec toutes ses perfections, ne faisait pas plaisir, il serait vain pour moi de changer de vie, puisqu'il me serait immanquablement et complètement impossible d'être à la hauteur de ce garçon, malgré tous mes efforts. Et pourtant, je me suis amendé — une peur hautement réfléchie m'y a obligé —, et puis plusieurs jours successifs de bonne humeur et de soleil sont venus m'embêter et, en moins d'un mois, ils m'ont ramené en arrière si bien que j'ai été de nouveau aussi perdu et aussi tranquille qu'avant.

L'heure du petit déjeuner approchait tandis que je rêvassais ainsi ces rêveries et que je me remémorais ces anciens événements ; aussi me suis-je forcé à revenir dans le présent, et ai-je redescendu la colline.

Sur mon chemin à travers la ville pour rejoindre l'hôtel, j'ai vu la maison où je vivais lorsque j'étais enfant. Aux taux actuels, les gens qui l'occupent aujourd'hui n'ont pas plus de valeur que moi ; mais de mon temps ils auraient valu pas moins de cinq cents dollars pièce. Ce sont des gens de couleur.

Après le petit déjeuner, je suis ressorti seul pour partir à la recherche de quelques écoles du dimanche, et voir comment cette génération d'élèves pouvait se comparer à leurs aïeux qui s'étaient assis à côté de moi à ces mêmes places et m'avaient probablement pris comme modèle — bien que je ne m'en souvienne pas, à présent. A côté du jardin public, il y avait à mon époque une petite église délabrée, toute en brique, nommée « The Old Ship of Zion* », où j'allais à l'école du dimanche, et j'ai retrouvé l'endroit assez facilement, mais pas l'ancienne église ; elle avait disparu, et un nouveau bâtiment plein d'élégance et plutôt gai avait pris sa place ; les élèves étaient mieux habillés, et ils présentaient mieux que ceux de mon temps ; par conséquent, ils ne ressemblaient pas à leurs ancêtres ; et par conséquent leurs visages n'avaient rien de familier pour moi. Pourtant, je les ai examinés avec un profond intérêt et une tendre nostalgie, et si j'avais été une fille j'aurais pleuré ; car ils étaient la descendance, et ils représentaient, et ils occupaient les places de garçons et de filles que, pour certains, j'avais pris plaisir à aimer et, pour d'autres, j'avais été ravi de haïr, mais tous ils étaient chers à mon cœur pour l'une ou l'autre de ces raisons, tant d'années s'étant écoulées — et, mon Dieu, où peuvent-ils bien être, maintenant ?

J'étais rudement ému, et j'aurais été reconnaissant que l'on me permit de rester tranquille et d'observer mon remplaçant ; mais un surveillant chauve qui avait été un camarade d'école du dimanche aux cheveux blond filasse en ces lieux dans l'ancien temps m'a reconnu, et j'ai lancé un concert d'énormes absurdités à ces enfants pour dissimuler les pensées qui étaient en moi, et qui n'auraient pu être formulées sans une trahison de sentiments que l'on aurait jugée étonnante de ma part.

Je n'ai pas le don de faire des discours sans prépara-

* « Le Vieux Vaisseau de Sion ». *(N.d.T.)*

tion ; et j'étais résolu à me soustraire à toute nouvelle occasion ; mais dans l'école du dimanche suivante, plus importante, je me suis retrouvé aux derniers rangs de l'assemblée ; aussi ai-je été très désireux de monter un moment sur l'estrade pour pouvoir jeter un bon coup d'œil aux élèves. De but en blanc, j'ai été incapable de me souvenir d'aucune des anciennes stupidités par lesquelles les visiteurs m'insultaient lorsque j'étais élève en ces lieux ; et j'en étais désolé, parce que cela m'aurait donné du temps et une excuse pour m'attarder là et bénéficier d'un long et satisfaisant examen de ce qui était, je me sens libre de le dire, un étalage de jeunes mines avenantes qui n'avaient leur pendant dans aucune autre école du dimanche de la même taille. Comme je n'ai parlé que pour avoir l'occasion de les observer ; et que j'ai fait traîner en longueur mes niaiseries formulées à tort et à travers juste pour prolonger l'inspection, j'ai estimé que ce n'était qu'honnêteté d'avouer la bassesse de ces motifs, ce que j'ai fait.

Si l'Enfant Modèle se trouvait dans l'une de ces écoles du dimanche, je ne l'ai pas vu. L'Enfant Modèle de mon époque — nous n'en avons jamais eu qu'un seul — était parfait : parfait pour ses manières, parfait pour ses vêtements, parfait pour sa conduite, parfait pour son amour filial, parfait pour sa piété extérieure ; mais au fond, c'était une sainte nitouche ; et pour ce qui était du contenu de son crâne, on aurait pu le remplacer par le contenu d'un pâté en croûte, et personne ne s'en serait porté plus mal, sauf le pâté en croûte. La perfection de ce gars était un reproche perpétuel pour chaque gamin du village. Il était l'admiration de toutes les mères, et l'abomination de tous leurs fils. On m'a dit ce qu'il est devenu, mais comme ce fut une déception pour moi, je n'entrerai pas dans les détails. Il a réussi dans la vie.

CHAPITRE LV

Une vendetta et d'autres choses

Une deuxième génération. – Cent mille tonnes de selles. – Un sinistre et effrayant secret. – Une vaste famille. – Une chérie aux cheveux d'or. – La croix mystérieuse. – Mon idole est brisée. – Une mauvaise saison de coups de froid et de fièvres. – Une grotte intéressante.

Pendant les trois jours que j'ai passés dans la ville, je me suis réveillé chaque matin avec l'impression que j'étais un enfant — car dans mes rêves, tous les visages étaient encore jeunes et avaient l'apparence qu'ils avaient dans le temps —, mais chaque soir je me suis couché centenaire, car entre-temps j'avais vu ces visages comme ils étaient aujourd'hui.

Bien sûr, j'ai eu quelques surprises, au début, avant de m'habituer au changement. J'ai rencontré des jeunes femmes qui paraissaient ne pas avoir bougé du tout ; mais elles se révélaient être les filles des jeunes femmes auxquelles je pensais — et parfois leurs petites-filles. Lorsque l'on vous dit qu'une étrangère de cinquante ans est grand-mère, cela n'a rien de surprenant ; mais si, au contraire, c'est quelqu'un que vous avez connu petite fille, cela semble impossible. Vous vous dites en vous-même : « Comment une petite fille peut-elle être grand-mère ? » Il faut un peu de temps pour accepter et comprendre le fait que, pendant que vous vieillissiez, vos amis ne sont pas restés immobiles en cette matière.

J'ai remarqué que les modifications visibles les plus importantes se produisaient chez les femmes, pas chez les hommes. J'ai vu des hommes que trente années n'avaient que légèrement changés ; alors que leurs épouses étaient devenues vieilles. C'étaient des femmes exemplaires ; c'est très fatigant d'être exemplaire.

Il y avait un sellier que je souhaitais voir ; mais il nous avait quittés. Mort il y a de nombreuses années, m'a-t-on dit. Une ou deux fois par jour, le sellier avait l'habitude de descendre la rue à toute vitesse, tout en enfilant sa veste ; et alors tout le monde savait qu'un vapeur arrivait. Tout le monde savait aussi que John Stavely n'attendait personne sur ce bateau — ni aucune marchandise non plus — ; et Stavely devait savoir que tout le monde le savait, même si cela ne faisait pour lui aucune différence ; il aimait se voir lui-même en train d'attendre cent mille tonnes de selles sur ce bateau, et donc il continua ainsi toute sa vie, prenant plaisir à être tout prêt, sans faute, à recevoir et à signer le récépissé pour ces selles, au cas où par un quelconque miracle elles seraient arrivées. Un journal malveillant de Quincy écrivait toujours, par dérision, « Stavely's

Landing* » quand il faisait allusion à cette ville. Stavely fut l'une des premières personnes que j'ai admirées ; je lui enviais la fièvre de son travail imaginaire et l'étalage qu'il pouvait en faire devant des étrangers quand il volait dans la rue tout en se bagarrant avec sa veste dont les pans battaient comme des ailes.

Mais mon principal héros, c'était un charpentier. C'était un terrible menteur, mais je n'en savais rien ; je croyais tout ce qu'il disait. C'était un imposteur romanesque, sentimental, mélodramatique, et sa conduite m'imposait un respect mêlé de crainte. Je me souviens comme si j'y étais de la première fois qu'il m'a mis dans la confidence. Il était en train de raboter une planche, et de temps en temps il s'arrêtait et laissait échapper un profond soupir ; et parfois il marmonnait des phrases entrecoupées — embrouillées et incompréhensibles —, mais une exclamation s'en échappait quelquefois, qui me faisait frissonner et me faisait du bien ; par exemple :

— Oh, mon Dieu, c'est son sang !

Je m'asseyais sur la boîte à outils et je l'admirais humblement et en tremblant ; car j'estimais qu'il avait commis de nombreux crimes. En fin de compte, il m'a dit à voix basse :

— Mon jeune ami, est-ce que tu es capable de garder un secret ?

J'ai répondu avec empressement que oui.

* « Le débarcadère de Stavely. » *(N.d.T.)*

— Un sinistre et effrayant secret ?

Je lui ai donné satisfaction sur ce point-là.

— Alors je vais te raconter certains épisodes de mon histoire ; car, oh, je *dois* soulager mon âme de son fardeau, ou j'en mourrai !

Il m'a mis en garde une nouvelle fois quant au fait que je devais être « silencieux comme la tombe » ; puis il m'a dit qu'il était « un meurtrier aux mains rouges de sang ». Il a posé son rabot, a tenu ses mains ouvertes devant lui, les a contemplées tristement, et a ajouté :

— Regarde — avec ces mains-là, j'ai ôté la vie à trente êtres humains !

L'effet que cela a produit sur moi l'a inspiré et il s'est lancé dans son sujet avec intérêt et énergie. A abandonné les généralités et est entré dans les détails — a commencé avec son premier meurtre ; l'a décrit, a raconté quelles mesures il avait prises pour prévenir les soupçons ; puis est passé à son deuxième homicide, à son troisième, son quatrième, et ainsi de suite. Il avait toujours commis ses crimes avec un bowie-knife, et il a fait se dresser mes cheveux sur la tête lorsqu'il l'a brusquement sorti pour me le montrer.

A la fin de cette première *séance*, je suis retourné chez moi avec, dans ma cargaison, six ou sept secrets effrayants, et les ai trouvés très utiles pour mes rêves, qui étaient un peu paresseux depuis un temps. J'ai recherché sa compagnie encore et encore pendant mes samedis de vacances ; en fait, j'ai passé l'été avec lui — et chacun de ces moments a eu de la valeur pour moi. Ses charmes ne diminuaient jamais, car il ajoutait quelque chose de nouveau et d'excitant, dans le sens de l'horreur, à chaque nouveau meurtre. Il donnait toujours les noms, les dates, les lieux — tout. Ceci, finalement, m'a permis de noter deux choses : qu'il avait tué ses victimes dans chaque partie du monde, et que toutes se nommaient toujours Lynch. La destruction des Lynch a continué tranquillement, samedi après samedi, jusqu'à ce que les trente du début se fussent multipliés pour passer à soixante — et il y en avait d'autres encore dont on devait entendre parler par la suite ; alors ma curiosité l'a emporté sur ma timidité, et je lui ai demandé comment il était possible que ces personnes justement punies portent toutes le même nom.

Mon héros répondit qu'il n'avait jamais révélé ce sombre secret à aucun être vivant ; mais il sentait qu'il pouvait avoir confiance en moi, et il allait donc me dévoiler l'histoire de son existence triste et brisée. Il avait aimé quelqu'un « trop complètement pour cette terre » et cette personne avait répondu à ses sentiments « avec toute la douce affection de sa pure et noble nature ». Mais il avait un rival, un « vil laquais », nommé Archibald Lynch, qui disait que la fille serait à lui « ou, sinon, il tendrait ses mains dans le meilleur sang de son cœur ». Le charpentier, « innocent et heureux dans son jeune rêve d'amour », ne s'est pas soucié de la menace, et il a mené « à l'autel sa chérie aux cheveux d'or », et là, ils n'ont plus fait qu'un ; ce fut là aussi, juste au moment où les mains du pasteur étaient étendues au-dessus de leurs têtes pour les bénir, que la cruelle action a été commise — avec un couteau — et que l'épousée s'est écroulée, morte, aux pieds de son mari. Et comment a réagi le mari ? Il a retiré ce couteau du corps de sa femme et, s'agenouillant à côté de celle qu'il venait de perdre, il a juré « de consacrer sa vie à l'extermination de toute cette lie de la race humaine qui portait le nom haï de Lynch ».

Et voilà. Il avait poursuivi les Lynch et les avait massacrés, depuis ce jour-là jusqu'à aujourd'hui — vingt ans. Il avait toujours utilisé ce même couteau consacré ; avec lui il avait assassiné ce grand nombre de Lynch, et avec lui il avait laissé sur le front de chacune de ses victimes une marque particulière — une croix, profondément gravée. Il a ajouté :

— La croix du Mystérieux Vengeur est connue en Europe, en Amérique, en Chine, au Siam, sous les tropiques, dans les mers polaires, dans les déserts d'Asie, sur toute la terre. Partout où, dans les zones les plus éloignées du globe, un Lynch a pénétré, on a vu la Mystérieuse Croix, et ceux qui l'ont vue ont frissonné, et ils ont dit : « C'est sa marque, il est passé par ici. » Tu as entendu parler du Mystérieux Vengeur — lève les yeux, car devant toi se tient rien de moins que cette personne-là ! Mais attention — n'en souffle mot à quiconque. Reste silencieux et attends. Un prochain matin, cette ville va se précipiter, stupéfaite, pour contempler un corps sanglant ; sur son front, on verra l'épouvantable signe, et les hommes trembleront et murmureront : « Il était là — c'est la marque du Mystérieux Vengeur ! » Tu viendras ici, mais j'aurai disparu ; tu ne me reverras plus jamais.

Cet âne avait lu le *Jibbenainosay*[36], sans nul doute, et ce texte lui avait tourneboulé sa pauvre tête romanesque ; mais comme je ne connaissais pas encore ce livre, à l'époque, j'ai pris ses inventions pour la vérité et ne l'ai pas soupçonné de plagiat.

Cependant, un Lynch vivait dans notre ville ; et plus je réfléchissais à cette mort imminente, et moins je trouvais le sommeil. Il me semblait que mon devoir évident était de le sauver, et que de retrouver le sommeil était un devoir encore plus évident et plus important, si bien que finalement je me suis risqué à aller chez Mr. Lynch et je lui ai appris ce qui allait lui arriver — sous le sceau du secret le plus absolu. Je lui ai conseillé de « se sauver » et assurément je m'attendais à ce qu'il le fît. Mais il m'a ri au nez ; et il n'en est pas resté là ; il m'a ramené avec lui à l'atelier du charpentier, a administré à celui-ci un sermon railleur et méprisant sur ses folles prétentions, lui a allongé une gifle, l'a fait se mettre à genoux et l'a obligé à demander pardon — puis il est parti et m'a laissé là, à contempler l'effondrement minable et pitoyable de celui qui, à mes yeux, était encore si récemment un héros majestueux et incomparable. Le charpentier a fanfaronné, a brandi son bowie-knife et a condamné ce Lynch, dans son habituel style volcanique, la taille de ses paroles fatidiques restant inchangée ; mais je n'avais plus que faire de tout cela ; il n'était plus pour moi un héros mais seulement un charlatan pauvre et fou percé à jour.

J'avais honte de lui et honte de moi ; il ne m'a plus intéressé, et je ne suis plus jamais retourné dans son atelier. Ce fut une lourde perte pour moi, car il était le plus grand héros que j'avais jamais connu. Le gars doit avoir eu quelque talent ; car certains de ses meurtres imaginaires étaient décrits d'une façon si dramatique et si vivante que je me souviens encore de tous leurs détails.

Les gens d'Hannibal ne sont pas plus changés que ne l'est la cité. Ce n'est plus un village ; c'est une ville, avec un maire et un conseil municipal et une station hydraulique et probablement des dettes. Elle a quinze mille habitants, c'est un endroit florissant et animé et qui est pavé comme l'est le reste de l'Ouest et du Sud — où une rue bien pavée et un bon trottoir sont des choses si rares que l'on n'y croit pas lorsqu'on les voit. La demi-douzaine de voies ferrées habituelles aboutit à Hannibal maintenant, et il y a un nouveau dépôt qui a coûté cent mille dollars. De mon temps, la ville n'avait aucune spécialité et aucune importance commerciale ; le bateau quotidien débarquait généralement un passager et apportait un poisson-chat, et embarquait un autre passager et assez de fret pour remplir un chapeau ; mais aujourd'hui un énorme commerce de bois en grume s'y est développé et a entraîné un important trafic de marchandises diverses. Beaucoup d'argent change de mains, ici, désormais.

Bear Creek (le ruisseau de l'Ours) — ainsi dénommé, peut-être, parce qu'il a toujours été si particulièrement exempt d'ours — est dissimulé à la vue, à présent, sous des îles et des continents de grumes empilées, et seul un expert peut le retrouver. J'avais l'habitude de m'y noyer chaque été, régulièrement, et d'y être repêché, et de bénéficier de la respiration artificielle et d'être remis en marche par quelque malheureux hasard ; mais aujourd'hui le ruisseau n'a plus assez d'endroits de libres pour qu'une personne puisse s'y noyer. C'était un fameux producteur de coups de froid et de fièvres, en son temps. Je me souviens d'un été où tout le monde a attrapé cette maladie en même temps. Beaucoup de cheminées se sont écroulées et toutes les maisons en ont été si délabrées qu'il a fallu reconstruire la ville. Les savants supposent que le gouffre, ou la gorge, entre Lover's Leap et la colline à l'ouest de celui-ci a été créé par l'action des glaces. C'est une erreur.

Il y a une grotte intéressante à un ou deux miles en aval d'Hannibal, dans les falaises. J'aurais aimé la visiter de nouveau, mais je n'avais pas le temps. A mon époque, son propriétaire l'avait transformée en mausolée pour sa fille, morte à quatorze ans. Le corps de cette infortunée enfant était placé dans un cylindre de cuivre rempli d'alcool, suspendu dans l'une des sombres issues de la grotte. Le haut du cylindre était amovible, et il était très courant dans les rangs des touristes les plus indignes, racontait-on, de remonter sa tête morte à l'air libre pour l'examiner et faire des commentaires à son sujet.

CHAPITRE LVI

Une question de loi

Histoire altérée. – Une conscience coupable. – Une affaire hypothétique. – Une habitude à cultiver. – J'abandonne mon fardeau. – Différence de temps.

L'abattoir a déménagé de l'embouchure de Bear Creek et aussi la petite prison (ou « taule ») qui s'élevait jadis dans son voisinage. Un citoyen a demandé :

— Vous vous souvenez quand Jimmy Finn, l'ivrogne de la ville, est mort brûlé en taule ?

Observez, ici, comment l'histoire est altérée par le passage du temps, et avec l'aide de la mauvaise mémoire des hommes. Jimmy Finn n'a pas « brûlé en taule », il est mort de mort naturelle dans une fosse de tannage, d'une combinaison de delirium tremens et d'inflammation spontanée. Lorsque je parle de « mort naturelle », je veux dire que là que c'était une mort naturelle pour Jimmy de mourir ainsi. La victime de la prison n'était pas quelqu'un de notre ville ; c'était un pauvre étranger, un vagabond inoffensif abruti par le whisky. J'en sais davantage que n'importe qui sur son affaire ; j'en savais trop là-dessus, en ce temps-là, pour désirer en parler. Ce vagabond traînait dans les rues, par une soirée glaciale, une pipe à la bouche, et mendiait une allumette ; il ne trouvait ni allumettes, ni respect ; au contraire, une bande de sales gosses le suivait et s'amusait à le harceler et à l'embêter. J'en étais ; mais finalement, un certain appel à la tolérance que fit le voyageur, l'accompagnant d'une pathétique référence à sa condition de solitaire et d'abandonné, a touché tout le sentiment de honte et les bribes de bonté qui restaient en moi, et je me suis éloigné et je lui ai trouvé des allumettes, et puis je me suis dépêché de rentrer chez moi et de me mettre au lit, un poids très lourd sur la conscience, et l'humeur peu optimiste. Une heure ou deux plus tard, l'homme a été arrêté et bouclé en prison par le *marshal* — une appellation bien pompeuse pour un garde champêtre, mais c'était son titre. A deux heures du matin, les cloches de l'église se sont mises à sonner pour un incendie, et tout le monde s'est levé, bien sûr — moi comme les autres. Le vagabond s'était servi de ses allumettes d'une manière désastreuse : il avait mis le feu à son lit de paille et les murs de chêne de la cellule brûlaient. Lorsque je suis arrivé sur les lieux, deux cents hommes, femmes et enfants y étaient rassemblés, pétrifiés par l'horreur, les yeux fixés sur les fenêtres grillées de la prison. De l'autre côté des barreaux de fer, et tirant sur eux frénétiquement, et hurlant pour appeler à l'aide, il y avait le vagabond ; il faisait penser à un objet noir se découpant sur le soleil, tellement la lumière, derrière lui, était blanche et intense. Ce marshal n'était nulle part, et c'était lui qui avait l'unique clé. On improvisa rapidement un bélier, et le tonnerre des coups de celui-ci contre la porte avait une sonorité si encourageante que les spectateurs ont lancé de sauvages vivats et ont cru que la miséricordieuse bataille était gagnée. Mais ce n'était pas le cas. Les planches étaient trop solides ; elles n'ont pas cédé ; on raconte que les doigts de l'homme étaient toujours fermement serrés sur les barreaux, même après son décès ; et qu'il était dans cette position quand les flammes l'ont entouré et l'ont consumé. Cela, je n'en sais vraiment rien. Ce que l'on a vu, une fois que j'eus reconnu le visage suppliant derrière les barreaux, a été observé par les autres, pas par moi.

Après cela, pendant longtemps j'ai revu ce visage, dans cette position, chaque nuit ; et je me suis cru aussi coupable de la mort de cet homme que si je lui avais donné les allumettes exprès pour qu'il se brûle lui-même avec. J'étais absolument sûr que je serais pendu si l'on découvrait mon rapport avec cette tragédie. Les événements et les impressions de cette époque sont gravés dans ma mémoire, et les étudier m'amuse aujourd'hui autant qu'ils m'angoissaient alors. Chaque fois que quelqu'un parlait de cette triste affaire, j'étais immédiatement tout ouïe et en alerte pour entendre ce qui pourrait se dire, car je craignais et j'attendais toujours de découvrir que j'étais soupçonné. Et les perceptions de ma conscience coupable étaient si fines et si délicates que celle-ci trouvait souvent des soupçons dans les remarques les plus anodines, et dans des regards, des gestes, des coups d'œil qui n'avaient aucune signification, mais qui me faisaient m'enfuir en frissonnant, pris de panique, comme s'ils en avaient. Et à quel point cela me rendait malade lorsque quelqu'un laissait échapper, pourtant négligemment et sans intention particulière, la remarque que « le meurtre serait tiré au clair » ! Pour un gosse de dix ans, je transportais une cargaison plutôt lourde.

Pendant tout ce temps, Dieu merci !, j'oubliais une chose — que j'étais un bavard invétéré pendant mon sommeil. Mais une nuit, je me suis réveillé et j'ai découvert que mon camarade de lit — mon frère cadet — s'était assis et m'observait à la lueur de la lune. J'ai demandé :

— Qu'est-ce qu'y'a ?

— Tu parles tellement que j' peux pas dormir.

Je me suis assis immédiatement, moi aussi, la gorge serrée et les cheveux dressés sur la tête.

— Qu'est-ce que j'ai dit ? Grouille — réponds — qu'est-ce que j'ai dit ?

— Pas grand-chose.

— Tu mens. Tu sais tout.

— Tout à propos de quoi ?

— Tu le sais bien. A propos de *ça*.

— *Ça* quoi ? Je ne comprends pas de quoi tu parles. J' crois qu' t'es malade, ou dingue, ou un truc comme ça. Mais de toute façon, puisque t'es réveillé. j' vais en profiter pour me rendormir tant que j'en ai l'occasion.

Il a sombré dans le sommeil, et moi je suis resté là, en proie à une sueur glacée, en cessant de repenser à cette nouvelle terreur dans le chaos tourbillonnant qui remplaçait mon cerveau. Ce qui pesait sur mes pensées, c'était : « Qu'est-ce que j'ai pu au juste révéler ? Qu'est-ce qu'il sait exactement ? » Quelle angoisse que cette incertitude ! Finalement, j'ai eu une idée. J'allais réveiller mon frère et le sonder en lui parlant d'une affaire hypothétique. Je l'ai secoué, et j'ai dit :

— Suppose qu'un homme s'approche de toi étant soûl…

— C'est idiot — je ne suis jamais soûl.

— J' veux pas dire que c'est toi qui est soûl, imbécile — mais l'homme. Suppose qu'un *homme* s'approche de toi étant soûl, et qu'il t'emprunte un couteau, ou un tomahawk, ou un pistolet, et que tu oublies de lui dire qu'il est chargé et…

— Comment tu peux charger un tomahawk ?

— J' parle pas du tomahawk, et je n'ai pas *dit* le tomahawk ; j'ai dit le pistolet. Écoute, arrête de m'interrompre comme ça, parce que c'est sérieux. Il y a eu un homme de tué.

— Quoi ? Dans cette ville ?

— Oui, dans cette ville.

— Bon, continue — j' dirai plus un seul mot.

— Eh bien, donc, suppose que t'aies oublié de le prévenir de faire attention parce qu'il est chargé, et qu'il s'en aille, et qu'il se tue avec ce pistolet — en faisant l'âne avec, tu vois, et se tuant sans doute accidentellement, parce qu'il est ivre. Bon, est-ce que ce serait un meurtre ?

— Non — un suicide.

— Non, non. Je parle pas de *son* acte à lui, je parle du tien. Est-ce que tu serais un meurtrier de lui avoir laissé ce pistolet ?

Après une intense réflexion arriva la réponse suivante :

— Ben, j' pourrais penser que je suis coupable de quelque chose — peut-être de meurtre — oui, probablement de meurtre, mais j' sais pas vraiment.

Cela me troubla beaucoup. Pourtant, ce n'était pas un verdict concluant. J'allais devoir exposer la vraie affaire — il ne semblait pas y avoir d'autre moyen. Mais je le ferais avec prudence, et en prenant garde de ne pas éveiller ses soupçons. J'ai dit :

— Je parlais d'un cas imaginaire, mais j'en viens maintenant au cas véritable. Sais-tu comment l'homme a pu brûler, en taule ?

— Non.

— T'en as pas la moindre idée ?

— Pas la moindre.

— Que tu tombes raide mort si t'en avais ?

— Oui, que je tombe raide mort.

— Bon, ça s'est passé de la façon suivante. L'homme voulait des allumettes pour allumer sa pipe. Un garçon lui en a donné quelques-unes. L'homme a mis le feu à la prison avec ces allumettes-là et il s'est brûlé lui-même.

— C'est vrai ?

— Oui, c'est vrai. Maintenant, est-ce que ce garçon est un meurtrier, d'après toi ?

— Laisse-moi réfléchir. L'homme était soûl ?

— Oui, il était soûl.

— Très soûl ?

— Oui.

— Et le garçon le savait ?

— Oui, il le savait.

Il y eut une longue pause. Puis tomba ce lourd verdict :

— Si l'homme était soûl et que le garçon le savait, le garçon a assassiné cet homme, c'est certain.

De légères sensations, à soulever le cœur, parcouraient toutes les fibres de mon corps, et j'ai eu l'impression de connaître ce que pouvait ressentir quelqu'un qui entendait sa sentence de mort prononcée par la cour. J'ai attendu ce que mon frère allait dire ensuite. Je croyais savoir ce que ce serait et j'avais raison. Il a dit :

— Je connais le garçon.

Je n'avais rien à répondre ; donc je n'ai rien répondu. J'ai juste frissonné. Alors, il a ajouté :

— Ouais, tu m'avais même pas raconté la moitié de cette histoire que je savais déjà parfaitement qui était le garçon. C'est Ben Coontz !

Je suis sorti de mon effondrement comme quelqu'un qui se relève d'entre les morts. Je me suis exclamé, admiratif :

— Eh ben, comment diable t'as pu deviner ça ?

— Tu l'as dit dans ton sommeil.

J'ai pensé en moi-même : « C'est vraiment splendide ! Voilà une habitude à cultiver. »

Mon frère continua à jacasser en toute innocence :

— Pendant que tu parlais en dormant, tu n'as pas arrêté de marmonner quelque chose à propos d' « allumettes », ce que je ne pouvais pas comprendre du tout ; mais là, à l'instant, quand tu as commencé à me parler de l'homme et de la prison et des allumettes, je me suis souvenu que tu as cité Ben Coontz deux ou trois fois en dormant ; alors j'ai relié ce truc-là avec l'autre, tu vois, et tout de suite j'ai su que c'était Ben qui avait cramé cet homme.

J'ai fait un éloge empressé de sa sagacité. Finalement, il a demandé :

— Est-ce que tu vas le livrer à la loi ?

— Non, ai-je répondu. Je crois que ça lui servira de leçon. Je garderai un œil sur lui, bien sûr, car ce n'est que justice ; mais s'il s'arrête là où il en est et qu'il se corrige, on ne pourra jamais dire que je l'ai trahi.

— Comme tu es bon !

— Ben, j'essaie de l'être. C'est tout ce que quelqu'un peut faire dans un monde comme le nôtre.

Et alors, mon fardeau étant transféré sur d'autres épaules que les miennes, mes terreurs n'ont pas tardé à s'évanouir.

Le lendemain du jour où nous avons quitté Hannibal, mon attention a été attirée par une chose curieuse — la vitesse surprenante à laquelle passe ici le temps longitudinal. Je l'ai appris de l'un des plus modestes des hommes — le cocher de couleur d'un ami à moi qui habite à trois miles de la ville. Il devait venir me prendre au Park Hotel à sept heures trente et me conduire chez son maître. Mais il a considérablement manqué le rendez-vous — n'est pas arrivé avant dix heures. Il s'est excusé en disant :

— Le temps, l'est ben plus lent d'une heu'e et d'mie dans la campagne qu'il est dans la ville ; vous se'ez à l'heu'e qui faut, pât'on. Des fois, on déma'e tôt pour l'église, l' dimanche, et on a''ive en plein au milieu de se'mon. Diffé'ence dans le temps. On peut fai'e aucun calcul à p'opos d' ça.

J'avais perdu deux heures et demie ; mais j'avais appris un fait qui en valait quatre.

CHAPITRE LVII

Un archange

Une ville modèle. – Une ville qui remonte souffler à la surface, en été. – Dean l'épouvantail. – Crachant flammes et fumée. – Une atmosphère qui sent bon. – Le Pays du Coucher de Soleil.

Quand on remonte vers le nord depuis Saint Louis, on peut voir tous les signes réjouissants de la présence de populations du XIXe siècle actives, énergiques, intelligentes, prospères, pratiques. Les gens ne rêvent pas, ils travaillent. L'heureuse conséquence de ce fait est manifeste tout autour, dans l'apparence extérieure de solidité et de richesse des choses et dans l'impression de vie saine et de confort qui apparaissent partout.

Quincy en est un exemple remarquable — une ville animée, belle, bien ordonnée ; et aujourd'hui encore, comme jadis, s'intéressant aux arts, aux lettres et autres domaines élevés de l'esprit.

Mais Marion City est une exception. Marion City a inexplicablement décliné. Cette métropole était si pleine de promesses que ses fondateurs ajoutèrent

« City » à son nom, au début, en toute confiance ; mais la prophétie était fausse. La première fois que j'ai vu Marion City, il y a trente-cinq ans, elle n'avait qu'une rue et six maisons — ou à peu près. Elle ne compte plus qu'une maison, maintenant, et celle-ci, à l'état de ruine, est prête à suivre les cinq autres dans le fleuve.

Marion City était sans aucun doute trop près de Quincy. Elle avait un autre désavantage : elle était située dans une plaine boueuse, en dessous de la ligne des crues, alors que Quincy était construite en hauteur, sur la pente d'une colline.

Au début, Quincy avait l'apparence et les manières d'une ville modèle de Nouvelle-Angleterre ; et c'est toujours le cas : des rues larges et propres, des habitations et des pelouses élégantes et soignées, de beaux hôtels particuliers, d'imposants blocs d'immeubles commerciaux. Et il y a de vastes champs de foire, un parc bien tenu, et plusieurs chemins de promenade intéressants ; bibliothèque, salles de lecture, deux collèges, quelques églises belles et luxueuses et un grand tribunal avec des terrains qui occupent un pâté de maisons. La population s'élève à trente mille personnes. Il y a ici quelques grosses usines, et l'on fabrique sur une grande échelle divers produits manufacturés.

La Grange et Canton sont des villes en pleine expansion, mais j'ai raté Alexandria ; on disait qu'elle était sous l'eau mais qu'elle remonterait à la surface, en été, pour souffler.

Keokuk était aisément reconnaissable. J'ai vécu ici en

1857 — c'était une année extraordinaire, en ces lieux, pour les affaires immobilières. Le « boom » était merveilleux. Tout le monde achetait, tout le monde vendait — hormis les veuves et les prêtres ; ils se sont toujours cramponnés ; et lorsque la marée a reflué, ils sont restés. En ville, tout ce qui ressemblait à une parcelle, quelle que fût sa situation, était vendable, et à un prix qui aurait encore été élevé même si le terrain avait été un gazon de billets de banque.

Keokuk compte aujourd'hui quinze mille habitants, et connaît une saine croissance. Il faisait nuit, et nous n'avons pas pu voir les détails, ce qui nous a désolés, car Keokuk avait la réputation d'être une belle cité. Jadis c'était un endroit agréable où vivre, et sans aucun doute s'est-elle encore améliorée en ce domaine, et non le contraire.

D'importants travaux qui étaient en chantier de mon temps sont aujourd'hui achevés. Il s'agit du canal sur les rapides. Il mesure huit miles de long, quatre-vingt-dix mètres de large, et il n'a nulle part moins de vingt mètres de profondeur. Sa maçonnerie est du genre majestueux que produit généralement le ministère de la Guerre, et elle durera aussi longtemps qu'un aqueduc romain. Le tout a coûté quatre ou cinq millions.

Après avoir passé une heure ou deux avec d'anciens amis, nous sommes repartis sur le fleuve. A Keokuk, il y a longtemps, venait flâner à l'occasion ce génie excentrique, Henry Clay Dean[37]. Je crois que je ne l'ai rencontré qu'une seule fois ; mais on parlait beaucoup de lui lorsque je vivais ici. Voici ce que l'on racontait à son propos.

Au début de sa vie, il était pauvre et sans instruction. Mais il a fait lui-même son éducation, sur les rebords des trottoirs de Keokuk. Il s'asseyait là avec son livre, sans se soucier — ou sans se rendre compte — du vacarme du commerce, ni des piétinements de la foule, et il se plongeait dans l'étude pendant des heures, sans jamais changer de position, sauf qu'il ramenait vers lui ses genoux de temps à autre pour laisser le passage à un haquet ; et quand son livre était terminé, son contenu, si abstrait fût-il, était gravé dans son esprit et il y restait disponible en permanence. Il avait accumulé de cette façon un important trésor d'érudition et il avait rangé le tout dans des casiers de son cerveau, où il pouvait s'en saisir intellectuellement chaque fois que c'était nécessaire.

Ses vêtements n'étaient en rien différents de ceux d'un « rat de wharf », à part qu'ils étaient encore plus en lambeaux, plus mal assortis, qu'ils manquaient encore plus d'harmonie (et étaient donc d'un pittoresque très exagéré), et qu'ils avaient plusieurs couches de saleté de plus. Personne ne pouvait deviner l'esprit supérieur au sommet de cet édifice en voyant l'édifice lui-même.

C'était un orateur — par nature, au début, et plus tard par l'habitude acquise grâce à l'expérience et à la pratique. Lorsqu'il faisait sa tournée, son nom était un aimant qui attirait à son prêche les fermiers sur cinquante miles à la ronde. Ses thèmes étaient toujours politiques. Il ne se servait pas de notes, car un volcan n'a pas besoin de notes. En 1862, Mr. Claggett, le fils de feu un citoyen distingué de Keokuk, m'a rapporté cette anecdote sur Dean :

La volonté de se lancer dans la guerre était très puissante à Keokuk (en 1861), et une importante réunion était prévue un certain jour dans le nouvel Athénée. Un étranger de marque devait s'adresser à la foule. Lorsque le bâtiment fut plus que comble d'une population des deux sexes en transpiration, la scène resta vide — l'étranger de marque avait raté sa correspondance. La foule devenait de plus en plus impatiente et, finalement, elle cria son indignation et sa révolte. A ce moment-là, un responsable affligé découvrit Dean assis au bord d'un trottoir, il lui expliqua le problème, lui enleva son livre, l'entraîna vite dans le bâtiment par l'entrée de service, et lui demanda de monter sur scène et de sauver son pays.

Au bout d'un moment, un brusque silence est tombé sur la foule houleuse, et tous les yeux se sont fixés sur un seul point — la scène immense et vide, sans tapis. Un individu a fait son apparition ; son apparence était familière à tout juste une douzaine de personnes. C'était cet épouvantail de Dean — avec des chaussures pointues, écrasées aux talons ; des chaussettes d'une drôle de couleur, « tombées » elles aussi ; des pantalons abîmés, vestiges de l'Antiquité, et beaucoup trop courts, laissant voir plusieurs centimètres d'une cheville nue ; une veste non boutonnée, elle aussi trop courte, et découvrant, entre elle et la ceinture, une zone de toile crasseuse et chiffonnée ; plastron de chemise ouvert ; long mouchoir noir enroulé plusieurs fois autour du cou comme un bandage ; manteau bleu à la queue de pie coupée, descendant jusqu'au creux des reins, et dont les manches laissaient sans protection douze centimètres d'avant-bras ; petit képi à bord rigide pendant au coin de la bosse de son crâne — quelle que fût la bosse. Cet individu est entré gravement sur la scène et, à pas mesurés et tranquilles, il est venu sur le devant, où il s'est arrêté et a inspecté l'assemblée d'un air songeur, sans un mot. Un silence étonné a duré un moment, et puis une vague d'hilarité à peine audible l'a brisé, qui a balayé la mer des visages comme le déferlement d'une vague. Le personnage n'a pas bougé et a continué sa pensive inspection. Une autre vague est née — une vague de rires, cette fois. Une autre l'a suivie, puis une quatrième — et tempétueuse, celle-ci.

Et voilà que l'étranger a fait un pas en arrière, a ôté son képi, l'a balancé dans les coulisses et s'est mis à parler, sans se hâter, alors que personne ne l'écoutait, que tout le monde riait et murmurait. L'orateur a continué son discours, sans aucune gêne, et bientôt il a lancé une remarque qui a atteint son but, avec pour conséquence silence et attention. Il l'a fait suivre très vite par d'autres paroles efficaces ; s'est animé peu à peu, et a fait pleuvoir un torrents de mots au lieu de lâcher ceux-ci goutte à goutte ; s'est excité de plus en plus, et s'est mis à lancer des éclairs et à faire rouler le tonnerre — et voilà que l'assemblée a commencé à applaudir, ce à quoi l'orateur n'a accordé aucune attention, préférant s'acharner ; il a dénoué son foulard noir et l'a laissé tomber, sans cesser de tonner ; puis il s'est défait de sa queue de pie coupée et l'a jetée de côté, tout en s'emportant de plus en plus violemment ; ensuite, il s'est débarrassé de sa veste ; et pour un laps de temps non mesurable, il est resté là, comme un second Vésuve, à cracher fumées et flammes, laves et cendres, à faire pleuvoir pierres ponces et scories, à faire trembler la terre de la morale en multipliant les explosions et les chocs intellectuels, tandis que la multitude enthousiaste se levait comme un seul homme, lui répondant par un ouragan ininterrompu d'acclamations, à travers la grosse tempête de neige des mouchoirs que l'on agitait.

— Lorsque Dean est entré en scène, a expliqué Claggett, les gens l'ont pris pour un fou en cavale ; mais quand il l'a quittée, ils pensaient que c'était un archange en fuite.

Burlington, patrie du brillant Burdette[38], est une autre ville de montagne ; et belle, elle aussi ; c'est indiscutable ; une jolie et florissante cité de vingt-cinq mille habitants, entourée d'usines très actives, de presque tous les genres imaginables. C'est une ville très sobre, aussi — pour le moment, car un projet de loi encore plus sobre était en préparation ; un projet de loi visant à interdire la fabrication, l'exportation, l'importation, l'achat, la vente, l'emprunt, le prêt, le vol, l'absorption, la respiration ou la possession, par conquête, héritage, intention, hasard ou autre, dans l'État de l'Iowa, de tous les breuvages nuisibles, sans exception, connus de la race humaine, à part l'eau. Cette mesure était approuvée par tous les gens raisonnables de l'État ; mais pas par le tribunal.

Burlington a tout l'équipement d'une ville moderne de progrès, nécessaire à un gouvernement juste et intelligent ; dont un service d'incendie professionnel rémunéré, quelque chose que la grande cité de New Orleans ne possède pas — elle emploie toujours ce souvenir de l'Antiquité, le système des volontaires.

A Burlington, comme dans toutes ces villes du cours supérieur du Mississippi, on respire une atmosphère pleine d'énergie fort appréciée des narines. On y a récemment construit un opéra qui offre un contraste frappant avec ces taudis qui font généralement office de théâtres dans des cités de la taille de Burlington.

Nous n'avons pas eu le temps de descendre à terre à Muscatine, mais je l'ai vue de jour depuis le bateau. J'ai vécu là un moment, il y a des années, mais l'endroit, aujourd'hui, a un air qui ne m'est pas très familier ; je suppose donc qu'il est nettement plus grand que la ville que je connaissais. En fait, je sais bien que c'est le cas ; car je me souviens que c'était une petite cité — ce qu'elle n'est plus. Mais je m'en souviens surtout à cause d'un fou qui m'a surpris dans les champs, un dimanche, et a sorti un couteau de boucher de sa botte, et a proposé de me charcuter avec si je ne reconnaissais pas en lui l'unique fils du Démon. J'ai tenté un compromis en admettant que c'était le seul membre de la famille que je n'avais jamais rencontré ; mais cela ne l'a pas satisfait ; il n'acceptait aucune demi-mesure ; je devais dire qu'il était le seul et unique fils du Démon — et il affûtait son couteau sur sa botte. Il ne semblait pas qu'une chose aussi peu importante valût la peine de faire des histoires ; aussi me suis-je converti à sa vision du problème, et ai-je sauvé ma peau du même coup. Peu de temps après, il est allé rendre visite à son père ; et comme il n'est plus réapparu depuis, je crois qu'il est toujours là-bas.

Et je me souviens de Muscatine — toujours avec grand plaisir — pour ses couchers de soleil, l'été. Je n'en ai jamais vu un seul, des deux côtés de l'océan, qui fût capable de les égaler. Le large fleuve aux eaux étales, ils l'utilisaient comme une toile sur laquelle ils peignaient tous les rêves colorés imaginables, depuis les raffinements et la délicatesse marbrés de l'opale — l'ensemble du spectre, à travers une accumulation de nuances — jusqu'aux embrasements aveuglants de pourpre et de violet qui étaient un enchantement pour l'œil mais qui, en même temps, le fatiguaient. Ces extraordinaires couchers de soleil sont un spectacle familier dans toute la région du cours supérieur du Mississippi. C'est le vrai Pays du Coucher de Soleil. Je suis sûr qu'aucun autre endroit n'a autant de droits à ce nom. On dit aussi que les levers de soleil sont excessivement beaux. Je ne sais pas.

CHAPITRE LVIII

Sur le cours supérieur du fleuve

Une race indépendante. – Des villes de vingt-quatre heures. – Paysage enchanteur. – La patrie de la charrue. – Black Hawk. – Actions fluctuantes. – Un contraste. – Lumières électriques.

Les villes importantes pleuvent dru, maintenant : et entre les longs défilés de fermes prospères, aucune solitude désolée. Heure après heure, le bateau fend les eaux de plus en plus loin dans le vaste et populeux Nord-Ouest ; et à chaque section successive du fleuve qui nous est révélée, notre surprise et notre respect gagnent en puissance et en importance. Une telle population et de telles réalisations méritent hommage. Voici une race indépendante qui pense par elle-même, et qui en a les compétences parce qu'elle est éduquée et éclairée ; elle dit, elle suit les progrès de la pensée la meilleure et la plus novatrice, elle fortifie chaque zone plus faible de sa région avec une école, une université, une bibliothèque et un journal ; et elle est respectueuse de la loi. L'inquiétude pour le futur d'une telle race n'est pas à l'ordre du jour.

Cette région est nouvelle ; si nouvelle que l'on peut dire qu'elle est encore dans l'enfance. A la vue de ce qu'elle a accompli alors qu'elle faisait encore ses dents, on peut prévoir quelles merveilles elle donnera dans la pleine force de sa maturité. Elle est si jeune que le touriste étranger n'a pas encore entendu parler d'elle ; et ne l'a pas visitée. Pendant soixante ans, le touriste étranger a fait un aller et retour en bateau à vapeur entre Saint Louis et New Orleans, et puis il est rentré chez lui, et il a écrit son livre croyant avoir vu tout le fleuve qui valait la peine d'être vu ou qui avait quelque chose à montrer. Il n'y a pas six de ces livres où l'on mentionne ces villes du cours supérieur du Mississippi — pour la raison que les cinq ou six touristes qui ont pénétré dans cette zone l'ont fait avant même que l'on eût projeté de les construire. Le dernier voyageur de tous ceux-là (1878) a effectué le même bon vieux voyage réglementaire — il n'a pas entendu dire qu'il y avait quelque chose au nord de Saint Louis.

Et pourtant si. Il y avait cette stupéfiante région, hérissée de grandes cités dessinées l'avant-veille, pour ainsi dire, et construites le matin suivant. Une vingtaine d'entre elles comptent entre quinze cents et cinq mille habitants. Puis nous avons Muscatine, dix mille ; Winona, dix mille ; Moline, dix mille ; Rock Island, douze mille ; La Crosse, douze mille ; Burlington, vingt-cinq mille ; Dubuque, vingt-cinq mille ; Davenport, trente mille ; Saint Paul, cinquante-huit mille ; Minneapolis, soixante mille et plus.

Le touriste étranger n'a jamais entendu parler d'elles ; il n'y a aucune remarque sur elles dans ses livres ; elles sont nées dans la nuit, pendant qu'il dormait. Cette région est si neuve que moi-même, qui suis comparativement jeune, je suis encore plus vieux qu'elle. Quand je suis né, Saint Paul avait une population de trois personnes, Minneapolis juste un tiers autant. *La* population de Minneapolis de l'époque est morte il y a deux ans. Et quand elle est morte elle avait connu une augmentation, en quarante ans, de cinquante-neuf mille neuf cent quatre-vingt-dix-neuf personnes. Elle avait eu une fertilité de grenouille.

Je dois dire que les chiffres notés ci-dessus, en ce qui concerne Saint Paul et Minneapolis, sont vieux de plusieurs mois. Ces villes sont beaucoup plus grandes, aujourd'hui. En fait, je viens juste de lire les estimations d'un journal qui donnent soixante et onze mille à la première et soixante-dix-huit mille à la seconde. Ce livre ne touchera pas le public avant six ou sept mois ; aucun des chiffres ne sera très valable, alors.

Nous avons entrevu Davenport, une autre belle ville, couronnant une colline — une phrase qui s'applique à toutes ces agglomérations ; car elles sont toutes charmantes, toutes bien construites, propres, ordonnées, agréables à l'œil, et réjouissantes pour l'esprit ; et toutes sont situées sur des hauteurs. Nous offririons donc quelque repos à cette phrase. Les Indiens ont une tradition selon laquelle Marquette et Joliet ont campé à l'endroit où aujourd'hui s'élève Davenport, en 1673. L'homme blanc suivant qui campa en ces lieux le fit à peu près cent soixante-dix ans plus tard — en 1834. Davenport a réuni ses trente mille personnes dans les trente dernières années. De nos jours, le nombre d'enfants qu'elle envoie dans ses écoles dépasse le chiffre atteint par sa population totale vingt-trois ans plus tôt. Elle a le quota d'usines, de journaux et d'institutions de savoir que l'on rencontre habituellement sur le cours supérieur du fleuve ; elle a des téléphones, des télégraphes locaux, une sirène électrique et un admirable service d'incendie avec des professionnels payés, et six compagnies d'échelles à crochets, quatre pompes à incendie à vapeur, et trente églises. Davenport est le lieu de résidence officiel de deux évêques — un épiscopalien et un catholique.

En face de Davenport se trouve la ville florissante de Rock Island, qui s'étend aux pieds des rapides du cours supérieur. Un grand pont de chemin de fer relie les deux cités — l'un des treize qui inquiètent le Mississippi et les pilotes, entre Saint Louis et Saint Paul.

La charmante île de Rock Island, longue de trois miles et large de un mile, appartient aux États-Unis, et le gouvernement en a fait un merveilleux parc, rehaussant avec art ses attractions naturelles et faisant passer plusieurs miles de chemins de promenade à travers ses belles forêts. Vers le centre de l'île on aperçoit, à travers les arbres, dix immenses immeubles en pierre de trois étages, dont chacun couvre un demi-hectare de terrain. Ce sont les ateliers du gouvernement ; car l'établissement de Rock Island est un arsenal national, où les armes sont fabriquées et stockées.

Nous avons remonté le fleuve — toujours à travers un paysage enchanteur, car il n'y a pas de paysage d'un autre genre, ici, sur le cours supérieur du Mississippi — et nous avons dépassé Moline et ses importantes industries manufacturières ; et Clinton et Lyons, deux grands centres d'industries du bois ; et nous avons finalement atteint Dubuque, située dans une riche région minière. Les mines de plomb sont très productives, et leur bassin d'extraction est très vaste. Dubuque possède un grand nombre d'établissements industriels ; entre autres une usine de charrues qui a l'ensemble de la Chrétienté pour client. C'est du moins ce que m'a raconté un représentant de cette entreprise qui se trouvait sur le bateau. Il m'a dit :

— Vous me montrez n'importe quel pays sous le soleil où ils savent vraiment *comment* labourer, et si moi je ne vous montre pas notre marque de fabrique sur la charrue qu'ils utilisent, j' mangerai cette charrue ; et en plus, je demanderai pas d' *Woostershyre sauce* pour lui donner du goût.

Toute cette portion de fleuve a eu une importante histoire indienne, et elle est riche en traditions de ces peuples. Le nom de Black Hawk était respecté, jadis, par ici ; comme celui de Keokuk plus bas. A quelques miles en aval de Dubuque, on trouve le rocher, ou la falaise, de la Tête de Mort au sommet duquel les Français amenèrent une bande d'Indiens, au début ; ils les parquèrent là-haut, avec la mort comme certitude — il ne restait aux Indiens que le choix de la forme qu'elle prendrait : mourir de faim, ou sauter dans le vide et en finir volontairement. Black Hawk adopta les mœurs de l'homme blanc, vers la fin de sa vie ; et lorsqu'il mourut il fut enterré, près de Des Moines, à la façon chrétienne, modifiée par la coutume indienne ; c'est-à-dire qu'il fut vêtu d'un uniforme militaire chrétien et qu'on lui mit une canne chrétienne dans la main, mais qu'il fut placé en position assise dans sa tombe. Auparavant, on enterrait toujours un cheval au côté d'un chef. Le fait qu'une canne fut substituée à l'animal prouve que la nature arrogante de Black Hawk avait vraiment été rabaissée, et qu'il s'attendait à marcher à pied, une fois de l'autre côté.

Nous avons noté qu'en amont de Dubuque l'eau du Mississippi était vert olive — une couleur riche, belle et semi-transparente, avec le soleil qui s'y reflétait. Bien entendu, l'eau n'était nulle part aussi claire et aussi belle qu'elle l'est aux autres saisons de l'année ; car c'étaient les crues, à présent, et elle était donc troublée et brouillée par la boue des berges qui se creusaient.

Les majestueuses falaises qui surplombent le fleuve, tout au long de cette zone, vous charment de la grâce et de la variété de leurs formes et de la douce beauté de leurs ornements. Leur versant abrupt et verdoyant, dont la base est dans l'eau, est surmonté par un haut rempart de rochers brisés en forme de tours, aux couleurs d'une richesse et d'une patine exquises — principalement des marron foncés et des verts mats, mais avec des éclaboussures d'autres teintes. Et puis vous avez le fleuve étincelant, qui tourne ici et là et plus loin, son cours étant interrompu de temps à autre par des grappes d'îles boisées que traversent des chenaux argentés ; et vous avez une vision fugitive de villages lointains endormis sur des caps ; et de radeaux discrets qui glissent dans l'ombre des murs de la forêt ; et de vapeurs blancs qui disparaissent derrière des pointes éloignées. Et tout est aussi tranquille et reposant que le pays des songes, et ces lieux n'ont rien de terrestre — rien à quoi accrocher une inquiétude ou un chagrin.

Jusqu'à ce que le train impie passe à toute vitesse — ce qu'il fait en ce moment, déchiquetant la solitude sacrée avec ses démoniaques hurlements guerriers et le grondement et le tonnerre de ses furieuses roues —, et immédiatement vous êtes de retour en ce monde, avec l'un de ses ennuis à portée de la main pour vous distraire : car vous vous souvenez que c'est la même compagnie de chemins de fer dont les actions chutent toujours une fois que vous les avez achetées et remontent toujours dès que vous les avez vendues. Aujourd'hui encore cela me fait trembler, lorsque je me souviens du jour où j'ai presque failli ne pas pouvoir du tout me débarrasser de mes actions. Ce doit être horrible de rester avec un chemin de fer sur les bras.

La locomotive est visible depuis le pont du vapeur sur presque tout le trajet entre Saint Louis et Saint Paul — huit cent miles. Ces chemins de fer ont fait subir des ravages au commerce par vapeur. Le commissaire de notre bateau exerçait déjà cette profession sur les vapeurs avant la construction de ces lignes. A cette époque-là l'afflux de population était si grand, et le commerce de marchandises si important, que les bateaux ne pouvaient répondre aux demandes, celles-ci dépassant leur capacité de transport ; si bien que les capitaines étaient très indépendants et désinvoltes — plutôt « pritentieux », comme dirait oncle Rémus. Le commissaire a résumé ainsi le contraste entre l'ancien temps et aujourd'hui :

— Le bateau touchait terre — avec le capitaine sur le toit du pont-abri — très raide et le dos droit — droit comme une baguette de fusil — gants en peau de chevreau, haut-de-forme, cheveux séparés par une raie à l'arrière du crâne — l'homme sur la berge ôte son couvre-chef et dit :

» — J'ai vingt-huit tonnes de blé, cap'tain — c' serait une grande faveur si vous pouviez les prendre.

» Le capitaine répond :

» — En prendrai deux.

» Et ne condescend même pas à lui jeter un regard.

» Mais aujourd'hui, le capitaine ôte son grand chapeau mou, et sourit jusqu'aux oreilles, et salue profondément, sans baguette de fusil dans le dos pour le gêner, et dit :

» — Ravi de vous voir, Smith, ravi de vous voir — vous avez l'air en forme — ça fait des années que je vous ai pas vu si en forme — qu'est-ce que vous avez pour nous ?

» R'en, répond Smith, qui garde son chapeau sur sa tête, et lui tourne immédiatement le dos, et va discuter avec quelqu'un d'autre.

» Oh, oui, il y a huit ans, le capitaine était au sommet ; mais c'est le tour de Smith, maintenant. Il y a huit ans, un bateau remontait le fleuve avec toutes ses cabines de luxe occupées, et les gens étaient entassés sur cinq ou six rangs sur le pont des cabines, et il y avait en dessous un pont chargé à bloc d'immigrants et de moissonneurs, en plus. Pour avoir une cabine en première classe, vous deviez donner la preuve que vous aviez soixante écartelures de noblesse et quatre cents ans de descendance, ou alors il fallait connaître personnellement le nègre qui cirait les bottes du capitaine. Mais tout ça a changé, aujourd'hui. Beaucoup de cabines libres en haut, pas de moissonneurs en bas — il y a une moissonneuse-lieuse brevetée, maintenant, et on n'a plus besoin de moissonneurs ; ils ont filé là où s' tortille le chèvrefeuille, et ils y sont pas allés par vapeur ; sont partis en train.

Plus haut, dans cette zone, nous avons croisé des hectares serrés de radeaux de bois qui descendaient le fleuve — mais ils ne flottaient pas tranquillement, à la manière d'antan, sous la conduite d'équipages joyeux et insouciants de canailles qui jouaient du violon, chantaient des chansons, buvaient du whisky, dansaient jusqu'à s'effondrer ; non, le tout était poussé rapidement par un puissant vapeur à roue arrière, à la façon moderne, dont l'équipage peu important était composé d'hommes tranquilles, disciplinés, qui paraissaient faire un travail reposant, sans le moindre soupçon de romanesque nulle part.

Par ici, quelque part, par une sombre nuit, nous avons franchi, grâce à la lumière électrique, des couloirs excessivement étroits et labyrinthiques entre des îles. Derrière nous, il y avait une épaisse obscurité — une bande sans faille ; devant, un étroit coude de fleuve, s'incurvant entre d'épais murs de feuillages qui touchaient presque notre proue des deux côtés ; et ici, chaque feuille et chaque ondulation de l'eau se détachait avec sa couleur naturelle et était inondée d'un éclat éblouissant comme une lumière de midi encore plus intense que d'habitude. L'effet était étrange, et magnifique, et très impressionnant.

Nous avons dépassé Prairie du Chien, un autre des emplacements où campa le père Marquette ; et après avoir avancé quelques heures à travers un paysage beau et varié, nous sommes arrivés à La Crosse. C'est une ville de douze ou treize mille habitants, avec des rues éclairées à l'électricité, et des pâtés d'immeubles assez majestueux et, aussi, d'une architecture assez jolie pour imposer le respect dans n'importe quelle ville. C'est une cité de choix et nous avons utilisé de façon satisfaisante l'heure que l'on nous a permis d'y passer, en la parcourant en tous sens, bien que le temps ait été plus pluvieux que nécessaire.

CHAPITRE LIX

Légendes et paysages

Traditions indiennes et serpents à sonnettes. – Un mot de trois tonnes. – Chimney Rock. – L'homme-panorama. – Un joli saut. – La tête qui ne mourait pas. – Peboan et Seegwun.

A La Crosse, nous avons ajouté plusieurs passagers à notre liste ; entre autres un vieux gentleman qui était venu dans cette région du Nord-ouest avec les premiers colons, et qui en connaissait chaque morceau. Il en était fier, aussi, ce qui est excusable. Il a dit :

— Vous trouverez des paysages, entre ici et Saint Paul, qui font penser aux pointes de l'Hudson. Vous aurez Queen's Bluff : deux cent dix mètres de haut, un spectacle tout aussi imposant que ceux que vous pouvez trouver ailleurs ; et Trempeleau Island, qui ne ressemble à aucune autre île d'Amérique, je crois, parce que c'est une montagne gigantesque avec des flancs abrupts, et elle est pleine de traditions indiennes, et pleine aussi de serpents à sonnettes ; si vous la voyez avec le soleil juste au-dessus, vous aurez une vision qui vous accompagnera toujours. Et en amont de Winona, vous verrez de jolies prairies ; et puis viennent les Thousand Islands, belles comme tout ; vertes ? Vraiment, vous n'aurez jamais vu des feuillages si verts, ni si épais ; on dirait un millier de coussins en peluche flottant sur un miroir — quand l'eau est calme ; et puis les monstrueuses falaises des deux côtés du fleuve — déchiquetées, pleines d'anfractuosités, et de couleur foncée — exactement le fond qu'on veut ; on veut toujours un fond puissant, vous savez, pour faire ressortir les beaux paysages, sur une image délicate, et les mettre en vedette.

Le vieux gentleman nous a raconté aussi une ou deux légendes indiennes émouvantes, mais pas très bonnes.

Après cette excursion dans l'histoire, il est revenu au paysage, et il l'a décrit, un détail après l'autre, depuis les Thousand Islands jusqu'à Saint Paul ; donnant les noms avec une telle facilité, développant ses thèmes avec une telle aisance pleine de vivacité et de sûreté, assenant un mot de trois tonnes, ici et là, avec un petit air si suffisant dans le genre ce-n'est-rien,-je-peux-faire-ça-quand-je-veux, et décochant de belles surprises d'éloquence haute en couleur à des intervalles si judicieux, que finalement j'ai commencé à soupçonner...

Mais qu'importe ce que j'ai commencé à soupçonner. Écoutez-le :

— A dix miles en amont de Winona, nous arrivons à Fountain City, tendrement nichée au pied d'à-pics qui dressent leurs fronts impressionnants, tel Jupiter, vers les profondeurs bleutées des cieux et qui les baignent dans des atmosphères vierges n'ayant connu d'autres contacts que les ailes des anges.

» Et ensuite, nous glissons sur des eaux d'argent au milieu de spectacles naturels ravissants et prodigieux qui exercent nos cœurs à une admiration adoratrice, pendant environ douze miles, et nous atteignons Mount Vernon, cent quatre-vingt-six mètres d'altitude, avec les ruines romantiques de ce qui fut autrefois un hôtel de luxe, perchées loin parmi les ombres des nuages qui marbrent sa taille vertigineuse — seuls vestiges d'un Mount Vernon jadis florissant, une cité des premiers temps, aujourd'hui abandonnée et totalement déserte.

» Et puis nous poursuivons notre chemin. Au-delà de Chimney Rock nous filons à toute vitesse — noble flèche de cent quatre-vingts mètres de hauteur — ; puis, juste avant de débarquer à Minnieska, notre attention est attirée par un promontoire des plus impressionnants, s'élevant à cent cinquante-cinq mètres — la montagne-pyramide idéale. A la vue de sa forme conique — une épaisse couverture boisée ceignant ses flancs — et de son apex identique à celui d'un cône —, le spectateur s'étonne des travaux de la nature. Depuis ses folles hauteurs, des panoramas superbes des forêts, des cours d'eau, des falaises, des collines et des vallons sont visibles en dessous et dans le lointain, sur des miles. Pouvons-nous imaginer une autre vision fluviale plus grandiose, tandis que notre regard enveloppe ce paysage enchanteur depuis le point le plus élevé de ces falaises surplombant toutes ces vallées ?

L'état sauvage primitif et l'effrayante solitude de ces sublimes créations de la nature et du dieu de la nature font naître des sentiments d'admiration illimitée, et leur souvenir, telles que nous les voyons, dans toutes les directions, ne s'effacera plus jamais de nos mémoires.

» Ensuite, nous avons Lion's Head et Lioness's Head, sculptées de la main de la nature pour orner et dominer le très beau cours d'eau ; et plus loin le fleuve s'élargit, et une vision des plus charmantes et des plus magnifiques de la vallée s'étendant devant nous surgit soudain devant nos yeux ; des collines accidentées, vêtues de verdoyantes forêts de la base au sommet, des zones de prairies toutes plates, abritant en leur sein la belle Wabasha, la Cité-des-Eaux-qui-Guérissent, la puissante adversaire de la maladie de Bright*, et cette conception la plus grandiose du travail de la nature, l'incomparable Lake Pepin — voilà qui constitue un panorama que l'œil du touriste peut observer pendant d'innombrables heures, dans un ravissement inassouvi et insatiable.

» Et ainsi voguons-nous ; rencontrant finalement ces dômes majestueux, le puissant Sugar Loaf et le sublime Maiden's Rock — ce dernier doté d'une voix par une superstition romanesque ; et souventefois lorsque le canoë de bouleau passe non loin, au crépuscule, le pagayeur presque invisible s'imagine entendre la douce et tendre musique de Winona, décédée depuis longtemps, la favorite des chansons et des récits indiens.

* La néphrite chronique. *(N.d.T.)*

» Puis Frontenac se dessine dans notre champ de vision, délicieux lieu de villégiature des touristes estivaux surmenés ; puis Red Wing, ville de progrès ; et Diamond Bluff, impressionnant et supérieur dans sa sublimité solitaire ; puis Prescott et la rivière Saint Croix ; et bientôt s'offrent à notre vue les dômes et les clochers de Saint Paul, jeune chef géant du Nord, avançant par enjambées de sept lieues à l'avant-garde du progrès, porte-bannière de la civilisation la plus haute et la plus moderne, creusant son chemin bienfaisant avec le tomahawk de l'entreprise commerciale, faisant entendre le cri de guerre de la culture chrétienne, découpant le scalp, encore fumant de sang, de l'oisiveté et de la superstition, pour planter en ces lieux la charrue à vapeur et le bâtiment de l'école — et devant elle, toujours, s'étendent les terres arides de l'anarchie, de l'ignorance, du crime, du désespoir ; et dans son sillage, toujours, fleurissent la prison, les potences, et la chaire ; et toujours...

— Avez-vous déjà voyagé avec un panorama* ?

— J'ai jadis rempli ces fonctions.

Mes soupçons étaient confirmés.

— Vous voyagez encore avec ?

— Non, il est rangé jusqu'à l'ouverture de la saison d'automne. J'aide maintenant à rassembler le matériel

* Paysage peint en continu et déroulé devant les spectateurs. Les panoramas étaient très populaires au milieu du XIXe siècle. L'un des plus grands panoramas du monde, que Mark Twain a vu, représente le cours entier du Mississippi, sur un rouleau de 370 mètres de long, œuvre de l'Américain John Banvard, en 1846. *(N.d.T.)*

pour un guide que la Saint Louis and Saint Paul Packet Company va publier cet été à l'intention des touristes qui emprunteront cette ligne.

— Lorsque vous avez parlé de Maiden's Rock, vous avez cité Winona, morte depuis longtemps, la favorite des chansons et des récits indiens. Est-ce que c'est la jeune fille du rocher* ? Et est-ce qu'une légende associe les deux ?

— Oui, et elle est vraiment tragique et douloureuse. C'est peut-être la plus célèbre, comme la plus pathétique, de toutes les légendes du Mississippi.

Nous lui avons demandé de la raconter. Il a laissé tomber le ton de la conversation et il est revenu sans effort à son allure de conférencier, et il a redémarré comme suit :

— Pas très loin en amont de Lake City se trouve une pointe célèbre connue sous le nom de Maiden's Rock, qui est un endroit non seulement pittoresque, mais aussi d'un grand intérêt romanesque en raison de l'événement qui lui a donné son nom. Il y a quelques années, c'était un lieu de séjour favori des Sioux, à cause des belles parties de pêche et de chasse qu'ils pouvaient y faire, et l'on trouvait toujours beaucoup d'Indiens par là-bas. Parmi les familles qui venaient là régulièrement, l'une appartenait à la tribu des Wabasha. Une jeune fille, We-no-na (Première-Née) était son nom, avait donné son cœur à un amoureux de cette même tribu. Mais ses sévères parents avaient

* Maiden's Rock, le rocher de la Jeune-Fille. *(N.d.T.)*

promis sa main à un autre, un célèbre guerrier, et ils voulaient à toute force qu'elle l'épousât. Le jour des noces a enfin été fixé par ses parents, pour son plus grand chagrin. Elle a semblé se résigner au mariage, et elle les a accompagnés jusqu'au rocher, dans l'intention de ramasser des fleurs pour la fête. Lorsqu'elle est arrivée au rocher, We-no-na a grimpé en courant jusqu'à son sommet et, se tenant au bord du précipice, elle s'est mise à reprocher leur cruauté à ses parents qui étaient en dessous, puis, chantant un hymne funèbre, elle s'est jetée dans le vide et les a réduits en pièces au pied du rocher.

— Elle a réduit qui en pièces ? Ses parents ?

— Oui.

— Eh bien, c'est certainement une tragique affaire, comme vous dites. Et en outre, il y a là-dedans une espèce de sensationnelle surprise dramatique à laquelle je ne m'attendais pas. C'est une nette amélioration par rapport à la forme usée jusqu'à la corde de la légende indienne. Il y a cinquante Lover's Leap * tout au long du Mississippi, du sommet desquels de jeunes Indiennes déçues se sont lancées, mais celui-ci est le seul saut du lot qui ait connu une issue juste et satisfaisante. Qu'est devenue Winona ?

— Elle a été sérieusement ébranlée et choquée ; mais elle a rassemblé ses morceaux et elle a disparu avant l'arrivée du coroner à l'endroit fatal ; et on dit qu'elle a cherché et retrouvé et épousé son véritable amour, et

* Saut de l'Amoureuse. *(N.d.T.)*

qu'elle s'est enfuie avec lui vers un climat lointain, où elle a vécu heureuse à tout jamais, son bon naturel mûri et assagi par l'incident romanesque qui l'avait privée si tôt du doux soutien de l'amour d'une mère et du bras protecteur d'un père, et qui l'avait abandonnée, sans ami, à la froide charité d'un monde malveillant.

J'étais heureux d'entendre le conférencier décrire le paysage, car il m'a permis de mieux apprécier ce que j'en voyais et d'imaginer la partie que l'arrivée de la nuit nous faisait perdre.

Comme l'homme l'a remarqué, toute cette région est bien fournie en contes et en traditions indiennes. Mais je lui ai rappelé que les gens, en général, se contentaient de mentionner ce fait — de façon à vous faire venir l'eau à la bouche —, et puis qu'ils avaient la sagesse de s'arrêter là. Pourquoi ? Parce que l'impression que cela laissait, c'était que ces contes étaient pleins de rebondissements et d'imagination — une agréable impression qui se serait rapidement dissipée si on les avait racontés. Je lui ai montré un certain nombre d'exemples de cette littérature que j'avais collectée et il a reconnu que c'était un matériel bien pauvre et de vraies niaiseries ; et je me suis risqué à ajouter que les légendes qu'il nous avait lui-même rapportées étaient du même genre, à une seule exception près — l'admirable histoire de Winona. Il a admis la chose, mais a ajouté que si je parvenais à mettre la main sur le livre de Mr. Schoolcraft[39] publié près de cinquante ans plus tôt, et sans doute épuisé aujourd'hui, j'y trouverais quelques inventions indiennes qui étaient très loin de manquer de rebondissements et d'imagination ; que les contes de *Hiawatha*[*]étaient de cette sorte et qu'ils venaient de l'ouvrage de Schoolcraft ; et qu'il y en avait d'autres dans le même livre que Mr. Longfellow aurait pu reprendre en vers avec un bon résultat. Par exemple, il y avait la légende de « La tête qui ne mourait pas ». Il ne pouvait pas la raconter car beaucoup de ses détails étaient sortis de sa mémoire ; mais il me recommandait de la trouver et d'avoir davantage de respect pour l'imagination indienne. Il a expliqué que ce texte, et beaucoup d'autres du livre, étaient courants parmi les Indiens, le long de cette section du Mississippi, la première fois qu'il était venu dans la région ; et que les collaborateurs du livre de Schoolcraft les tenaient directement de la bouche des Indiens et les avaient notés avec la plus stricte exactitude, sans y ajouter d'embellissements de leur cru.

J'ai trouvé l'ouvrage. Le conférencier avait raison. Il contient plusieurs légendes qui confirment ses dires. J'en offrirai deux — « La tête qui ne mourait pas » et « Peboan et Seegwun, une allégorie des saisons ». Cette dernière est utilisée dans *Hiawatha,* mais il vaut mieux la lire dans sa forme originale, c'est seulement comme cela que l'on peut voir combien un poème authentique peut être efficace, sans l'aide ni les grâces du rythme et de la mesure poétiques.

* *Le Chant de Hiawatha,* long poème-épopée de Longfellow publié en 1855, inspiré des légendes indiennes. *(N.d.T.)*

Un vieil homme était assis tout seul dans sa hutte, au bord d'un ruisseau gelé. C'était la fin de l'hiver, et son feu était presque éteint. Cet homme semblait très vieux et très solitaire. Ses mèches étaient blanchies par l'âge et il tremblait de toutes ses articulations. Les jours s'écoulaient dans la solitude, et il n'entendait rien, sinon le bruit de la tempête qui balayait devant elle la neige fraîche.

Un jour, alors que son feu était juste en train de mourir, un beau jeune homme approcha et pénétra dans sa demeure. Ses joues étaient rouges du sang de la jeunesse, ses yeux brillaient d'animation, et un sourire jouait sur ses lèvres. Il marchait d'un pas léger et rapide. Son front était ceint d'une couronne d'herbes tendres, à la place du bandeau du guerrier, et il avait un bouquet de fleurs à la main.

— Ah ! mon fils, dit le vieil homme, je suis heureux de te voir. Entre. Entre et raconte-moi tes aventures et dis-moi quelles étranges contrées tu es allé visiter. Restons ensemble pour la nuit. Je te dirai ma vaillance et mes exploits, et ce dont je suis capable. Tu me diras les tiens à ton tour, et nous nous divertirons.

Il tira alors de son sac une antique pipe curieusement ouvragée, et après l'avoir remplie de tabac, adouci par un mélange de certaines feuilles, il la tendit à son invité. Lorsque cette cérémonie fut achevée, ils commencèrent à parler.

— Je souffle, a dit le vieil homme, et les cours d'eau s'immobilisent. L'eau devient solide et dure comme une pierre transparente.

— Je respire, répondit le jeune homme, et les fleurs commencent à pousser sur la plaine.

— Je secoue mes mèches, a répliqué le vieillard, et la neige recouvre le pays. Les feuilles tombent des arbres lorsque je l'ordonne, et mon souffle les chasse. Les oiseaux quittent la surface de l'eau et volent jusqu'à une terre éloignée. Les animaux se cachent de mon souffle, et le sol lui-même devient aussi dur que du silex.

— J'agite mes boucles, a répondu le jeune homme, et une tiède et agréable pluie tombe sur la terre. Les plantes sortent leur tête du sol, comme les yeux des enfants qui brillent de plaisir. Ma voix rappelle les oiseaux. La douceur de mon haleine libère les eaux. La musique remplit les bosquets partout où je passe, et l'ensemble de la nature se réjouit.

Finalement, le soleil s'est levé. Une agréable chaleur a pris possession des lieux. La langue du vieil homme est devenue silencieuse. Le rouge-gorge et le merle se sont mis à chanter au sommet de la hutte, le ruisseau a recommencé à murmurer près de la porte et la fragrance des herbes et des fleurs qui poussaient est arrivée doucement, portée par la brise printanière.

La lumière du jour révéla totalement au jeune homme le rôle de celui qui l'avait diverti. Lorsqu'il l'examina, il vit qu'il avait le visage glacé de *Peboan* *.

* L'hiver. *(N.d.A.)*

Des ruisseaux ont coulé des yeux du vieillard qui, tandis que le soleil augmentait, a rapetissé de plus en plus ; bientôt, il avait complètement fondu. Rien ne restait à l'emplacement du foyer de sa hutte, excepté le *miskodeed* *, une petite fleur blanche aux bords roses, l'une des espèces les plus précoces des plantes du Nord.

« La Tête qui ne mourait pas » est une légende plutôt longue, mais les traits d'esprit étranges et inquiétants, les merveilles de conte de fées, les rebondissements variés et les mouvements énergiques compensent ce qui lui manque en brièveté **.

* L'épigée rampante. *(N.d.A.)*
** Voir appendice D. *(N.d.A.)*

CHAPITRE LX

Spéculations et conclusions

L'endroit où finit la navigation. – Depuis les roses jusqu'à la neige. – Vaccination climatique. – Une longue chevauchée. – Les os de la pauvreté. – Le pionnier de la civilisation. – Le Cruchon de l'Empire. – Frères siamois. – Le bosquet d'érables à sucre. – Il gagne son épouse. – Le mystère de la couverture. – Une ville qui est toujours une nouveauté. – De retour à la maison.

Nous sommes arrivés à Saint Paul, fin du cours navigable du Mississippi, et c'est là que s'est terminé notre périple de deux mille miles depuis New Orleans. C'est un voyage d'environ dix jours, en vapeur. On le fait probablement plus vite par le train. Je le suppose, car je sais que l'on peut aller en train de Saint Louis à Hannibal — une distance d'au moins cent vingt miles — en sept heures. C'est mieux que de faire le trajet à pied. A moins d'être pressé.

La saison étant déjà bien avancée quand nous étions à New Orleans, les roses et les fleurs des magnolias tombaient ; mais ici, à Saint Paul, il neigeait. A New Orleans, nous avions reçu à l'occasion un souffle d'air desséchant, passé au-dessus d'un cratère, apparemment ; ici, à Saint Paul, nous avons reçu souvent un souffle d'air froid passé au-dessus d'un glacier, apparemment.

Je n'essaie pas d'étonner, par ces éléments de statistiques. Non, c'est tout naturel qu'il y ait une importante différence entre des climats situés sur des parallèles de latitude distants d'un ou deux mille miles. J'ai pris cette position et je la conserverai en dépit des journaux. Le journal pense que ce n'est pas normal ; et une fois par ans, en février, il remarque, avec des points d'exclamation mal dissimulés, que pendant que nous, ici, loin en haut dans le Nord, nous luttons contre la neige et la glace, les gens font une nouvelle récolte de fraises et de petits pois en bas dans le Sud, et les callas * fleurissent à l'extérieur, et on se plaint de la douceur des températures. Le journal ne cesse jamais de s'en montrer surpris. Il est atteint régulièrement quand revient le mois de février. Il doit y avoir une raison à cela ; et cette raison doit être le changement de personnel à la rédaction. On ne peut surprendre quelqu'un plus de deux fois avec la même merveille — même avec les miracles de février du climat sudiste ; mais si l'on engage sans arrêt de nouveaux journalistes au secrétariat de rédaction, tous les un ou deux ans, et que l'on oublie de les vacciner contre la surprise climatique annuelle, la même vieille chose rebattue va continuer à

* Nom populaire de zantedeschia, plante vivace aux belles spathes blanches, jaunes ou rouges. *(N.d.T.)*

se produire. Chaque année un nouveau collaborateur aura la maladie et sera immunisé contre toute récidive ; mais cela ne sauve pas le journal. Non, le journal est dans une aussi mauvaise posture que d'habitude ; il aura toujours ses nouveaux collaborateurs et il publiera donc sa « surprise à la fraise » chaque février tant qu'il existera. Le nouvel employé est guérissable ; le journal est incurable. Un acte du Congrès — non, le Congrès ne pourrait interdire la surprise à la fraise sans un accroissement discutable de ses pouvoirs. Un amendement à la Constitution pourrait arranger les choses, et c'est probablement la meilleure façon et la plus rapide d'y parvenir. A la faveur d'un tel amendement, le Congrès pourrait voter une loi punissant de la prison à perpétuité à la première infraction, et d'une mort lente d'un genre ou d'un autre pour les suivantes ; et cela, sans aucun doute, nous procurerait vite quelque répit. Parallèlement, l'amendement et la loi et les pénalités en résultant pourraient être facilement utilisés pour régler divers abus voisins, comme le vétéran-annuel-qui-a-voté-pour-chaque-président-là-bas-à-Washington-et-qui-s'est-rendu-aux-urnes-hier-avec-un-œil-aussi-brillant-et-un-pas-aussi-ferme-que-jamais, et dix ou onze autres fastidieuses merveilles annuelles de ce type, et aussi du genre le plus-vieux-franc-maçon, ou le plus-vieil-imprimeur, ou le plus-vieux-prêcheur-baptiste, ou le plus-vieil-ancien-élève ou trois-bébés-lors-d'un-seul-accouchement, et ainsi de suite, et ainsi de suite. Et l'Angleterre pourrait reprendre l'idée et voter une loi pour interdire toute utilisation supplémentaire des plaisanteries de Sidney Smith*, et nommer un officier ministériel pour en écrire de nouvelles. Alors, la vie serait un doux rêve de repos et de paix et les peuples cesseraient de languir après le paradis.

Mais je m'éloigne de mon sujet. Saint Paul est une ville merveilleuse. On l'a bâtie avec de solides blocs de bonnes pierres et de bonnes briques et elle a l'air de vouloir durer. Son bureau de poste a été ouvert il y a trente-six ans ; et par la suite, quand il arrivait une lettre, le receveur la portait jusqu'à Washington, à cheval, pour demander ce qu'il devait en faire. Telle est la légende. Deux maisons en bois furent construites cette année-là, et la population augmenta de plusieurs personnes. Un récent numéro du principal journal de Saint Paul, le *Pioneer Press,* donne quelques éléments statistiques qui offrent un contraste saisissant avec cet ancien état des choses, à savoir : population, automne de cette année (1882), soixante et onze mille ; nombre de lettres en circulation, première moitié de l'année : un million deux cent neuf mille trois cent quatre-vingt-sept ; nombre de maisons construites au cours des trois premiers quarts de l'année : neuf cent quatre-vingt-neuf ; leur coût : trois millions cent quatre-vingt-six mille dollars. L'augmentation du nombre de lettres par rapport aux six mois correspondants de l'année précédente est de cinquante pour cent. L'année dernière, les nouveaux bâtiments ajoutés à la ville ont coûté plus de

* L'un des principaux prédicateurs anglais de son temps (1771-1845) et l'un des fondateurs de la célèbre *Edinburgh Review. (N.d.T.)*

quatre millions cinq cent mille dollars. La force de Saint Paul réside dans le commerce qu'elle a développé — je veux dire qu'*il* a développé. C'est une ville industrielle, bien sûr — toutes les villes de cette région le sont —, mais il est particulièrement puissant en matière de commerce. L'année dernière, ses ventes en gros sont montées à plus de cinquante-deux millions de dollars.

Il possède un bureau des douanes, et il élève en ce moment un capitole coûteux pour remplacer le précédent qui a brûlé il y a peu — car c'est la capitale de l'État. Il a un nombre infini d'églises ; et pas du genre minable, mais plutôt du genre qu'érigent les riches protestants, du genre que la pauvre « bonne à tout faire » irlandaise est ravie de financer. Quelle passion éprouve la bonne à tout faire pour la construction d'églises majestueuses ! C'est une excellente chose pour notre architecture ; mais nous apprécions trop souvent les temples imposants de la femme de ménage sans accorder à cette dernière la moindre pensée reconnaissante. En fait, au lieu de nous souvenir que « chaque brique, chaque pierre de ce bel édifice représente des courbatures, et beaucoup de sueur, et des heures de dure fatigue, payées par le dos et le front et les os de la pauvreté », nous avons l'habitude d'oublier complètement tout cela et de nous contenter de glorifier le puissant temple lui-même, sans accorder de louanges à cette humble constructrice qui symbolise le grand cœur et la bourse atrophiée.

Nous avons affaire à un pays de bibliothèques et

d'écoles. Saint Paul a trois bibliothèques publiques qui contiennent, en tout, quelque quarante mille volumes. Il a cent seize écoles et il dépense plus de soixante-dix mille dollars par an pour les salaires des enseignants.

Il y a une gare exceptionnellement jolie ; elle est si vaste, en fait, que sa taille semblait au début quelque peu exagérée ; mais au bout de quelques mois, on comprenait que la faute était nettement dans l'autre camp. L'erreur doit être réparée.

Saint Paul est situé sur un terrain élevé, à environ deux cent vingt mètres au-dessus du niveau de la mer. Il est si haut que depuis ses rues nous est offert un vaste panorama sur le fleuve et les terres plus basses.

C'est une ville tout à fait merveilleuse, en vérité, et elle n'est pas terminée. Toutes les rues sont encombrées de matériaux de construction qui doivent être transformés en maisons aussi vite que possible pour faire de la place pour davantage de matériaux encore, car d'autres gens sont pressés de bâtir dès qu'ils pourront utiliser les rues pour y empiler leurs briques et tout leur fourbi.

Qu'elle est belle et solennelle, cette idée que le premier ambassadeur de la civilisation, le chariot de tête de la civilisation, n'est jamais le bateau à vapeur, jamais le chemin de fer, jamais le journal, jamais l'école du dimanche, jamais le missionnaire — mais toujours le whisky ! C'est ainsi. Examinez l'histoire ; vous verrez. Le missionnaire passe après le whisky — je veux dire, il arrive après que le whisky est arrivé ; puis l'immigrant pauvre débarque, avec hache, houe et fusil ; puis le marchand ; puis la ruée mélangée ; puis le joueur, le desperado, le voleur de grands chemins et tous leurs frères et sœurs dans le péché ; et puis le petit malin qui a récupéré une ancienne concession couvrant tout le territoire ; cela attire la tribu des avocats ; le comité de vigilance amène l'entrepreneur des pompes funèbres. Tous ces intérêts font venir le journal ; le journal lance la politique, et le chemin de fer ; tout le monde s'y met, et on construit une église et une prison — et voilà, la civilisation est établie pour toujours dans la région. Mais le whisky, voyez-vous, était le chariot de tête, dans cette œuvre bienfaisante. C'est toujours le cas. C'est typique d'un étranger — et excusable chez lui — que d'ignorer cette grande vérité et de se perdre dans l'astronomie afin d'y emprunter un symbole ; s'il avait été au courant des faits, il aurait dit : « Vers l'Ouest, le Cruchon de l'Empire fait son chemin[40]. »

Ce grand chariot de tête arriva en juin 1837 à l'endroit qu'occupe aujourd'hui Saint Paul. Oui, à cette date, Pierre Parrant, un Canadien, construisit la première cabane, déboucha son cruchon et commença à vendre du whisky aux Indiens. Nous avons le résultat sous les yeux.

Tout ce que j'ai dit sur la modernité, l'activité, les progrès rapides, la richesse, l'intelligence, la belle et solide architecture, et l'esprit combatif et l'énergie de Saint Paul s'appliquera à sa proche voisine, Minneapolis — avec, en plus, le fait que cette dernière est la plus importante des deux.

Ces villes extraordinaires étaient à dix miles de

distance, il y a quelques mois, mais elles se développaient si rapidement qu'elles se sont peut-être rejointes aujourd'hui et qu'elles avancent sous la direction d'un seul maire. Dans tous les cas, dans moins de cinq ans, il y aura un ligament d'immeubles qui s'étendra entre elles et les unira et sera si important qu'un étranger sera incapable de dire où s'arrête l'un des deux frères siamois et où commence l'autre. Réunies, les deux villes auront une population de deux cent cinquante mille personnes si elles continuent à se développer à la vitesse actuelle. Et ainsi, ce centre de population qui s'élève à l'endroit où se termine le Mississippi navigable se mettra à rivaliser, en nombre d'habitants, avec cet autre centre de population où débute le fleuve — New Orleans.

Minneapolis est située sur les chutes de Saint Anthony, qui coupent le fleuve sur quatre cent soixante mètres de large et mesurent vingt-cinq mètres de hauteur — une énergie hydraulique à laquelle l'habileté des hommes a donné une inestimable valeur, en ce qui concerne les affaires, quoique quelque peu au détriment de la beauté des chutes ou de l'arrière-plan sur lequel prendre votre photographie. Trente minoteries produisent chaque année deux millions de barils de la meilleure des farines ; vingt scieries donnent chaque année deux cents millions de pieds de grumes ; et puis il y a les fabriques de lainages, les filatures de coton, les papeteries et les moulins à huile ; et des usines de châssis de fenêtres, de clous, de meubles, de tonneaux, et autres, sans nombre, pour ainsi dire. Les grandes minoteries ici et à Saint Paul utilisent le « nouveau procédé » et broient la farine par roulement au lieu de la moudre.

Seize voies de chemin de fer se rencontrent à Minneapolis, et soixante-cinq trains de passagers y arrivent et en partent chaque jour.

Dans cette ville, comme à Saint Paul, le journalisme prospère. Ici, il y a trois grands quotidiens, dix hebdomadaires et trois mensuels.

Il y a une université, avec quatre cents étudiants — et, encore mieux, ses efforts ne sont pas réservés à l'édification d'un seul sexe. Il y a seize écoles publiques, avec des immeubles qui ont coûté cinq cent mille dollars ; il y a six mille élèves et cent vingt-huit enseignants. Il y a aussi soixante-dix églises existantes, et encore davantage en projet. Les banques ont rassemblé un capital de trois millions de dollars, et l'ensemble du commerce de gros de la ville s'élève à cinquante millions de dollars par an.

Il y a plusieurs choses intéressantes à voir dans les environs de Saint Paul et de Minneapolis — Fort Snelling, une forteresse occupant une falaise de trente mètres de haut sur le fleuve ; les chutes de Minnehaha ; White-bear Lake, et ainsi de suite. Les belles chutes de Minnehaha sont suffisamment célébrées * — elles n'ont nul besoin d'un coup de pouce de ma part en ce sens. Le White-bear Lake est moins connu. C'est une jolie

* Par Longfellow, entre autres, que Twain n'aimait guère. *(N.d.T.)*

étendue d'eau, lieu de villégiature estivale des riches et des élégants de l'État. Il a son club, et son hôtel, avec les perfectionnements et le confort modernes ; ses belles résidences d'été ; et un grand nombre d'endroits pour pêcher et chasser et beaucoup de plaisants circuits de promenade. Il y a une douzaine de stations de vacances de moindre importance dans les environs de Saint Paul et de Minneapolis, mais le White-bear Lake est *le* lieu de séjour. Une légende indienne des plus ineptes lui est attachée. Je résisterais à la tentation de la reproduire ici, si je le pouvais, mais c'est une tâche au-dessus de mes forces. Le guide donne le nom de celui qui a conservé la légende et le complimente pour sa « plume facile ». Et donc, sans plus de commentaires ni de délai, lâchons ladite plume facile sur le lecteur.

UNE LÉGENDE DU WHITE-BEAR LAKE

A chaque printemps, depuis peut-être un siècle, ou depuis qu'il existe une nation d'hommes rouges, une île du milieu du White-bear Lake est visitée par une poignée d'Indiens qui viennent y faire du sucre d'érable.

La tradition raconte qu'il y a de nombreux printemps, tandis qu'il était sur cette île, un jeune guerrier était amoureux de la fille de son chef et la courtisait, et l'on dit aussi que la jeune fille aimait le guerrier. Celui-ci s'était vu encore et encore refuser sa main par les parents de celle qu'il aimait, le vieux chef prétendant qu'il manquait de courage et sa vieille épouse le traitant de femmelette !

Le soleil s'était encore une fois couché sur le « bosquet d'érables à sucre » et la brillante lune montait haut dans les cieux d'un bleu tout aussi brillant, lorsque le jeune guerrier prit sa flûte et sortit, solitaire, pour chanter de nouveau l'histoire de son amour, la douce brise agitant les deux splendides plumes de sa coiffure, et, alors qu'il grimpait le long du tronc d'un arbre incliné vers le sol, la neige tombait lourdement sous ses pieds. Comme il portait sa flûte à ses lèvres, sa couverture glissa de ses belles épaules et s'étala en partie sur la neige qui était en dessous. Il commença son chant d'amour, étrange et sauvage, mais bientôt il eut froid et alors qu'il se penchait pour rattraper sa couverture, une main invisible la remit gentiment sur ses épaules ; c'était la main de la femme aimée, son ange gardien. Elle s'installa à ses côtés, et pour l'heure, ils furent heureux ; car l'Indien a un cœur fait pour l'amour, et dans toute la splendeur de cet amour il est aussi noble que dans son goût de la liberté qui fait de lui l'enfant de la forêt. Comme le raconte la légende, un gros ours blanc, pensant peut-être que les neiges polaires et le temps lugubre de l'hiver s'étendaient partout, entreprit de descendre vers le Sud. Il approcha finalement de la rive nord du lac qui aujourd'hui porte son nom, alla jusqu'au bord de l'eau, et gagna l'île en silence, à travers la neige lourde et épaisse. C'était ce même printemps où les amoureux s'étaient rencontrés. Ils avaient abandonné leur première retraite, et ils étaient assis à présent dans les branches d'un grand orme qui s'avance loin au-dessus du lac. (Cet arbre existe toujours, et il inspire un intérêt et une curiosité universelles.) Par crainte d'être découverts, ils parlaient presque dans un murmure, et maintenant qu'ils devaient retourner au camp en temps utile afin d'éviter ainsi d'être soupçonnés, ils étaient juste en train de se lever pour partir quand la jeune fille poussa un cri qui fut entendu jusqu'au campement et, bondissant vers le jeune guerrier, elle attrapa sa couverture, mais elle plaça mal son pied et tomba, emportant avec elle la couverture jusque dans les grands bras de la bête féroce. Immédiatement, chaque homme, chaque femme et chaque enfant du groupe fut sur la rive — mais sans arme. De toutes les lèvres jaillirent des pleurs et des gémissements. Que faire ? Entre-temps, ce monstre blanc et sauvage avait saisi dans son immense étreinte la jeune fille évanouie, et cajolait sa précieuse proie comme s'il eût été familier des scènes de ce genre. Le hurlement assourdissant que pousse le guerrier amoureux couvre les cris des centaines de membres de sa tribu, et, bondissant jusqu'à son wigwam, il s'empare de son fidèle couteau, revient presque d'un seul bond en ces lieux d'angoisse et d'effroi, grimpe précipitamment dans l'arbre incliné, jusqu'à l'endroit où le trésor de sa vie est tombé et, s'élançant avec la fureur d'une panthère ivre de folie, il s'abat sur sa proie. L'animal se retourne, et d'un seul coup de son énorme patte il précipite les amoureux l'un contre l'autre, mais la seconde d'après, le guerrier plonge une fois la lame de son couteau et ouvre les écluses violettes de la mort, et l'ours agonisant relâche sa prise.

Cette nuit-là, plus personne ne dormit, ni la tribu, ni les amoureux, et tandis que jeunes et vieux dansaient autour de la dépouille du monstre mort on donna une nouvelle plume au vaillant guerrier, et, avant qu'une autre lune ne se couchât, un trésor vivant s'était ajouté à son affection. Leurs enfants jouèrent de longues années sur la peau de l'ours blanc — donc le lac tire son nom — et la jeune fille et le guerrier se souvinrent longtemps de la scène et du sauvetage effroyables qui avaient permis leur union, car Kis-se-me-pa et Ka-go-ka ne purent jamais oublier leur affreuse rencontre avec l'énorme monstre qui manqua de si peu les envoyer dans l'heureux terrain de chasse céleste.

C'est une affaire déroutante. D'abord, elle tombe de l'arbre — elle et la couverture ; et l'ours l'attrape et la cajole — elle et la couverture ; puis elle retombe dans l'arbre — laissant la couverture ; pendant ce temps, l'amoureux va à son wigwam en poussant des cris de guerre et revient « armé », grimpe dans l'arbre, saute sur l'ours, la fille saute après lui — apparemment, car elle était plus haut, dans l'arbre — reprend sa place dans les bras de l'ours avec la couverture, l'amoureux plante son couteau dans l'ours et sauve — qui, la couverture ? Non — rien de la sorte. Vous vous êtes emballé et échauffé avec cette couverture et puis, tout à coup, juste quand le dénouement heureux semble imminent, on vous abandonne — seule la jeune fille est sauvée. Alors que le sort de la fille n'intéresse personne ; elle n'est pas le personnage principal de la légende. Néanmoins, c'est là qu'on vous laisse et c'est là que vous devez rester ; car même si vous vivez mille ans, vous ne saurez jamais qui a eu la couverture. Un homme mort pourrait inventer une meilleure légende que celle-ci. Et je ne parle même pas d'un homme mort récemment ; je veux parler d'un homme mort depuis des semaines et des semaines.

Nous avions retrouvé le chemin de chez nous, désormais, et en quelques heures nous étions dans cet étonnant Chicago — une ville où l'on est toujours en train de frotter la lampe et d'en faire sortir le génie et d'inventer et de réaliser de nouvelles impossibilités. C'est sans espoir, pour le visiteur occasionnel, que d'essayer d'avancer aussi vite que Chicago — cette cité dépasse ses prédictions avant même qu'il ait eu le temps de les formuler. C'est toujours un nouveau Chicago ; car ce n'est jamais celui que vous avez vu la dernière fois que vous l'avez traversé. Le chemin de fer de Pennsylvanie nous a propulsés à New York sans jamais, à aucun endroit, dépasser de dix minutes l'horaire prévu ; et ce fut là que se termina l'un des voyages de cinq mille miles les plus réjouissants que j'ai jamais eu la chance de faire[41].

APPENDICES

APPENDICE A

[Tiré du Times-Democrat *de New Orleans,*
29 mars 1882]

Voyage du bateau de secours du *Times-Democrat* à travers les régions inondées

Il était neuf heures, jeudi matin, lorsque le *Susie* quitta le Mississippi et pénétra dans l'Old River, ou ce que l'on nomme aujourd'hui le confluent de la Red. Du côté gauche, une inondation passait à travers — et par-dessus — les digues de la plantation Chandler, le point le plus au nord du comté de la Pointe Coupée. L'eau recouvrait totalement l'endroit, bien que les digues n'eussent cedé que peu de temps auparavant. Le bétail avait été rassemblé sur un grand bateau à fond plat où, quand nous sommes passés, les animaux étaient serrés les uns contre les autres, sans rien à manger, attendant un bateau pour les remorquer. Du côté droit de la rivière, sur Turnbull's Island, se trouve une vaste plantation qui était, avant cela, considérée comme l'une des plus fertiles de l'État. L'eau lui avait permis jusqu'à présent de se tirer indemne des crues habituelles, mais aujourd'hui seules de grandes étendues liquides disaient où étaient les champs. On apercevait ici et là le sommet de la digue de protection, mais celle-ci était presque entièrement submergée.

Les arbres se sont couverts d'un feuillage plus vert depuis la montée de l'eau, et les bois paraissent brillants et frais, mais cet aspect agréable à l'œil est gâché par l'interminable étendue d'eau. Nous voguons sur des miles et des miles, et il n'y a rien d'autre que des arbres dans l'eau jusqu'aux premières branches. De temps à autre, un oiseau-serpent prend son essor et vole droit devant lui sur la longue avenue de silence. Parfois une pirogue sort, légère, des taillis et franchit la Red River pour gagner le Mississippi, mais les pagayeurs aux visages tristes ne tournent jamais la tête pour regarder notre bateau. Les halètements du vapeur sont musique dans ces ténèbres qui nous affectent des plus étrangement. Ce n'est pas l'obscurité des profondes forêts, ni des sombres cavernes, mais un silence solennel et une terreur impressionnante d'un genre particulier qui s'imposent à nous par la force. Ce matin, nous avons croisé deux familles de nègres sur un radeau amarré dans les saules. A l'évidence ils appartenaient à la classe aisée, car ils avaient des provisions de farine et trois ou quatre porcs. Leur radeau mesurait environ six mètres carrés et, devant un abri improvisé, ils avaient mis un peu de terre sur laquelle ils faisaient du feu.

Le courant de l'Atchafalaya* est très rapide, et le Mississippi montre une préférence pour cette direction, preuve supplémentaire que le fleuve fait des efforts désespérés pour trouver le chemin le plus court vers le golfe du Mexique. Les petits bateaux, les yoles, les pirogues, etc., sont très recherchés et beaucoup ont été volés par des nègres pirates qui les amènent là où ils en tireront le meilleur prix. D'après ce que m'a raconté Mr. C. P. Ferguson, un planteur des environs de Red River Landing, dont la propriété venait juste de disparaître sous les eaux, les gens souffrent beaucoup à l'arrière de son domaine. La digue supérieure tenait depuis si longtemps que les nègres ne croyaient pas du tout qu'il y aurait une brèche ici, et quand cela s'est effectivement

* Ce fleuve coule dans les marécages de Louisiane et reçoit les eaux du Mississippi en période de crue. *(N.d.T.)*

produit ils ont été à sa merci. Jeudi on en a récupéré beaucoup dans les arbres et sur les toits des cabanes, et on les a évacués, mais il en reste encore un grand nombre.

On n'apprécie pas vraiment la vue de la terre ferme avant d'avoir vogué sur les eaux d'une inondation. En mer, on ne s'attend pas à la voir et on ne la cherche pas, mais ici, avec des feuilles chassées par le vent, des allées de forêts fantomatiques, des toits de maisons à peine visibles, on s'y attend. En fait, on apprécierait même un cimetière, si les tertres étaient au-dessus de l'eau. On ne sait où est le fleuve, ici, que grâce à une ouverture dans les arbres, et c'est tout. De Fort Adams sur la rive gauche du Mississippi jusqu'à la rive où s'élève Rapides Parish, l'eau s'étend sur une largeur d'environ soixante miles. Une grande partie de cette zone était cultivée, en particulier le long du Mississippi et derrière la Red. Lorsque l'on entra sur la Red River proprement dite, on sentit le violent courant qui la traversait, dans la même direction que celle du Mississippi.

Après quelques heures de navigation, nous avons atteint la Black River. A peine y avions-nous pénétré que les malheurs de l'inondation furent visibles. Tous les saules sur les berges avaient perdu leurs feuilles. Un homme, auquel votre correspondant a parlé, lui a dit qu'avant il possédait cent cinquante têtes de bétail et cent porcs. Dès que l'eau avait commencé à monter, il les avait conduits dans les hautes terres d'Avoyelles, à trente-cinq miles de là, mais il avait perdu cinquante bœufs et soixante porcs. La Black River est très pittoresque, même si ses rives sont inondées. Une importante végétation de frênes, de chênes, d'acacias et de noyers rend ses berges presque impénétrables, et là où l'on y voit par quelque ouverture entre les arbres, on ne distingue à peine, dans l'obscurité, que les contours flous des troncs distants.

A quelques miles en amont sur cette rivière, la profondeur de l'eau inondant les rives atteignait facilement deux mètres cinquante, et l'on voyait de toute part, tenant bon contre le courant violent, les toits des cabanes. Ici et là, les habitations détruites étaient entourées de bois flottants, qui formaient le noyau de quelque éventuelle île future.

Afin d'économiser le charbon, puisqu'il était impossible de se procurer ce combustible à aucun des endroits où nous devions nous rendre pendant cette expédition, nous avons fait le guet pour trouver un tas de bois. Au détour d'une pointe, une pirogue, dirigée d'une main experte par un jeune homme, a débouché brusquement devant nous, avec à l'avant une fille de quinze ans au joli visage, aux beaux yeux noirs et aux manières réservées. Le garçon nous a demandé un journal, qui lui fut envoyé, et puis le couple a poussé son frêle esquif dans la houle produite par le bateau.

Peu après, une fillette qui n'avait certainement pas plus de douze ans est arrivée en pagayant dans le plus petit des petits canoës, qu'elle dirigeait avec la dextérité d'un vieux voyageur. Cette gamine ressemblait davantage à une Indienne qu'à une Blanche, et elle a éclaté de rire lorsqu'on lui a demandé si elle avait peur. Elle avait été élevée dans une pirogue et elle était capable de se rendre où elle voulait. Elle allait ramasser des feuilles de saule pour le troupeau, et elle a indiqué du doigt une maison proche, inondée par dix centimètres d'eau. A la porte de derrière était amarré un radeau d'environ dix mètres carrés, entouré d'une sorte de clôture, sur lequel se trouvaient quelque seize vaches et vingt porcs. La famille ne se plaignait pas, sauf de la perte de son troupeau, et elle nous a rapidement apporté du bois dans un bateau à fond plat.

De cet endroit jusqu'au Mississippi, à quinze miles, il n'y a pas un centimètre de terre épargné par l'eau, et vers l'ouest, sur trente-cinq miles, tout est inondé. La Black River est montée dans la journée du jeudi 23 de cinq centimètres et demi, et elle a continué à monter pendant la nuit. Alors que nous progressions vers l'amont, les habitations sont devenues plus fréquentes ; mais elles sont encore distantes les unes des autres de plusieurs miles. La plupart sont désertes et leurs dépendances sont dans l'eau. Pour ajouter à la tristesse, toutes les créatures vivantes ou presque semblent être parties, et dans cette solitude on n'entend pas un sifflement d'oiseau, pas un cri d'écureuil. Parfois, une aiguille morose fait jaillir sa queue hors de l'eau et puis disparaît dans le fleuve, mais hormis cela tout est calme — le calme de la dissolution. A présent, dans le courant passent un poulailler soigneusement badigeonné de blanc, puis un paquet de traverses de barrière soigneusement cassées, ou une porte et une carcasse boursouflée, solennellement gardée par une paire de buses, les seuls oiseaux en vue, festoyant sur la charogne qui les transporte au fil de l'eau. Un cadre, dans lequel on voit une lithographie bon marché représentant un soldat à cheval, témoigne de quelque foyer envahi par l'eau et dépouillé de cet ornement.

L'obscurité venue, comme il n'était pas prudent de continuer à naviguer, nous avons cherché un endroit le long de la forêt, et nous avons amarré le bateau pour la nuit à un grand acacia.

Un joli quartier de lune jetait une agréable lumière sur les bois et sur la rivière, un spectacle qui aurait fait une délicieuse étude de paysage si un artiste avait pu le capturer sur sa toile. Le mouvement des machines avait cessé, les bouffées de vapeur qui s'en échappaient étaient calmées, et le silence enveloppant s'était refermé sur nous — et quel silence ! Généralement, dans une forêt, la nuit, on entend le coassement des grenouilles, le bourdonnement des insectes, ou la chute de branches ; mais ici, la nature était muette. Les sombres recoins, les ailes de cette cathédrale, ne donnaient naissance à aucun son, et les rides du courant elles-mêmes avaient disparu.

A l'aube, vendredi matin, tout l'équipage était debout et nous sommes repartis sur la Black River. C'était une belle matinée et la rivière, qui est particulièrement droite, revêtait ses plus beaux atours. Les fleurs d'aubépine embaumaient l'atmosphère, et quelques oiseaux gazouillaient avec entrain sur les berges. Les arbres étaient plus gros et la forêt semblait plus ancienne que là d'où nous venions. Nous apercevions davantage de champs que plus près du point de confluence, mais le même spectacle se présentait ici — des fumoirs dérivaient dans les pâturages, des baraquements de nègres étaient amoncelés, pêle-mêle, contre quelque chêne, et la résidence modeste ne montrait que ses avant-toits au-dessus de l'eau. Le soleil s'est levé dans une gloire de carmin ; et les arbres brillaient, dans leurs multiples nuances de vert. On ne voit nulle part un centimètre de sol, et la hauteur de l'eau, apparemment, augmente de plus en plus, car elle atteint les branches des arbres les plus gros. Tout au long de la rivière, les saules ont été dénudés de leurs feuilles, preuve que les gens ramassent depuis longtemps ce fourrage pour les animaux. A un vieil homme en pirogue, nous avons demandé comment les feuilles de saule réussissaient à son bétail. Il a interrompu son travail et nous a répondu en secouant la tête d'un air sinistre :

— Ben, monsieur, c'est assez pour leur garder l'intérieur chaud et c'est tout c' qu'on attend, mais c'est dur pour les porcs, surtout les petits. Ils meurent rudement vite. Mais qu'est-ce que vous y pouvez ? C'est tout c' qui nous reste.

A trente miles en amont de la confluence de la Black River, l'eau s'étend depuis Natchez sur le Mississippi, à travers les collines de pins de Louisiane, sur une distance de soixante-treize miles, et il n'y a guère d'endroits qui ne soient pas sous trois mètres d'eau. En amont, le courant de la Black River a tendance à aller vers l'ouest. En fait, c'est si vrai que les eaux de la Red River sont descendues de la région de Calcasieu et que les eaux de la Black River se mêlent à celles de la Red à quelque quinze miles en amont du point de confluence de cette dernière, ce que personne n'a jamais vu auparavant, même pas les plus vieux marins des vapeurs. L'eau que nous apercevons à présent vient entièrement du Mississippi.

Jusqu'à Trinity, ou plutôt jusqu'à Troy, qui n'est qu'à une petite distance en aval, les gens sont presque tous partis, et ceux qui restent ont assez pour couvrir leurs besoins personnels actuels. Leurs bêtes souffrent, cependant, et meurent très vite, car leur confinement sur les radeaux et la nourriture qu'elles reçoivent sont des causes de maladie.

Après un bref arrêt, nous nous sommes remis en route et nous avons bientôt pénétré dans une zone où il y avait de nombreux champs cultivés et des groupes de cabanes éparpillées partout. Ici, l'on voyait davantage de spectacles de détresse. A l'intérieur des maisons, les habitants avaient construit sur des caisses des plates-formes sur lesquelles ils avaient posé leurs meubles ; les colonnes de lit avaient été sciées à leur extrémité supérieure car les plafonds n'étaient pas à plus d'un mètre vingt du plancher improvisé. Les bâtiments ne semblaient pas sûrs du tout et menaçaient à tout moment de partir à la dérive. Près des maisons, des bovins avaient de l'eau qui leur montait jusqu'à la poitrine, et ils restaient parfaitement impassibles. Ils ne bougeaient pas, ils attendaient patiemment de l'aide. C'était une vision désolante, et ces pauvres créatures allaient mourir à coup sûr si elles n'étaient pas rapidement secourues. Les bovins sont différents des chevaux pour cette qualité spécifique. Quand un cheval comprend que personne ne viendra l'aider, il se met à nager pour trouver de la nourriture, alors qu'un bœuf restera là où il est jusqu'à ce qu'il tombe dans l'eau d'épuisement et se noie.

A midi et demi, un appel nous fut lancé depuis un bateau à fond plat sur la rive inondée ; venant au vent, nous l'avons accosté, et le général York est monté à bord. Il était en train de sauver du bétail et il a chaleureusement souhaité la bienvenue au « bateau du *Times-Democrat* », et il a expliqué que l'on en avait bien besoin. Il a ajouté que la détresse n'était pas exagérée le moins du monde. Les gens étaient dans une situation qu'il était même difficile d'imaginer. L'eau avait tellement monté que le danger était grand de voir leurs maisons emportées. Elle était déjà si haute qu'elle atteignait les avant-toits, et lorsqu'elle arrive à ce point-là, le risque est toujours imminent qu'elle balaie les bâtiments. Si cela se produit, il y aura un nombre important de victimes. Le général a décrit les courageux efforts qu'avaient faits beaucoup de gens pour tenter de sauver leurs troupeaux, mais il pensait que facilement vingt-cinq pour cent du cheptel avait péri. Deux mille trois cents personnes avaient déjà reçu des rations de Troy, sur la Black River, et lui-même avait déplacé un très grand nombre de bêtes, mais il en restait encore vraiment beaucoup qui avaient grandement besoin d'aide. L'eau était maintenant montée de vingt-cinq centimètres de plus qu'en 1874, et il ne restait plus de terres émergées entre Vidalia et les collines de Catahoula.

A quatorze heures, le *Susie* a atteint Troy, à soixante-cinq miles en amont du point de confluence de la Black River. Ici, à gauche, arrive la Little River ; plus loin la Ouachita, et sur la droite le Tensas. Ces trois rivières forment la Black River. Troy, ou une partie de cette ville, est situé autour et sur trois grands tertres indiens, de forme circulaire, qui s'élèvent à environ quatre mètres au-dessus du niveau actuel de l'eau. Ces tertres ont à peu près cinquante mètres de diamètre et ils se trouvent à environ deux cents mètres les uns des autres. Toutes les maisons sont bâties entre eux trois, et toutes ont donc cinquante centimètres d'eau sur leurs planchers.

Ces éminences, construites par les indigènes il y a des centaines d'années, sont les seuls endroits où l'on peut se réfugier sur des miles à la ronde. A notre arrivée, nous les avons trouvées encombrées par des troupeaux, dont toutes les bêtes étaient faméliques et à peine capables de se tenir debout. Elles étaient mélangées : moutons, porcs, chevaux, mulets et bovins. L'un de ces tertres servait depuis des années de cimetière, et aujourd'hui nous avons vu des vaches amaigries couchées contre les pierres tombales en marbre, ruminant avec contentement, après un repas de maïs fourni par le général York. Ici, comme plus bas en aval, nous avons noté l'adresse remarquable des femmes et des jeunes filles pour le maniement de leurs petites pirogues. Les enfants pagayaient dans ces embarcations des plus fragiles avec toute la nonchalance des experts.

Le général York a organisé un système parfait de distribution des secours. Il inspecte personnellement les endroits où cela est nécessaire, voit ce qui doit être fait, et ensuite, ayant deux bateaux affrétés, avec des embarcations à fond plat, il les envoie rapidement sur les lieux, et le bétail est chargé et transporté jusqu'aux collines de pins et aux terres surélevées de Catahoula. Il a établi son quartier général à Troy, et les bateaux viennent jusque-là chercher leur approvisionnement en nourriture pour le bétail. Sur l'autre rive de la Little River — qui se jette à gauche dans la Black River — et entre celle-ci et la Ouachita, s'élève la ville de Trinity qui est menacée de destruction d'une heure à l'autre. Elle est beaucoup plus basse que Troy, et il y a près de trois mètres d'eau dans les maisons. Un courant très violent balaie cette cité et il est étonnant que toutes ses maisons n'aient pas encore été détruites. Les habitants de Troy comme de Trinity ont été secourus, bien que certains de leurs troupeaux doivent encore être nourris.

Dès que le *Susie* est arrivée à Troy, il a été confié à la responsabilité du général York et mis à sa disposition pour porter secours plus rapidement aux sinistrés. A peu près tout ce qu'il transportait a été déchargé à terre, sur l'un des tertres, pour l'alléger, et il est parti vers l'aval pour aider ceux qui se trouvaient dans cette zone. Chez Tom Hooper, à quelques miles de Troy, un grand bateau à fond plat, avec une cinquantaine de têtes de bétail, a été pris en remorque. Une fois le ventre plein, les animaux ont aussitôt retrouvé quelque force. Aujourd'hui, nous allons sur Little River, là où la population souffre le plus.

NOUS DESCENDONS LA BLACK RIVER

Samedi soir, 25 mars

Nous sommes partis sur la Black River assez tôt, sous la direction du général York, pour récupérer ce que nous pourrions trouver de bétail. Au cours de notre descente de la rivière, un bateau plat que nous avions en remorque a été laissé en un point central ; de là, les hommes l'ont fait avancer à la perche sur l'arrière des plantations, et ils ont ramassé les animaux partout où ils étaient. Dans la soupente d'un bâtiment à égrener le coton ils en ont découvert dix-sept, et après avoir construit une passerelle ils les ont fait passer à bord du bateau sans difficulté. Montant dans une yole avec le général, votre reporter fut hissé dans une petite maison de deux pièces, où les planchers étaient sous soixante centimètres d'eau. Dans l'une de ces pièces étaient entassés les chevaux et les vaches de l'exploitation, tandis que dans la seconde la veuve Taylor et son fils étaient installés sur une estrade posée sur le plancher. Une ou deux pirogues ont été poussées jusque dans la maison, prêtes à être utilisées à n'importe quel moment. Lorsque le bateau à fond plat s'est approché, il a fallu faire un trou dans un côté de la maison, car c'était le seul moyen d'évacuer les animaux, et ceux-ci ont été chargés à bord. Le général York, comme chaque fois, a demandé à la famille si elle désirait quitter les lieux, l'informant que le commandant Burke, du *Times-Democrat*, avait envoyé le *Susie* dans cette intention. Mrs. Taylor a répondu qu'elle remerciait le commandant Burke, mais qu'elle allait essayer de tenir. Le remarquable attachement des gens d'ici à leurs maisons dépasse vraiment la compréhension. En aval, à un endroit situé à seize miles de Troy, on nous a signalé que l'habitation de Mr. Tom Ellis était en danger, et que toute sa famille était à l'intérieur. Nous nous y sommes rendus immédiatement, et nous avons découvert un triste spectacle. Mrs. Ellis, en état de santé défaillante, regardait par la moitié supérieure de la fenêtre que l'eau avait laissée libre, tandis que ses sept enfants, dont l'aîné n'a pas encore quatorze ans, attendaient à la porte. Un côté de la maison avait été abandonné aux animaux servant aux travaux de la ferme, une douzaine, en plus des porcs. La famille vivait dans la pièce d'à côté, où l'eau arrivait presque à six centimètres du cadre du lit. Une partie du poêle était sous l'eau et on faisait la cuisine sur un feu allumé au-dessus de celui-ci. La maison risquait d'être emportée à tout moment : l'une de ses extrémités s'affaissait et, en fait, l'immeuble ressemblait à une simple carcasse de navire. Comme le bateau venait au vent, Mr. Ellis s'est approché sur une pirogue, et le général York lui a expliqué qu'il arrivait à son secours ; que le bateau du *Times-Democrat* était à son service et qu'il allait transporter immédiatement sa famille dans les collines, et que dès lundi un bateau à fond plat viendrait chercher son bétail, car jusqu'à ce moment-là on allait être trop occupé. En dépit de la situation déplorable dans laquelle il était avec sa famille, Mr. Ellis n'a pas voulu partir. Il a répondu qu'il pensait attendre jusqu'à lundi et prendre le risque de voir sa maison s'écrouler. Les enfants, à la porte, paraissaient parfaitement heureux et ils avaient l'air de se moquer complètement du danger qu'ils couraient. Ce ne sont là que deux exemples parmi tant d'autres. Après des semaines de privations et de souffrances, les gens continuent à s'accrocher à leurs maisons, qu'ils ne quittent que lorsqu'ils n'y a plus de place entre l'eau et le plafond pour construire une plate-forme sur laquelle s'installer. Cela semble incompréhensible, et pourtant l'amour de l'endroit où l'on vit depuis longtemps est plus fort que le besoin de sécurité.

Nous avons quitté la propriété des Ellis, et nous sommes arrivés ensuite dans celle des Oswald. Là, le bateau plat a été poussé contre le bâtiment où l'on égrenait le coton, à l'intérieur duquel se trouvaient quinze bêtes, dans l'eau ; en plus, comme elles étaient sur des plates-formes, leurs têtes étaient au-dessus de l'extrémité supérieure de l'entrée ; on s'est rendu compte qu'il était impossible de les faire sortir sans découper une partie de la façade ; aussi a-t-on réquisitionné des haches pour faire un trou. Après beaucoup de difficultés, les chevaux et les mulets se sont retrouvés en sécurité sur le bateau à fond plat.

Partout où nous nous sommes arrêtés, il y avait toujours trois ou quatre pirogues, ou davantage, qui arrivaient, avec des informations sur les troupeaux qui avaient besoin d'être secourus ailleurs. Bien que beaucoup de fermiers aient conduit une partie de leurs bêtes dans les hauteurs quelque temps auparavant, il en reste encore énormément, que le général York, travaillant avec une indomptable énergie, aura transportées dans les collines de pins d'ici à jeudi.

Tout au long de la Black River, un grand nombre de planteurs sont venus voir le *Susie ;* ce qu'ils ont raconté sur les souffrances et les disparitions ne fait que répéter les récits que nous avons déjà entendus. Un vieux planteur, qui vit au bord de cette rivière depuis 1844, nous a expliqué qu'il n'avait jamais vu une telle crue, et il était convaincu que plus d'un quart des troupeaux avait été perdu. Par bonheur, les gens avaient d'abord pris soin des animaux avec lesquels ils travaillaient, et quand ils avaient réussi à trouver un endroit sûr dans les bâtiments, ils y avaient mis leurs chevaux et leurs mulets en sécurité. La crue qui continue, et qui est encore montée de six centimètres la nuit dernière, les oblige à faire quitter ces abris à leurs animaux, qu'ils doivent emmener dans les collines ; de là vient que le travail du général York est d'une si grande importance. De l'aube jusqu'à tard dans la nuit, il court d'un endroit à l'autre, encourageant tout le monde de ses petits mots gentils, en indiquant, avec un calme discernement, ce qui doit être fait. On raconte, le long de la rivière, une histoire déplaisante sur un certain marchand de New Orleans. Il paraît que les planteurs se servent depuis un certain nombre d'années chez cet individu, et que beaucoup d'entre eux ont des soldes créditeurs chez lui. Lorsque la crue a commencé, ils lui ont écrit pour avoir du café, de la farine et, en fait, tout le nécessaire dont ils avaient besoin. Comme ils n'ont eu aucune réponse à leurs lettres, ils lui en ont écrit d'autres ; et jusqu'à présent, à ces vieux clients, avec leurs plantations sous les eaux, on leur refuse même le strict minimum pour survivre. Il est inutile de préciser que ce marchand n'est plus tres populaire, aujourd'hui, sur la Black River.

Les collines dont nous avons dit qu'elles servaient de refuge aux populations et aux troupeaux de la Black River sont situées dans le comté de Catahoula, à vingt-quatre miles de la rivière.

Après avoir rempli le bateau plat avec du bétail, nous avons pris à notre bord la famille de T. S. Hooper, sept personnes, qui ne pouvait plus rester dans sa maison, et nous les conduisons en ce moment en amont de la Little River, dans les hauteurs.

LA CRUE CONTINUE

Troy, 27 mars 1882, midi

Les eaux, ici, montent d'environ dix centimètres toutes les vingt-quatre heures, et il s'est mis à pleuvoir, ce qui va encore aggraver la crue. Le général York a maintenant le sentiment que nos efforts devraient être consacrés à sauver les vies humaines, car l'inondation a mis en péril beaucoup d'habitations. Nous avons l'intention de remonter le Tensas en quelques minutes, et puis de revenir et de descendre la Black River pour secourir les familles. Ils manquent de bateaux à vapeur, ici, pour faire face à cette situation critique. Le général a affrété trois bâtiments, avec des bateaux plats en remorque, mais les demandes de transport de bétail sont trop nombreuses pour qu'ils puissent y répondre rapidement. Tout le monde travaille nuit et jour, et le *Susie* ne fait que des arrêts d'à peine plus d'une heure. La crue a mis Trinity dans une situation dangereuse et on s'attend d'un moment à l'autre que des maisons soient emportées. Troy est à une altitude un petit peu supérieure, et pourtant toutes les habitations sont dans l'eau. Nous avons eu des rapports qui disent qu'en aval de cette localité une femme et un enfant ont été emportés, ainsi que deux cabanes. Leurs occupants sont ceux-là mêmes qui, il y a deux jours, ont refusé d'être évacués. On a du mal à croire à l'incroyable passivité de la population.

Pour l'instant nous n'avons encore reçu aucune nouvelle du vapeur *Delia,* que l'on suppose avoir sombré dans la tempête d'hier, sur le lac Catahoula. On l'attend ici, maintenant, mais il n'est pas arrivé. Même le courrier, dans cette région, est des plus incertains, et celui-ci, je le fais transporter par yole jusqu'à Natchez pour que vous le receviez. On ne peut pas avoir de données exactes en ce qui concerne les récoltes des années précédentes, etc., car les spécialistes de ces questions sont partis et ceux qui restent ne connaissent pas grand-chose de la production de cette zone.

Le général York désire me voir écrire que la quantité des rations déjà envoyées devrait être multipliée par deux et transportée ici immédiatement. Il est impossible de faire une estimation quelconque, car les gens s'enfuient vers les collines, tellement la crue est rapide. Les habitants, ici, sont dans un état de choc que l'on peut seulement apprécier quand on les voit, et ils commencent à être complètement démoralisés.

Si les rations vont dans une zone particulière des environs, on n'est pas certain qu'elles seront distribuées, si bien que tout devra être centralisé à Troy, et le général les répartira correctement. Il a fait venir cent tentes, mais si tous ceux qui se déplacent aujourd'hui se réfugient dans les collines, c'est deux cents qui seront nécessaires.

APPENDICE B

L'état de cette riche vallée du cours inférieur du Mississippi, immédiatement après la guerre et depuis celle-ci, est l'une des conséquences les plus désastreuses de ce conflit, une conséquence que l'on doit grandement déplorer. Ce n'est pas simplement la propriété fictive des esclaves qui a été détruite, et avec raison, mais avec elle la plus grosse partie des travaux qui reposaient sur ces esclaves — et le système des digues en particulier a été détruit ou du moins gravement endommagé.

Ceux qui n'ont pas étudié cette question ont pu penser que des améliorations aussi importantes que la construction et l'entretien des digues seraient aussitôt prises en charge par les différents États. Mais que peut faire l'État quand les gens sont soumis à des taux d'intérêt allant de dix-huit à trente pour cent, et qu'ils sont en plus obligés de mettre en gage leurs récoltes à ces taux, avant même de les avoir plantées, pour le privilège d'acheter tout leur approvisionnement avec une marge bénéficiaire de cent pour cent ? On n'a pas besoin de beaucoup réfléchir pour comprendre qu'à l'évidence le contrôle du Mississippi, si tant est qu'on l'entreprend, doit être pris en charge par le gouvernement fédéral et ne peut être réalisé par les États. Le fleuve doit être considéré comme un tout ; on ne réussira pas à le contrôler avec un système administratif divisé ou compartimenté.

De même, les États spécialement intéressés ne sont pas compétents pour s'unir en vue des opérations nécessaires. Les travaux doivent commencer très en amont sur le fleuve ; au moins à la hauteur de Cairo, si ce n'est encore plus haut ; et ils doivent être menés suivant un plan général cohérent sur tout le cours du fleuve.

On n'a nul besoin de connaissances techniques ou scientifiques pour comprendre les éléments du dossier si l'on consacre au sujet un peu de temps et d'attention ; et lorsqu'une commission du Mississippi est constituée d'hommes parfaitement capables, de toutes les conditions sociales, comme l'est l'actuelle commission, ne peut-on suggérer que leur verdict sur la question devrait être accepté comme concluant, pour autant que n'importe quelle théorie *a priori* de construction ou de contrôle puisse être considérée comme concluante ?

On devrait se souvenir qu'à cette commission siègent le général Gilmore, le général Comstock et le général Suter, du corps des ingénieurs de l'armée des États-Unis ; le professeur Henry Mitchell (l'autorité la plus compétente dans le domaine de l'hydrographie), du Service d'hydrographie côtière des États-Unis ; B. B. Harrod, ingénieur des travaux publics de l'État de Louisiane ; Jas. B. Eads, dont le succès avec les digues de New Orleans est une garantie de sérieux, et le juge Taylor, de l'Indiana.

Ce serait présomption de la part de tout homme ordinaire, si doué soit-il, que de contester le jugement d'une telle commission.

La méthode d'amélioration proposée par celle-ci est en accord à la fois avec les résultats tirés de l'expérience du génie et avec l'observation de la nature quand elle correspond à nos besoins. De même que, dans la nature, la croissance des arbres et leur tendance, là où ils sont sapés, à tomber à travers la pente et à soutenir la berge assurent à certains endroits une bonne profondeur du chenal et un degré de permanence, de même les traits principaux du projet du génie sont l'utilisation des arbres et des taillis et l'encouragement du développement forestier. Il est proposé de réduire la largeur, lorsqu'elle est excessive, avec des digues plantées de taillis, d'abord basses, et puis montant de plus en plus haut au fur et à mesure que la boue du fleuve se dépose sous leur couvert, et ensuite de taluter celles-ci suivant un angle sous lequel les saules pourront pousser tout seuls. Dans ces travaux, beaucoup de détails sont liés aux formes de ces digues plantées, à leur aménagement de façon à présenter une série de bassins de dépôts de sédiments, etc., dont la description ne ferait que compliquer la représentation que l'on peut en avoir. Sur la plus grande partie du fleuve, les opérations de rétrécissement ne seront pas nécessaires, mais la quasi-totalité des berges du côté concave des courbes devra être protégée contre l'érosion du courant, et beaucoup des berges opposées à celles-ci devront être défendues aux endroits critiques. Les travaux visant cette conservation peuvent être appelés de façon générale « travaux de revêtement », et eux aussi seront largement constitués de bois de taillis, plantés pour faire un tapis continu, ou un treillis. Cette méthode de placage a été utilisée avec succès pour le Missouri ; et à certains endroits ces aménagements ont été recouverts d'une telle quantité de sédiments, et puis les saules y ont si bien poussé, que l'on peut les considérer comme permanents. Pour fixer ces « tapis », il faudra utiliser de petites quantités de moellons, et, dans certains cas, la partie de la pente rectifiée, entre les hautes et les basses eaux du fleuve, devra être plus ou moins pavée de pierres.

Quiconque a vu le Rhin y aura observé des opérations pas très éloignées de celles dont nous venons de parler ; et effectivement, la plupart des fleuves d'Europe coulant au milieu de leurs alluvions ont nécessité un traitement semblable dans l'intérêt de la navigation et de l'agriculture.

La digue est la réalisation finale d'un revêtement de la berge, même si elle n'est pas obligatoirement en étroite relation avec celle-ci. Elle peut être élevée en retrait, à quelque distance de la berge protégée ; mais elle est, en fait, le parapet indispensable. Les hautes eaux et les basses eaux du fleuve ne peuvent être amenées à correspondre exactement, ni contraintes à s'unir dans le creux d'un seul chenal permanent, sans un contrôle de tous les états du fleuve ; et il faut même prendre des mesures contre une crue anormale, car elle mettrait en danger la digue, et une fois qu'elle aurait forcé à revers le revêtement, elle l'emporterait aussi.

Sous le principe général que la pente du fleuve à un certain endroit est le résultat et la mesure de la résistance de son lit, il est évident qu'un cours d'eau étroit et profond aura moins de pente, parce qu'il a moins de surface de frottement proportionnellement à sa capacité ; *i.e.* moins de périmètre par rapport à la zone de section transversale. L'effet final des digues et des revêtements confinant les crues et faisant coïncider tous les états du fleuve est d'approfondir le chenal et d'adoucir la pente. Le premier effet des digues est de faire monter la surface ; mais cela, en provoquant l'augmentation de la vitesse du courant, entraîne un agrandissement de la section, et si l'on évite que cet agrandissement ne se fasse au détriment des berges, c'est le fond qui doit se modifier, et la forme du cours d'eau qui doit être améliorée au point d'accepter cette quantité d'eau avec moins de crue. L'actuelle expérience avec les digues sur le Mississippi, sans aucune tentative de retenir les rives, a été positive, et personne ne peut douter, à la vue de la preuve fournie dans les rapports de la commission, que si les premières digues avaient été accompagnées par le revêtement des berges et complétées, nous aurions aujourd'hui un fleuve navigable en période de basses eaux, et une région limitrophe à l'abri de l'inondation.

Bien sûr, il ne serait pas logique de conclure que le fleuve ainsi canalisé pourrait abaisser son lit majeur au point de rendre les digues inutiles, mais l'on estime que par cette contrainte latérale la forme du fleuve peut être si bien améliorée que même ces rares inondations-là, conséquence des crues simultanées de plusieurs de ses affluents, trouveront leur passage sans détruire des digues d'une hauteur normale. Que la capacité réelle d'un chenal à travers des alluvions repose sur le service qu'il rend durant les crues, cela a déjà été souvent montré, cette capacité n'incluant pas les inondations anormales, mais les crues périodiques.

Cela ne vaut guère la peine de considérer les projets de réduire les inondations du Mississippi en créant de nouveaux dégorgeoirs, puisque seuls les esprits sans discernement se sont rangés à ces sensationnelles propositions, qui n'ont trouvé aucun soutien chez les gens du génie. Le lit du fleuve serait-il blindé qu'un recours aux ouvertures pour les surplus d'eau pourrait être nécessaire ; mais comme le fond est mou et que le meilleur moyen d'évacuer l'eau c'est simplement un chenal profond, car réalisant le ratio de périmètre le plus faible par rapport à la zone de section transversale, il ne pourrait pas y avoir une méthode moins philosophique de traitement du problème que de multiplier les voies de dégagement.

Dans l'exposé qui précède, on a tenté de condenser, dans un espace aussi limité que le permet l'importance du sujet, les éléments généraux de la question, ainsi qu'un aperçu global des moyens d'amélioration proposés qui ont été adoptés par la commission du Mississippi.

L'auteur ne peut s'empêcher de penser qu'il est quelque peu présomptueux de sa part d'essayer de présenter les faits concernant une entreprise qui demande la plus haute compétence scientifique ; mais il s'agit d'une question intéressant chaque citoyen des États-Unis, et c'est l'une des méthodes de reconstruction qui devrait être approuvée. C'est une revendication de guerre qui n'entraîne aucun profit pour une personne privée, ni aucune compensation, sauf pour l'un des cas de destruction auxquels on peut s'attendre pendant une guerre, qui peut très bien être assumé par le peuple du pays tout entier.

EDWARD ATKINSON
Boston, 14 avril 1882.

APPENDICE C

Comment le livre du capitaine Basil Hall a été reçu aux États-Unis

Maintenant que notre voyage touche presque à sa fin, je suis amenée, avant que de conclure, à mentionner de nouveau ce que je considère comme l'un des traits les plus remarquables du caractère national des Américains ; à savoir, la vivacité de leur sensibilité et de leur irritabilité sur tout ce qui est dit ou écrit les concernant. L'exemple le plus remarquable que je peux donner de la chose, peut-être, c'est l'effet produit sur presque toutes les classes de lecteurs par la parution de *Travels in North America,* du capitaine Basil Hall. En fait, ce fut une espèce de tremblement de terre moral, et l'onde de choc qui ébranla les nerfs de la république d'un bout à l'autre de l'Union n'était pas du tout calmée lorsque j'ai quitté le pays en juillet 1831, deux ans après l'explosion.

Je me trouvais à Cincinnati lorsque ces volumes furent publiés, mais je ne m'en suis pas procuré d'exemplaires avant le mois de juillet 1830. Un libraire auquel je me suis adressée m'a dit qu'il en avait eu quelques-uns avant de comprendre la nature de l'œuvre, mais que maintenant qu'il la connaissait mieux, rien ne pourrait l'obliger à en vendre un de plus. D'autres membres de sa profession ont dû pourtant se montrer moins scrupuleux ; car le livre fut lu dans la grande ville, la petite, le village et le hameau, le bateau à vapeur et la diligence, et une espèce de cri de guerre fut lancé qui n'avait absolument aucun précédent en une quelconque autre occasion, d'après ce dont je me souviens.

Un ardent désir d'approbation et une certaine sensibilité à la critique ont toujours été considérés, je crois, comme d'aimables traits de caractère ; mais l'état dans lequel la parution du travail du capitaine Hall a mis la république montre pleinement que ces sentiments, développés à l'excès, entraînent une faiblesse qui équivaut à de l'imbécillité.

C'était absolument étonnant d'entendre des hommes, qui montraient quelque discernement sur d'autres sujets, donner leur opinion sur celui-ci. Je n'ai jamais eu connaissance d'un exemple quelconque où la passion submergeait autant le bon sens que l'on trouve généralement dans la critique nationale. Je ne parle pas du désir de justice et d'une interprétation honnête et libérale : cela, peut-être, il était difficile de l'attendre. D'autres nations, on a pu dire qu'elles avaient l'épiderme sensible, mais les citoyens de l'Union n'ont, apparemment, plus d'épiderme du tout ; ils grimacent de douleur lorsqu'une faible brise passe sur eux, à moins qu'elle ne soit tempérée par l'adulation. Cependant, il n'est pas très surprenant que les observations pénétrantes et vigoureuses d'un voyageur qu'ils savaient être très écouté aient été reçues avec humeur. L'aspect extraordinaire de l'histoire fut, d'abord, l'excès de la rage dans laquelle ils sont entrés ; et, deuxièmement, la puérilité des inventions par lesquelles ils ont tenté d'expliquer la sévérité avec laquelle ils croyaient avoir été traités.

Non content de déclarer que ces volumes ne contenaient aucune vérité de la première à la dernière ligne (ce que l'on a affirmé presque chaque fois que ces ouvrages ont été évoqués), le pays tout entier s'est mis au travail pour découvrir les raisons pour lesquelles le capitaine Hall avait visité les États-Unis et avait publié son livre.

J'ai entendu dire, avec autant de précision et de sérieux que si la déclaration venait d'un rapport officiel, que le capitaine Hall avait été envoyé par le gouvernement britannique dans le seul but de faire échec à l'admiration croissante de l'Angleterre pour le gouvernement des États-Unis — que c'était à la requête du ministère des Finances qu'il était venu, et que c'était seulement pour obéir aux ordres qu'il avait trouvé quelque chose à désapprouver.

Je ne rapporte pas cela comme s'il s'agissait des ragots d'une petite coterie ; je suis certaine que c'est l'avis d'une partie vraiment considérable du pays. Ce peuple singulier est si profondément convaincu qu'on ne peut pas le voir sans l'admirer qu'il n'admettra pas l'idée que quelqu'un puisse honnêtement et sincèrement trouver quelque chose à critiquer en lui ou dans son pays.

Les revues américaines sont, je pense, pour beaucoup d'entre elles, bien connues en Angleterre ; je n'ai donc pas besoin de les citer ici, mais je m'étonne parfois qu'aucune d'elles n'ait jamais pensé à traduire l'anathème d'Abdias [42] en américain classique ; si elles l'avaient fait, en le plaçant (lui, Basil Hall) entre parenthèses, au lieu de (lui, Abdias), cela leur aurait évité beaucoup d'ennuis.

J'ai du mal à décrire la curiosité qui m'habitait lorsque je me suis assise enfin pour lire d'un bout à l'autre ces livres épouvantables ; et je peux encore moins faire justice à ma surprise quand j'ai découvert leur contenu. Dire que je n'ai pas trouvé la moindre déclaration exagérée dans toute l'œuvre, ce n'est pas encore en dire assez. Il est impossible, pour quelqu'un qui connaît le pays, de ne pas voir que le capitaine Hall a cherché honnêtement des choses à admirer et à commenter. Quand il fait des éloges, c'est avec un plaisir évident ; et quand il trouve une faute, c'est avec une répugnance et une réserve tout aussi évidentes, sauf lorsque des motifs purement patriotiques le poussent à énoncer rondement ce qui devait être connu pour le bénéfice de son pays.

En fait, le capitaine Hall a vu notre nation là où elle était à son plus grand avantage possible. Muni, bien sûr, de lettres d'introduction pour les personnes les plus distinguées, et avec la recommandation encore plus influente de sa réputation personnelle, il a été reçu en grande solennité et en grande pompe dans les salons élégants d'une extrémité à l'autre de l'Union. Il a vu le pays en tenue de cérémonie, et il a eu peu ou pas du tout la possibilité de se faire un jugement sur lui sans saint sacrement, sans onction, sans recuit, et avec toutes ses imperfections — comme ma famille et moi-même en avons trop souvent vu.

Le capitaine Hall a certainement eu d'excellentes occasions d'étudier la forme du gouvernement et les lois ; et, en outre, d'entendre les meilleurs commentaires de vive voix à leur sujet, lors de ses conversations avec les citoyens les plus distingués. De ces opportunités il a fait un excellent usage ; rien d'important n'a croisé son regard qui n'ait reçu ce genre d'attention analytique que seul peut offrir un voyageur philosophe et expérimenté. Grâce à cela, ses volumes sont très intéressants et précieux ; mais je reste profondément persuadée que si un homme d'une perspicacité équivalente devait visiter les États-Unis sans aucun autre moyen de connaître le caractère national que les relations humaines ordinaires des jours de travail, il se ferait une idée infiniment plus basse de l'atmosphère morale de ce pays que celle que le capitaine Hall semble s'être faite ; et j'ai vraiment l'intime conviction que si le capitaine Hall ne s'était pas fortement retenu, il aurait dû s'abandonner à une indignation beaucoup plus profonde que n'importe laquelle de celles qu'il a exprimées contre de nombreux aspects du caractère américain qu'il connaissait bien, comme il l'a prouvé en d'autres circonstances. Sa règle semble avoir été de formuler juste assez de vérité pour laisser une impression correcte à ses lecteurs, tout en faisant le moins possible de peine aux gens sensibles sur lesquels il écrivait. Il donne ses opinions et ses sentiments personnels, et il laisse supposer qu'il a de bonnes raisons de les adopter ; mais il épargne aux Américains les aigreurs qu'il aurait provoquées s'il avait détaillé les exemples.

Si quelqu'un choisit de dire que quelque méchante antipathie envers douze millions d'étrangers est à l'origine de mon opinion, je dois supporter la chose ; et s'il s'agissait d'une simple spéculation oiseuse, je n'aurais certainement pas bravé les insultes que je risque pour l'avoir exprimée. Mais ce n'est pas le cas.

*

La gentillesse qu'il exprime, et qu'il éprouve de manière évidente, ils l'ont prise pour de l'ironie ou bien ils s'en sont absolument méfié ; son peu de désir de faire de la peine à des personnes qui se sont montrées aimables avec lui, ils l'ont repoussé avec mépris comme de l'affectation, et pourtant ils doivent bien savoir, au fond d'eux-mêmes, combien ils se trouvent à sa merci infiniment plus qu'il a choisi de le laisser voir : ils prétendent, et essaient même de s'en convaincre, qu'il a exagéré les mauvais côtés de leur caractère et de leurs institutions ; alors que la vérité c'est qu'il leur a pardonné, avec un degré de tendresse qui lui convient peut-être parfaitement, quoiqu'elle soit peu méritée ; et la vérité c'est aussi qu'en même temps il a exagéré leurs mérites avec le plus grand empressement chaque fois qu'il a pu trouver quelque chose de favorable.

APPENDICE D

La tête qui ne mourait pas

Dans une région isolée du Nord vivait avec sa sœur un homme qui n'avait jamais vu d'autres êtres humains. L'homme avait rarement, voire jamais, de raisons de partir de chez lui ; car lorsqu'il avait besoin de nourriture, il lui suffisait de se rendre à une courte distance de sa hutte et là, en un endroit particulier, il n'avait qu'à planter ses flèches, avec leurs barbelures dans le sol. Il disait à sa sœur où il les avait placées, et celle-ci, chaque matin, partait les chercher, et ne manquait jamais de trouver chacune d'elles enfoncée dans le cœur d'un daim. Il ne lui restait plus alors qu'à tirer ses proies jusqu'à la hutte et à préparer leur nourriture. Ainsi vécut-elle jusqu'à ce qu'elle devînt femme, quand un jour son frère, qui se nommait Iamo, lui dit :

— Sœur, le temps est proche où tu seras malade. Écoute mon conseil. Si tu ne le suis pas, ce sera probablement la cause de ma mort. Prends le matériel avec lequel nous allumons nos feux. Va à quelque distance de notre hutte et construis un feu séparé. Lorsque tu auras besoin de nourriture, je te dirai où la trouver. Tu dois faire la cuisine pour toi ; moi, je la ferai pour moi. Quand tu seras malade, n'essaie pas de t'approcher de la hutte, ni d'y apporter aucun des ustensiles que tu utilises. Assure-toi d'avoir toujours, bien attachés à ta ceinture, les objets dont tu as besoin, car tu ne sais pas quand ce moment viendra. Quant à moi, je dois faire du mieux que je peux.

Sa sœur lui promit de lui obéir pour tout ce qu'il venait de lui dire.

Peu de temps après, son frère dut s'éloigner de leur campement. Elle était seule dans la hutte et se peignait les cheveux. Elle venait juste d'ôter sa ceinture, à laquelle étaient attachés ses ustensiles, lorsque se produisit tout à coup l'événement auquel son frère avait fait allusion. Elle se précipita hors de la hutte, mais, dans sa hâte, oublia sa ceinture. Comme elle avait peur de revenir sur ses pas, elle resta un moment à réfléchir. Finalement, elle décida d'entrer de nouveau dans la hutte et de la récupérer. Car, pensa-t-elle, mon frère n'est pas là et cela ne me prendra qu'un instant pour la ramasser. Elle fit demi-tour. Elle entra en coup de vent, attrapa sa ceinture, et elle allait ressortir lorsque son frère se montra. Il savait ce qui se passait.

— Oh ! s'exclama-t-il, est-ce que je ne t'avais pas dit de faire attention ? Mais voilà maintenant que tu m'as tué. (Elle s'éloignait, quand son frère ajouta :) Qu'est-ce que tu peux faire, à présent ? L'accident s'est produit. Entre, et reste là où tu es toujours restée. Et que vas-tu devenir ? Tu m'as tué.

Il se coucha ensuite à côté de son habit de chasse et de son équipement, et bientôt ses deux pieds commencèrent à devenir noirs, si bien qu'il ne pouvait plus se mouvoir. Il expliqua quand même à sa sœur où placer les flèches, pour qu'elle pût se procurer de la nourriture. L'inflammation continua à se développer, et atteignit ses premières côtes ; alors il dit :

— Sœur, ma fin est proche. Tu dois agir comme je te l'indique. Tu vois mon sac-médecine et le casse-tête qui y est attaché. Il contient toutes mes médecines, et mes plumes de guerre, et mes peintures de toutes les couleurs. Dès que l'inflammation atteindra ma poitrine, tu prendras mon casse-tête. Il a une pointe tranchante, et tu me couperas la tête. Lorsque ma tête sera détachée de mon corps, attrape-la, place le cou dans le sac-médecine que tu ouvriras à l'une de ses extrémités. Ensuite, remets le sac où tu l'auras trouvé. N'oublie pas mon arc et mes flèches. De l'une d'elles tu te serviras pour te procurer de la nourriture. Le reste, attache-le dans mon sac-médecine que tu suspendras de nouveau de façon à ce que je puisse regarder en direction de la porte. De temps en temps, je te parlerai, mais pas souvent.

Sa sœur lui promit de nouveau de lui obéir.

Peu de temps après, sa poitrine fut atteinte.

— Voilà, dit-il. Prends le casse-tête et tranche-moi le cou.

Elle était effrayée, mais il lui dit de rassembler tout son courage.

— *Frappe*, répéta-t-il, et il y avait un sourire sur son visage.

Rassemblant donc tout son courage, elle frappa et lui coupa la tête.

— Maintenant, dit la tête, place-moi comme je te l'ai indiqué.

Et, craintivement, elle obéit à tous les ordres de la tête. Conservant son animation, celle-ci regarda autour d'elle dans la hutte, comme d'habitude, et elle ordonna à sa sœur d'aller dans les endroits qui, pensait-elle, lui procureraient la chair des différents animaux dont elle avait besoin. Un jour, la tête lui dit :

— Le temps n'est pas loin où je serai libéré de cet état et où j'aurai à subir beaucoup de maux douloureux. Ainsi en décide le grand manitou, et je dois supporter tout cela avec patience.

Ici, nous devons laisser la tête dans cette situation.

Dans un certain endroit du pays, il y avait un village habité par une tribu d'Indiens nombreux et belliqueux. Dans ce village se trouvait une famille de dix jeunes gens — des frères. Au printemps de cette année-là, le plus jeune d'entre eux se noircit le visage et jeûna. Ses rêves furent propices. Ayant terminé son jeûne, il passa voir ses frères en secret, durant la nuit, de façon à ce que personne dans le village ne les entendît, ni ne découvrît la direction qu'ils avaient l'intention de prendre. On perçut pourtant les roulements de leur tambour, mais c'était quelque chose qui se produisait souvent. Une fois achevées les cérémonies habituelles, il leur expliqua combien ses rêves étaient favorables et qu'il les avait réunis pour savoir s'ils voudraient l'accompagner dans une expédition guerrière. Tous ils lui répondirent qu'ils viendraient. Le troisième frère après l'aîné, connu pour ses excentricités, s'approcha avec son casse-tête lorsque son frère eut fini de parler et bondit.

— Oui, s'écria-t-il, j'irai, et voilà la façon dont je traiterai ceux que je vais combattre !

Et à ces mots il frappa le poteau au centre de la hutte et poussa un hurlement. Les autres s'adressèrent à lui et lui dirent :

— Doucement, doucement, Mudjikewis, quand tu es dans la hutte d'un autre.

Alors il se rassit. Ensuite, à tour de rôle, ils prirent le tambour, et chantèrent leurs chansons, et terminèrent par un festin. Le plus jeune leur demanda de ne pas parler de leurs intentions à leurs femmes et de se préparer en secret à leur voyage. Tous ils lui jurèrent de respecter ses volontés, et Mudjikewis le premier.

Le moment du départ approchait. On se promit de se

retrouver une certaine nuit, où l'on se mettrait en route immédiatement. Mudjikewis insista vigoureusement pour avoir ses mocassins. Sa femme lui en demanda plusieurs fois la raison.

— En plus, tu en as déjà une bonne paire, ajouta-t-elle.

— Vite, vite, dit-il. Vu que tu dois le savoir, nous partons en expédition guerrière, alors dépêche-toi.

Ainsi révéla-t-il le secret. Cette nuit-là, ils se retrouvèrent et se mirent en route. Le sol était couvert de neige, et ils marchèrent toute la nuit, de peur d'avoir été suivis. A l'aube, celui qui les menait ramassa de la neige et en fit une boule, puis, la lançant en l'air, il dit :

— C'est de cette façon que j'ai vu la neige tomber dans un rêve, de sorte que je ne pouvais pas être suivi à la trace.

Et il leur demanda de rester proches les uns des autres pour ne pas se perdre, alors que la neige commençait à tomber à très gros flocons. Même en marchant si près, ils eurent bientôt des difficultés à se voir. La neige continua de tomber durant tout le jour et la nuit suivante, si bien qu'il fut impossible de les pister.

Ils marchaient maintenant depuis plusieurs jours, et Mudjikewis était toujours derrière. Un jour, il se rua soudain en avant, poussa le *saw-saw-quan* *, et il frappa un arbre avec son casse-tête, et il le réduisit en pièces comme l'aurait fait la foudre.

— Mes frères, dit-il, voilà la façon dont je traiterai ceux que nous allons combattre !

Celui qui les menait répondit :

— Doucement, doucement, Mudjikewis, celui vers lequel je te conduis ne doit pas être considéré avec autant de légèreté.

* Cri de guerre. *(N.d.A.)*

De nouveau, Mudjikewis retourna à sa place et se dit en lui-même : « Quoi ! Quoi ! Qui peut être celui vers qui il nous conduit ? » Il se sentit pris d'une crainte respectueuse et resta silencieux. Jour après jour ils allèrent, et ils parvinrent enfin jusqu'à une vaste plaine, au bord de laquelle des ossements humains blanchissaient au soleil. Celui qui les guidait prit la parole :

— Ce sont les os de ceux qui sont partis avant nous. Aucun n'est encore revenu pour raconter la triste histoire de leur destinée.

Une fois encore, Mudjikewis recommença à s'agiter et, s'avançant, il poussa l'habituel hurlement. S'approchant d'un gros rocher qui dépassait du sol, il le frappa, et celui-ci tomba en pièces.

— Voyez, mes frères, dit-il, voilà la façon dont je traiterai ceux que nous allons combattre !

— Du calme, du calme, répondit de nouveau leur guide, celui vers lequel je vous conduis ne peut pas être comparé au rocher.

Mudjikewis retourna à l'arrière, songeur, se disant en lui-même : « Je me demande qui est celui qu'il va attaquer » ; et il eut peur. Et ils continuaient à apercevoir les restes d'anciens guerriers, qui s'étaient trouvés en ce lieu où ils se rendaient à présent et qui, pour certains, avaient fait retraite jusqu'à l'endroit où ils avaient vu les premiers ossements, au-delà duquel personne n'avait jamais réussi à s'échapper. Finalement, ils se retrouvèrent dans une zone où le sol s'élevait, depuis laquelle ils distinguèrent nettement, endormi sur une lointaine montagne, un ours gigantesque.

Ils étaient à une grande distance, mais la taille de l'animal était telle qu'on le voyait parfaitement.

— Voilà, dit celui qui les menait, c'est à lui que je vous conduis ; c'est là que nos problèmes vont commencer, car c'est un mishemokwa et un manitou. C'est lui qui possède ce que nous estimons à un tel point (*i.e.* le wampum*) que, pour l'obtenir, les guerriers dont nous avons vu les ossements ont sacrifié leur vie. Vous ne devez pas être effrayés ; soyez courageux. Nous le trouverons endormi.

Puis il se remit en marche et toucha bientôt le bandeau autour du cou de l'animal.

— C'est ce que nous devons prendre, dit-il. C'est là que se trouve le wampum.

Il demanda ensuite à l'aîné d'essayer de faire glisser le bandeau par-dessus la tête de l'ours, qui semblait profondément endormi car il n'était pas le moins du monde dérangé par cette tentative pour s'emparer de l'objet. Tous leurs efforts furent inutiles, jusqu'à ce que vînt le tour de l'avant-dernier plus jeune frère d'essayer ; si le bandeau glissa presque par-dessus la tête du monstre, le jeune homme ne fut pas capable de l'ôter complètement. Alors, le cadet, celui qui les menait, essaya et réussit. Il plaça la chose sur le dos de l'aîné et dit :

— Maintenant, il faut courir.

Ce qu'ils firent immédiatement. Lorsque celui qui portait leur butin était fatigué par son poids, un autre le soulageait. Et ils coururent ainsi jusqu'à ce qu'ils eussent dépassé d'une certaine distance les ossements des précédents guerriers — quand, regardant derrière eux, ils virent le monstre se relever lentement. Celui-ci ne se rendit pas compte tout de suite qu'il n'avait plus son wampum. Dès qu'il s'en aperçut, ils entendirent son épouvantable grondement, tel un lointain tonnerre, qui se mit à remplir lentement tout le ciel ; et puis ils l'entendirent parler :

— Qui a bien pu oser voler mon wampum ? dit-il.

* Ceinture de petites perles de nacre servant de moyen de communication symbolique tribal et inter-tribal. *(N.d.T.)*

Le monde n'est pas si vaste que je ne puisse le retrouver.

Et il descendit de la colline, se lançant à leur poursuite. Comme prise de convulsion, la terre tremblait à chacun de ses sauts. Très vite il fut proche du petit groupe. Eux, pourtant, conservèrent le bandeau, se le passant de l'un à l'autre et s'encourageant mutuellement ; mais il gagnait rapidement du terrain sur eux.

— Frères, dit celui qui les conduisait, est-ce que l'un d'entre vous, lorsqu'il jeûnait, n'a jamais rêvé de quelque esprit amical qui l'aidait comme un protecteur ? (Un silence de mort accueillit ces paroles.) Eh bien, reprit-il, en jeûnant, j'ai rêvé que, au moment où je me trouvais en danger imminent de perdre la vie, je voyais une petite hutte, avec de la fumée s'échappant en spirale de son sommet. Un vieil homme y vivait, et j'ai rêvé qu'il m'aidait ; et peut-être que cela sera vérifié bientôt.

Ainsi parla-t-il en se ruant en avant et en poussant le hurlement très particulier qu'on aurait dit venu des profondeurs de son ventre et qu'on appelle *checaudum*. Ils s'engagèrent sur un terrain qui grimpait, et voici qu'apparut la hutte, avec la fumée s'échappant en spirale de son sommet. Cela leur redonna à tous de nouvelles forces, et ils coururent vers elle et y pénétrèrent. Celui qui les guidait s'adressa au vieil homme assis à l'intérieur :

— Nemesho, aide-nous ; nous réclamons ta protection, car le gros ours va nous tuer.

— Asseyez-vous et mangez, mes petits-enfants, répondit le vieil homme. Qui est un grand manitou ? demanda-t-il. Il n'y en a nul autre que moi ; mais laissez-moi voir.

Et il regarda par l'ouverture de la hutte ; quand, voilà ! il aperçut, pas très loin, l'animal enragé qui arrivait en faisant des bonds lents mais puissants. Il referma la porte et dit :

— Oui, c'est en effet un grand manitou ; mes petits-enfants, à cause de vous je vais perdre la vie ; vous m'avez demandé ma protection et je vous l'ai accordée ; alors maintenant, advienne que pourra, je vous protégerai. Quand l'ours sera à l'entrée, vous devrez vous échapper par l'autre issue, à l'arrière de la hutte.

Puis, tâtonnant du côté où il était assis, il tira à lui un sac qu'il ouvrit. Il en sortit deux petits chiens noirs et il les plaça devant lui.

— Ce sont eux que j'utilise lorsque je combats, dit-il.

Et il commença à caresser des deux mains les flancs de l'un d'eux, qui se mit à gonfler, si bien qu'il emplit bientôt toute la hutte de sa masse ; et il avait de grosses dents solides. Lorsqu'il eut atteint sa taille définitive il gronda, et à ce moment-là, comme par instinct, il sortit en bondissant à la rencontre de l'ours qui, d'un dernier saut, allait atteindre la hutte. Un terrible combat s'ensuivit. Les cieux résonnaient des hurlements des deux féroces monstres. Le second chien se joignit bientôt à la bataille. Les frères, dès le début de l'attaque, suivirent les conseils du vieil homme et s'échappèrent par l'autre côté de la hutte. Ils n'étaient pas très éloignés quand ils entendirent le cri d'agonie de l'un des chiens, et bientôt celui du second.

— Eh bien, dit celui qui les menait, le vieillard partagera leur destin ; alors courons ; l'ours ne va pas tarder à se lancer de nouveau à notre poursuite.

Et ils repartirent avec une nouvelle vigueur, car le vieil homme leur avait donné à manger ; mais très vite l'ours fut en vue, et de nouveau il gagnait vite du terrain sur eux. Et de nouveau, celui qui les menait demanda à ses frères s'ils ne pouvaient rien faire pour assurer leur sécurité. Tous restèrent silencieux. Celui qui les conduisait, se ruant en avant, fit comme la fois précédente. Il cria :

— J'ai rêvé que, alors que j'étais en grand danger, un vieil homme m'a aidé, qui était un manitou ; nous verrons bientôt sa hutte.

Reprenant courage, ils continuèrent à avancer. Après avoir couru sur une courte distance, ils aperçurent la hutte du vieux manitou. Ils y pénétrèrent immédiatement et réclamèrent la protection de celui-ci, lui expliquant qu'un manitou les poursuivait. Le vieillard, posant de la nourriture devant eux, dit :

— Mangez ! Qui est un manitou ? Il n'y a d'autre manitou que moi ; il n'y a personne que je craigne.

Et la terre trembla quand le monstre approcha. Le vieil homme ouvrit la porte et le vit arriver. Il referma lentement et dit :

— Oui, mes petits-enfants, vous avez attiré le malheur sur moi.

S'emparant de son sac-médecine, il en tira ses petits casse-tête de pierre noire, et ordonna aux jeunes gens de s'échapper par l'autre issue de la hutte. Au moment où il se saisit de ses casse-tête, ceux-ci devinrent énormes, et il sortit de chez lui juste quand l'ours atteignait la porte. Alors, il abattit l'un de ses casse-tête sur l'ours, et le brisa ; l'animal chancela. Renouvelant sa tentative avec le second, il le brisa aussi, mais l'ours tomba sans connaissance. Chacun des coups du vieil homme sonnait comme le tonnerre, et les hurlements de l'ours s'élevaient jusqu'à emplir les cieux.

Les jeunes gens avaient parcouru une certaine distance lorsqu'ils regardèrent derrière eux. Ils virent que l'ours se remettait des coups qu'il avait reçus. D'abord il remua ses pattes, et bientôt il se remit debout. Le vieil homme connut le même destin que le précédent : ils entendirent ses cris lorsqu'il fut mis en pièces. Et voilà que le monstre se lançait à nouveau à leur poursuite, et qu'il les rattrapait rapidement. N'ayant toujours pas perdu courage, les jeunes gens continuèrent leur chemin ; pourtant l'ours était si proche, maintenant, que celui qui les menait s'adressa à ses frères, mais ceux-ci ne purent rien faire.

— Eh bien, dit-il alors, mes rêves vont bientôt être épuisés ; après cela, je n'en ai plus qu'un. (Il progressait, tout en appelant son esprit protecteur à son secours.) Une fois, j'ai rêvé qu'étant serré de très près par mes poursuivants, je suis arrivé au bord d'un lac sur la rive duquel il y avait un canoë, en partie tiré hors de l'eau, avec dix pagaies prêtes à servir. Ne craignez rien, cria-t-il, nous allons bientôt le trouver.

Et il en fut ainsi, comme il l'avait dit. Parvenant au bord du lac, ils découvrirent le canoë avec dix pagaies, et ils y embarquèrent immédiatement. A peine avaient-ils atteint le centre du lac qu'ils virent l'ours apparaître sur sa rive. Se dressant sur ses pattes postérieures, l'animal regarda autour de lui. Puis il pataugea dans l'eau, puis, perdant pied, il revint vers le bord et se mit à suivre le rivage. Pendant ce temps, le groupe restait immobile au milieu de l'eau, à surveiller ses mouvements. L'ours tourna tout autour du lac jusqu'à ce qu'il se retrouve à l'endroit d'où il était parti. Alors, il se mit à boire de l'eau, et ils virent qu'un courant se formait rapidement en direction de sa gueule ouverte. Celui qui les menait les encouragea à pagayer de toutes leurs forces vers la rive opposée. Lorsqu'ils ne furent plus qu'à une courte distance de la terre, le courant devint si puissant qu'ils furent tirés en arrière, et tous les efforts qu'ils firent pour accoster restèrent vains.

Alors celui qui les conduisait parla de nouveau, leur disant de faire face à leur destin comme des hommes.

— Maintenant, Mudjikewis, l'heure est venue de nous montrer tes prouesses, ajouta-t-il. Rassemble ton courage et assieds-toi à l'avant du canoë ; et lorsqu'il arrivera près de sa gueule, tu tâcheras de voir quel effet ton casse-tête a sur son crâne.

Mudjikewis obéit et se tint prêt à frapper ; celui qui les menait dirigea le canoë vers la gueule ouverte du monstre.

Avançant rapidement, ils allaient entrer dans la gorge de l'animal lorsque Mudjikewis lui assena un formidable coup sur la tête tout en poussant son *saw-saw-quan*. Les membres de l'ours se plièrent sous lui et il s'écroula, assommé par le choc. Mais avant que Mudjikewis ait pu frapper de nouveau, le monstre vomit toute l'eau qu'il avait bue, avec une violence qui envoya à toute vitesse le canoë s'échouer sur l'autre rive. Quittant aussitôt leur embarcation, ils reprirent leur fuite, courant jusqu'à ce qu'ils fussent complètement épuisés. La terre trembla encore, et ils constatèrent que le monstre s'était relancé sur leurs traces. Leur moral s'effondra, et ils furent découragés. Celui qui les menait se donna du mal, par ses actes et ses paroles, pour les réconforter ; et une fois encore, il leur demanda s'ils avaient une idée, ou s'ils pouvaient faire quelque chose pour les sauver ; et, comme précédemment, ils restèrent silencieux.

— Alors, dit-il, c'est la dernière fois que je peux avoir recours à mon esprit protecteur. A présent, si nous ne réussissons pas, nos destins sont scellés.

Il se rua en avant, invoquant son esprit protecteur avec une puissante ferveur, et poussa son cri.

— Nous arriverons bientôt, dit-il à ses frères, à l'endroit où réside mon ultime protecteur. En lui j'ai grande confiance. N'ayez pas peur, n'ayez pas peur, ou vos membres seront paralysés par votre crainte. Nous ne tarderons pas à atteindre sa hutte. Courez, courez, cria-t-il.

Revenons à présent à Iamo. Il avait passé tout ce temps dans la condition où nous l'avons laissé, la tête indiquant à sa sœur où placer les flèches magiques pour se procurer de la nourriture, et s'adressant à elle à de longs intervalles. Un jour, la sœur vit les yeux de la tête briller, comme sous l'effet de la joie, et finalement la tête parla :

— Oh, sœur, dit-elle, dans quelle pitoyable situation m'as-tu placé ! Bientôt, très bientôt, un groupe de jeunes gens va arriver, et me demandera de l'aide ; mais hélas ! Comment pourrai-je donner ce que j'aurais eu tant de plaisir à donner ? Cependant, prends deux flèches et place-les là où tu as l'habitude de placer les autres, et prépare et fais cuire un repas avant leur venue. Lorsque tu les entendras approcher et m'appeler par mon nom, sors et dis-leur : « Hélas ! Il y a longtemps qu'un accident lui est survenu. J'en ai été la cause. » S'ils t'abordent quand même, demande-leur d'entrer, et sers-leur un repas. Et ensuite, tu devras suivre mes directives très précisément. Lorsque l'ours sera là, sors et va à sa rencontre. Tu prendras avec toi mon sac-médecine, mes arcs et mes flèches et ma tête. Tu devras alors ouvrir le sac et répandre devant toi mes peintures de toutes les couleurs, mes plumes d'aigle guerrières, mes scalps desséchés et tout ce qu'il contient d'autre. Quand l'ours s'approchera, tu prendras toutes ces choses, une par une, et tu lui diras · « Voıci la peinture de mon défunt frère », et ainsi de suite avec tout le reste, et tu les lanceras aussi loin que tu pourras Les vertus qu'elles possèdent le feront vaciller ; et, pour achever sa destruction, tu prendras ma tête et elle aussi tu la jetteras aussi loin que possible en hurlant : « Regarde, c'est la tête de mon défunt frère ! » Alors, il tombera sans connaissance. A ce moment-là, les jeunes gens auront fini de manger, et tu les appelleras à ton aide. Tu devras alors découper la carcasse en morceaux, oui, en petits morceaux, que tu disperseras aux quatre vents du ciel ; car si tu n'agis pas ainsi, il ressuscitera.

Elle lui promit que tout serait fait comme il avait dit. Elle avait juste eu le temps de préparer le repas lorsqu'elle perçut la voix de celui qui menait le groupe, et qui appelait Iamo pour lui demander son soutien. La jeune femme sortit et dit ce que son frère lui avait ordonné de dire. Mais le groupe de guerriers étant suivi de près, il s'approcha de la hutte. Elle invita les jeunes gens à entrer, et plaça la nourriture devant eux. Tandis qu'ils mangeaient, ils entendirent l'ours. Elle ouvrit le sac-médecine et prit la tête, et ainsi tout fut prêt pour sa venue. Lorsqu'il fut là, elle fit comme son frère le lui avait commandé, et avant qu'elle eût répandu les peintures et les plumes l'ours commença à vaciller, mais il avançait toujours et il vint tout près de la jeune femme. Prononçant les mots qu'on lui avait ordonné de dire, elle prit ensuite la tête et la jeta aussi loin qu'elle en fut capable. Tandis que celle-ci roulait sur le sol, le sang, animé par les émotions qu'avait éprouvées la tête au cours de cette affreuse scène, jaillit de son nez et de sa bouche. L'ours, chancelant, ne tarda pas à s'écrouler dans un bruit formidable. Alors elle appela à l'aide et les jeunes gens, ayant en partie retrouvé leurs forces et leur courage, se précipitèrent hors de la hutte.

Mudjikewis, s'approchant, poussa un cri et lui assena un coup sur la tête. Puis il recommença, jusqu'à ce qu'elle ne ressemble plus qu'à une masse de cervelle, tandis que les autres, aussi vite que possible, le découpaient en très petits morceaux, qu'ils dispersèrent ensuite dans toutes les directions. Tandis qu'ils s'y employaient, ils regardèrent autour d'eux, là où ils avaient lancé les bouts de chair, et, merveilleux spectacle, ils virent détaler de tous côtés de petits ours noirs, semblables à ceux que l'on connaît aujourd'hui. Le pays fut bientôt couvert de ces noirs animaux. Et c'est de ce monstre que l'actuelle race des ours tire ses origines.

Ayant ainsi triomphé de leur poursuivant, ils retournèrent à la hutte. Pendant ce temps, la jeune femme ramassa les objets qu'elle avait utilisés, ainsi que la tête, et les rangea de nouveau dans le sac. Mais la tête ne parla plus, sans doute à cause des terribles efforts qu'elle avait dû fournir pour venir à bout du monstre.

Ayant passé tant de temps à fuir, et traversé un pays si vaste, les jeunes gens renoncèrent à l'idée de jamais rentrer chez eux, et comme il y avait beaucoup de gibier alentour, ils résolurent de rester où ils se trouvaient à présent. Un jour, ils allèrent à une certaine distance de la hutte dans l'intention de chasser, après avoir confié le wampum à la jeune femme. Ils prirent beaucoup de gibier, et ils se divertirent bien, comme le font tous les jeunes gens quand ils sont seuls, en discutant et en plaisantant entre eux. L'un d'eux, prenant la parole, dit :

— Nous nous amusons bien, tous ensemble ; allons demander à notre sœur si elle ne nous permettrait pas d'emmener la tête en ces lieux, puisqu'elle est toujours vivante. Peut-être que cela lui plairait de nous entendre parler et d'être en notre compagnie. Et en même temps, apportons de la nourriture à notre sœur.

Ils revinrent à la hutte et demandèrent la tête. La jeune femme leur répondit qu'ils pouvaient la prendre, et ils la transportèrent jusqu'à leur terrain de chasse, et ils essayèrent de la divertir, mais ils ne voyaient que de temps en temps ses yeux briller de plaisir. Un jour, alors qu'ils étaient occupés dans leur campement, ils furent attaqués à l'improviste par des Indiens inconnus. La bataille fut longue et sanglante ; beaucoup de leurs adversaires furent éliminés, et pourtant ils combattaient toujours à trente contre un. Ils luttèrent avec l'énergie du désespoir jusqu'à ce qu'ils fussent tous tués. Les assaillants se retirèrent alors sur une hauteur, pour se rassembler et compter les morts et les disparus. L'un des jeunes guerriers de la tribu était resté en arrière et, alors qu'il essayait de les rattraper, il arriva à l'endroit où la tête était suspendue. Découvrant qu'elle vivait encore, il l'examina pendant un moment, effrayé et stupéfait. Cependant, il finit par la décrocher et il ouvrit le sac, et il fut très satisfait de voir les belles plumes — et il en plaça une sur sa tête.

Il se remit en route ; la plume s'agita avec grâce au-dessus de lui jusqu'à ce qu'il eût atteint sa tribu ; là, il laissa tomber la tête et le sac, et il raconta aux siens comment il les avait trouvés, et il ajouta que le sac était plein de plumes. Tous ils regardèrent la tête, et s'en divertirent fort. Nombreux furent les jeunes gens qui s'emparèrent de la peinture pour s'en servir, et quelqu'un attrapa la tête par les cheveux et déclara :

— Regarde, espèce d'horrible chose, vois tes peintures sur des visages de guerriers.

Mais les plumes étaient si belles que beaucoup d'entre eux en mirent aussi dans leurs cheveux. Puis ils recommencèrent à faire toutes sortes d'affronts à la tête, dont ils furent punis, en retour, par la mort de ceux qui avaient utilisé les plumes. Alors, leur chef leur ordonna de se débarrasser de tout sauf de la tête.

— On verra, dit-il, lorsqu'on sera rentrés chez nous, ce qu'on pourra faire avec. On essaiera de lui faire fermer les yeux.

Lorsqu'ils arrivèrent chez eux, ils l'apportèrent dans la hutte du conseil de la tribu et ils la suspendirent devant le feu, l'attachant avec du cuir brut humide qui se rétrécirait et se resserrerait sous l'action de la chaleur.

— On va voir maintenant si on ne peut pas lui faire fermer les yeux, dirent-ils.

Pendant ce temps, la sœur avait attendu plusieurs jours que le groupe de jeunes gens lui rapportât la tête ; et puis, enfin, prise d'impatience, elle partit à sa recherche. Les jeunes gens, elle les trouva gisant sur le sol, à quelque distance les uns des autres — morts et couverts de blessures. Il y avait beaucoup d'autres cadavres autour d'eux, dans toutes les directions. Elle chercha la tête et le sac, mais ne les trouva nulle part. Elle appela, et pleura et se noircit le visage. Puis elle parcourut les lieux en tous sens, jusqu'au moment où elle découvrit l'endroit où la tête avait été capturée. Ensuite elle vit l'arc et les flèches magiques, là où les guerriers, ignorant leurs pouvoirs, les avaient laissés. Pensant qu'elle allait retrouver la tête de son frère, elle parvint à une zone où le sol s'élevait, et là elle vit quelques-unes des peintures et des plumes de son frère. Elle les ramassa soigneusement et les posa sur la branche d'un arbre jusqu'à son retour.

Au crépuscule, elle arriva à la première hutte d'un village très vaste. Là elle utilisa un charme d'un usage très courant chez les Indiens qui veulent être accueillis quelque part avec hospitalité. Elle s'en servit sur le vieil homme et la vieille femme qui vivaient dans cette hutte, et fut bien reçue. Elle leur expliqua ce qu'elle cherchait. Le vieillard lui promit de l'aider et lui répondit que la tête était accrochée devant le feu de la hutte du conseil, et que les chefs du village, ainsi que leurs jeunes guerriers, la surveillaient continuellement. Les premiers étaient considérés comme des manitous. Elle dit qu'elle souhaitait seulement la voir, et qu'elle serait satisfaite si elle était simplement autorisée à rester à la porte de la hutte. Elle savait bien qu'elle n'avait pas assez de pouvoir pour la récupérer par la force.

— Viens avec moi, lui dit l'Indien. Je t'emmènerai jusque là-bas.

Ils allèrent jusqu'à la hutte du conseil, et s'assirent près de la porte. L'endroit était plein de guerriers qui se distrayaient avec divers jeux et entretenaient un feu pour fumer la tête, comme ils disaient, et en faire de la viande séchée. Ils virent la tête qui bougeait, et ne sachant pas quoi faire, l'un d'eux prit la parole :

— Ha ! ha ! Elle commence à ressentir les effets de la fumée !

La sœur observait la tête depuis la porte, et son regard croisa celui de son frère, et des larmes se mirent à rouler sur les joues de la tête.

— Eh bien, dit le chef, je savais que nous finirions par te faire réagir. Regardez ! Regardez-la ! — des larmes qui coulent, dit-il à ceux qui l'entouraient ; et tous ils éclatèrent de rire et se moquèrent d'elle.

Le chef regarda autour de lui, et il examina la jeune femme ; au bout d'un moment, il dit à l'homme qui l'avait accompagnée jusque-là :

— Qui as-tu amené ici ? Je n'ai jamais vu cette femme dans notre village.

— Mais si, répliqua le vieillard, tu l'as déjà vue. C'est une parente à moi, et elle sort rarement. Elle habite dans ma hutte, et elle m'a demandé l'autorisation de m'accompagner jusqu'ici.

Au centre de la hutte était assis l'un de ces jeunes gens qui se montrent toujours effrontés, et sont toujours à faire les fanfarons et à se mettre en vedette devant les autres.

— Bien sûr ! intervint-il, je l'ai vue souvent, et c'est à sa hutte que je me rends presque chaque nuit pour lui faire la cour.

Tous les autres se mirent à rire et reprirent leurs jeux. Le jeune homme ne devina pas que son mensonge avait rendu service à la jeune femme, qui réussit ainsi à s'échapper.

Elle retourna à la hutte du vieillard, puis, immédiatement, se remit en route pour rentrer chez elle. Arrivant à l'endroit où gisaient les cadavres de ses frères adoptifs, elle les rassembla, tournant leurs pieds vers l'est. Puis, s'emparant d'une hache qu'elle transportait, elle la jeta vers le ciel et cria :

— Mes frères, levez-vous de là, où elle va vous retomber dessus !

Elle répéta cela trois fois, et la troisième fois tous les frères se redressèrent et se remirent debout.

Mudjikewis commença par se frotter les yeux et s'étirer.

— Eh bien, dit-il, j'ai dormi trop longtemps.

— Mais non, lui répondit un de ses frères, tu ne sais donc pas que nous avons tous été tués et que c'est notre sœur qui nous a rappelés à la vie ?

Les jeunes gens ramassèrent les corps de leurs ennemis et les incinérèrent. Tout de suite après, la jeune femme partit leur chercher des épouses dans une région lointaine, ils ne savaient pas où ; et elle revint avec dix jeunes femmes, qu'elle donna aux dix jeunes gens, en commençant par l'aîné. Mudjikewis tournait en rond, craignant qu'elle ne lui donnât pas celle qu'il aimait. Mais il ne fut pas déçu, car elle lui échut en partage. Et ils étaient bien assortis, tous les deux, car elle était magicienne. Ensuite, ils s'installèrent tous dans une très grande hutte et leur sœur leur expliqua que leurs épouses devaient à présent, chacune à leur tour, aller jusqu'à la tête de son frère chaque nuit, et essayer de la détacher. Toutes, elles répondirent qu'elles le feraient avec grand plaisir. L'aînée fit la première tentative et elle s'envola dans les airs avec grand bruit.

Elle revint vers l'aube. Elle avait échoué, car elle n'avait pu défaire qu'un seul des nœuds. Toutes les épouses essayèrent à leur tour, et chacune ne réussit à défaire qu'un seul nœud. Mais lorsque ce fut à la cadette d'agir, celle-ci se mit au travail dès qu'elle arriva dans la hutte du conseil. Il y avait toujours eu du monde à l'intérieur, mais les Indiens n'avaient jamais pu apercevoir aucune d'elles. Cela faisait dix nuits maintenant que la fumée n'était pas montée et qu'elle remplissait la hutte, les forçant à sortir. Cette dernière nuit ils furent tous chassés par cette fumée, et la jeune femme emporta la tête.

Les jeunes gens et leurs épouses l'entendirent qui revenait, haut dans le ciel, et ils l'entendirent qui disait :

— Préparez le corps de notre frère.

Et dès que ces paroles leur parvinrent, ils se rendirent à la petite hutte où gisait le corps tout noir de Iamo. Sa sœur commença à tailler dans la partie du cou d'où la tête avait été détachée. Elle la coupa si profondément que celle-ci se mit à saigner ; et les autres qui étaient là, en frottant le corps et en lui appliquant leurs médecines, en chassèrent la noirceur. En même temps, celle qui rapportait la tête taillait dans le cou et le faisait saigner aussi.

Dès qu'elle fut arrivée, ils placèrent la tête sur le corps et, à l'aide de médecines et de divers autres moyens, ils réussirent à rendre à Iamo son ancienne beauté et sa virilité. Tous se réjouirent de la fin heureuse de leurs ennuis, et ils avaient passé un certain temps à se divertir quand Iamo dit :

— Maintenant, je vais diviser le wampum.

Et prenant le bandeau qui le contenait, il commença par l'aîné, et le partagea en portions égales. Mais ce fut le cadet qui reçut la part la plus splendide et la plus merveilleuse, car dans le bout du bandeau se trouvait le morceau le plus riche et le plus rare.

Ils apprirent que depuis qu'ils avaient été tués, puis ressuscités, ils n'étaient plus de simples mortels mais des esprits, et qu'il leur avait été assigné différentes places dans le monde invisible. Cependant, seule la place de Mudjikewis fut indiquée. Il devait ordonner au vent d'ouest, en général nommé Kebeyun, de rester ici pour toujours. On leur commanda, comme c'était en leur pouvoir, de faire du bien aux habitants de la terre et, en oubliant les souffrances qu'ils avaient éprouvées pour s'emparer du wampum, de distribuer toutes choses avec largesse. Et on leur commanda aussi de le tenir pour sacré ; ses grains ou perles de couleur pâle devaient être des symboles de paix, tandis que ceux de couleur plus sombre entraîneraient le mal et la guerre.

Les esprits, alors, au milieu des chants et des cris, prirent leur envol vers leurs demeures respectives dans les cieux, tandis que Iamo, avec sa sœur Iamoqua, descendaient dans les profondeurs de la terre.

NOTES

1. On note qu'à cet endroit du livre, Mark Twain omet de dire qu'il a aussi été soldat confédéré.

2. Le manuscrit dit ici : *nom de plume**.

3. Le manuscrit dit ici : pallier.

4. Charles Augustus Murray (1806-1895), diplomate et écrivain anglais, a visité l'Amérique en 1834-1835. Son récit de ce voyage, *Travels in North America* (1839, 2 vol.) a connu trois éditions.

5. Dans le manuscrit, ce paragraphe contient une phrase supplémentaire : « Le feu, c'était ce qu'il lui fallait. »

6. Rob Styles est le nom imaginaire donné par Mark Twain à Lem Gray, le pilote du *Gold Dust*. Gray mourut dans l'explosion qui détruisit le *Gold Dust* à l'époque où Mark Twain écrivait *La Vie sur le Mississippi*. (*Cf.* le chapitre XXXVII.)

7. Charles Dickens visita les États-Unis de janvier à mai 1842. Ses impressions très vivantes sur ce pays, largement augmentées de traits satiriques sur les manières barbares, le provincialisme hypersensible, et l'existence de l'esclavage dans la nouvelle nation soi-disant « libre », furent publiées dans ses *Notes américaines* (1842).

8. En fait, Grant était général de brigade lorsqu'il se trouvait à Cairo ; il avait eu sa promotion avant de terminer ses premières campagnes dans le Missouri. En arrivant à Cairo, il

entama la partie de sa carrière qui le tira de la longue période d'obscurité qu'il venait de vivre.

9. La bataille de Belmont, dans le Missouri (7 novembre 1861), fut le premier engagement important de Grant. Il ne fut pas vainqueur, mais il empêcha Leonidas Polk, le général confédéré, de lancer une offensive soutenue.

10. L'île 10 était une place forte stratégique des Confédérés sur le Mississippi. Au cours d'un siège qui dura du 16 mars au 7 avril 1862, les troupes de l'Union, sous les ordres du général John Pope, et appuyées par la flotte de l'Union commandée par Andrew Hull Foote, forcèrent les Confédérés à abandonner leur position.

11. New Madrid (on prononce avec l'accent sur la première syllabe), dans le Missouri, fut à l'épicentre du grand tremblement de terre de 1811. On raconte que le Mississippi a coulé dans l'autre sens pendant trois jours. Le grand coude du fleuve, à New Madrid, est l'un des plus spectaculaires de tout le Mississippi.

12. Basil Hall (1788-1844), capitaine de marine anglais et écrivain. Son *Travels in North America in the Years 1827 and 1828* (1829, 3 vol.), a formulé des critiques suffisamment directes des coutumes américaines pour susciter aux États-Unis des réactions indignées.

13. Frances Trollope (1780-1863), mère d'Anthony Trollope, a, comme son fils, écrit des fictions et des récits de voyage. Elle a vécu en Amérique de 1827 à 1830 — principalement à Cincinnati, où elle ouvrit avec son mari un bazar d'articles de fantaisie qui ne marcha pas. En dehors de son expérience de l'échec commercial, elle est néanmoins parvenue, avec *Domestic Manners of the Americans* (1831), à connaître un extraordinaire succès littéraire. Ce livre est encore considéré comme l'une des descriptions les plus fines des mœurs américaines rédigées par des étrangers.

14. Charles Augustus Murray. *Cf.* la note 21 du premier volume.

15. Capitaine Marryat. *Cf.* la note 1 du premier volume.

16. Alexander Mackay (1808-1852), journaliste anglais. Né

en Écosse, il a habité au Canada dans sa jeunesse, où il a dirigé un quotidien et a énormément voyagé. Il est rentré en Angleterre pour travailler au *Morning Chronicle*, mais il est retourné aux États-Unis en 1846 pour rendre compte des débats sur la question de l'Oregon. Il a publié le récit de son voyage en trois volumes en 1849, sous le titre : *The Western World, or Travels in the United States in 1846-47* ; ce fut à l'époque l'un des textes les plus complets jamais publiés sur les États-Unis.

17. James Buchanan Eads (1820-1887), inventeur et ingénieur civil américain. Il a fait parler de lui pour la première fois en dessinant des canonnières blindées et propulsées à la vapeur, pour la marine de l'Union pendant la guerre civile. Il a emporté le contrat pour la construction de la flotte de canonnières, dont il a dirigé la fabrication en un temps record. Plus tard, il a dessiné aussi des bateaux porte-mortier pour la flotte du Mississippi. Après la guerre, il a réalisé les plans et a supervisé la construction de l'Eads Bridge sur le Mississippi, à Saint Louis (1867-1874). De 1875 à 1879, il a organisé la mise en place d'un système de jetées pour ouvrir l'une des embouchures du Mississippi dans le golfe du Mexique.

18. On lit ici dans le manuscrit : « qu'est-ce que vous fichez encore, *bon Dieu* ? »

19. L'Ecclésiaste, VII, 13 dit : « Considère l'œuvre de Dieu ; car qui pourrait redresser ce qu'il a rendu courbe ? »

20. On lit ici dans le manuscrit : « héritiers de damnation ! »

21. Edward Atkinson (1827-1905), industriel et économiste de Boston, a aussi beaucoup écrit sur le travail et le capital, la fabrication du coton et les chemins de fer.

22. La bataille du fort Pillow (12 avril 1864) est l'une des plus tristement célèbres de la guerre civile. Nathan Bedford Forrest (qui fonda ensuite le Ku Klux Klan), poursuivant une stratégie de raids contre les communications et les postes fédéraux au Kentucky et au Tennessee, envoya quinze cents hommes attaquer la garnison fédérale commandée par William F. Bradford. Les Confédérés se rendirent maîtres du fort et, si l'on en croit des témoignages détaillés faits plus tard devant la commission sur la Conduite de la guerre, ils tuèrent un grand nombre

de soldats de l'Union, surtout des Noirs, après leur reddition. Dans la controverse passionnée sur Fort Pillow et ses suites, la bataille en vint à être connue dans le Nord comme un massacre. Forrest prétendit que les pertes des Fédéraux (231 morts, 100 blessés, et 226 prisonniers ou disparus) s'étaient produites au cours de la bataille avant la reddition.

23. John A. Murrell (1804-1844) fut en effet un fameux hors-la-loi, et des récits bon marché de ses aventures étaient disponibles avant la guerre civile — même s'ils ne furent jamais aussi nombreux que les romans et les histoires de quatre sous consacrés aux exploits de Jesse James. Mark Twain a emprunté cet extrait de la vie de Murrell à *A Diary in America* du capitaine Marryat (*cf.* note 1 du premier volume) ; Marryat, quant à lui, a sans doute tiré ses informations de *History of the Detection, Conviction, Life and Designs of John A. Murel* (Athens, Tennessı, 1835).

24. Le texte des chapitres XXXI et XXXII avait été préparé en 1879 pour une inclusion possible dans *A Tramp Abroad,* dont il fut finalement écarté. Comme il l'avait sous la main, Mark Twain le destina clairement à *La Vie sur le Mississippi.* Son insistance sur l'importance de Napoleon (Arkansas), au début du livre, annonce cette histoire à dormir debout. Pour plus de détails sur les intentions d'utilisation de ce matériel par Mark Twain, cf. Horst H. Kruse, *Mark Twain and " Life on the Mississippi "* (Amherst, Mass., 1981), pp. 26-29. Cet épisode constitue l'un des plus anciens usages littéraires des empreintes. Dans *Wilson Tête-de-Mou* (1894), Mark Twain devait faire du relevé des empreintes digitales la « méthode » d'investigation centrale du roman.

25. Si Grant assiégea Vicksburg le 18 mai, il espérait prendre la ville d'assaut, mais après deux tentatives coûteuses — la seconde se termina le 22 mai 1863 — il décida d'affamer les Confédérés. Six semaines plus tard, le 4 juillet 1863, le général John C. Pemberton sortit de Vicksburg avec environ vingt-neuf mille hommes, pour la reddition inconditionnelle imposée par Grant.

26. Le texte du chapitre XXXVI, « L'histoire du professeuı »,

était lui aussi initialement prévu pour *A Tramp Abroad.* Voir Kruse, *Mark Twain and " Life on the Mississippi "*, p. 28.

27. Pour ce chapitre, l'auteur s'est approprié du matériel de *The House Beautiful : Essays on Beds and Tables, Stools and Candlesticks*, de Clarence Chatham Cook (1877), et des *Notes américaines*, de Charles Dickens (1842).

28. La garnison confédérée de Port Hudson (Louisiane) fut soumise à un siège de l'armée fédérale pendant six semaines, comme la ville de Vicksburg. Quatre jours après la reddition officielle de Pemberton à Grant, à Vicksburg, le général Franklin Gardner se rendit sans condition, le 6 juillet 1863, au général Nathaniel Banks, ce qui ouvrit la totalité du Mississippi au trafic de l'Union.

29. George Washington Cable (1844-1925), écrivain américain. Son père venait d'une famille d'esclavagistes de Virginie et sa mère de Nouvelle-Angleterre ; né à La New Orléans, Cable a été soldat dans l'armée confédérée. Outre qu'il est devenu l'un des meilleurs spécialistes du réalisme provincial, Cable s'est fait remarquer en prenant une position ultralibérale sur la question raciale. Son amitié avec Mark Twain, née lors de leur rencontre à New Orleans, amena les deux hommes à faire ensemble une tournée de conférences pendant quatre mois (de novembre 1884 à février 1885).

30. Cette œuvre, visible aujourd'hui au Louisiana State Museum, fut peinte par E. B. Fabrina Julio pour la Washington Artillery de New Orleans.

31. Charles Dudley Warner (1829-1900), essayiste, journaliste et romancier américain. Il fut le voisin de Mark Twain à Hartford, et aussi son collaborateur pour *The Gilded Age.*

32. Capitaine Eads. *Cf.* la note 16.

33. En dépit de l'affirmation de Mark Twain selon laquelle le capitaine Isaiah Sellers aurait utilisé le nom de plume « Mark Twain », il n'y a pas de preuve absolue que le vieil homme s'en soit effectivement servi. Il est significatif que le seul texte écrit par le vieux capitaine sur lequel Mark Twain ait été capable de mettre la main, texte inséré dans ce chapitre, soit signé « I. Sellers ». En même temps, il n'y a pas non plus de preuve

absolue que Sellers n'ait *jamais* utilisé ce pseudonyme. Pour l'analyse la plus complète de l'ensemble de ce difficile problème, *cf.* Kruse, *Mark Twain and " Life on the Mississippi "*, pp. 82-90.

34. Ce compte rendu rapide et humoristique de la « désertion » de Mark Twain est un avant-goût du récit plus sérieux et plus élaboré de son expérience de la guerre dans *The Private History of a Campaign that failed* (L'histoire privée d'une campagne qui échoua).

35. Willis Wager a omis d'inclure le très long passage ci-dessous, qui suit directement le passage reproduit par ses soins :

« Sur mon chemin à travers la ville pour rejoindre l'hôtel, j'ai vu la maison où je vivais lorsque j'étais enfant. Aux taux actuels, les gens qui l'occupent aujourd'hui n'ont pas plus de valeur que moi ; mais de mon temps ils auraient valu pas moins de cinq cents dollars pièce. Ce sont des gens de couleur.

» Après le petit déjeuner, je suis ressorti seul pour partir à la recherche de quelques écoles du dimanche & voir comment cette génération d'élèves pouvait se comparer à leurs aïeux qui s'étaient assis à côté de moi à ces mêmes places et m'avaient probablement pris comme modèle — bien que je ne m'en souvienne pas, à présent. A côté du jardin public, il y avait à mon époque une petite église délabrée, toute en briques, où j'allais à l'école du dimanche, et j'ai retrouvé l'endroit assez facilement, mais pas l'ancienne église ; elle avait disparu, et un nouveau bâtiment plein d'élégance et plutôt gai avait pris sa place ; les élèves étaient mieux habillés et ils présentaient mieux que ceux de mon temps ; par conséquent, ils ne ressemblaient pas à leurs ancêtres ; et par conséquent leurs visages n'avaient rien de familier pour moi. Pourtant, je les ai examinés avec un profond intérêt et une tendre nostalgie, et si j'avais été une fille j'aurais pleuré ; car ils étaient la descendance et ils représentaient et ils occupaient les places de garçons & de filles que, pour certains, j'avais pris plaisir à aimer et, pour d'autres, j'avais été ravi de haïr, mais tous ils étaient chers à mon cœur pour l'une ou l'autre de ces raisons, tant d'années s'étaient écoulées — et, mon Dieu, où sont-ils, maintenant ?

J'étais rudement ému, et j'aurais été reconnaissant que l'on me permît de rester en paix et d'observer mon remplaçant, mais un surveillant chauve qui avait été un camarade d'école du dimanche, aux cheveux blond filasse, en ces lieux dans les temps anciens m'a reconnu, et j'ai lancé un concert d'énormes absurdités à ces enfants pour dissimuler les pensées qui étaient en moi, et qui n'auraient pu être formulées sans une trahison de sentiments que l'on aurait jugée étonnante de ma part.

Je n'ai pas le don de faire des discours sans préparation ; et j'étais résolu à me soustraire à toute nouvelle occasion ; mais dans l'école du dimanche suivant, plus importante, je me suis retrouvé aux derniers rangs de l'assemblée ; aussi ai-je été très désireux de monter un moment sur l'estrade pour pouvoir jeter un coup d'œil aux élèves. De but en blanc, j'ai été incapable de me souvenir d'aucune des anciennes stupidités avec lesquelles les visiteurs m'insultaient lorsque j'étais élève en ces lieux ; et j'en étais désolé, parce que cela m'aurait donné du temps et une excuse pour m'attarder là et bénéficier d'un long et satisfaisant examen de ce qui était, je me sens libre de le dire, un étalage de jeunes mines avenantes qui n'avaient leur pendant dans aucune autre école du dimanche de la même taille. Comme je n'ai parlé que pour avoir l'occasion de les observer, et que j'ai fait traîner en longueur mes niaiseries formulées à tort et à travers juste pour prolonger l'inspection, j'ai estimé que ce n'était qu'honnêteté d'avouer la bassesse de ces motifs, ce que j'ai fait.

36. *The Jibbenainosay* était le sous-titre de *Nick of the Woods* (1837), de Robert Montgomery Bird, l'histoire d'une guerre indienne à la frontière du Kentucky, pendant la guerre d'Indépendance.

37. Henry Clay Dean fut un pasteur méthodiste prêchant dans sa circonscription ecclésiastique, et plus tard aumônier du Sénat des États-Unis. William Claggett, de qui Mark Twain tient l'histoire sur Dean, a été l'ami de Dean au Nevada, où les deux hommes ont travaillé dans les mines d'argent. Claggett fut ensuite membre du Corps législatif du Nevada. Il s'est finalement installé au Montana, où il est devenu membre du Congrès.

38. Robert J. Burdette (1844-1914) fut conférencier, clergy-

man baptiste et journaliste humoristique. Mark Twain le connaissait.

39. Henry Rowe Schoolcraft (*cf.* note 7, dans le premier volume) a énormément écrit sur les Indiens d'Amérique du Nord. Le livre auquel Mark Twain se réfère est sans nul doute *Algic Researches* (1839, 2 vol.).

40. Mark Twain fait ici une allusion humoristique à la célèbre phrase de l'évêque Berkeley : « Vers l'Ouest, le cours de l'Empire fait son chemin. » George Berkeley (1685-1753) fut l'un des plus grands philosophes d'Angleterre, mais il a cherché aussi à étendre et à développer l'éducation dans les colonies anglaises. Après avoir longtemps résidé aux Bermudes, il est retourné en Angleterre ; puis il est allé en Amérique, où il a vécu à Newport, Rhode Island, de janvier 1721 à l'automne 1731. Cette phrase, correctement citée par Mark Twain, est tirée du poème presque oublié « Verses on the Prospect of Planting Arts and Learning in America » (1752).

41. Le manuscrit de Mark Twain indique qu'il avait été décidé, à l'origine, d'imprimer la note d'introduction suivante pour son appendice A :

LA GRANDE INONDATION

Les propriétaires du *Times-Democrat* de New Orleans ont armé un vapeur et l'ont envoyé dans les régions inondées de Louisiane pour secourir et pour sauver et aussi pour nourrir toute personne qui aurait besoin d'une aide de ce genre. Au cours du mois de mars, alors que l'eau recouvrait encore l'ensemble du pays et qu'elle montait régulièrement, leur correspondant leur a fait parvenir plusieurs lettres pour raconter ce qu'il voyait ; ce sont ces lettres que je reproduis ici. On constatera qu'elles valent la peine d'être lues.

42 Le prophète Abdias (dans le livre le plus court de l'Ancien Testament) a lancé un anathème contre les Édomites qui s'étaient réjoui de la chute de Jérusalem en 586 avant Jésus-Christ.

TABLE

Petite Bibliothèque Payot / nouvelle présentation

Gilles Lapouge, Les pirates/**55** (Voyageurs)
Louis Garneray, Corsaire de la République/**56** (Voyageurs)
Robert Louis Stevenson
La route de Silverado/**57** (Voyageurs)
Richard F. Burton/John Speke
Aux sources du Nil/**58** (Voyageurs)
Helen A. Keller, Sourde, muette, aveugle/**59** (Documents)
François Boureau, Contrôlez votre douleur/**60** (Documents)
Rabindranath Tagore
La maison et le monde/**61** (Documents)
Marc Ferro, Nicolas II/**62** (Documents)
Paul Kennedy
Naissance et déclin des grandes puissances/**63** (Documents)
Ernest Aeppli
Les rêves et leur interprétation/**64** (Documents)
A. Cohen, Le Talmud/**65**
Paul Diel, Psychologie de la motivation/**66**
Hélène Deutsch, Problèmes de l'adolescence/**67**
Erich Fromm, Le cœur de l'homme/**68**
Mirko Grmek, Claude Bernard/**69**
Alan W. Watts, Le bouddhisme zen/**70**
Paul Diel, La divinité/**71**
Ella Maillart
Des monts célestes aux sables rouges/**72** (Voyageurs)
Evelyn Waugh, Bagages enregistrés/**73** (Voyageurs)
T. Berry Brazelton, Écoutez votre enfant/**74** (Documents)
Marina Yaguello, Les mots et les femmes/**75** (Documents)
Jérôme Spycket, Clara Haskil/**76** (Documents)
Régis Boyer, La Saga de saint Olaf/**77** (Documents)
Paul Diel, La peur et l'angoisse/**78** (Documents)
Peter Fleming, Courrier de Tartarie/**79** (Voyageurs)
Louis Garneray, Le négrier de Zanzibar/**80** (Voyageurs)
Christine Fauré
Les déclarations des droits de l'homme de 1789/**81**

Marc Ferro
Comment on raconte l'histoire aux enfants/**82** (Documents)
Bernard Cathelat, Publicité et société/**83** (Documents)
Alfred Adler, Le tempérament nerveux/**84**
Ella Maillart, La vagabonde des mers/**85** (Voyageurs)
Louis Garneray, Un corsaire au bagne/**86** (Voyageurs)
Graham Greene, Routes sans lois/**87** (Voyageurs)
Edward John Trelawney
Mémoires d'un gentilhomme corsaire/**88** (Voyageurs)
Éric Vibart, Alain Gerbault/**89** (Voyageurs)
Eric Newby
Un petit tour dans l'Hindou Kouch/**90** (Voyageurs)
Mark Twain, La vie sur le Mississippi, t. I/**91** (Voyageurs)
A. Kirkpatrick
Les conquistadors espagnols/**92** (Documents)
Heinrich H. Houben, Christophe Colomb/**93** (Documents)
René Thévenin/Paul Coze
Mœurs et histoire des Indiens d'Amérique du Nord/**94** (Documents)
Michel Le Bris
L'homme aux semelles de vent/**95** (Documents)
Jean Rolin, La ligne de front/**96** (Voyageurs)
Jacques Lacarrière, Chemin faisant/**97** (Voyageurs)
Robert Louis Stevenson
Essais sur l'art de la fiction/**98** (Documents)
T. E. Lawrence, Les sept piliers de la sagesse/**99** (Documents)
Nicolas Bouvier, L'usage du monde/**100** (Voyageurs)
Peter Collier/David Horowitz, Les Kennedy/**101** (Documents)
Sybille Bedford, Visite à Don Otavio/**102** (Voyageurs)
Evelyn Waugh, Hiver africain/**103** (Voyageurs)
Jacques Meunier/Anne-Marie Savarin
Le chant de Silbaco/**104** (Voyageurs)
Mark Twain, La vie sur le Mississippi, t. II/**105** (Voyageurs)
Liza C. Dalby, Geisha/**106** (Documents)
Jean-Philippe Lauer, Saqqarah/**107** (Documents)

Ouvrage imprimé en avril 1994.
Composition effectuée par BUSSIÈRE.
Tirage sur presse CAMERON
dans les ateliers de la S.E.P.C.
à Saint-Amand-Montrond (Cher)

ISBN 2-228-88592-4

N° d'impression : 1128
Dépôt légal : avril 1994

Imprimé en France